中国省际绿色创新的
空间结构演化
及异质性溢出

肖黎明　肖沁霖／著

社会科学文献出版社
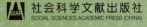
SOCIAL SCIENCES ACADEMIC PRESS (CHINA)

本书为 2017 年度国家哲学社会科学基金一般项目（17BJY038）的最终成果

摘　要

在我国经济由高速增长向高质量发展转轨的关键时期，绿色创新作为创新驱动发展和高质量发展两大战略的有机融合与具体体现，旨在实现经济增长和环境治理的双赢，同时也是推动我国生态文明建设、实现区域经济高质量发展的核心动力和重要途径。这样一来，随着绿色创新对区域经济增长及其竞争力的作用不断加强，各地在基于自身禀赋提高绿色创新能力的同时，其绿色创新的空间结构及溢出问题理所当然就成为各界关注的重点议题。然而，现实中地区间绿色创新要素流动受阻及其空间分布失衡却导致绿色创新资源配置效率低下，这样一来，关注区域尤其是省际层面绿色创新空间结构的优化就成为新时期我国区域经济均衡发展的应有之义。基于此，本书在投入产出理论、系统论及空间经济理论的指导下，构建绿色创新投入产出转化的理论框架，以分析绿色创新投入、产出与效率的耦合协同机理，进而对绿色创新的空间溢出效应及其空间收敛机制进行解析。在此基础上，基于我国 30 个省区市 2001~2019 年的面板数据，使用 SFA 与 DEA 模型对省际绿色创新效率进行多维测度和比较，同时借助 Dagum 基尼系数、核密度估计以及 Markov 链考察其时空差异特征及动态演化规律，进而运用地学统计分析、空间计量模型、机器学习及模拟等方法对我国省际绿色创新空间结构的特征及演化、绿色创新投入产出及效率耦合协同的时空特征、绿色创新空间溢出的异质性、绿色创新的空间收敛性、绿色创新空间结构的演化机理等进行考察，主要结论有以下几个。

第一，从绿色创新效率的多维测度及比较来看，基于 SFA 和 DEA 的测度结果均显示，2001~2019 年我国省际绿色创新效率总体趋势持续向好，但在省域及地区间却存在一定差异，且两种方法度量的绿色创新效率整体水平均不高，提升空间较大。其中 DEA 测度的绿色创新效率值远高于 SFA，存在高估现象。样本 t 检验和 Spearman 相关系数检验均表明，两种方法测度的绿色创新效率虽有不同，但在排名上却具有较为明显的一致性。整体来看，SFA 测度的各省绿色创新效率排名与其自身发展的实际情况更为一致，因而该方法测度的效率值相对更好，从而也是测度绿色创新效率的最佳选择。

第二，从绿色创新效率的时空差异及动态演进来看，在区域相对差异方面，无论是八大综合经济区、五大经济带，还是南北地区，其绿色创新效率均存在显著差异，其中区域间差异是八大综合经济区和五大经济带绿色创新效率总体差异的主要来源，而区域内差异则是南北地区总体差异的主要来源，且东西差异仍是目前造成我国绿色创新发展存在地区差异的主要原因。在区域绝对差异上，全国层面、八大综合经济区、五大经济带以及南北地区绿色创新效率的分布曲线均向右小幅移动，存在显著的右拖尾现象，但各自的延展性与极化特征却存在差异。在区域分布的动态演化上，Markov 链分析结果表明，我国省际绿色创新效率整体向高水平演变的趋势比较明显，表现出维持其分布状态稳定之特征。考虑空间因素后，各省绿色创新效率的演变趋势仍保持不变，但空间因素对其分布格局的演变却产生了重要影响，且在空间溢出效应的作用下，省际绿色创新效率在空间上逐渐形成以"高辐射低、低抑制高、高高集聚、低低集聚"为主要特征的俱乐部收敛现象。

第三，从绿色创新空间结构的特征及演化来看，我国省际绿色创新效率的空间分布整体上呈现"南高北低、东高西低"的非均衡态势，且"东部>中部>西部"、"沿海>内陆"以及"南方>北方"的梯度递减特征明显。其中，第一梯度的高水平省份主要分布在东部沿海地区，已形成较稳定的以"北京-天津-上海-广东"为极点的"弓形"绿色创新高水平发展轴带，同时不断向南北两侧纵深辐射，由此带动其他梯度省份实现不同程度的跃升，而位于西南地区的重庆则由第二梯度跃迁至第一梯度，未来有望成为西部地区绿色创新的新的增长极。就绿色创新投入、产出及效率的区域关联而言,绿色创新的高投入未必能够带来绿色创新产出的高效益,同时绿色创新的高投入及高产出也未必意味着绿色创新的高效率。在空间集散性方面,我国省际绿色创新整体上呈现由强到弱的正向空间集聚格局,其发展模式以"高-高"(H-H)集聚和"低-低"(L-L)集聚为主,其次为"低-高"(L-H)集聚和"高-低"(H-L)集聚,且绿色创新的空间锁定和路径依赖特征明显。H-H 型促进区省份主要集中在东部沿海地区,L-L型落后区省份则主要位于西北、西南、东北、长江中游和黄河中游地区,且后者向 H-H 型促进区跃迁的难度较大。在空间发展格局上,绿色创新的标准差椭圆覆盖了我国东部沿海地区和中部地区的大部分省份,空间方向上则呈现"偏东北-偏西南"的分布格局。具体而言,绿色创新投入主要呈现以河南为重心的"东北-西南"分布格局,且其向西南方向极化的趋势比较明显,而绿色创新产出则呈现以安徽和河南为重心的"东北-西南"分布格局,同时也有向西南方向极化的趋势,绿色创新效率呈现以河南为重心的"东北-西南"分布格局,但却在不断向西北方向扩散。在空间结构演化上,短期内我国省际绿色创新的空间结构仍将表现为"集聚"和"均衡"交替变化之态势,但随着时间的推移,扩散效应将会大于极化效应,最终可能会使我国省际绿色创新的空间结构在集聚中不断趋于均衡。

第四,从绿色创新投入、产出及效率耦合协同的时空特征来看,在时间维度上,绿色创新投入、产出及效率三系统间存在长期协整关系,且绿色创新投入与效率互为因果,绿色创新产出与其投入、效率的因果关系不明显,从而短期内三系统还未形成良好的互动关系。但从长期来看,三系统均具有自我增强及惯性增长之趋势。空间维度上的耦合协同检验结果则表明,绿色创新投入、产出与效率之间存在显著的全局空间正相关关系,且局部上的绿色创新投入与其产出及效率间已形成 4 种显著的空间集聚类型,而绿色创新产出与效率却只有 3 种。就耦合协同水平而言,考察期内三系统的耦合度均值 $C \in [0.837, 0.880]$,整体上处于优质协同阶段,而耦合协同度均值 $D \in [0.506, 0.549]$,整体上处于初级协同阶段,未来仍有提升空间。在耦合协同的空间格局上，地区间的耦合协同度差异明显，高水平协同省份主要集中在胡焕庸线以东的东部沿海地区，且已形成由"江苏-广东"两个优质协同发展极辐射的"U"形发展轴带。相比较而言，西北和西南地区仍处于绿色创新投入、产出及效率耦合协同发展相对较差的梯队，其受周边高水平地区辐射带动较少，发展相对缓慢。

第五，就绿色创新溢出的异质性而言，经济距离空间权重矩阵下，省际绿色创新投入、产出及效率的空间溢出效应显著为正，且有不断增强之趋势，说明目前全国层面的绿色创新基本实现了联动发展。异质性条件检验发现，研究假设基本上都得到了验证，与预期相符，估计结果稳健。其中对外开放对区域内绿色创新存在显著的正向溢出效应，但对区域间的绿色创新却表现出较为明显的负向溢出，表明在区域间存在"污染天堂"假说。而产业结构对区域内绿色创新具有较为明显的负向溢出效应，在区域间则表现出显著的正向溢出效应。无论是区域内还是区域间，技术市场、金融支持、环境规制以及教育水平对绿色创新均表现出较为明显的正向溢出效应，说明"波特假说"成立，且这些因素对区域内绿色创新吸收能力的作用要大于对区域间绿色创新溢出的作用。政府资助对绿色创新的溢出效应则取决于绿色创新活动所处的阶段。进一步基于 Moran 散点图划分不同象限（集聚区），分象限的检验结果则表明，我国省际绿色创新空间溢出的异质性明显，且在第一、三象限表现为同质性溢出，而在第二、四象限表现为异质性溢出。此外，各因素对不同象限绿色创新的空间溢出效应的影响也存在明显差异，其中提高教育水平在第一、三象限对区域内及区域间绿色创新正向溢出的作用最为显著，提高对外开放程度在第二象限对区域内及区域间绿色创新正向溢出的影响最为明显，而加大金融支持力度在第四象限对区域内及区域间绿色创新正向溢出的作用最为有效。

第六，对于绿色创新的收敛性，σ 收敛估计结果表明，全国、四大板块及南北地区的绿色创新效率均存在显著的 σ 收敛特征，但绿色创新投入、产出在全国及分区域层面上却表现出与其效率不同的 σ 收敛趋势。β 收敛估计结果表明，全国层面的绿色创新投入、产出及效率均存在显著的 β 空间收敛趋势，表明绿色创新的空间溢出有助于绿色创新发展落后省份追赶领先省份；引入相关控制变量后，收敛速度则发生了明显改变，其中金融支持、对外开放、政府资助以及产业结构对绿色创新的空间收敛均产生了显著的正向作用，而环境规制和基础设施建设投资则产生了一定程度的负面作用。在分区层面上，相关控制变量对四大板块及南北地区绿色创新投入、产出及效率空间收敛的作用效果不尽相同，其中金融支持对东部地区的空间收敛产生了显著的促进作用，对外开放和政府资助对中部地区的积极作用比较明显，政府资助对南方地区表现出显著的促进作用，对外开放与环境规制的交互项对西部地区的空间收敛同样具有明显的促进作用，而环境规制对西部和东北地区的空间收敛则表现出较为明显的抑制作用，产业结构则对中部地区的空间收敛同样具有较为明显的抑制作用。俱乐部收敛估计结果表明，绿色创新投入、产出及效率在 H-H 集聚区、L-H 集聚区、L-L 集聚区和 H-L 集聚区四类集聚区内均表现出显著的空间俱乐部收敛特征，表明绿色创新在全国范围内存在较为明显的空间俱乐部收敛趋势。在调整样本时期、替换空间权重矩阵以及更换模型估计方法后，这种收敛趋势依然存在。

第七，从绿色创新空间结构演化的动因和机理来看，我国省际绿色创新空间结构演化存在显著的路径依赖和空间依赖特征，金融支持、技术市场和环境规制对绿色创新投入、产出及效率空间结构的作用路径也表现出明显的不同。而模拟预测结果则表明，在合理的范围内提高环境规制强度和金融支持力度应是未来优化我国绿色创新空间结构分布以及提升我国省际绿色创新水平的政策着力点。

因此，今后应正视我国省际绿色创新存在梯度分布之现实，以点带面、以强带弱，着力培育以"北京-天津-上海-广东"为主要节点的绿色创新先行示范区，发挥其对低水平省份的辐射带动作用，同时弱化其虹吸效应；要逐步打破目前以省级行政区划为界限的属地治理格局，加强省际的绿色创新协同，共建跨地域的绿色创新合作与交流的长效机制；同时要用好"政府"和"市场"两只手，通过不断完善绿色创新的相关制度设计，激发各地绿色创新协同发展新势能，拓宽绿色创新溢出之渠道，强化绿色创新的正向溢出；此外，各地还应恪守"全国绿色创新一盘棋"之理念，结合自身资源禀赋比较优势，因地制宜地制定相关政策，实施特色化的区域绿色创新发展战略，完善绿色空间治理，依托"中心城市-都市圈-城市群"的区域发展格局，打造环境、资本、技术、人力要素有序流动的区域绿色创新网络，使各地在错位分工中形成优势互补的绿色创新高质量发展新格局。

关键词： 绿色创新　空间结构　空间溢出　异质性　收敛性

目　录

第1章

绪 论

1.1 研究背景

现代经济条件下，随着工业化和城镇化的持续推进以及经济社会的快速发展，全球生态环境问题开始不断凸显，已成为国际社会广泛关注的焦点。尽管新一轮的生产技术变革在一定程度上有利于资源利用效率的提升，但这种本质上仍以"粗放"为主要特征的生产方式却给我们赖以生存的生态系统带来了严峻挑战。极端天气频发、生物多样性锐减、土壤退化等环境问题的积聚已达到不可逆转的临界点（Rockstrom et al.，2009），严重影响着人类生存以及经济社会的可持续发展。这些问题和挑战不仅考验着各国政府对极端气候的治理能力，而且警示我们应当认真反思当前以牺牲环境为代价的发展模式是否具有其阶段性的合理性。很明显，要从根本上解决这些棘手问题，需从根本上转变传统的发展模式，通过平滑嵌入低碳、清洁、环保的绿色增长路径，实现经济增长与环境污染脱钩，以建立新的文明范式，最终达成人与自然的和谐共生。事实上，也正是为了适应这种新时代要求和全球环境形势，以习近平同志为核心的党中央才从问题破解、人民诉求出发，科学研判全球生态形势，直面我国生态环境的严峻现实，创造性地提出一系列有关生态文明建设的新思路和新举措，使得推行美丽中国建设、促进"经济-社会-环境"和谐共生成为可持续发展必须关注的重大议题。

改革开放 40 余年，在党的正确领导下，中国人民逢山开路、遇水搭桥，中国经济从突破小生产的藩篱到逐步融入经济全球化的浪潮，以前所未有的发展速度取得了令世人瞩目的伟大成就。截至 2021 年，我国国内生产总值已突破 110 万亿元，成为世界第二大经济体。但不可否认的是，长期以来以"唯 GDP 考核模式""高投入、高排放、高消耗、高污染"为主要特征的粗放经济发展模式，以及依靠要素、投资驱动的传统增长路径的内生弊病也日益暴露，由此引发了许多以资源耗竭、环境污染、生态恶化为主要特征的资源环境问题，导致经济社会发展的生态环境不堪重负。事实上，日渐透支的生态环境已逼近资源环境承载力的阈值，导致经济发展与资源环境间的矛盾持续加剧，这显然与新时代背景下"绿水青山就是金山银山"的生态文明建设理念相背离。由此诱发的区域发展不平衡与不协调问题也日益为甚，不仅背离了"满足人民日益增长的美好生活需要"的基本愿景，也明显迟滞了我国经济社会高质量发展的进程。《世界能源统计年鉴》的相关统计数据显示，中国 2017 年的世界经济总量占比为 15.16%，而同期能源消耗的全球占比却达到了 23.18%（许宪春等，2019）。很明显，目前我国经济的快速增长在很大程度上是以较高的能源消耗和环境污染为代价的，且这一状况已成为影响我国经济高质量发展持续推进的主要障碍。在此背景下，转变区域经济发展模式、强化生态环境治理、调整优化产业结构，并以此突破经济增长与生态环境保护"冲突"困境，就成为建设美丽中国的关键抓手。

事实上，党和政府一直以来都十分重视生态环境与经济发展协调问题。早在 2005 年，习近平总书记就明确提出"绿水青山就是金山银山"的绿色发展理念（周宏春、江晓军，2019），随后在党的十八大报告中又明确提出"创新驱动发展战略"，从而把"生态文明建设"摆在更加突出的位置，要求"将生态文明理念贯穿于我国经济、社会、文化和政治建设的各方面和全过程"。2015 年，党的十八届五中全会中又进一步提出了"创新、开放、绿色、协调、共享"五大发展理念，从而将"绿色"和"创新"两大发展理念置于更为重要的位置，同时为我国经济的高质量发展指明了方向。党的十九大报告更是从生态环境保护和绿色发展方面做出了"要加快生态文明体制改革，建设美丽中国，构建以市场为导向的绿色技术创新体系，发展绿色金融，不断壮大节能环保产业、清洁生产产业、清洁能源产业"的重要论断。《中共中央关于制定国民经济和社会发展第十四个五年规划和二〇三五年远景目标的建议》又进一步指出"要坚持创新在我国现代化建设全局中的核心地位，把科技自立自强作为国家发展的战略支撑"，强调要"坚持绿水青山就是金山银山理念，深入实施可持续发展战略，构建生态文明体系，推动经济社会发展全面绿色转型，建设美丽中国"。由此可见，"绿色"和"创新"一直是我国经济社会协同发展过程中的主旋律，这也使绿色发展和创新驱动成为实现我国经济高质量发展的必然选择。

事实上，绿色发展与创新驱动密切相关，因为创新是引领发展的第一动力，也是绿色发展的关键要素，而绿色发展则是发展模式的实质性转变和发展质量的突破性提升，是创新发展的主要目标之一（段德忠等，2021）。而作为绿色发展和创新驱动两大战略的有机契合点，绿色创新兼顾了"稳增长"和"优环境"的双重目标，强调在保证环境质量的前提下，运用科技创新手段促进经济增长与环境保护的协同推进（Schiedering et al.，2012），从而成为突破资源环境约束、推进经济可持续发展的有效手段。现实中，区域是一个国家绿色创新发展的重要载体，这样一来，提高绿色创新资源配置效率无疑是破解区域发展不平衡和不充分难题、培育区域发展新动能、塑造区域绿色竞争新优势、助推经济社会高质量发展的关键所在。因此，在当前经济逐步转向"减速换挡、提质增效"的关键时期，通过创新引领和带动区域的绿色可持续发展，进而提升区域绿色创新能力和水平，就成为我国经济高质量发展的关键环节和重要内容。

一方面，不同于传统的碳基技术进步范式，绿色创新具有典型的"双重外部性"，也即创新知识溢出的正外部性和创新成果可能对环境带来的负外部性，从而容易引发"双重市场失灵"现象（梁中、昂昊，2019）。尤其是在当前的发展背景下，我国区域经济发展梯度跨越较大，各地在经济基础、资源禀赋、技术水平、产业构成和制度政策等方面都存在较为明显的差异，加之区域市场分割也比较严重，从而导致地区间的人才、资金、技术等创新要素难以实现充分流动，且各地在处理生态保护和经济发展问题上各自为政，合作共赢的掣肘短期内难以消除。这些因素相互叠加不仅使我国绿色创新活动存在一些明显短板，而且使不同地区的绿色创新发展存在一定程度的失衡，从而在空间上表现出较为明显的"东部率先发展、中部惰性塌陷、西部迅速转变"的分异态势（付帼等，2016），由此进一步加剧了区域发展的不平衡。

另一方面，随着区域协调发展战略的不断推进和各地市场化改革的持续深化，区域间的相互联系开始趋于紧密，从而那些有碍创新要素自由流动的藩篱可能会被破除，由此也可能会使创新的空间外溢效应成为缩小区域经济发展差距、促进区域经济协调发展的重要实现机制（潘文卿，2010）。此外，尽管新经济地理学和新工业地理学已经证实创新活动具有显著的空间集聚及溢出效应，但创新作为一种缄默性知识，受地理因素的限制，无法长距离传递，必须面对面地进行交流（魏守华等，2011）。在地区层面，区域经济理论也认为"中心-外围"的互动创新发展模式更有利于提升区域的整体创新能力（白俊红等，2017；王腾飞等，2020；尹虹潘、刘姝伶，2020）。尤其是在开放条件下，中心地区的创新活动可能会通过知识交流、产业转移、技术溢出等渠道扩散到其周边地区，这样不仅可以辐射带动周边地区的创新活动，还有利于吸收周边地区的创新要素资源，从而对区域整体创新资源配置能力的提升以及经济增长的趋同产生重要作用（余泳泽、刘大勇，2013），当然这种"中心-外围"式的区域间空间外溢效应也可能是负的，从而又可能会对区域整体创新能力的提升及其经济趋同产生不利影响，最终可能会加剧区域发展的不均衡。这样一来，区域创新中心（创新增长极）不仅能够发挥创新集聚（极化）效应，而且具有创新扩散（溢出）效应。其实，党的十九届四中全会已明确"要全面贯彻新发展理念，尊重区域发展的客观规律，发挥各地的比较优势，提高发展优势区域的资源配置能力和综合承载能力，以此促进各类要素合理流动、高效集聚，通过增强创新发展动力，不断完善空间治理，最终形成优势互补、高质量发展的区域经济布局"（李洪涛、王丽丽，2020）。这样一来，绿色创新作为一种全新的创新范式，不仅具有创新的一般特征，而且随着其对区域经济发展和企业竞争能力影响的不断加深，其空间溢出及收敛（均衡发展）问题也将受到持续关注，由此引发的进一步思考如下。

新时代背景下，我国经济在全面转向绿色创新驱动的同时，如何科学合理地构建用以评价区域绿色创新的指标体系，由此全面精准地把握我国省际绿色创新的时空差异及动态演进？进一步地，我国省际绿色创新是否存在空间结构差异，若存在，又将表现出何种演化规律？尤其是省际绿色创新是否存在空间溢出，若有，如何对其进行精准刻画？省际绿色创新的这种空间结构差异能否在其空间溢出的作用下趋于收敛而最终走向均衡？其机理又如何？再进一步，未来我国省际绿色创新空间结构的演化动因及机制是什么？其具体实现路径又为何？然而，现有文献对上述问题总体上还缺乏较为系统的分析和考量，但对这些问题的准确回答，不仅有助于我国省际绿色创新水平的协同提升以及区域绿色创新的高质量均衡发展，而且能为我国在"十四五"时期更有针对性地制定区域协调发展战略提供相应的政策启示。

1.2 研究意义

1.2.1 理论意义

第一，补充和完善了有关绿色创新空间结构作用机理的分析。目前的研究，多将绿色创新作为一个"黑箱"来进行处理，且主要是从"效率"或"能力"角度进行考量，从而无法全面把握绿色创新内部各要素及各环节的相互作用和联系，由此也导致对绿色创新的评价缺乏科学依据，也就不能准确刻画绿色创新的发展现状。事实上，企业的绿色创新活动是由一系列相互作用、彼此关联的绿色创新要素经由"投入-产出"各环节的转化而实现的，这些环节相互区别、依次推进，共同构成了企业绿色创新从投入向产出依次转化的有序传导过程。若将其推演到区域层面，那么在地区的相互联系和作用过程中，其中的空间结构因素又会在各地企业绿色创新投入产出依次转化过程中发挥重要作用，由此使得空间因素的作用得以凸显。基于此，本书遵循创新价值链理论的基本思想，立足于绿色创新的全过程，将其进一步划分为投入、产出及效率三个子系统，以此分别考察这些子系统的空间结构特征及其演化规律；进而基于系统论和空间经济理论，从耦合协同角度解构绿色创新投入、产出与效率的耦合互动关系及协同发展机理，从而从时空二维视角对绿色创新投入、产出和效率的这种耦合协同机理进行检验。这不仅补充了绿色创新空间结构作用机理的分析，为绿色创新评价提供了新视角，而且为深入剖析我国绿色创新发展中存在的问题提供了相应的理论依据。

第二，丰富和拓展了有关绿色创新溢出及其异质性的理论分析。现有文献中，学者对于创新溢出的研究相对较多，但在可持续框架下讨论省域绿色创新溢出的则相对较少。但较之于传统意义上的创新，绿色创新的内涵更加丰富，涉及技术、管理、制度、产品、环境等多方面内容。而省域作为绿色创新发展的一个重要载体，聚集了大量用于创新的要素和资源，更易于发生空间溢出，所以在这一尺度下考察绿色创新的溢出具有较为重要的理论意义。基于此，本书在考察绿色创新空间溢出效应以及相关异质性条件对其的作用机理的基础上，使用不同空间权重矩阵的空间面板模型对相关假设进行了检验，同时对不同异质性条件下的绿色创新空间溢出效应进行了分解，进而基于莫兰（Moran）散点图划分不同象限（集聚区），以考察不同象限省际绿色创新的空间溢出及其异质性，在一定程度上丰富和拓展了绿色创新空间溢出效应及其异质性的理论分析。

第三，完善了绿色创新空间结构演化的理论分析。随着绿色创新对区域经济发展的影响不断加深，我们在关注区域经济空间结构的同时，要更加重视绿色创新的空间结构及其优化问题。因为绿色创新是区域经济发展的新动力，其空间结构的动态演化将在很大程度上决定区域经济发展的空间格局，进而会对其均衡发展产生重要作用。这样一来，在当前资源环境约束日益趋紧以及区域经济发展差距不断扩大的现实背景下，探讨绿色创新空间结构的演化动因及其作用机理就成为一种理性使然。然而，目前有关于此的研究大多关注创新产出及效率的空间收敛，相对缺乏对绿色创新空间收敛性的考察，尤其是对绿色创新空间结构演化机理的模拟则更少。基于此，本书在对区域绿色创新空间收敛机制进行理论阐释的基础上，基于三种收敛估计模型，从全局和区域两个维度对绿色创新的空间收敛性及其作用机理进行考察，进而从动态视角构建了绿色创新的分布模型，以对绿色创新空间结构的演化机理进行模拟，力求能够更为精准地把握我国绿色创新空间结构的演化路径及规律，从而为"十四五"时期的区域高质量发展提供理论支持。

1.2.2　现实意义

第一，有助于各界全面客观地认识我国区域绿色创新发展之现实及其协同推进的具体情况。在绿色发展及创新驱动战略指导下，我国绿色创新的要素投入可能会因区际绿色创新发展水平的差距而对区域经济发展产生某些不利影响。因此，本书根据创新价值链理论，从绿色创新全过程出发，将绿色创新划分为投入、产出及效率三个子系统，进而选择合适的量化指标分别对其进行度量，以剖析和对比三者的空间结构特征及其演化规律，这将有助于社会各界全面客观地认识我国省际绿色创新的发展进程及存在的问题，进而精准把握绿色创新的协同推进情况及其未来发展趋势。

第二，为地方相关部门借助绿色创新溢出促进区域协调可持续发展提供相应的管理启示。我国地域广袤、幅员辽阔，各地在资源禀赋、发展基础、区位条件上的差异较大，而这势必会使区域间经济发展及创新动能分布失衡，导致我国地区间的发展差距不断加大。因此，在保持各地经济发展活力的同时，促进区域经济协调发展以及增强地区综合竞争力，就成为我国经济迈向高质量发展阶段亟待解决的问题。事实上，随着区域协调发展战略的持续推进，区域间的联系也会越发紧密，从而区域间的空间溢出效应就成为缩小地区发展差距的重要因素。绿色创新是推动经济高质量发展、塑造区域综合竞争力的重要力量，全面分析省际基于空间内部关联的绿色创新溢出及其异质性，将有助于为地方相关部门借助其空间溢出效应促进区域协调可持续发展提供相应的参考和启示。

第三，从静态和动态角度对我国省际绿色创新空间结构演化的动因和机制进行考察，有利于从不同视角检验我国扩大对外开放、完善绿色技术市场、加大财政资助作用于绿色创新发展政策的有效性与合理性。同时还能够为我国东、中、西、东北四大板块以及南北方地区制定差异化的绿色创新发展政策提供有效的路径选择，以推进我国经济发展动力分布的整体优化。

1.3 研究目标及内容

1.3.1 研究目标

第一，凝练研究的关键问题。在系统梳理国内外绿色创新研究进展、热点及不足的基础上，凝练本书关注的重点问题。为此，应用文献计量软件 CiteSpace 对现阶段国内外有关绿色创新文献的发文年代、发文作者、发文机构及研究热点等内容进行可视化分析，归纳和总结已有研究的特点及不足，以明确我国省际绿色创新空间结构演化及其异质性溢出研究的关键节点。

第二，把握我国省际绿色创新空间结构特征及其演化趋势。从投入产出视角切入，建构省际绿色创新效率的评价指标体系，进而对其进行测度。进一步地，在全面考虑我国绿色创新发展历程及现状的基础上，从投入、产出和效率三方面对我国省际绿色创新的空间结构特征及演化规律进行可视化分析，以期精准把握我国省际绿色创新的发展状况及变动趋势

第三，明确我国省际绿色创新溢出的异质性及其形成机制。在深入剖析绿色创新投入、产出及效率三类空间结构的差异、联系及相互作用的基础上，将其划分为"H-H"集聚区（绿色创新高水平省份相邻）、"L-H"

集聚区（绿色创新低水平省份被高水平省份包围）、"L-L"集聚区（绿色
创新低水平省份相邻）以及"H-L"集聚区（绿色创新高水平省份被低水
平省份包围）等四个集聚区（四个象限），通过分析不同集聚区（象限）省
际绿色创新投入、产出及效率的空间溢出，明确省际绿色创新异质性溢出
的作用机理。

第四，构建省际绿色创新的空间结构演化模型。基于区域非均衡发展
理论，明确绿色创新空间收敛的作用机理，尝试从静态角度对我国省际绿
色创新的空间结构及其影响机制进行把握。在此基础上，进一步从动态角
度构建绿色创新分布的动态模型，运用机器学习和模拟仿真技术对我国省
际绿色创新空间结构的演化趋势及驱动机制进行预测和识别。

第五，形成有利于促进我国省际绿色创新均衡发展的管理启示及政策
建议。通过理论分析和实证研究，尝试为我国省际绿色创新均衡协调发展
提供相应的理论指导和经验支持。在此基础上，着眼于区域高质量发展，
给出能够有效促进我国省际绿色创新水平协同提升和区域绿色创新均衡发
展的对策建议与管理启示。

1.3.2 研究内容

本书通过对绿色创新空间格局特征及演化、溢出效应等相关文献进行
梳理，在厘清相关领域研究脉络及进展的基础上，总结归纳这些研究需要
进一步完善的领域，并据此寻求研究的切入点。在此基础上，以省际绿色
创新的空间结构演化及影响机理作为核心命题，以中国 30 个省区市（港澳
台和西藏除外）为研究样本，将研究时限设置为 2001~2019 年，从绿色创
新效率评价、绿色创新空间结构特征及演化规律、绿色创新空间溢出异质
性、绿色创新空间结构演化动因及机理等方面展开研究。相关研究内容主
要涉及 7 部分共 11 章，具体安排如下。

第一部分为绪论，也即第 1 章。该部分从国内外环境、国家战略、绿色
创新发展现状等方面介绍了本书的研究背景，由此引出本书所要探讨的关
键问题，进而在阐释我国省际绿色创新空间结构演化及异质性溢出研究的

理论及现实意义基础上，明确本书的研究目标、研究内容、研究方法、技术路线及创新之处。

第二部分包括文献综述与理论基础，涉及第2、3章内容。其中第2章为国内外绿色创新研究脉络及进展。运用CiteSpace文献计量软件，对国内外有关绿色创新文献的发文年代、发文作者、发文机构、研究热点及前沿等内容进行可视化展示与分析，总结和归纳国内外有关绿色创新研究的重点领域，以期从宏观上对绿色创新研究现状和发展脉络进行精准把握。在此基础上，通过对绿色创新研究热点聚类图谱中的代表性文献进行研读，尝试对绿色创新相关研究进行类别划分与文献梳理，以期为本书的研究提供学理上的支持。第3章为绿色创新研究的相关概念及理论基础，主要对绿色技术创新、绿色创新、绿色发展、绿色创新效率等概念进行深度解析，进而简要介绍投入产出理论、系统论、空间经济理论，以期为随后的省际绿色创新空间结构演化分析提供相应的概念框架和理论基础。

第三部分为省际绿色创新的时空演化特征，包括第4、5、6章的内容。其中，第4章主要是对省际绿色创新效率进行测度和比较。为此，第4章在综合考虑要素禀赋、生态环境、产业构成、政策环境、基础设施等因素的基础上，建构了省际绿色创新投入、产出及效率的评价指标体系，进而基于我国30个省区市的面板数据，分别运用熵值法、随机前沿分析（SFA）和数据包络分析（DEA）等方法对我国省际绿色创新效率进行了多维测度与比较，以此确定有关绿色创新效率测度的最优方法及结果。第5章考察了我国省际绿色创新效率的地区差异及其动态演进规律。基于上述绿色创新效率的测算结果，首先从区域角度出发，运用Dagum基尼系数、核密度估计法对我国八大综合经济区、五大经济带和南北地区绿色创新效率的时序演变特征、区域差异及来源、分布动态等进行了考察，进而运用Markov链分析法进一步揭示了我国省际绿色创新效率的动态演进趋势。第6章对我国省际绿色创新的空间结构特征及演化进行了分析。首先使用ArcGIS空间分析软件和趋势面分析对我国省际绿色创新效率的空间分布态势进行总体把握；其次通过分析绿色创新投入、产出和效率的区域关联特征，探寻导致我国省际绿色创新效率差异明显之原因；再次运用地学统计分析法探讨我国省际绿色创新的空间结构，以此给出我国省际绿色创新投入、产出和效率三类空间结构的集散特征、重心分布、空间相关性等；最后从时间维度对比分析三类空间结构的演化特征，尤其是其发散或集聚的演变规律，以此明确我国绿色创新空间重心的演化规律、空间关联的动态特征及空间结构的演进趋势。

第四部分即第 7 章，考察了省际绿色创新投入、产出和效率空间结构的差异、联系及相互作用，对我国省际绿色创新投入、产出与效率耦合协同的时空特征进行分析。首先从复合系统的视角出发，从理论上剖析了绿色创新投入、产出及效率的耦合互动关系及其协同作用机理；其次在考察绿色创新投入、产出和效率三类空间结构时空差异的基础上，从时空二维视角出发，运用面板 VAR 模型以及双变量空间自相关模型对我国绿色创新投入、产出与效率的耦合协同机理进行了检验，并在此基础上，基于耦合协同度模型对三类空间结构的协同发展水平进行了量化分析。

第五部分即第 8 章，对我国省际绿色创新的空间溢出效应进行了异质性分析。从空间依赖性着手，通过绘制莫兰散点图，将我国省际绿色创新划分为 H-H、L-H、L-L、H-L 四个不同象限，进而借助空间计量模型对不同象限内我国省际绿色创新投入、产出和效率的空间溢出效应进行了考察，同时从产业结构、金融支持、环境规制、对外开放、人力资本等方面分析了绿色创新空间溢出的异质性及其作用机理。

第六部分分析了我国省际绿色创新的空间收敛性以及其空间结构的演化动因与机理，包括第 9 章和第 10 章。其中，第 9 章从全国和区域两个层面出发，运用 σ 收敛、β 收敛和俱乐部收敛等收敛估计模型，对我国省际绿色创新的空间收敛性进行了考察，以期从静态角度把握我国省际绿色创新空间的敛散性。第 10 章则涉及我国省际绿色创新空间结构的演化动因考察。在上述有关绿色创新空间结构演化及异质性溢出分析的基础上，从省域经济发展政策的竞合关系、创新要素流动、基础设施建设、省域对外开放政策等方面选择相应的量化指标，进而从空间结构演化动因切入，借助机器学习方法，通过构建分布动态模型，对我国绿色创新投入、产出和效率三类空间结构的演化动因及作用机理进行模拟和识别。以此归纳和总结相关影响因子在作用于绿色创新时的相互关系，检验绿色创新的空间结构变迁与其驱动因素之间是否具有协同性。同时对未来我国省际绿色创新空间结构可能出现的演化轨迹和趋势进行预测。

第七部分为结论、讨论及展望，即第 11 章。该章首先归纳了本书的主要结论，旨在凸显本书的理论贡献，同时对一些重要结论做了进一步的讨论，以此呼应本书的创新点。其次给出了提升我国省际绿色创新效率以及促进我国区域绿色创新高质量协调发展的相关政策建议。最后从研究视域及研究条件两个方面对本书研究的不足进行了说明，同时对未来的进一步研究进行了展望。

1.4 基本思路与方法

1.4.1 基本思路

首先着眼于我国省际绿色创新发展现状及存在的问题，构建相关指标体系对我国省际绿色创新效率进行多维评价，进而运用统计分析指数、空间分析方法刻画绿色创新投入、产出和效率三系统的空间分布特征及演化趋势，以明确我国省际绿色创新的空间结构特征及演化规律；其次从内部相互作用（系统耦合协同）视角切入，运用投入产出理论、空间经济理论和系统论解析绿色创新投入、产出和效率空间结构的作用机理；再次基于异质性条件，借助 Moran 散点图将我国省际绿色创新划分为 H-H、L-H、L-L 和 H-L 等四个不同象限，以考察不同象限内绿色创新投入、产出及效率的空间溢出效应，明晰绿色创新异质性溢出的作用路径；从次，从省域经济发展政策的竞争合关系、省际创新要素流动、省域对外开放政策方面入手进行因果推断，同时引入机器学习中的分布动态模型，以识别、模拟和预测绿色创新投入、产出和效率空间结构的演化动因及作用机理；最后，基于绿色创新空间结构驱动机制的作用效果和预测结果，给出促进我国绿色创新均衡发展的相关政策建议。

1.4.2　研究方法

以投入产出理论、空间经济理论及系统论为指导，采用定性和定量相结合的分析方法开展研究。

1.4.2.1　定性研究方法

第一，文献研究法。梳理国内外有关绿色创新、创新空间结构以及创新溢出的研究文献，明晰绿色创新投入、产出和效率三类空间结构及其溢出的作用机理，以把握本书研究需要进一步优化的方向；厘清研究的学术发展脉络，明确绿色创新的概念内涵及其影响因素，从而为省际绿色创新效率评价指标构建、空间结构演化及异质性溢出分析奠定相应的理论基础。

第二，对比研究法。运用不同评价方法对我国省际绿色创新效率进行多维测算，以此寻求最优评价结果，进而从时空二维视角对比分析绿色创新投入、产出和效率的空间结构特征、演化动因及内在机理。

第三，概念模型法。在对相关概念进行界定与理论演绎的基础上，进一步解析绿色创新投入、产出和效率的空间结构的交互作用机理，由此构建理论分析框架，以期探寻绿色创新空间结构演化的驱动机制。

1.4.2.2　定量研究方法

第一，文献计量法。运用 CiteSpace 文献计量软件绘制国内外绿色创新研究文献的发文作者、发文机构、关键词及研究热点前沿等方面的知识图谱，对其进行可视化分析，以期明晰国内外有关绿色创新的研究脉络及进展。

第二，效率评价法。采用随机前沿分析法（SFA）和数据包络分析法（DEA）对我国省际绿色创新效率进行测度，并对两种方法测算的结果进行比较，以此确定绿色创新效率相对更优的测度方法及结果。

第三，数据可视化法。借助 Stata、Eviews 以及 ArcGIS 软件中的制图功能，对我国省际绿色创新的空间结构特征进行可视化表达，以期能够更为直观地把握其空间结构的分布特征及演化规律。

第四，空间计量分析法。运用探索性空间数据分析法、时空跃迁分析法和标准差椭圆分析法等空间统计分析法对绿色创新投入、产出和效率的空间集聚度、局部莫兰指数、空间分布重心进行考察，以探寻我国省际绿色创新空间结构的特征及演化规律；进而借助局部莫兰指数散点图，将省际绿色创新划分为四个象限，在此基础上构建相关空间计量模型，用以检验和识别我国省际绿色创新投入、产出和效率三类空间结构的相互作用机理，以期探寻不同象限内以及象限间绿色创新异质性空间溢出的影响因素和作用路径。

第五，数理建模法。构建绿色创新空间溢出机制的理论模型，以识别其异质性作用条件，由此提出研究假设以形成经验分析的理论依据。

第六，模拟和机器学习法。构建分布动态模型，用以考察绿色创新空间结构的演化动因和作用机理。

1.4.3　技术路线

基于以上研究内容与思路，可绘制我国省际绿色创新空间结构演化及异质性溢出研究的技术路线图（见图 1-1）。

1.5　学术贡献

1.5.1　研究特色

一方面，基于多学科、多理论、多方法融合的研究策略，运用空间经济学、系统论、计量经济学、机器学习等理论、方法及模拟与仿真技术手段，对我国省际绿色创新空间结构特征及演化规律进行多维度分析，实现了定性与定量分析相结合、实证研究和模拟分析相结合、理论研究和政策分析相结合的研究目标，具有多学科、多理论交叉互融的研究特色；另一方面，基于我国创新动力分布不均所导致的经济发展空间异化之现实，通

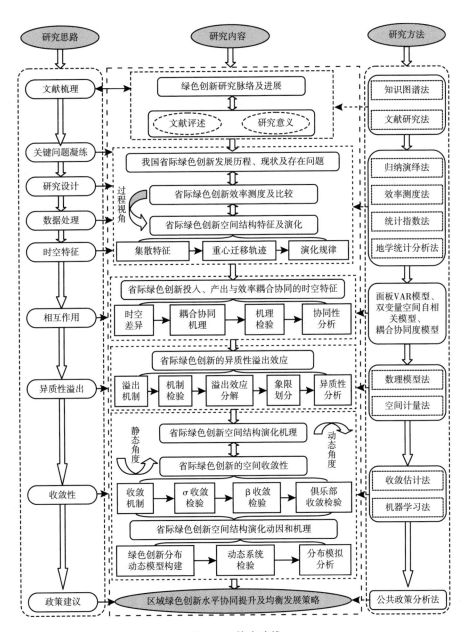

图 1-1 技术路线

过理论演绎和模型分析明确我国省际绿色创新的时空演化特征及驱动机制，同时使用机器学习方法进行数据挖掘和评估，以对绿色创新空间演化的动因进行模拟和预测，在此基础上给出提升我国省际绿色创新水平以及促进区域均衡协调发展的政策建议与管理启示。整个研究过程以学科交叉为主线，将理论研究、数据分析及政策分析进行了有机融合，具有非线性研究的特色。

1.5.2 边际贡献与创新

1.5.2.1 学术思想方面

第一，从系统耦合协同的视角剖析了绿色创新的内部作用机理。以往研究多从静态角度将绿色创新视为一个"黑箱"来考察其能力或效率，很少将绿色创新作为一个系统来剖析其动态演化过程，尤其是相关空间因素在此过程中可能产生的影响，以揭示绿色创新空间结构内部的相互联系、差异、作用机理以及协同状况。基于此，本书参考创新价值链的相关理论，结合绿色创新活动内部多阶段（多环节）有序推进之现实，构建了绿色创新投入产出转化过程的理论分析框架，进而将空间因素引入其中，从系统耦合协同视角剖析了绿色创新投入、产出及效率三个子系统间的互动机制，较为详细地考察了绿色创新投入系统对其产出与效率系统、绿色创新效率系统对其产出与投入系统的作用和影响，以及绿色创新产出系统对其投入与效率系统的反馈作用，同时关注三系统间的协同作用，在一定程度上弥补了目前仅对绿色创新效率进行整体研究，而相对忽视绿色创新内部各子系统的耦合协同分析的不足，从而细化和深化了绿色创新的研究内容，同时也丰富了绿色创新的研究范畴。

第二，完善了绿色创新空间溢出机制的分析框架。现有研究在创新空间溢出方面已取得较为丰硕的研究成果，但将生态及可持续理念嵌入其中，以讨论绿色创新空间溢出的研究则相对不足，而进一步考察绿色创新空间溢出的异质性及其影响机制的文献更不多见。基于此，本书首先从理论层面对我国省际绿色创新空间溢出进行了剖析，进而从地区异质性出发，就技术市场成熟度、金融支持力度、对外开放程度、环境规制强度、政府资助力度、教育发展水平及产业结构升级等对省际绿色创新的作用机理进行了理论演绎，由此对相关假设和命题进行检验。同时关注异质性条件下绿色创新的空间溢出效应，将绿色创新空间划分为不同象限，尝试探寻不同象限绿色创新空间溢出的异质性成因及机理，以期对绿色创新空间溢出的作用机理进行深层次剖析。

第三，完善了绿色创新空间结构演化的分析框架。已有研究在创新空间结构方面的成果比较丰富，但其重点在于考察创新效率或者创新产出的空间收敛性，对于绿色创新空间收敛性的考虑则相对较少，同时对绿色创新空间结构演化动因的模拟也比较缺乏。基于此，本书在绿色创新空间溢出研究的基础上，基于区域非均衡发展理论，从"极化效应"和"扩散效应"两个方面较为深入地探析了绿色创新的空间收敛性及其作用机理，同时基于动态的视角，借助系统动力学对绿色创新空间结构的演化动因及其作用机理进行模拟，实现了从静态和动态的双重视角剖析绿色创新空间结构演化机理的学术尝试。

1.5.2.2　学术观点方面

本书的研究结果表明，未来实现我国省际绿色创新水平协同提升、区域绿色创新高质量均衡发展，应重点做好以下方面的工作：①正视我国省际绿色创新存在的梯度分布之现实，以点带面，有所侧重地进行推进；②打破以省级行政区划为界的属地治理格局，建立区域绿色创新协同发展的长效机制；③激发区域绿色创新协同发展新势能，拓宽绿色创新溢出渠道，强化其正向空间溢出效应；④完善绿色空间治理，基于地区分工形成优势互补的绿色创新发展新格局；⑤制定适度的环保制度，倒逼绿色创新水平提升。

1.5.2.3　研究方法方面

多种量化分析方法的综合运用，实现了对省际绿色创新空间结构特征及其异质性溢出的多元化检验和多维度分析。如基于 CiteSpace 软件的绿色创新知识图谱分析方法、基于随机前沿分析和数据包络分析的绿色创新效率评价方法、基于地学统计分析的绿色创新空间结构特征考量、基于空间计量分析的绿色创新空间溢出及其收敛性考察，以及基于机器学习的绿色创新空间结构演化动因的模拟分析方法等。这些实证研究方法的综合运用，在一定程度上弥补了以往绿色创新研究方法较为单一的不足，同时也有助于我们更为科学精准地把握目前学界对于绿色创新的研究脉络及进展，同时还有利于明晰我国区域绿色创新的发展历程、驱动机制及未来前景，从而能够更有针对性地给出我国绿色创新高质量均衡发展的路径设计。

第 2 章

国内外绿色创新研究脉络及进展

近年来，国内外有关绿色创新的研究不断丰富，同时研究视角也在不断拓展。因此，对该领域内的发文趋势、研究力量、载文期刊、研究热点、研究趋势等内容进行梳理和比较，成为开展省际（区域）绿色创新相关研究的基础工作。基于此，本章将借助 CiteSpace 文献计量软件，对国内外绿色创新研究领域内的相关内容进行知识图谱的可视化分析，以对绿色创新的相关研究进行归类、综述和评析，希望能够全面系统地把握这一研究领域的发展历程及未来趋势，从而为本书讨论的关键问题提供文献上的支撑和佐证。

2.1 绿色创新研究的知识图谱分析

随着现代信息技术的不断进步以及对海量文献有效获取的迫切需求，有关科学知识图谱分析的理论及方法已成为现阶段科学计量研究领域最活跃的话题之一。一些学者将计算机科学、地理学、社会学、信息学等学科知识与传统科学计量方法相结合，通过对某一学科或领域的研究内容进行可视化展示，以求厘清所研究内容的知识架构及发展脉络（秦长江、侯汉清，2009）。换言之，知识图谱是通过应用多样化的可视化思维及可视化分析技术来刻画某一知识域的动态演变过程，并以图像的形式将科学知识的热点领域、前沿及新生长点直观地呈现。为此，本章将采用 CiteSpace 文献计量软件对国内外绿色创新研究文献的发文年代、发文作者、发文机构、研究热点及前沿等内容进行可视化分析，以期能够全面精准地把握绿色创新研究的脉络、结构及其发展轨迹。

2.1.1 方法及数据来源

2.1.1.1 知识图谱分析法

科学知识图谱是一种以知识域为对象的可视化图像展示，属于科学计量学的研究范畴，通过数据挖掘、信息处理、可视化等手段，直观形象地呈现知识间的结构关系，从而有利于揭示科学知识的演化规律（陈悦等，2015；肖黎明、肖沁霖，2018）。而知识图谱结构通常使用相关文献计量软件来实现，目前比较常见的主要有 CiteSpace、Pajek、Cooc 等可视化操作软件。相比较而言，由美国德雷赛尔大学陈超美博士基于 Java 平台开发的 CiteSpace 信息可视化软件，在呈现科学知识图谱结构方面更具优势。CiteSpace 软件着眼于挖掘和分析科学文献所蕴含的潜在知识，通过绘制某一研究领域的科学知识图谱，全面直观地反映该学科或知识域的研究结构、脉络、规律、分布及发展状况，目前该软件已被广泛应用于相关研究领域。鉴于 CiteSpace 软件只是通过挖掘文献中的关键词、作者、机构及引文等信息来反映文献之间的关系，基于已有经验（安传艳等，2018；Li et al.，2017），为了能够全方位把握某一研究领域的脉络及发展趋势，还需结合相关文献进行深入分析。

经 CiteSpace 软件运行后，在其生成的可视化知识图谱中，参数 N 为网络节点数，E 为节点间的连线数量，Density 为网络密度。而在其所生成的时区演进图谱中，参数 Modularity Q 值及 Silhouette 值分别为网络模块化指标和网络同质性指标，且这两类指标的取值范围均为 [0，1）。一般而言，如果 Modularity Q 值大于 0.3 且 Silhouette 值大于 0.5，则意味着聚类效果理想（王彦君等，2020）。参数平均轮廓值（Mean Silhouette）的取值范围是 [−1，1]，当其值向 1 逼近时，表明聚类中的文献高度相似。就图谱外观而言，节点代表发文年轮，年轮的色调、大小则表示相关研究的不同发文年份和载文数量，可用于揭示相关文献发表的历史，且节点越大，说明这一研究领域的关键词出现的频率就越高（Chen，2006）。此外，当节点出现突现值时，说明该节点在短期内出现的频率较高，半衰期则表示其在此期间维持一定程度的影响（李杰、陈超美，2016）。

2.1.1.2 数据来源

学术文献是能够真实体现某一领域研究动态的重要载体。为确保绿色创新文献数据的可靠性和科学性，同时为了真实反映绿色创新研究的最新进展，此处选取中国知网（CNKI）数据库和 Web of Science（WOS）数据库平台的核心合集作为相关文献的数据来源，且原始数据收集于 2020 年 11 月 20 日。对于选自中国知网（CNKI）数据库的中文文献，在搜集之前，首先需要明确检索主题或关键词，以精准设置检索条件。本书关注的"绿色创新"研究主题的内涵比较丰富，涉及技术、工艺、产品、观念、制度以及管理等诸多方面。此外，绿色创新旨在促进环境改善和可持续发展，因而又被称为生态创新、环境创新和可持续创新（Bemauer and Kammerer，2006）。

从已有文献来看，国内对于绿色创新的研究最早始于 1994 年。因此，就中文数据而言，为使检索结果更加准确，我们分别以"绿色创新"、"环境创新"、"生态创新"、"可持续创新"以及绿色创新的衍生内容（包括"绿色技术创新""绿色产品创新""绿色工艺创新""绿色持续创新""绿色观念创新""绿色制度创新""绿色产业创新"）为篇名，将中文核心期刊和 CSSCI 来源期刊设置为检索对象，将时间跨度设置为 1994~2020 年进行检索，共检索到期刊论文 868 篇。而外文文献数据则来自 Web of Science 数据库，分别以"Green innovation"、"Ecological innovation"、"Environmental innovation"和"Sustainable innovation"为篇名进行检索，文献类型限定为 Article，来源限定为 Web of Science 核心合集数据库中的"Science Citation Index Expanded"和"Social Sciences Citation Index"，检索的时间跨度为 1994~2020 年，共检索到期刊论文 1839 篇。此外，为保证数据的有效性，以人工方式剔除条件不符（包括会议、报纸、杂谈、新闻、学者随笔等）或信息不全的文献，最终得到中文文献 834 篇、外文文献 1647 篇，将其作为分析样本。进一步提取检索样本文献的全部信息，将其分别保存为"Refwork"和"其他文件"格式，从而将其导入 CiteSpace 软件进行分析。

2.1.2 国内外绿色创新研究的特征分析

2.1.2.1 发文的年代分布

绿色创新领域的年度发文量及其变化趋势，能够从整体上反映该研究领域的受关注程度和发展历程，从而对于考察绿色创新领域的研究现状，把握其未来发展变化趋势具有重要的指导作用。因此，首先运用 Excel 软件对 1994~2020 年国内外绿色创新领域的载文数量进行统计分析，绘制的时间趋势图如图 2-1 所示。从图 2-1 中可以看出，国内外绿色创新研究领域的发文数量整体上呈现逐年上升之态势，其中国外发文的年均增速为 16.66%，年均发文量 61 篇，国内发文的年均增速为 16.86%，年均发文量 31 篇。由此可见，国内的发文增速略高于国外，但其平均发文量却明显低于国外，尤其是 2012 年以后，国内外发文量的差距进一步拉大。此外还可以发现，国内外文献出现井喷式增长的年份也有所不同，国内开始重视绿色创新领域的研究的时间要晚于国外。

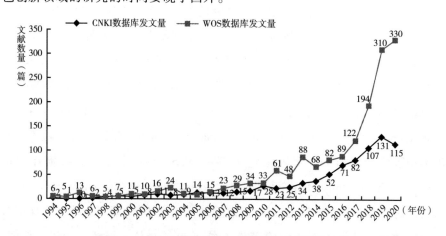

图 2-1　1994~2020 年绿色创新研究文献年发文量

就发文量的趋势而言，可将绿色创新的研究历程大致划分为三个阶段。第一阶段（1994~2002年），为绿色创新研究的起步阶段。该阶段涉及的学者较少，科研成果也不是很多，这一时期国内外的年发文量均未超过20篇，研究能力相对不足。但在这一阶段，Brawn和Wield两位学者最先提出了"绿色技术"概念，并系统阐述了绿色技术的发展阶段和主要方面（Brawn and Wield，1994）。受此启发，随后地理学、经济学、管理学、生态学领域的学者开始对环境驱动创新及绿色创新方面的理论与方法进行初步探索。

第二阶段（2003~2010年），为绿色创新研究的平稳发展阶段。其中国外年发文量在此期间出现波动上升之势，增长率为37.5%，这可能是由于2009年联合国气候变化大会的召开促使各国达成了某些环境共识，使得资源环境约束与经济发展间的协调问题开始成为各国政府关注的重要议题，从而推动了国外对于绿色创新方面的研究。而国内年发文量在此期间则出现了快速增加，增长率高达250%，这主要是因为自2005年以来，国内学者在不断完善绿色创新概念内涵的基础上（张钢、张小军，2013），开始进一步拓展绿色创新的研究范畴，从而使得相关成果迅速增加。但总的说来，此阶段国内外绿色创新研究的年发文量仍比较少，说明绿色创新尚未形成研究热点，参与研究的学者也不是很多。

第三阶段（2011~2020年），为绿色创新研究的快速发展阶段，此间相关研究文献呈迅猛增长之势。其中，国外的增长率高达440.98%，且在2020年达到330篇，而国内的增长率也高达400.00%，并且在2019年达到131篇的峰值。很明显，这一时期国内有关绿色创新的发文量虽然也有大幅提升，但与国外相比，仍存在不小差距。至于发文量快速增加的原因，就国外而言，可能是由于这一时期召开的里约+20峰会、华沙气候大会、巴黎气候大会等一系列气候变化会议，使得各国为应对气候变化出台了一系列举措和法规（如将全球平均升温控制在2℃以内等），从而有力推动了对于绿色创新的研究，使其研究成果激增。而在国内，自党的十八大以来，随着五大发展理念、生态文明建设、创新驱动发展战略的不断推出，绿色创新迅速成为国内社会各界关注的热点词，因为绿色创新不仅是五大发展理念中"绿色"和"创新"的有机融合，也是"加快生态文明体制改革，建设美丽中国"的内在动力。

相比较而言，国内学界对绿色创新的研究虽呈逐年攀升之态势，但整体水平仍相对较低，与国外较早开展并重视绿色创新研究的态势存在不小差距，因此我国学者未来在绿色创新领域的研究仍有较大的发展空间。

2.1.2.2 发文的期刊分布

对绿色创新研究文献的来源和发文频数进行考察，有助于把握该领域的主流发文刊物及所涉及的学科范畴，从而为读者尤其是该领域的研究者提供相关指导，同时也有助于相关单位把握办刊方法与特点（刘昕，2011）。

对 WOS 数据库中收录的 1647 篇外文文献和 CNKI 数据库中收录的 834 篇中文文献的期刊分布状况进行统计分析，可得国内外载文量排名前 10 的期刊（见图 2-2、图 2-3）。可以发现，排名前 10 的国外期刊的载文数量超过 30 篇的有 *Sustainability*（251 篇）、*Journal of Cleaner Production*（218 篇）、*Business Strategy and the Environment*（99 篇）、*Technological Forecasting and Social Change*（49 篇）、*Environmental Science and Pollution Research*（48 篇）、*International Journal of Environmental Research and Public Health*（38 篇）；而排名前 10 的国内期刊载文量超过 30 篇的则有《科技进步与对策》（71 篇）、《科技管理研究》（66 篇）和《生态经济》（35 篇）。可见，尽管目前一些国内外期刊也开始关注绿色创新研究，但能够持续关注该领域的期刊却不是很多，且顶尖期刊在这一领域的刊文量还相对较少。此外还可以发现，涉足绿色创新的国外期刊基本上来自环境和管理领域，涉猎范围相对有限，但却有一定深度，而国内期刊涉足的学科领域则相对更广泛一些（主要有经济、管理、工程科技、信息科技、环境科学、资源利用等），学科交叉特征比较明显，这也说明我国绿色创新相关研究目前已受到多学科领域的广泛关注，但研究深度和质量还有待进一步提升。此外，根据布拉德福定律（郭宇等，2015），若某一研究领域的核心期刊刊文量高于其文献总数的 1/3，则说明该领域的研究文献已形成较稳定的核心期刊群。因此，在载文量排名前 10 的国内外期刊中，国外期刊载文数量共计 795 篇，占文献总量的 48.27%，国内期刊载文数量共计 297 篇，占文献总量的 35.61%，二者均超过各自文献总数的 1/3，说明目前国内外绿色创新研究领域均已形成较为稳定的期刊群。

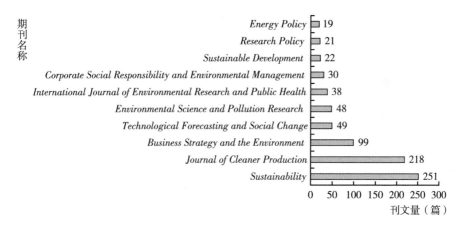

图 2-2　绿色创新研究载文量前 10 的国外核心期刊

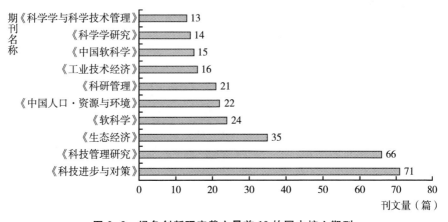

图 2-3　绿色创新研究载文量前 10 的国内核心期刊

2.1.2.3　发文作者及机构的合作分布

本节将从作者和机构两方面对国内外有关绿色创新研究的核心作者数量、作者合作情况以及机构合作情况进行分析。其中，核心作者是指在某一研究领域做出重大贡献的科研人员，其关注的研究方向通常是本学科领

25

域的风向标，而研究机构通常为科研人员所在的工作单位，它为科研人员提供了从事研究工作的平台和环境。此外，由于学术研究是一项团队合作活动，不同作者以及不同机构间只有通力协作、取长补短，才能发挥各自特长，从而领域内的研究水平才会显著提升，因此分析绿色创新领域内文献的作者、机构以及其合作情况就显得非常必要。

1. 核心作者分布情况

（1）国外核心期刊核心作者分析

对发文量相对较多的国外核心期刊作者进行统计分析（见表 2-1），可以发现，排名第一的作者是 ZHONGJU LIAO，发文数为 17 篇。根据普赖斯定律（宗淑萍，2016），核心作者的判定公式为 $M \approx 0.749\sqrt{N\max}$，其中 $N\max$ 为发文最多的作者的发文量，M 为核心作者的最低文献数。经计算，$M \approx 0.749 \times 4.12 = 3.086$，因此可认为发文量不少于 3 篇的作者为核心作者。基于此，最终统计到核心作者共计 31 位，共发表论文 146 篇，占发文总量的 8.865%，小于论文总数的一半，说明现阶段国外核心期刊对于绿色创新研究还未形成稳定的核心作者群。

表 2-1　国外核心期刊绿色创新研究核心作者

排名	作者	发文量（篇）
1	ZHONGJU LIAO	17
2	MASSIMILIANO MAZZANTI	12
3	BAIZHOU LI	6
4	SANGBING TSAI	6
5	TAIWEN FENG	6
6	SHI YIN	5
7	DAYUAN LI	5
8	XIDING CHEN	5
9	FANGFANG ZHANG	4
10	GEMA ALBORTMORANT	4

资料来源：通过 CiteSpace 5.8 R1 计算导出。

（2）国内核心期刊核心作者分析

对国内绿色创新研究领域的 834 篇文献进行统计分析（见表 2-2），可以发现，在国内有关绿色创新研究的学者中，发文量最多的是毕克新（22篇），为高产作者。发文量排名前 3 的高产作者还有杨朝均和田红娜，论文篇数分别为 19 篇、14 篇。由普赖斯定律计算可得 $M \approx 0.749 \times 4.69 = 3.513$，故该领域发文数不少于 3 篇的作者即为核心作者。统计结果显示，核心作者总计 42 位，共发表文献 225 篇，占文献总数的 26.98%，低于总数的一半，说明目前国内核心期刊对于绿色创新的研究也未形成稳定的核心作者群。

表 2-2　国内核心期刊绿色创新研究核心作者

排名	作者	发文量（篇）
1	毕克新	22
2	杨朝均	19
3	田红娜	14
4	杜建国	10
5	徐建中	9
6	王　旭	8
7	廖中举	7
8	向　刚	6
9	俞会新	5
10	唐善茂	5

资料来源：由 CiteSpace 5.8 R1 计算导出。

2. 作者合作的分布情况

通过绘制作者网络共现图谱，可清楚地反映作者间的合作情况，因此将 CiteSpace 运行界面的节点类型（Node Types）调整为作者（Author），经软件运行后，可得到国内外期刊作者的合作网络共现图谱（见图 2-4、图 2-5）。

（1）国外核心期刊作者合作的分布情况

由图 2-4 可知，国外核心期刊作者的合作呈现"部分集中、整体分散"之态势，且目前已形成 8 个相对稳定的研究团队，其中团队内的合作较为频繁，但团队之间却相对独立，合作交流较少。

图 2-4 国外核心期刊绿色创新研究学者网络共现图谱

（2）国内核心期刊作者合作的分布情况

从图 2-5 可以看出，国内核心期刊有关绿色创新研究的作者整体呈现"小集中、大分散"的态势，即核心作者间的交流合作较为频繁，但整体分布却不是很集中，这可能与他们的学科背景、研究视角差异较大，且对绿色创新内涵的理解有所不同有关系。此外，从图 2-5 中还可以看出，目前国内核心期刊对于绿色创新研究已形成了以毕克新、田红娜和杨朝均为核心的团队合作群体，这些团队不仅内部交流多，相互之间也有着较为密切的合作。此外，还形成了以唐善茂、张钢、彭文斌、杜建国、徐建中、施建军为核心的研究团队，但这些团队间的交流合作相对较少。

3. 机构合作的分布情况

分析机构合作情况，可了解该领域的研究力量分布，从而有利于对国内外绿色创新文献的发文机构进行把握。运行 CiteSpace 软件后，可得主要研究机构的信息表（见表 2-3、表 2-4）及机构合作的网络共现图谱（见图 2-6、图 2-7）。

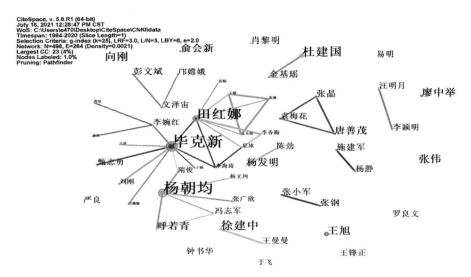

图 2-5　国内核心期刊绿色创新研究学者网络共现图谱

（1）国外核心期刊的发文机构分布

由表 2-3 可知，国外核心期刊发文量最多的研究机构为 Harbin Engn Univ。此外，发文量在 10 篇及以上的机构还有 Univ Ferrara、Zhejiang Sci Tech Univ、Northwestern Polytech Univ、Dalian Univ Technol、Xiamen Univ、Erasmus Univ、Tongji Univ、Delft Univ Technol、Harbin Inst Technol。进一步从机构合作的网络共现图谱看（见图 2-6），各机构间的合作较为集中，但合作网络密度却比较低，只有 0.0023。说明尽管国外核心期刊绿色创新研究发文机构的合作较为频繁，但机构间的合作却大多发生在同一国家，跨国合作则相对较少。而从突现值和半衰期看，影响力较大或期限较长的机构为 Univ Ferrara、Dalian Univ Technol、Erasmus Univ、Delft Univ Technol，因而这些机构已成为国外核心期刊绿色创新研究的主要力量。从国外核心期刊绿色创新主要发文机构的所属国来看，其中有 6 家来自中国，其发文量占主要研究机构发文总量的 59.70%，其次分别为荷兰占 16.42%、意大利占 13.43%、美国占 10.45%。很明显，中国的研究机构已成为国外核心期刊绿色创新研究成果产出的主要单位。

表 2-3　国外核心期刊绿色创新研究主要发文机构信息

序号	机构	发文量(篇)	突现值	半衰期
1	Harbin Engn Univ（哈尔滨工程大学）	18	3.99	1.5
2	Univ Ferrara（费拉拉大学）	18	6.37	2.5
3	Zhejiang Sci Tech Univ（浙江理工大学）	17	3.76	0.5
4	Northwestern Polytech Univ（西北理工大学）	14	—	1.5
5	Dalian Univ Technol（大连理工大学）	12	—	6.5
6	Xiamen Univ（厦门大学）	12	—	-0.5
7	Erasmus Univ（鹿特丹伊拉斯姆斯大学）	11	—	6.5
8	Tongji Univ（同济大学）	11	—	2.5
9	Delft Univ Technol（代尔夫特理工大学）	11	—	10.5
10	Harbin Inst Technol（哈尔滨工业大学）	10	—	1.5

资料来源：由 CiteSpace 5.8 R1 计算导出。

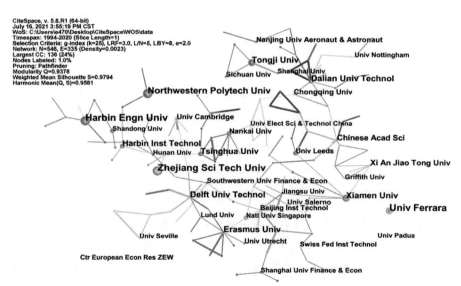

图 2-6　国外核心期刊绿色创新研究发文机构合作网络共现图谱

（2）国内核心期刊的发文机构分布

由表 2-4 可知，在国内核心期刊绿色创新研究的发文机构中，哈尔滨工程大学经济管理学院的发文量最多（42 篇），占文献总量的 5.04%。其余发文量在 10 篇及以上的还有昆明理工大学管理与经济学院、哈尔滨理工大学管理学院、浙江大学管理学院等 7 家机构。进一步地，排名前 10 的研究机构的发文量总计为 182 篇，占文献总量的 21.82%，反映出国内核心期刊绿色创新研究机构相对较为集中，科研成果差异较大。

表 2-4　国内核心期刊绿色创新研究主要发文机构信息

序号	机构	发文量（篇）	突现值	半衰期
1	哈尔滨工程大学经济管理学院	42	—	3.5
2	昆明理工大学管理与经济学院	33	—	13.5
3	哈尔滨理工大学管理学院	29	8.55	2.5
4	浙江大学管理学院	15	5.31	2.5
5	中南大学商学院	13	—	10.5
6	中南财经政法大学经济学院	12	—	6.5
7	武汉大学经济与管理学院	10	—	6.5
8	江苏大学管理学院	10	—	1.5
9	山东财经大学工商管理学院	9	—	0.5
10	湖南科技大学商学院	9	—	1.5

资料来源：由 CiteSpace 5.8 R1 计算导出。

从机构合作的网络共现图谱看（见图 2-7），机构间的合作还比较少，研究机构整体上呈分散状态，合作网络密度仅为 0.0019，不过也形成了以哈尔滨工程大学经济管理学院、浙江大学管理学院、中南财经政法大学经济学院为核心节点的三个规模相对较大的跨机构合作群体，同时还形成了"梧州学院-浙江旅游职业学院"和"中国科学院大学公共政策与管理学院-中国科学院科技战略咨询研究院"两个规模相对较小的机构合作群体。这些合作群体或是发生在同一机构的不同学院，或是出于便捷考虑而发生在地理位置邻近的机构间，而跨机构、跨地域的合作则相对较少，学术联系也比较弱，目前尚未形成广泛而紧密的合作网络群体。就机构的突现值和半衰期而言，哈尔滨理工大学管理学院、浙江大学管理学院、昆明理工大学管理与经济学院、中南大学商学院、中南财经政法大学经济学院及武汉大学经济与管理学院等研究机构的影响力相对较大或期限较长。此外，昆明理工大学管理与经济学院、中南大学商学院、中南财经政法大学经济学院和武汉大学经济与管理学院是较早从事绿色创新研究的机构，而哈尔滨工程大学经济管理学院、哈尔滨理工大学管理学院、浙江大学管理学院则是近几年才介入绿色创新研究的国内机构。在发文量排名前 10 的研究机构中，有 70% 来自东部和中部地区，且大部分为国内"双一流"建设高校。原因在于，较之西部落后地区，经济发展水平相对较高的东部和中部地区更具有相应的研究实力，从而也更为重视绿色创新研究。因此，未来国家应加大对西部高校科研的支持力度，鼓励该地区的高校和科研机构加入绿色创新研究，以此壮大和优化国内的绿色创新研究队伍，进而通过学科交叉融合来扩大其研究范围、提高其研究层次，同时还应拓展相关机构间合作的广度及深度。

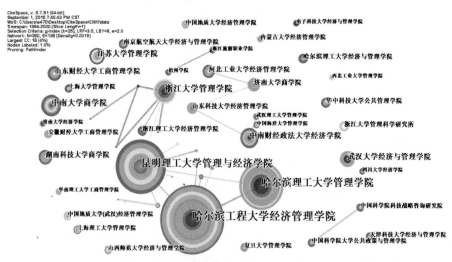

图 2-7　国内核心期刊绿色创新研究发文机构合作网络共现图谱

以上对比分析了国内外绿色创新研究文献在作者分布及机构分布上的情况。可以发现，在作者分布方面，国内外核心期刊目前均未形成稳定的核心作者群，尽管相关作者在同一机构内的合作较为频繁，但各团队间的合作却相对较少，这在一定程度上影响了绿色创新领域研究水平的有效提升。而在机构分布方面，国外核心期刊发文机构间的合作比较集中，而国内核心期刊发文机构间的合作相对分散，国外核心期刊的相关发文机构在绿色创新研究领域的合作较之国内更强，这也反映出国外核心期刊的发文机构更加重视绿色创新的合作研究。国内外核心期刊的发文机构的合作大多发生在同一国家或地区，跨国界、跨区域的合作交流相对较少。

2.1.2.4　国家分布

尽管绿色创新研究在全球范围内推进迅速，但其在空间分布上的差异却比较明显。因此，为了更好地揭示绿色创新研究的主要国家分布及其在国家间的合作情况，可将 CiteSpace 运行界面的节点类型（Node Types）调整为国家（Country），经软件运行后，生成如图 2-8 所示的国家分布图谱。图 2-8 中节点之间的连线表示合作关系，线的粗细则代表合作强度，节点的大小表示国家的发文数量。可以发现，国家合作分布的网络共现图谱包含 102 个节点（Nodes）和 124 条连线（Links），且国家间的连线较为紧密，说明相关国家间的互动交流相对较多。

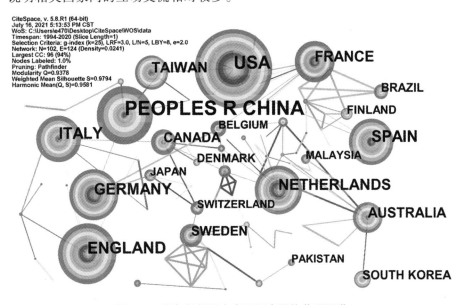

图 2-8　绿色创新研究主要国家网络共现图谱

此外，还可进一步采用节点中心度（Centrality）对一国在整个合作网络中发挥的作用进行衡量。一国的节点中心度越大，说明其在合作网络中的连接程度就越高，从而其影响力也就越大（林德明等，2011）。表2-5给出了绿色创新研究发文量排名前10位的国家的节点中心度大小。其中，发文量排名第一位的国家为美国，发文量465篇，占发文总量的28.23%，其后为中国，发文量229篇，占发文总量的13.90%。由此可见，中美两国的发文量均超过了200篇，说明两国对绿色创新领域的研究十分重视，是该研究领域的主阵地，领先于其他国家，这也与中美两国在联合国气候大会中彰显出的大国风范相符。进一步分析节点中心度，可发现荷兰的节点中心度最大，说明其在绿色创新领域的影响力最大，其次是加拿大、德国。而发文量居前两位的中国和美国，在节点中心度的排名上却位列最后，尤其是中国的节点中心度更低，只有0.13，说明中国虽然在绿色创新研究领域取得了一定成绩，但从其相对稀疏的共现网络和较低的节点中心度可知，中国目前与其他国家的合作还比较缺乏，从而使国家影响力较小。因此，未来中国在继续加大自身绿色创新研究力度的同时，还需积极与其他国家开展相关研究合作，以不断提升自身在该领域的国际影响力。

表2-5 绿色创新研究发文量排名前10国家

排序	国家	发文量（篇）	节点中心度
1	美国	465	0.15
2	中国	229	0.13
3	英国	154	0.39
4	西班牙	121	0.21
5	意大利	118	0.07
6	德国	118	0.78
7	荷兰	99	1.42
8	法国	77	0.53
9	澳大利亚	63	0.53
10	加拿大	50	0.85

资料来源：由CiteSpace 5.8 R1计算导出。

2.1.3　国内外绿色创新研究的知识基础

研究热点是指某一时期内在关联较强、数量相对较多的一组文献所共同探讨的问题，它是研究者持续关注的主题和前沿，因此熟悉研究领域的热点，有利于明确学科发展态势、把握其研究方向（吴映雪，2021）。而研究文献的关键词则凝聚了其中的精华和中心议题，从而更能客观反映相应的研究热点。其中，关键词的出现频次、中心度、突现值等指标可以直接反映关键词的研究热度，而共现分析、聚类分析等研究方法则有助于直观展示关键词在图谱中的核心地位。基于此，将文献数据导入 CiteSpace 软件，将节点类型设置为"关键词"（Keyboard）、阈值设定为"top50"，为了使图谱更加清晰，设置寻径（pathfinder）、修剪切片（pruning sliced）和修剪合并（pruning the merged）三种裁剪方法对网络图谱进行修剪，由此可得关键词的网络共现图谱和网络聚类图谱，以把握绿色创新研究领域的知识基础。

2.1.3.1　关键词网络共现图谱分析

关键词网络共现图谱旨在发掘某研究领域内热点间的关系。通过运行 CiteSpace 软件，可得关键词网络共现图谱（见图 2-9、图 2-10），同时分别提取国内外核心期刊绿色创新研究词频排名前 30 的关键词，以形成相应的信息表（见表 2-6、表 2-7）。

1. 国外核心期刊

从图 2-9 和表 2-6 可知，在国外核心期刊绿色创新研究的关键词网络共现图谱中，最大的节点是绩效（performance），出现频次为 356 次，节点中心度为 0.04；其次为管理（management）和影响（impact），其频次和节点中心度分别为 288 次、0.03 和 247 次、0.00。尽管这些关键词的出现频次位列前茅，但其节点中心度却不是很高，从而其研究地位并不是很高。相反，在排名前 30 的关键词中，资源视角（resource based view，75 次）、政策（policy，151 次）、制度（system，20 次）三者出现的频次不高，但其节点中心度却位列前三，分别为 0.17、0.16、0.15。说明它们是绿色创新研究中基础地位相对明朗、研究热度持续性较好、学术地位相对较高的议题，这也与目前的全球生态环境形势相契合，尤其是近年来随着全球气候的持续变暖，各国纷纷出台相关环保政策予以应对，从而也使得绿色创新研究得到更多关注。随着关键词种类的日益多样化，这一领域的研究主题也开始表现出多元化和分散化的发展趋势。通过对表 2-6 的主要关键词信息进行归纳和总结，其大致涉及创新管理绩效与影响机制（performance；management；impact；innovation）、生态创新技术与可持续发展战略（eco innovation；sustainability；technology；strategy；technological innovation；sustainable development）、绿色产品创新能力与提升策略（green；capability；policy；product innovation）、工业企业绿色创新绩效评价与影响因素（green innovation；research and development；industry；system；firm performance；firm；determinant）、环境规制与可持续发展（environmental regulation；sustainable development；empirical evidence；model）等方面，它们共同构成了目前国外核心期刊有关绿色创新研究的重点领域。

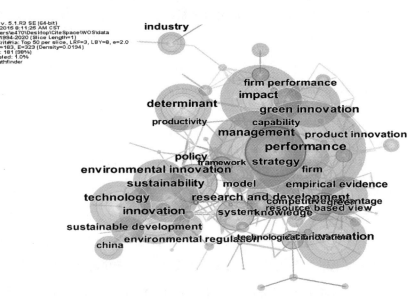

图 2-9　国外核心期刊绿色创新研究关键词网络共现图谱

表 2-6　绿色创新研究外文高频关键词 Top30

序号	关键词	频次（次）	节点中心度	序号	关键词	频次（次）	节点中心度
1	performance	356	0.04	16	model	116	0.03
2	management	288	0.03	17	firm	115	0.09
3	impact	247	0.00	18	product innovation	110	0.03
4	innovation	225	0.07	19	sustainable development	108	0.04
5	eco innovation	214	0.08	20	environmental regulation	99	0.04
6	sustainability	193	0.10	21	knowledge	92	0.12
7	technology	193	0.02	22	firm performance	92	0.10
8	strategy	181	0.20	23	industry	91	0.04
9	determinant	177	0.02	24	China	86	0.00
10	green innovation	172	0.10	25	competitive advantage	80	0.11
11	environmental innovation	170	0.03	26	green	79	0.10
12	research and development	166	0.08	27	capability	78	0.14
13	policy	151	0.16	28	resource based view	75	0.17
14	empirical evidence	143	0.02	29	productivity	69	0.00
15	system	120	0.15	30	technological innovation	66	0.12

资料来源：由 CiteSpace 5.1 R3 计算导出。

2. 国内核心期刊

从国内核心期刊绿色创新研究关键词的网络共现图谱及主要关键词的信息表看（见图 2-10、表 2-7），绿色技术创新是网络共现图谱中的最大节点，频次为 159 次，节点中心度为 0.61；其次为绿色创新（频次 151 次，节点中心度 0.28）和环境规制（频次 91 次，节点中心度 0.23），表明这些议题目前在绿色创新研究领域内的基础最好，其影响程度也相对较高。事实上，自杨发明和吕燕（1998）将绿色技术创新概念及相关理论引入国内以来，有关学者对其进行了不断完善和补充，加之近年来制定和实施的一系列有关环境保护、技术创新等方面的国家政策，绿色创新成为国内研究的热门话题。进一步结合表 2-7，可将国内核心期刊有关绿色创新研究的关键词归纳为绿色创新内涵及其外延（绿色技术创新、生态创新、环境创新、绿色工艺创新、绿色产品创新、可持续创新）、环境规制与绿色技术创新效率（环境规制、绿色技术创新效率、门槛效应、波特假说）、制造业绿色创新效率与驱动机制（制造业、绿色创新效率、驱动因素、演化博弈）、绿色创新能力测评与影响因素（绿色创新能力、绿色创新绩效、影响因素）、长江经济带与绿色发展（长江经济带、绿色发展）、企业技术创新绩效（企业、技术创新、企业绩效）等，其研究范式主要体现为基于绿色创新概念的内涵及外延而对其进行的水平测度和影响机理考量。进一步对比国外研究，可以发现，国外期刊相对更加注重绿色创新概念及其相关基础理论扩展的定性研究，而国内期刊则更为关注绿色创新水平测度以及提升绿色创新效率等方面的定量研究。

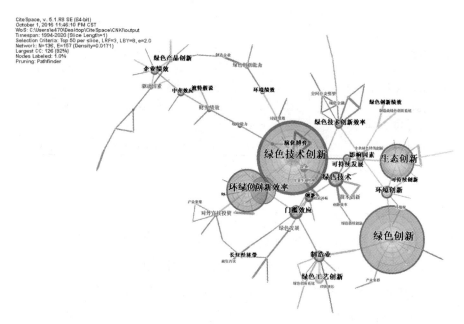

图 2-10　国内核心期刊绿色创新研究关键词网络共现图谱

表 2-7　绿色创新研究中文高频关键词 Top30

序号	关键词	频次（次）	节点中心度	序号	关键词	频次（次）	节点中心度
1	绿色技术创新	159	0.61	4	生态创新	79	0.32
2	绿色创新	151	0.28	5	绿色创新效率	60	0.13
3	环境规制	91	0.23	6	绿色技术	30	0.43

序号	关键词	频次（次）	节点中心度	序号	关键词	频次（次）	节点中心度
7	绿色工艺创新	26	0.00	19	环境绩效	11	0.14
8	环境创新	26	0.35	20	波特假说	10	0.00
9	门槛效应	23	0.42	21	绿色创新绩效	10	0.00
10	制造业	23	0.26	22	长江经济带	9	0.02
11	影响因素	18	0.35	23	可持续创新	9	0.00
12	可持续发展	16	0.33	24	财务绩效	7	0.36
13	绿色产品创新	15	0.10	25	绿色创新能力	7	0.13
14	企业绩效	15	0.27	26	对外直接投资	7	0.11
15	绿色技术创新效率	15	0.28	27	绿色发展	7	0.10
16	演化博弈	14	0.03	28	驱动因素	7	0.16
17	创新	12	0.50	29	技术创新	7	0.00
18	中介效应	11	0.30	30	企业	6	0.67

资料来源：由 CiteSpace 5.1 R8 计算导出。

2.1.3.2　关键词网络聚类图谱分析

关键词网络聚类图谱旨在揭露某领域内哪些关键词已形成相应的核心研究类群。一般来说，类群序号越靠前，表明类群内的关键词越多，从而其研究规模也就越大。而类群密度越高，则意味着类群关键词之间的联系越密切，说明该主题的类群在领域内具有较长的研究历史且研究者较多，从而已形成较为完备的知识体系。此处使用 CiteSpace 软件运行界面中的 LLR 算法和 K 关键词菜单，对国内外核心期刊有关绿色创新研究的聚类进行提取（见图 2-11、图 2-12、表 2-8、表 2-9）。

1. 国外核心期刊

在国外核心期刊绿色创新研究的聚类图谱中，聚类模块值 Q 为 0.6811，大于 0.3，聚类平均轮廓值为 0.8044，大于 0.5，说明聚类结果比较理想（见图 2-11）。

具体而言，目前国外核心期刊绿色创新研究已形成 10 个类群，分别是类群 0#"technology"（技术）、类群 1#"competitive advantage"（竞争优势）、

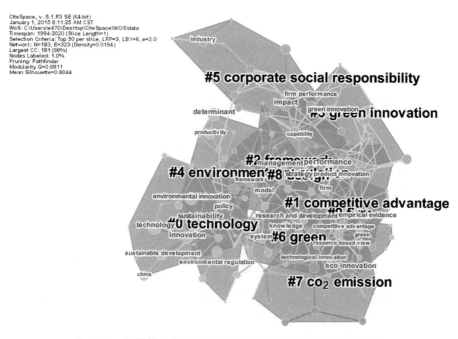

图2-11　国外核心期刊绿色创新研究的关键词网络聚类图谱

类群2#"framework"（结构）、类群3#"green innovation"（绿色创新）、类群4#"environmental regulation"（环境规制）、类群5#"corporate social responsibility"（企业社会责任）、类群6#"green"（绿色）、类群7#"co₂ emission"（碳排放）、类群8#"design"（设计）、类群9#"firm"（企业）。从图谱中还可以发现，不同类群之间存在较为紧密的重叠，说明国外核心期刊在绿色创新研究领域存在明显的学科交叉融合现象。进一步从表2-8看，10个类群的紧密程度均大于0.7，类群成员均大于10个，说明聚类效果较好，类群较为稳定。其中类群1#"competitive advantage"（竞争优势）、类群5#"corporate social responsibility"（企业社会责任）以及类群7#"co₂ emission"（碳排放）的紧密度均大于0.8，说明该类群内部具有良好的关联性。此外，从类群成员的平均诞生时间来看，绝大多数类群成员的平均诞生时间集中在2008～2009年和2012～2013年两个时段，说明在这两个时段内，类群成员之间开始形成合力，使得国外核心期刊有关绿色创新研究的范畴日趋完善，且研究成果不断丰富，从而形成较为稳定的研究模式。值得指出的是，2008~2009年和 2012~2013 年分别召开了针对气候变化的重要国际会议，即 2009 年的联合国气候变化大会和 2012 年的多哈世界气候大会。在这两次讨论全球气候变化的会议上，各国基于二氧化碳排放、节能减排等环境问题初步达成了一些共识，从而对国外核心期刊的绿色创新研究起到了一定的推动作用。

表 2-8 国外核心期刊绿色创新研究的聚类信息

聚类号	聚类名称	节点数量（个）	聚类紧密程度值	类群成员平均诞生时间
#0	technology（技术）	21	0.785	2008
#1	competitive advantage（竞争优势）	21	0.809	2013
#2	framework（结构）	20	0.737	2009
#3	green innovation（绿色创新）	19	0.785	2012
#4	environmental regulation（环境规制）	18	0.759	2008
#5	corporate social responsibility（企业社会责任）	18	0.808	2012
#6	green（绿色）	17	0.781	2010
#7	CO_2 emission（碳排放）	16	0.859	2013
#8	design（设计）	16	0.741	2011
#9	firm（企业）	15	0.786	2012

资料来源：由 CiteSpace 5.1 R3 计算导出。

2. 国内核心期刊

从图 2-12 可知，聚类模块值 Q 为 0.8054，大于 0.3，聚类平均轮廓值 S 为 0.6347，大于 0.5，因此可认为国内核心期刊有关绿色创新研究的聚类结构是可靠的。

从图 2-12 中可以发现，目前国内核心期刊对于绿色创新的研究一共形成了 11 个类群，分别为类群 0#"环境规制"、类群 1#"评价指标体系"、类群 2#"绿色创新效率"、类群 3#"绿色技术创新"、类群 4#"生态创新"、类群 5#"绿色创新绩效"、类群 6#"绿色技术创新效率"、类群 7#"产业集群"、类群 8#"制造业"、类群 9#"环境绩效"、类群 10#"中介效应"。进一步结合表 2-9 可知，上述 11 个类群的紧密程度均超过了 0.8，且

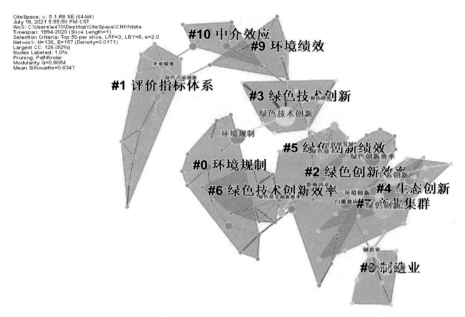

图 2-12　国内核心期刊绿色创新研究的关键词网络聚类图谱

类群成员大部分都超过了 10 个，说明聚类群体较为成熟。此外，与国外一样，国内不同类群之间也存在一定的交叉，说明各研究类群之间既相互独立，又具有学科交叉现象，且国内绿色创新研究的学术扩展和渗透能力已开始显现。类群 6#"绿色技术创新效率"、类群 8#"制造业"、类群 4#"生态创新"、类群 0#"环境规制"和类群 1#"评价指标体系"的紧密度位居前五，均在 0.930 以上，说明这些类群内部的相关性较高。此外，从类群成员的平均诞生时间可知，大多数类群成员出现在 2013~2014 年和 2016~2017 年两个时段，与类群形成合力的时间相契合，表明在这两个时段国内对于绿色创新的研究开始聚焦，相应的研究成果也在不断丰富，已初步形成相对固定的研究模式，由此也推动了其他类群的出现和成熟。此外还需要指出的是，在国内绿色创新发展的过程中，2012 年党的十八大提出"创新驱动发展战略"，同时将生态文明建设提到新的战略高度，2017 年党的十九大提出"要加快生态文明体制改革，建设美丽中国、构建以市场为导向的绿色技术创新体系"，这些都对国内绿色创新研究起到了积极的推动作用，同时说明绿色创新研究的推进与国家政策紧密相关，即需要理论和实践的双轮驱动。

表 2-9　国内核心期刊绿色创新研究的聚类信息

聚类号	聚类名称	节点数量 （个）	聚类紧密 程度值	类群成员 平均诞生时间
#0	环境规制	14	0.951	2017
#1	评价指标体系	14	0.937	2016
#2	绿色创新效率	14	0.820	2017
#3	绿色技术创新	14	0.885	2009
#4	生态创新	14	0.957	2013
#5	绿色创新绩效	12	0.900	2007
#6	绿色技术创新效率	11	0.988	2018
#7	产业集群	11	0.843	2013
#8	制造业	9	0.977	2014
#9	环境绩效	7	0.900	2017
#10	中介效应	6	0.900	2017

资料来源：由 CiteSpace 5.1 R8 计算导出。

2.1.4　国内外绿色创新研究的热点演化及前沿

2.1.4.1　国内外绿色创新研究的热点演化

为了明确绿色创新领域研究热点在不同时期的变化情况，在上述共现和聚类分析的基础上，本节进一步借助 CiteSpace 软件中的 Timezone 功能，对国内外核心期刊绿色创新研究热点词的历史演进进行可视化呈现，由此给出图 2-13 和图 2-14 研究热点词的时区演进图谱。

1. 国外核心期刊绿色创新研究热点词的时区演进图谱

由图 2-13 可知，近 30 年来，国外核心期刊对于绿色创新的研究主要是围绕"驱动因素不断深化"这一主线展开的，大致可分为四个阶段。第一阶段为 1994~1999 年，这一时期可看作国外核心期刊绿色创新研究的萌芽期。伴随第三次工业革命对世界经济影响的不断深化，其中发挥巨大作用的

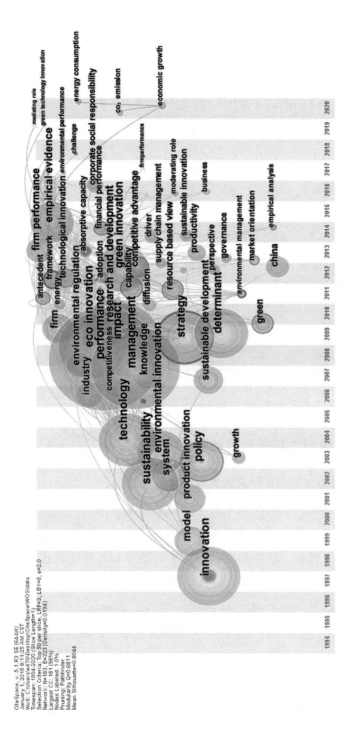

图 2-13　国外核心期刊绿色创新研究热点词的时区演进图谱

创新开始进入学者的视野，但这一时期的研究热点词还比较少，仅有创新（innovation）和模式（model）。第二阶段为 2000~2005 年，可看作研究的成长期。这一时期有关绿色创新的概念开始在创新（innovation）、管理（management）、可持续性（sustainability）等相关理论中逐渐得到发展，研究成果也开始不断增加，且开始出现不同研究主题之间的交叉，其中产品创新（product innovation）、环境创新（environmental innovation）、政策（policy）、制度（system）等热点词开始受到了广泛关注。第三阶段为 2006~2014 年，即研究的爆发期。这一阶段的绿色创新研究开始向绩效（performance）、生态创新（ecological innovation）、扩散（diffusion）、治理（governance）等主题转移，且研究内容也在不断深化，而此间对绿色创新影响的考察主要涉及研究与发展（research and development）、环境规制（environmental regulation）、吸收能力（absorptive capacity）、绿色（green）等因素。与此同时，中国（China）一词在这一时期也开始进入国际研究视野，说明有关中国绿色创新的研究也开始逐渐受到国外学界的关注。第四阶段为 2015~2020 年，也即平稳增长期。这一时期国外核心期刊有关绿色创新的研究开始稳步增长，与此同时增加了对企业的关注，如企业绩效（firm performance）、企业社会责任（corporate social responsibility）等，且研究内容也更多地集中在对于其影响因素的实证分析上，如金融绩效（financial performance）、碳排放（CO_2 emission）、中介效应（moderating role）、能源消耗（energy consumption）等因素开始进入绿色技术创新（green technology innovation）、环境绩效（environmental performance）、经济增长（economic growth）等有关绿色创新主题的分析当中。

2. 国内核心期刊绿色创新研究热点词的时区演进图谱

从图 2-14 给出的国内核心期刊绿色创新研究热点词的演化过程看，国内研究主要是围绕"绿色创新内容不断丰富"这一路径展开的，大致可划分为三个阶段。第一阶段（1994~2004 年）为萌芽期。这一时期的研究成果相对较少，主要集中在绿色技术创新、环境创新、绿色技术和可持续发展等方面。第二阶段（2005~2011 年）为成长期。自 2005 年绿色创新这一概

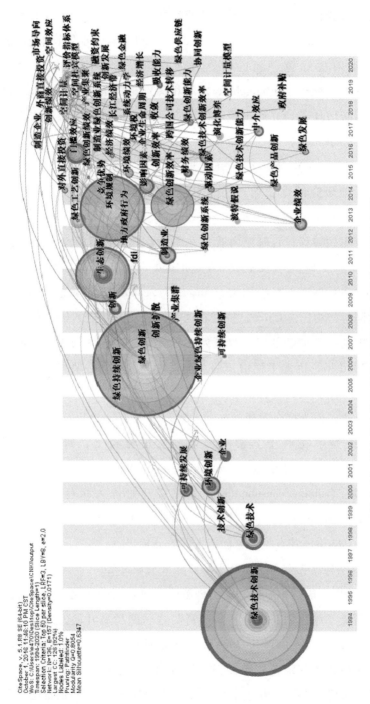

图 2-14 国内核心期刊绿色创新研究热点词的时区演进图谱

念成为国内学界关注的重点以来，该领域的研究便开始呈现多元化发展之特征。其中，对于绿色创新概念内涵的丰富以及相应的产业实践开始进入学者的分析框架。与此同时，绿色持续创新、可持续创新、生态创新、创新扩散、产业集群、制造业等研究主题也开始受到关注。这些研究主题使绿色创新研究内容不断丰富，说明这一时期我国各界开始重视产业结构的绿色化升级。第三阶段（2012~2020年）为井喷期。这一时期"创新驱动发展战略""五大发展理念""生态文明建设"等国家重大战略的频频出台，为国内绿色创新研究带来了前所未有的新机遇，从而使得该时期的研究成果呈现井喷式增长。与此同时，相关研究内容也在不断深化，开始由绿色创新相关概念辨析转向绿色创新水平评价，相关热点主题主要涉及绿色创新效率、绿色创新能力、评价指标体系、绿色创新绩效等。此外，受我国区域协调发展战略的影响，这一时期有关绿色创新发展的空间均衡及其驱动机制也开始受到学界关注，涉及的主题词包括空间效应、协同创新、收敛、长江经济带、空间计量模型和绿色金融等，这些共同构成了近年来国内绿色创新的研究热点。

　　整体来看，国内外绿色创新研究的演化趋势存在较为明显的差别。首先，国外有关绿色创新的研究要比国内相关研究具有更为明显的连续性，这主要体现在国外绿色创新研究在实现爆发性增长后，研究势头开始逐渐放缓，进入平稳发展期，而国内研究受相关国家政策的影响，热度一直不减；其次，国外绿色创新研究差不多一直是围绕着"影响因素"这一主题进行拓展的，而国内则是从关注绿色创新概念的内涵及外延，过渡到绿色创新水平的评价，最后又发展为对于绿色创新空间结构的探讨，且国内的这一研究更具时代特征，表现出研究的演进趋势与国家有关政策紧密联系的特点。

2.1.4.2　国内外绿色创新研究的前沿动态

　　研究前沿一般是指那些在学术研究中最先进、最具生命力和发展潜力，且兼具创新性和学科交叉性的研究主题或研究领域（严翔等，2018）。其中的突现词探测旨在考察某一关键词在短时间内骤升，突然演变为研究热点的情形，这一工作有助于预判某一研究领域未来一段时间内的前沿动态。基于此，利用 CiteSpace 软件中的突发检测算法（Burst detection）进行突现词探测，以把握国内外绿色创新研究的前沿和发展趋势，从而得到国内外核心期刊绿色创新研究突现词的探测信息（见表 2-10、表 2-11）。

1. 国外核心期刊绿色创新研究的突现词分析

从表 2-10 可以看出，在国外绿色创新研究领域突变较强的前 25 个突现词中，突变强度排名前 5 的突现词分别为创新（innovation，28.27）、政策（policy，7.86）、激励机制（incentive，6.94）、环境政策（environmental policy，6.81）、技术（technology，6.25）。同时突变时间超过 9 年的突现词有环境政策（environmental policy，20 年）、创新（innovation，18 年）、激励机制（incentive，15 年）、政策（policy，9 年）。而制造业企业（manufacturing firm）、互补性（complementarity）、制造业（manufacturing industry）、科学（science）则是近几年才出现的突现词。进一步结合图 2-13，可以预判，未来可能会有三个研究主题成为国外核心期刊有关绿色创新研究的新趋势：一是相关环境政策对企业绿色创新能力的影响；二是制造业与绿色科技创新的互补融合；三是基于转型的制造业企业的绿色技术创新能力评价。

表 2-10　国外核心期刊绿色创新研究突现词探测信息

关键词	突变强度	起始年	结束年	1994~2020 年
environmental policy	6.81	1994	2013	
innovation	28.27	1996	2013	
incentive	6.94	1999	2013	
cost	3.59	2003	2008	
policy	7.86	2006	2014	
technology	6.25	2007	2013	
us	4.41	2008	2013	
bio-fuel	4.02	2008	2013	
product development	5.34	2009	2015	
environmental management	4.45	2009	2015	
technological change	3.73	2009	2013	

关键词	突变强度	起始年	结束年	1994~2020 年
dynamics	4.84	2010	2016	
system	4.05	2010	2015	
management system	3.91	2012	2016	
transition	4.05	2013	2016	
determinant	5.15	2014	2016	
small and medium enterprise	3.52	2014	2016	
eco-innovation	6.22	2015	2016	
community	5.52	2015	2017	
strategy	4.45	2015	2016	
evolution	3.89	2016	2017	
manufacturing firm	4.24	2017	2018	
complementarity	3.83	2017	2018	
manufacturing industry	3.64	2017	2018	
science	3.72	2018	2020	

资料来源：由 CiteSpace 5.8 R1 计算导出。

2. 国内核心期刊绿色创新研究的突现词分析

由表 2-11 可知，在国内绿色创新研究领域突变较强的前 20 个突现词中，突变时间长达 7 年及以上的有技术创新（11 年）、绿色技术（18 年）、可持续发展（14 年）、环境创新（8 年）、绿色技术创新（7 年）、可持续创新（7 年），这些突现词的生命周期都比较长。而突变强度较强的突现词则包括绿色技术创新（12.45）、绿色技术（9.43）、可持续发展（8.29）、生态创新（7.69）等，由此说明这些突现词是短期内国内核心期刊绿色创新研究的前沿选题。而绿色创新绩效、绿色技术创新效率、演化博弈、门槛效应和长江经济带则是近几年才出现的突现词，从而说明这些突现词是国内绿色创新研究的前沿主题。综合突现词的突变强度、生命周期和变化趋势，可以预见，未来国内核心期刊绿色创新的研究将主要聚焦于绿色创新内涵及外延的界定、绿色创新绩效评价、绿色创新空间结构演化模拟及预测、绿色创新空间非均衡的影响机理探讨等方面。

表 2-11　国内核心期刊绿色创新研究突现词探测信息

突现词	突变强度	起始年	结束年	1994~2020
技术创新	4.52	1995	2005	
绿色技术	9.43	1995	2012	
绿色技术创新	12.45	1999	2005	
可持续发展	8.29	2000	2013	
企业绿色持续创新	2.70	2005	2006	
产业集群	3.23	2007	2010	
环境创新	5.68	2009	2016	
创新	2.321	2009	2014	
可持续创新	3.689	2010	2016	
绿色创新系统	1.755	2011	2016	
制造业	5.68	2011	2015	
绿色工艺创新	5.093	2012	2015	
企业绩效	1.737	2013	2016	
生态创新	7.69	2013	2016	
影响因素	2.156	2013	2018	
绿色创新绩效	2.385	2015	2017	
绿色技术创新效率	2.108	2016	2017	
演化博弈	3.328	2017	2020	
门槛效应	2.446	2018	2020	
长江经济带	3.137	2018	2020	

资料来源：由 CiteSpace 5.1 R8 计算导出。

2.2　国内外绿色创新研究综述

　　以上对国内外绿色创新的研究脉络及其发展轨迹进行的知识图谱分析，能够较为直观地呈现国内外绿色创新研究的全貌，尤其是借助文献关键词共现和对数似然率算法，可以清晰地展示国内外有关绿色创新研究的聚类轮廓及其细分类别，从而使得我们能够较好地把握该领域内的研究热点。然而，由于知识图谱分析中存在细分聚类的重叠以及覆盖的关键词较多等问题，不利于对具体文献的研究情况进行把握，因而还需对绿色创新热点聚类图谱中的代表性文献做进一步解读,从而对绿色创新的研究内容进行类别划分与文献综述。

在对热点聚类图谱、研究热点演进图谱,以及突现词探测信息表中的绿色创新研究热点及前沿进行归纳和总结的基础上,本章以下部分将围绕绿色创新测度、绿色创新影响因素、绿色创新空间特征及演化、绿色创新空间溢出、绿色创新空间结构及其作用机理等方面的内容对国内外相关文献进行梳理和述评,以便进一步聚焦研究重点和凝练关键问题。

2.2.1　有关绿色创新测度的研究

2.2.1.1　绿色创新概念辨析

从雷切尔·卡逊的《寂静的春天》、肯尼斯·鲍尔丁的宇宙飞船经济理论到罗马俱乐部的《增长的极限》,再到联合国环境与发展委员会的《我们共同的未来》,从走可持续发展道路到应对全球气候变化,再到发展绿色经济(杨浩昌等,2020),其中的绿色创新已逐渐成为学界关注的重点议题。作为环境管理学的一个重要概念,绿色创新最早现于 Fussler 和 James(1996)所著的《驱动绿色创新:创新和可持续发展的突破性学科》一书,是指那些既能为企业和消费者创造经济价值,又能显著降低对环境破坏的新产品和新工艺等。受此启发,随后学者从生态学、经济学、可持续发展、战略管理等学科领域及理论视角对绿色创新的内涵及外延进行了广泛而深入的考察(张钢、张小军,2011),认为绿色创新与生态创新、环境创新、可持续创新等概念相似(Schiederig et al.,2011),都强调创新过程中应减少环境负担以取得可持续的经济增长,由此使得这些概念在很大程度上可以互换使用。但因绿色创新概念内涵过于宽泛以及由此所导致的模糊性,到目前为止学界仍未就此达成共识。相关领域的学者基于自身研究范畴分别从不同视角切入,就绿色创新的内涵给出了各自的理解,由此也产生了不同的定义形式和实践应用。如 Driessen 和 Hillebrand(2002)从务实的角度认为,绿色创新不仅要关注环境污染物的减少,还需考虑如何通过改进创新过程的各环节来提升环境效益。基于降低环境影响的视角,Beise 和

Rennings（2005）认为，绿色创新的总体目标应与具有环境效益的技术进步密切相关，并将其界定为经济组织为减轻环境负担以促进经济可持续发展，在工艺、技术、流程和产品等方面所采取的改良和革新。但也有学者认为，绿色创新概念应涵盖更为广泛的内容，不仅要包括绿色产品、绿色工艺及绿色流程在内的硬件和软件创新，还要包括与节能减排、污染防治、绿色产品设计等企业环境管理相关的技术创新（Chen et al.，2006）。从目标导向看，经济合作与发展组织更加强调人们追求环境效益的动机，认为企业在创新过程中应采用相关措施来减少资源消耗、废弃物排放和生态污染（OECD，2008）；Shu 等（2016）则认为，绿色创新应更加注重"经济效益-社会效益-环境效益"的共赢，依托现代化的科技手段研发绿色产品、推动绿色工艺改造，以提高生产效率、降低环境污染，最终为民众谋取更大福利；而 Thomas 等（2006）却认为，那些对环境有益的创新实践，即绿色产品创新、绿色制度创新、绿色工艺创新和绿色组织创新等，无论其环保收益是否为创新的主要出发点，都应属于绿色创新的概念范畴。

就我国而言，自 20 世纪末绿色创新概念及其相关理论引入国内以来（杨发明、吕燕，1998），许多学者对这一概念进行了多方位的阐释，且较之于国外，国内学者倾向于从更为广义的视角来理解绿色创新。如陈华斌（1999）认为，一切以生态可持续发展理念为指导，并致力于实现"环境-经济-社会"协同发展的创造性活动都属于绿色创新范畴。与此类似，杨庆义（2003）将绿色创新解析为在创新生产活动中，对设计、研发、试制等有关创新过程的内容实施绿色化，以达到生态、经济和社会可持续发展之目标。李旭（2015）则强调，在产品、流程、工艺等生产环节体现了节能减排、环境友好等"绿色"特征的一切创造性实践，均可被看作绿色创新。而周力（2010）则认为，绿色创新是一种基于产品创新、技术创新、观念创新、组织创新、制度创新等多种创新途径实现的，能够推进能源、经济与环境协调发展的创造性活动，旨在促进节能减排方面的技术进步。此外，也有学者认为只要在创新活动中体现了"降低环境影响"、"环境绩效引入"和"环境（生态）创新或环境绩效改善"等可持续发展特性的，均可被看作绿色创新（张钢、张小军，2013；杨阳等，2022）。但总体而言，上述概念界定都是从企业这一微观主体展开的，主要关注将绿色理念嵌入企业生产全过程的创新。

然而，随着绿色创新概念的不断丰富，学者开始意识到走创新驱动的绿色发展道路对于区域经济社会发展的重要性，同时认为绿色创新不仅要在新产品和新系统的开发过程中体现生态思想，更要在区域经济战略的制定中认真贯彻绿色发展理念（曹霞、于娟，2015；吕承超等，2020）。由此对绿色创新的研究也开始从微观层面转向区域范畴。而在区域视域下，学者主要以创新性、能力和可持续发展为准则来对区域绿色创新能力进行界定（曹慧等，2016），即区域创新主体在其生产经营实践中，通过增加人员、资金、能源等创新要素投入，最大限度地谋取专利、产品、工艺方法等创新产出，以此实现区域经济可持续发展的一种能力。还有学者基于"城市"这一更小尺度的地理空间单元，将绿色创新定义为在综合考虑基础设施建设、城市化进程、政府资助等因素的前提下，用尽量少的劳动、资本等创新要素投入及资源消耗，来换取更多的经济增长、科技成果和绿色生态空间（李金滟等，2016）。综上所述，可以发现，尽管目前学界对绿色创新内涵的理解尚未达成一致，但他们基本上都强调创新和环境收益这两个关键点，认为绿色创新是为了实现经济社会的协调发展，兼顾技术创新和生态环保之双重收益，通过借助新科技手段以及新理念与新思想，最终实现节能减排、降低环境污染、减少生态破坏和提高资源利用效率的创新型活动之总称（彭文斌等，2019）。

2.2.1.2 绿色创新指标的选取及表征

近年来，随着创新资源投入的持续增加和绿色发展理念的不断深入，学界在关注绿色创新资源优化配置的同时（白俊红、蒋伏心，2015），将其研究重点从理论分析转向量化评估，这将有助于我们更为准确地理解和把握绿色创新所处的发展阶段，以明确绿色创新发展中存在的问题，从而为国家制定促进绿色创新发展的相关政策提供某些参考。

目前学界对于绿色创新概念的界定还存在一定差异，这样一来，对如何构建相关指标体系以精准评估绿色创新水平这一问题也因此产生了分歧。但总的来说，目前学界主要是从能力和效率两个方面来展开研究的。就能力方面而言，OECD（2005）很早就推出了作为创新调查指南的《奥斯陆手册》（第3版），该书详细介绍了如何评估各国的创新能力，因而在国际上备受推崇。在此基础上，学者在创新能力方面做了大量有益的探索，由最初关注研发人才培养、研发投入和科技产出，逐渐转向重视技术的引进、消化和吸收等问题，最近又开始关注通过构建综合指标来考察自主创新能力，其中的研究过程大体经历了由单一到全面、由零散到系统、由静态到动态的演变过程，总体上对创新能力的研究更加系统化和规范化（Mairesse and Mohnen，2022；张治河等，2014）。

然而，现实中，由于不同国家在市场观念和制度环境等方面存在一定差异，所以这种方法并不能精准刻画绿色创新过程中的某些核心特质，于是学者开始逐渐将其研究视角转向以科学性、全面性和可操作性等为基本准则的绿色创新能力综合评价指标体系的构建上来。如苏越良等（2009）基于企业创新能力评价体系，将绿色可持续理念嵌入其中，创造性地提出了评估企业绿色持续创新能力的相关指标体系，同时构建了BP神经网络模型对其合理性进行了验证，但这种评价体系的构建方式过于复杂，对计算机相关技术的要求较高。随后华振（2011）从测算生产率（产出与投入之比值）的思路出发，分别从投入、产出两个维度，选择人力投入、资本投入、专利申请授权量、技术市场成交额以及工业"三废"等指标构建了绿色创新能力的综合评价指标体系。与此相类似，马林和黄夔（2014）同样从创新的投入及产出两个层面切入，通过引入R&D研究经费支出、环保投资支出、R&D研究开发全时当量、单位GDP能耗等指标构建了绿色创新能力评价指标。在此基础上，曹慧等（2016）、葛世帅等（2021）则对指标选择范围做了进一步优化，同时基于绿色创新的概念内涵，运用共线性-变异系数分析法，从绿色创新投入、绿色创新产出以及绿色创新基础3个一级准则层遴选了多个指标，对绿色创新能力进行全面综合评价。

虽然目前以绿色创新能力来考量绿色创新水平的研究已取得较为丰硕

的成果，但考虑到创新活动有序推进之要求，它可能还会受到创新要素资源优化配置以及管理制度持续变迁的影响（田虹、潘楚林，2015）。而以"最小投入获取最大产出"为指导思想的创新效率，则更为关注生产过程中创新要素投入与产出的比例关系，故而更有利于体现创新要素的配置状况，从而使得越来越多的学者开始将其研究重点拓展到基于效率角度的绿色创新考量上。事实上，绿色创新效率是衡量绿色创新要素配置效率的重要标尺，用以反映创新效率的绿色化程度，通常以绿色创新活动中所产生的各类收益（包括作为非期望产出的环境污染）与其要素投入之比来表征（韩晶，2012）。

而针对绿色创新效率的评价，目前主要有绝对结果绩效和相对结果绩效两种评价形式（官建成、陈凯华，2009）。其中绝对结果绩效评价通常采用比值法或单一指标来刻画绿色创新绩效水平，如 Thomas 等（2011）通过估算专利申请授权量与 R&D 研发经费内部指标之比来对其进行近似衡量。但这种衡量指标不足以体现绿色创新在环境保护方面所具有的特质，于是有学者（Weina et al.，2016；王博等，2020）基于绿色发展理念，通过对 WIPO 中的专利类别进行识别和划分，使用绿色发明专利数量来进行衡量。虽然采用单一指标衡量绿色创新绩效水平具有简单明了、易于操作等优势，且具有一定的合理性，但总的来说仍有些片面，可能存在"管中窥豹"之缺陷，难以很好地体现绿色创新系统内部的相互作用关系，由此可能会导致评价结果偏倚。基于此，以"投入最小化、产出最大化"为核心思想的相对结果绩效评价开始受到学者的关注，较之于传统的结果导向型评价体系，这种绩效评价不仅有利于把握绿色创新内部各要素间的相互作用机理，而且能较好地处理绿色创新过程中的投入冗余和产出不足等问题，从而使学界对绿色创新效率评价指标体系的合理性及其进一步优化有了更加全面的认识（赵琳、范德成，2011；Yan et al.，2002）。可以肯定的是，科学评价绿色创新效率，有助于创新主体对现有资源进行优化配置和高效整合，同时有助于缓解创新资源供给、环境承载力与社会发展需求之矛盾，从而能够为绿色创新水平提升提供更为务实的建议。

　　基于绿色创新的概念内涵，绿色创新效率评价指标体系主要是从投入和产出两方面来进行构建的。从投入方面看，目前学界大多以"资本+劳动力+资源"的组合为主（曹霞、于娟，2015；Sharma and Thomas，2008；王惠，2016），其中对资本投入进行度量的指标主要有科技活动经费内部支出、R&D经费内部支出、研发资本存量等，对劳动力投入度量的指标主要有科技活动人员、R&D人员投入数量、R&D人员全时当量，而资源投入指标则主要选择煤、石油、天然气等能源折算后的能源消费总量来予以反映。从产出方面看，主要涉及期望产出和非期望产出（田红彬、郝雯雯，2020）。对于期望产出的选择，主要是从"创新成功"的角度进行考虑，同时考虑到创新活动从初始投入到最终成果的转化需要一定时间，因而将创新期望产出又进一步划分为科技研发阶段和成果转化阶段。其中，科技研发阶段主要涉及专利申请量、专利授权量、绿色专利数、技术市场成交额和新产品开发项目数等指标，而成果转化阶段则包括新产品产值、新产品销售收入、工业增加值、人均GDP等指标。至于非期望产出，目前多以工业"三废"为代表的环境污染物排放来进行表征（毕克新等，2013；任耀等，2014）。由此可见，使用资源消耗和环境污染来间接表征创新"绿色"属性的做法目前在学界已基本达成共识，且通常将资源消耗作为投入指标来进行处理（任耀等，2014）。但对于环境污染指标的处理却存在差别，一种是将其视为未支付的投入纳入投入指标当中进行处理（肖黎明、张仙鹏，2019），目的是在生态环境的约束下以最小投入谋取最大产出。另一种则是将其直接视为非期望产出，以取倒数的方式进行处理（肖仁桥等，2017）。然而在现实中，由于不同部门和行业产生的污染物并不完全相同，因而在具体研究中还需对非期望产出指标做进一步细分。此外，还有学者从"创新失败"的角度来构建绿色创新效率指标体系，选择商业银行不良贷款金额同比增长率来表征"创新失败"因素（吕岩威等，2019）。

　　至于绿色创新效率的测度方法，目前主要使用非参数法的数据包络分析（DEA）和参数法的随机前沿分析（SFA）两类构造前沿面的技术效率分析方法，但这两种方法各有利弊，适用情形也不尽相同。由于DEA分析法具有处理多投入多产出问题、不需要确定生产函数、对指标量纲无要求且能较好避免主观赋权可能带来的系统误差等优势，故在绿色创新效率的测度中被广泛使用，并且还衍生了许多扩展形式的 DEA 模型（魏权龄，2004）。如采用传统 DEA 模型（DEA-BCC、DEA-CCR）、非径向的 DEA 模型（DEA-SBM）以及 Malmquist 生产指数法对绿色创新效率进行测算和分解（韩晶，2012；冯志军，2013；Hashimoto and Haneda，2008；刘章生等，2017），以考察技术进步和技术效率对绿色创新效率的不同影响，力求能够更为准确地把握其动态变化特征。尽管 DEA-SBM 在一定程度上解决了传统DEA 模型未考虑松弛变量及同比例增减投入产出变量等方面的问题，但它也只能对绿色创新效率的有效和无效进行区分，无法对其效率值进行排序。基于此，王惠借鉴 Tone（2002）的研究，对 DEA-SBM 模型做了进一步的修正和扩展，主要是通过构建 Super-SBM 模型对中国高技术产业的绿色创新效率值进行测度，从而实现对多个效率值为 1 的有效决策单元进行排序（王惠，2016）。

　　然而，考虑到不同国家（地区）在资源禀赋、科技创新、经济发展及产业结构等方面存在差异这一事实，随后学者又进一步构建了四阶段 DEA模型来考察对外开放水平、环境规制、制度环境等外部因素对区域绿色创新效率的影响（韩晶等，2013）。但考虑到这种四阶段 DEA 模型在对绿色创新效率进行测算时可能会忽略随机误差的影响，因此，张文丽（2015）在剔除随机干扰因素和环境因素的基础上，又将此模型修正为三阶段 DEA模型，并将 SFA 方法的某些优点巧妙地引入其中，从而使该模型将绿色创新生产效率进一步分解为随机误差、内部管理和外部环境三个方面，不仅有效剔除了外部环境和随机误差的异质性影响，而且增强了模型的分解优势，从而使绿色创新效率的测算结果更加可靠。此外，也有学者出于传统DEA "黑箱操作" 不能解决绿色创新效率关键指标优化和绿色创新无效率原因等方面问题的考虑，进一步构建了网络 DEA 模型及 DEA-RAM 模型，由此使得 DEA 分析法得以不断完善（吴美琴等，2016；Wang et al.，2017）。事实上，DEA 分析法在测算效率时，由于不具体设置生产函数，因而通常会使实际产出偏离生产前沿面，且该方法将实际产出偏离最优产出的原因归结于技术无效率，并未考虑现实中可能存在的管理无效率和环境因素等的干扰，尤其是当样本存在某些特殊点时，极易高估绿色创新效率的测算结果。

而 SFA 分析法却能较好地克服这一缺陷，该方法由 Aigner 等（1977）、Meeusen 和 Broeck（1977）等学者于 1977 年提出，它将实际产出分解为生产函数、随机误差和技术无效率等三个方面，从而能够更好地刻画生产者自身的效率水平。与 DEA 分析法相比，SFA 分析法在构造生产前沿面时，其最大优点在于充分考虑了生产过程中随机误差对产出的影响，并且能够分析技术无效率这一影响因素。但 SFA 分析法在测度绿色创新效率时，可能存在只能处理所有要素投入下的单一产出效率的问题，基于此，相关学者（肖沁霖，2020）采用熵值法或者投影寻踪模型对绿色创新的多个产出进行降维处理（即综合为单一产出），使其能够满足 SFA 模型测算的基本条件，进而基于 C-D 生产函数构建随机前沿模型，以此对绿色创新效率进行测算。由于 C-D 生产函数是以投入产出弹性固定不变为前提条件的，但在实际的绿色创新效率测算中，不同绿色创新投入对产出的影响并非仅仅是线性的，还可能存在非线性关系，因而有学者尝试构建基于超越对数生产函数的随机前沿模型，或是将产出距离函数和超越对数随机前沿生产函数融合来构建模型，以测度绿色创新效率值，从而使 SFA 模型能够考察绿色创新投入要素的交互项对其产出的影响，由此增加了 SFA 模型测度非线性关系下的绿色创新效率值的优势（肖黎明、张仙鹏，2019；肖黎明等，2017，2020）。

综上所述，可以发现，目前学界对于绿色创新的评价及测度已进行了较为深入的讨论，且出于对创新要素优化配置问题的考虑，许多研究倾向于使用绿色创新效率来度量和表征绿色创新，基于此，本书也将采用此方法。但就效率测度的具体方法而言，DEA 分析法和 SFA 分析法的差异还是比较明显的，这样一来，对于绿色创新效率的测算，哪种方法更为适合，目前学者也只是从理论层面对其优缺点做了简单区别，很少有研究基于具体问题，同时运用两种方法对绿色创新效率进行测度和比较，遴选出更优的测算方法与结果。

2.2.2 有关绿色创新影响因素的研究

绿色创新活动是一种动态演化的创造性过程，其涉及的生产环节相对较多，从而过程也比较复杂，由此也导致其影响因素呈现多元化。这样一来，在科学测度绿色创新水平的基础上，进一步识别其影响因素、明确其作用机理，对于提升绿色创新水平、促进绿色创新发展就显得非常重要。总体而言，现有研究主要是从内部驱动和外部环境两方面来对绿色创新的作用机理进行讨论的，基本上认为内部驱动因素是绿色创新水平提升的关键动力，主要涉及研发资本投入、企业规模、知识存量、技术水平、环境伦理等因素。其中研发资本投入是绿色创新活动的重要动力源，但研发资本并不是投入越多越好，其投入数量应与企业规模及发展状况相匹配，因为企业规模影响着其规模经济收益，由此也决定着绿色创新效率（简晓彬等，2018）。而知识存量对绿色创新效率具有线性的正向作用，技术水平对绿色创新效率却产生非线性影响，因而技术水平需要与其他因素结合共同作用于绿色创新效率（黄奇等，2015）。此外，绿色创新效率还受企业家精神、企业内部员工素质、管理者绿色认知等环境伦理因素的影响，因为这些因素有助于塑造企业绿色形象，提高其竞争能力（管亚梅、陆静娇，2019；杨东、柴慧敏，2015）。

尽管目前学界对绿色创新内部因素的研究已取得了一些较为重要的成果，但随着经济发展与环境保护矛盾的日益凸显，学者开始更多地将其研究重心转向绿色创新外部因素的考察上。其中，多数研究是围绕环境规制与经济发展水平、教育水平、开放程度、产业结构等因素的因果推断展开的，且基本上认为环境规制是政府部门为实现经济增长与环境污染、资源消耗脱钩而采取的一种有效治理手段，也是影响绿色创新活动推进的重要因素。但就绿色创新与环境规制的具体关系而言，目前学界尚无明确定论，主要存在三种观点。一是"促进论"。事实上，之前 Porter 提出的"波特假说"就认为合理且严格的环境规制有助于倒逼企业进行技术革新，由此带来的额外生态收益，将增强企业的市场竞争优势，产生所谓的"创新补偿效应"（Porter，1995）。二是"抑制论"。后来的新古典经济学家对"波特假说"提出了质疑，认为环境规制很可能会给企业带来额外的生产成本，从而挤压其利润空间，由此产生的"遵循成本效应"，不利于企业开展绿色技术创新活动（Conrad and Wastl，1995；Gray and Shadbegian，2003）。三是"非线性论"。持这一观点的学者认为环境规制与绿色创新并非简单的线性关系，也即环境规制可能会对绿色创新产生非线性的作用与影响（Horvathova，2012；Xie et al.，2017）。

在此基础上，其他学者对环境规制做了进一步细分，以考察其对绿色创新的异质性影响（Kemp，1997），同时将研究尺度由微观企业延伸至中观的产业、城市，甚至是更为宏观的区域，但最终结论仍不尽相同。如周海华和王双龙（2016）使用通过问卷调查获取的 96 家生物科技企业数据，考察了正式与非正式的环境规制对绿色创新的影响，结果发现正式与非正式的环境规制对企业的绿色创新均产生了显著影响；而余淑均等（2017）有关环境规制对长江经济带城市绿色创新效率影响的研究，却得到了不太一致的结论，他们发现不同类型的环境规制政策（如费用型和投资型）会因时间周期的不同而对绿色创新效率产生差异化影响。此外，还有研究发现环境规制强度也会对绿色创新产生差异化影响，如李婉红等（2013）基于中国 16 个污染密集型行业的面板数据，考察了环境规制强度对绿色技术创新的作用，结果发现在控制行业规模和人力资源投入的前提下，环境规制强度对污染密集型行业的绿色创新会产生抑制作用，从而验证了"并不是环境规制强度越大越好"的结论，因为较强的环境规制会在一定程度上增加企业的生产成本，降低其研发水平和市场竞争力，进而抑制其绿色创新（Panda，2008）。事实上，政府大多数时候是以"经济利益"为其终极目标的，因而在具体制定环境污染治理政策上可能会存在时滞性、执行力度不够、效率低下等问题，从而可能会使环境规制无法有效发挥其对绿色创新活动所应具有的积极作用（韩晶，2012）。

　　而在绿色创新其他外部影响因素的探讨上，毕克新等（2011）从 FDI 流入的角度切入，运用行业面板数据进行分析，发现 FDI 的引入对中国制造业绿色工艺创新产生了显著的负向作用，因而对于 FDI 的引进要注意设置合理的市场准入门槛，以防高污染、高能耗行业（企业）进入，避免沦为"污染天堂"；而许晓燕等（2013）运用中国 2003~2009 年省际面板数据对绿色技术创新驱动因素进行探讨，发现经济规模的扩大对绿色技术创新水平的提高会产生显著正向影响，而工业占比则会产生显著负向影响，但外商直接投资的影响却不明显；陈艳春等（2014）同样基于中国省域尺度的面板数据，通过构建 C-D 生产函数来考察绿色技术创新与经济增长的关系，结果发现中国的绿色技术创新与经济增长之间存在"U"形关系，因而经济效益在短期内不会成为绿色技术创新的驱动力；沈能和周晶晶（2018）基于技术异质性的研究则认为，各地技术上的较大差距使得区域绿色创新效率呈现自东向西梯度递减的分异格局，且良好的产业结构和技术交易市场环境是提升绿色创新效率的关键；钱丽等（2018）通过构建动态面板 GMM 模型考察了相关因素对绿色创新的作用机理，结果发现创新氛围、产学研合作、环保投入和外商投资均有助于工业企业绿色创新效率的提升。此外，易明和程晓曼（2018）、杨树旺等（2018）则分别基于省域和市域的面板数据，运用面板 Tobit 模型考察市场开放程度、经济发展水平、外资利用水平、地方政府科技支出、产业结构等因素对长江经济带绿色创新效率的影响机制，但因研究样本及时间跨度选择的不同，最终不同因素对绿色创新效率的作用效果也不尽相同。

　　综上可知，现有研究对于绿色创新影响因素的探讨主要集中在创新主体与创新环境方面，且就绿色创新影响因素的实证分析而言，大多是将研究单元视作一个孤立的个体，即假定研究单元之间不存在关联性，因而在空间上是均质的，从而在一定程度上忽略了地理空间因素在其中发挥的重要作用，由此也导致对影响因素的估计可能有误。而随着区域一体化战略的持续推进和交通信息等现代化通信网络的不断完善，不同地区之间的资本、技术、人力等要素的流动与交流也越来越频繁，从而使得基于空间视角考察绿色创新的作用机制将成为一种新趋势。

2.2.3 有关绿色创新空间特征及演化的研究

随着创新对经济发展的驱动作用日益凸显，其中的空间问题也引起了学界的重视，尤其是自 Feldman 提出创新地理学以来（吕拉昌等，2016），针对创新空间特征的研究开始不断增多。总体而言，目前有关创新空间特征的研究主要集中在创新要素空间分布差异和创新能力空间格局演化两个方面。其中对于创新要素空间分布差异的研究，学者主要是运用地理学空间分析、基尼系数、变异系数、泰尔指数等统计指数分析法来考察创新要素的空间非均衡性，且相关结果均表明创新活动具有较为明显的空间集聚性、不规则性、内部复杂性以及关联性等特征，即在空间分布上表现出较为明显的不对称特征（丛海彬等，2015；徐维祥等，2017；王郁蓉、宋莹，2017）。至于创新能力空间格局的演化，学者则主要是从投入-产出角度切入，通过构建相关指标体系来测度创新能力，进而基于时间序列数据，运用 ArcGIS 空间制图分析软件、冷热点分析法和重心模型来考察多重空间尺度的区域创新能力的格局演变，以揭示区域创新能力的变化规律。结果发现，区域（产业）创新能力在空间上通常表现出较为明显的东中西的区域性差异，且基本上是以东部沿海发达地区为主导，呈现从东向西梯度递减的格局演化特征（焦敬娟等，2017；曹薇等，2019；毛炜圣等，2020；周锐波等，2019）。

而与此相对应，绿色创新作为创新发展的新阶段、新范式和新理念，同样具备上述创新活动的空间特征，且绿色创新作为经济社会可持续发展的新动力，其发展状况及趋势同样会引起区域经济发展格局的调整与变动，相关研究也表明绿色创新已成为助推我国中西部落后地区追赶东部领先地区的优选方式。但从目前的实际情况看，我国绿色创新发展东高西低的空间分异格局尚未出现明显改变（焦敬娟等，2017；毕克新等，2013；刘纪远等，2013）。为此，出于能够更为准确地把握绿色创新空间结构特征及其演化轨迹的需要，梁中和昂昊（2019）在运用 DEA-BCC 模型测算中国 30

个省区市绿色技术创新效率的基础上，从时空变化和重心迁移两个方面对此进行了考察，结果发现中国绿色技术创新效率整体上表现出一定的分化和聚集特征，其重心位于中部地区的河南与湖北交界处，且空间重心迁移与经济重心、高技术产业重心的迁移具有较高程度的趋同性；彭文斌等（2019）对中国 2005~2016 年 285 个地级以上城市进行的经验分析则发现，中国城市绿色创新在空间分布上具有显著的空间集聚特征，且呈现以城市群为区域范围的"多核心"集聚形态；许玉洁和刘曙光（2022）基于黄河流域地级市的面板数据发现，黄河流域城市绿色创新效率空间非均衡特征明显，呈现"下游>上游>中游"的空间分异格局，效率重心整体向东南方向迁移，表现出南北方向相对稳定、东西方向集聚发展之趋势；而董会忠等（2021）则运用探索性空间数据分析法（ESDA）对 2009~2019 年粤港澳大湾区绿色创新效率的空间纹理特征及演化趋势进行了考察，结果发现湾区的绿色创新效率整体上呈现显著的空间负相关，其中在时间维度上，湾区内的城市绿色创新效率表现出"高-高集聚、低-高集聚、高-低集聚"的交替演变特征，但其中的空间极化效应却使得湾区绿色创新效率空间格局的稳定性变差。此外，还有学者运用改进的引力模型对我国省际旅游产业绿色创新效率空间网络结构的演化特征进行了探讨，发现在不同绿色创新效率集聚板块间，存在板块内集聚和板块间显著关联的空间极化特征（刘佳、宋秋月，2018）。

由此可见，目前学界有关绿色创新空间特征及演化的研究大多是将绿色创新作为一个整体看待，且重点关注其能力或效率。与此同时，使用的空间分析方法也以空间自相关指数和一些经济统计指数等指数分析方法为主。相比较而言，从绿色创新全过程出发，综合运用探索性空间分析法及标准差椭圆分析法来对绿色创新投入、产出及效率方面的空间特征及演化规律进行探讨的并不是很多。

2.2.4　有关绿色创新空间溢出的研究

溢出是区域创新关联的主要表现形式，而这种溢出最常见的作用路径又包括技术溢出和知识溢出两种，且二者经常被互用。但严格说来，技术溢出与知识溢出还是有一些细微差别的，其中技术溢出的范围相对更窄，主要是指科学技术的非自愿扩散所促进的生产技术革新及其生产率水平的提升，因而其是知识溢出的一种重要表现形式，且在很大程度上依赖知识溢出（李平，2011）。至于知识溢出，Arrow（1962）早在1962年就对这一概念做了明确界定，认为发明、创新甚至更一般的知识都具备公共物品的某些属性，尤其是黏性知识所固有的非对抗性，使得其在资本形成和生产经营过程中会被无意扩散给经济中的所有部门，从而带来隐性知识收益的共享，由此产生知识溢出。基于此，Romer（1986）进一步构建了基于技术知识溢出的内生增长模型，从而将研究视域扩展到创新溢出上来，认为技术知识的不完全竞争性和部分排他性是引致创新溢出的根本原因。此后，受内生增长理论的启发，Das（1987）、Jaffe（1989）等以跨国公司FDI技术转移、大学与科研机构为研究对象，进一步验证了创新溢出效应的存在。此外，还有研究发现创新溢出的本质是各地的创新活动在空间上所存在的相互关联性，是一种难以观测的隐性过程（Krugman，1991），一般可借助知识转移、人才交流、技术扩散、贸易往来、干中学及研发合作等渠道实现（Jaffe，1989）。而对于其发生机制，目前主要有三种观点，其中马歇尔认为创新知识的溢出产生于同一产业（行业）部门的交流与合作中（Marshall，1890）；雅各布斯则认为产业的多样化集聚及互动有助于知识溢出和创新活动的发生（Jacobs，1969）；而波特却认为企业的相互竞争更容易产生技术创新和知识溢出（Porter，1998）。此后，国内外学者进一步就创新空间溢出的主体（范围）、表现形式、存在性、大小、作用效果及影响机制等进行了较为深入的探讨。

首先，从创新空间溢出的主体（范围）来看，相关研究主要是着眼于企业、产业、区域和国家等研究尺度来进行的（窦雪霞等，2009）。其中在微观尺度上，Blomstrom和Kokko（1998）从理论层面剖析了跨国公司对东道国当地企业的技术溢出的相关作用机制。在此基础上，国内学者史烽等（2016）则使用大学-企业的联合专利数据考察了协同创新的空间外溢效应；

而吴友和刘乃全（2016）则进一步将地理空间因素引入知识生产函数，基于企业的异质性条件，考察了不同所有制企业间的创新溢出效应及其边界。与此相类似，肖仁桥和丁娟（2017）在测度工业企业绿色创新效率的基础上，同样在考虑空间因素的前提下，分析了不同空间矩阵下工业企业绿色创新效率的整体及分阶段空间溢出效应。而在中观尺度上，学者通常是以高耗能产业（高广阔、王艺群，2018）、高新技术产业（汪传旭、任阳军，2016）、文化产业（郭新茹等，2019）等特定产业的数据作为研究样本，主要关注不同产业对区域创新溢出影响的差异性。至于宏观尺度，则主要体现在以外商直接投资（Seyoum et al.，2015）、R&D 支出（Bottazzi and Peri，2003）为指标的国际创新溢出以及单一区域的创新溢出上。如刘和东（2013）基于中国 30 个省区市 1998~2008 年的面板数据，通过构建地理距离空间权重矩阵和社会经济距离空间权重矩阵来考察区域创新的空间溢出效应，结果发现两种空间权重下的区域创新均存在显著的正向溢出效应。考虑到地理上的邻近更有利于创新空间溢出，赵增耀等（2015）从价值链视角出发，同样发现区域创新效率具有显著的空间溢出效应，且地理空间上的邻近性对于空间溢出的影响更大，即这种溢出效应表现出较为明显的地区异质性。此外，还有学者对中国省际绿色创新效率的同质性和异质性溢出进行了验证（肖黎明等，2018）。

其次，对于创新空间溢出效应的度量，目前较为常见的是传统的知识生产函数法（Griliches，1979），这种方法不仅有助于刻画创新溢出的空间特征，而且能借助科技研发投入这一变量来有效反映创新过程中投入向产出的转化，故而在研究中被广泛使用。然而，随着经济地理因素对区域创新的影响日益凸显以及新经济地理学的迅速发展，学者发现传统的生产函数法及投入产出法已不能很好满足地理空间格局下对区域创新外溢问题的探讨，且这些方法由于忽视了相应的空间关联性，容易导致估计偏误。基于此，Anselin 等（1997）在综合考虑传统方法缺陷的基础上，对其进行了扩展和完善，同时将空间互动特征纳入传统模型之中以构建空间计量模型，从而丰富了创新空间溢出的量化分析，也使得空间计量模型在创新空间溢出研究中得到广泛应用，其中使用最多的是空间滞后模型（SLM）、空间误差模型（SEM）和空间杜宾模型（SDM）三类基础模型（刘和东，2013；赵增耀等，2015）。运用这些模型，通过设置不同空间权重，学者对区域创新空间溢出的存在性、边界范围及其作用程度进行了量化分析。当然，也有学者使用地理加权回归模型（GWR）来考察区域创新溢出的空间异质性（方大春、裴梦迪，2019）。

事实上，在开放经济体系中，区域创新水平的高低不仅受资源禀赋、政策制度以及要素集聚等因素的影响，还与周边地区的创新空间溢出与扩散密不可分（张战仁，2012）。若进一步考虑周边地区对本地创新活动的辐射带动作用，创新的空间外溢效应还可能会导致区域创新发展出现差异。基于此，探寻并厘清创新空间溢出的作用机制，对于提升区域创新水平进而促进区域创新协调均衡发展就显得非常重要。

现有研究对于创新空间溢出机制的探讨主要是从地理因素和知识吸收能力两个方面展开的。一般说来，创新能力领先的地区通常会与其周边落后区域形成一定的势能差，此时创新落后地区为寻求自身创新能力的快速提升，从而缩小与创新领先区的差距，往往会模仿学习领先地区先进的技术、管理经验等，进而通过"干中学"提升其创新效率（Romer，1986；Kim，1980），而模仿学习与交流的关键则在于创新知识在区域间的充分自由流动。此外，较之于其他社会经济活动，创新空间溢出因受知识空间根植性及锁定性的影响，更具地理衰减性（Kim，1980；Fischer et al.，2009；Greunz，2003）。基于此，相关研究在考察创新空间溢出距离因素与区域经济收敛关系的基础上，认为在制定缩小区域经济发展差距的有关政策时，不仅要重视创新的驱动作用，还要考虑创新空间溢出的地理衰减影响（Caniels and Verspagen，2011）。由此可见，区际的地理空间距离确实是影响创新空间溢出强度的重要因素，从而也表明创新空间溢出强度具有随空间距离增加而衰减的地理特性。原因在于，知识有隐性和显性之区分（魏守华等，2011），其中隐性知识具有黏性特征，因而其传播可能会付出相对高昂的成本，尤其是当两地间的空间距离较远时，知识、信息等要素可能会随着时间的推移而出现扭曲和失真。而创新作为一种缄默性知识，在其空间溢出与扩散过程中同样可能会表现出一定程度的地理衰减特征，且这一结论已在相关研究中得到支持。如 Keller（2002）使用 OECD 国家的 R&D 数据作为研究样本，通过构建创新溢出衰减函数，考察了成员国之间技术扩散的空间效应，结果发现国家间的技术溢出与其地理距离呈反方向变动之特征，即地理距离每增加 1200 公里，技术溢出强度就会相应降低 50%；而符淼（2009）则基于中国 1990~2006 年的省际空间面板数据，运用类似的方法考察了技术溢出效应与地理距离之间的关系，结果发现技术溢出效应密集区主要位于一到两个省域范围或者 800 公里以内，超出 800 公里则为快速下降区，而技术溢出强度减半的距离为 1250 公里，且省际边界对知识传播具有一定的阻碍作用。

然而，区域创新空间溢出的作用效果不仅与地理距离相关，还与区域自身的知识存量水平及吸收能力有关。对此，目前学者从理论和实证两个层面证实了知识吸收能力对其空间溢出确实存在影响（Ang and Liu，2007；朱美光，2007）。不仅如此，还有学者就如何提升区域创新知识的吸收能力进行了考察，结果发现人力资本、开放程度、经济基础、研发投入、产业构成等因素对本地及周边地区创新知识的吸收会产生不同程度的影响，进而基于这些因素的作用效果给出了提高区域创新知识吸收能力的相关建议，从而为区域协调发展战略的贯彻实施提供了相应的经验支撑（王家庭，2012；安源、钟韵，2013）。事实上，除上述这些可量化的因素以外，创新的空间溢出效应还与区域创新能力的空间分布相关，即创新能力的空间分布越集中（集聚），则越有利于空间溢出效应的发挥。

综上可知，已有研究对于创新空间溢出效应的考察已取得较为丰硕的成果，但将生态理念嵌入其中以考察绿色创新空间溢出效应的研究则相对较少。进一步地，即便是那些考察绿色创新空间溢出效应及其影响因素的少数研究，也只是在测度不同空间尺度绿色创新效率的基础上对溢出效应进行研判，缺乏从创新的整个过程着手，全面系统分析不同省域绿色创新的溢出效应、溢出异质性及其作用机理，而这将是本研究的一个重要切入点。

2.2.5 有关绿色创新空间结构及其演化机理的研究

一般而言，区域空间结构即指区域经济空间结构，它是一定地域范围内各种经济活动的空间分布形态及空间组合形式，是区域生产要素、经济发展水平、产业结构等在地理空间单元上的综合反映（陆大道，2002；郭腾云等，2009）。与此相对应，区域绿色创新的空间结构则是指某一区域内绿色创新活动的空间分布形态。近年来，随着绿色创新对社会经济发展的影响不断加深，学界对于绿色创新空间分布形态的关注也逐渐转向优化绿色创新的空间集聚格局以促进区域绿色创新协调均衡发展，也即绿色创新的空间收敛问题（付帼等，2016；吕岩威等，2019）。

所谓收敛，亦称趋同，最早出现于经济增长理论，是指一国（地区）人均收入水平的差距随着时间推移而逐渐缩小，进而实现区域均衡发展的情形。Ramsey（1928）最早在新古典框架下考察了如何缩小国家间的经济增长差距，进而促进各国人均收入水平收敛的问题。他指出，当劳动力在国家间不能自由流动时，发达国家就会出现资本过剩问题，从而导致其投资回报率下降，而发达国家为了能够继续盈利，就会将其资本、技术等要素向发展中国家转移，此时发展中国家如果能够积极引进和吸收这些资本和技术，进而结合自身在劳动力资源等方面的比较优势来提高其生产率水平，就可实现对发达国家的追赶（收敛），这一研究随之在学界掀起了对于收敛性研究的热情。目前有关于此的研究主要是围绕 σ 收敛、β 收敛、俱乐部收敛三种不同假说展开的。其中，σ 收敛是对经济发展存量水平的刻画，即不同地区经济发展水平的离散程度随着时间推移而逐步缩小的情形（Friedman，1992）。β 收敛则是对经济增量水平的反映，可以理解为由于经济发展落后地区的初始水平较低，从而相对于领先地区拥有更高的增长率，这样经过一段时间的发展，落后地区就会后发赶超发达地区，并最终趋于稳定状态（Barro and Sala-i-Martin，1991）。而在具体的研究中，β 收敛还涉

及绝对 β 收敛、条件 β 收敛两种情形，其中绝对 β 收敛是指在地区之间经济发展水平、资源禀赋、技术水平等都非常相似的严格假设下，各地区经济增长会随着时间的推移而收敛于相同的状态（Baumol，1986）；条件 β 收敛则对其中的某些假设条件做了放松，认为不同地区的经济发展会在差异化条件的作用下不断趋向于各自的稳态水平，但却不一定是同一稳态，因而地区间的绝对差距仍可能会存在，很明显，这一收敛的本质在于探讨导致地区经济发展差距的动因（Ben-David，1998）。至于俱乐部收敛，虽然其也要求具有相同的经济条件和初始水平之假设，但较之于绝对 β 收敛，其在收敛机制方面却有所不同，其中绝对 β 收敛要求经济个体（地区）最终趋于相同的稳态，而俱乐部收敛则要求必须满足区域内各俱乐部成员趋于相同的稳态。但相关研究却表明（潘文卿，2010），俱乐部收敛相对更为严苛的假设条件，导致全域 β 收敛（俱乐部收敛）在区域经济发展中不容易实现。

　　基于上述收敛理论，学者选用人均 GDP（林毅夫、刘培林，2003）、能源效率（张唯实，2010）、碳排放（林伯强、黄光晓，2011）、基本公共服务供给水平（辛冲冲、陈志勇，2019）等指标对经济发展过程中的收敛性问题进行了多维度探讨，从而得到了一些比较有价值的结论。然而，根据新增长理论，区域间经济发展水平的收敛只是其均衡协调发展的一种表现，作为经济发展内在动力的技术进步和科技创新才是其最终实现均衡的关键动因，即不同区域在技术资源和创新上的收敛在很大程度上会导致其经济发展水平的收敛（Grossman，1994）。为此，学者开始将传统的经济收敛理论引入创新活动的空间收敛分析当中。如 Arechibugi 和 Pianta（1994）的研究表明，国家的创新能力随着时间的推移会逐渐趋于收敛，且这种收敛还会在一定程度上导致国家间在人均产出水平及劳动生产率上收敛；Furman 等（2002）则运用 σ 收敛和 β 收敛两种估计模型，检验了 OECD 国家创新能力的收敛趋势，结果发现 OECD 国家的创新能力在过去的 25 年里均表现出较为明显的 σ 收敛及 β 收敛特征；也有学者以欧盟 15 国 1963~1998 年的面板数据作为研究样本，借助面板单位根检验法考察了成员国创新能力的趋同性（Jungmittag，2006）。

事实上，对于创新收敛问题，国内学者也从不同视角进行了多方面探讨，但与国外学者相比，他们更倾向于使用宏观数据从区域创新产出和区域创新效率两个方面来进行考察。如曹东坡（2013）以专利申请量测度区域创新产出水平，进而运用探索性空间数据分析（ESDA）和空间计量法检验中国区域创新产出水平的收敛性，结果发现我国东中西三大地区均不存在俱乐部收敛，但以 FDI 流入作为控制变量进行检验时，却发现这一控制变量对三大区域创新能力的俱乐部收敛具有显著的正向外溢效应；白俊红等（2008）则发现全国及东中西三大地区的创新产出水平均存在显著的条件 β 收敛特征，其中人力资本是导致创新产出水平收敛的主要原因；而孙建和齐建国（2009）通过构建面板门槛模型发现，中国区域创新存在以研发人力资本为门槛的俱乐部收敛现象；当然，也有研究基于创新价值链的视角，借助空间面板模型对不同阶段创新活动的收敛性进行了考察，结果发现知识创新、科技创新和知识转化等创新阶段均存在不同形式的收敛，且考虑空间关联因子的空间面板模型要比普通面板模型的回归结果更好（周迪、程慧平，2015）。

而对于区域创新收敛影响因素的研究，学者则更为关注产业结构、外商直接投资、财政分权程度、人力资本、金融发展水平、政府干预等异质性条件对区域创新水平收敛的影响（张唯实，2010；孙建、齐建国，2009；周迪、程慧平，2015；石峰，2013；马大来等，2017）。随着研究的深入和视角的多元化，一些学者开始关注区域绿色创新的收敛问题。如付帼等（2016）认为，当前中国绿色创新的空间结构在省域层面上基本保持稳定，未来可能主要呈现"东部率先发展、中部惰性塌陷、西部迅速转变"的异化态势，但这一结论只是通过绘制各省的 Moran 散点图来对其绿色创新发展做出判断的，并未进一步探寻导致这一分异格局的深层次原因。基于此，刘明广（2017a）通过构建空间收敛模型考察了中国区域绿色创新效率的空间结构特征，认为绿色创新效率在空间上呈现自东向西阶梯式递减的结构特征，同时证明了这种差距会随着时间的推移而趋于收敛；随后刘章生等

（2017）的分析则表明，样本观测期内中国区域绿色创新能力在空间上表现出"趋同—分异—趋同"的演化规律，且绿色创新能力整体上存在显著的绝对 β 收敛和条件 β 收敛特征，其中市场效应、规制效应和扶持效应的发挥对其收敛具有促进作用，而结构效应和开放效应则产生抑制作用；但吕岩威等（2020）却发现中国区域绿色创新效率在空间上表现出高度的稳定性，其时空演变具有较强的路径依赖特征，尽管各地区的绿色创新效率均存在显著的绝对 β 收敛和条件 β 收敛特征，但相关因素对其收敛的影响效果却不尽相同。事实上，绿色创新的空间收敛性除了受上述因素影响，还受制于省际绿色创新空间溢出效应未能得到有效发挥。这或许是因为，尽管中国沿海发达地区的绿色创新水平相对较高（冯志军，2013），但因地理区位、技术水平及政策制度方面的差异，创新要素不能在区域间充分有序流动，由此严重削弱了绿色创新向内陆地区的溢出及扩散，从而这些异质性条件成为影响绿色创新空间敛散格局的重要因素（Cooke，2011；Jagoda et al.，2011）。不仅如此，因地理位置不同，区域自身固有的资源禀赋条件也可能会导致中国绿色创新水平呈现由西向东依次递减的反地势阶梯特征（周力，2010），且这种不均衡特征可能在于国外技术溢出、第三产业发展水平及地区技术效率之不同（岐洁等，2015）。尤其是产业集聚，不仅对工业绿色创新效率的提升有重要影响，还具有显著的空间外溢效应（王惠，2016）。

综上可知，随着绿色创新空间结构对区域经济发展格局的影响不断加深，有关区域绿色创新空间收敛及趋同的研究也在不断增多。但遗憾的是，与创新产出、创新效率的收敛性研究相比，目前有关绿色创新效率空间收敛性的理论和实证研究则相对较少，对于绿色创新空间结构（收敛）演化动因及其内在机理的考察就更少，而这将是本书关注的另一个重要方面。

2.3 绿色创新研究评析

本节在上述绿色创新研究知识图谱分析及相关文献梳理的基础上，通过归纳和总结绿色创新测度、绿色创新空间特征及演化、绿色创新影响因素、绿色创新空间溢出、绿色创新空间结构及影响机理等方面的研究现状与不足，以期为我国省际绿色创新空间结构演化及异质性溢出的研究提供相应的学术基础及切入点。

2.3.1 绿色创新研究述评

通过上述知识图谱可视化分析和相关文献综述可知，目前国内外有关绿色创新的研究，不论是其概念内涵、效率评估、影响因素，还是空间特征及演变、空间溢出，抑或是空间结构演化、政策评估，都在持续不断地得到丰富和完善，这也为本书的研究提供了非常重要的学术基础与支撑，但总体上看，现有文献仍存在以下需要进一步完善和补充的方面。

从绿色创新测度方面来看，一是已有研究在构建绿色创新评价指标体系时，视角还比较单一，主要表现在对高质量发展背景下我国经济发展形势变化及现实诉求考虑得相对较少；二是在绿色创新投入、产出及效率的测算方法上，目前多数研究主要是使用数据包络分析法或随机前沿模型分析法（肖仁桥等，2017），同时也是根据二者在理论方面的优缺点进行粗略判别，并未通过具体的测度和比较来科学合理地选出相对更优的绿色创新效率测度方法；三是对于绿色创新效率的测算结果，只是做了一些相对简单的描述性统计分析，相对缺乏对 Dagum 基尼系数、核密度估计、马尔科夫链等方法的综合运用。这样一来，基于多元化视角对绿色创新效率的时空差异及动态分布特征进行刻画，以实现生态环境学与经济地理学交叉融合的跨学科研究就显得非常必要。

从绿色创新的空间特征及演化方面来看，一是目前学者更多是将绿色创新活动视为一个简单的投入产出过程，从而将其作为一个"黑箱"来进行考虑，且主要关注的是绿色创新效率（或能力）的空间纹理特征及演变趋势，相对忽视绿色创新活动的内部结构及运行机理。事实上，绿色创新活动作为一个从投入到产出的复杂动态演化过程，主要涉及科技研发和产出成果转化两个阶段，但许多研究并未从全过程的视角考察绿色创新投入、产出和效率三类空间结构的演化规律，从而不利于全方位精准把握绿色创新的空间结构特征，由此也导致区域绿色创新协同发展相关政策的针对性和可操作性不强。二是目前学界对于绿色创新空间特征的量化表征，多采用空间自相关指数和一些经济统计指数进行（王郁蓉、宋莹，2017；焦敬娟等，2017），但这种方法只能粗略反映绿色创新在空间上的分异特征，无法对其内部的空间结构特征进行有效把握，从而有一定缺陷。三是目前对于绿色创新空间特征演化规律的考察也略显不足，相关研究通常是选择几个代表性年份来描述其演变特征，很少有研究通过关注绿色创新在时间维度上的空间结构特性，来总结和归纳其中的演化规律。四是缺乏从绿色创新转化全过程出发，在详细解析绿色创新投入、产出及效率耦合协同机理的基础上对其差异、联系及互动关系进行考量。

从绿色创新的影响因素来看，目前学界主要是围绕其内部驱动因素和外部环境因素两个方面展开研究的，且已取得较为丰硕的研究成果。但总体上看，这方面的研究主要集中在对其外部环境因素的考察上，而从绿色创新活动内部探寻其演进路径的研究则相对较少。此外，目前有关研究在对绿色创新影响因素进行经验分析时，相对忽视其空间因素的作用，从而使得估计结果欠佳。然而，知识的外溢效应通常会对知识创造活动产生显著影响（Pijnenburg and Kholodilin，2014），且现实中的绿色创新活动也不是一种孤立的活动，因而不应忽略绿色创新活动存在的空间依赖性。而且根据"地理学第一定律"，任何经济活动（现象）都存在一定程度的空间关联性（方大春、裴梦迪，2019）。这样一来，地区之间合理有序的创新要素流动以及生态环境信息交流，将有利于区域间尤其是邻近区域间绿色创新活动的协同推进，从而会显著影响地区间创新知识的空间溢出及其绿色技术的扩散。

从绿色创新的空间溢出来看，尽管现有文献对此已进行了多方面的探讨，但能够将资源、环境、生态这些表征"绿色"理念的因素纳入创新框架，进而考察绿色创新空间溢出效应的文献则相对较少。尽管也有研究对此有所涉及，但整体上对于绿色创新空间溢出机制的分析还不是很系统。此外，从绿色创新过程出发，同时考虑绿色创新投入、产出和效率三类不同空间结构的溢出效应，并对其影响机制进行空间异质性分析的研究似乎更少。然而，绿色创新是新时代背景下推动我国经济高质量发展以及实现美丽中国建设的重要力量，其空间溢出效应理应得到更多关注。

从绿色创新的空间结构及影响机理来看，一是尽管现有研究已表明绿色创新的空间溢出效应对其空间结构尤其是空间敛散格局有着重要作用，但这一推断仅是基于其空间格局演变特征得出的直观认识，并未将绿色创新的空间溢出效应与其收敛性置于同一框架下进行理论和实证层面的探索。然而，根据新增长理论，空间溢出是缩小区域发展差距、推动区域均衡发展的有效途径，因为中心发达地区创新空间外溢效应的有效发挥，有利于其将技术、资本、产业等向落后地区扩散，此时落后地区若能有效模仿和学习发达地区的先进技术和管理经验（余泳泽、刘大勇，2013），那么在循环累积因果机制的作用下，创新空间外溢效应最终将有利于实现区域的均衡发展（收敛），这也使得将绿色创新空间溢出效应与其收敛性结合起来进行考察成为一种理性使然。二是目前对于绿色创新空间结构的演化动因及作用机理的探讨似有不足，且相关研究也只是基于古典区位论和区域经济发展理论对绿色创新空间结构的演化进行理论层面的阐释，研究方法多以静态分析和因果识别为主，少有采用机器学习方法对绿色创新空间结构演化的动因及作用机理进行动态模拟的。

2.3.2 绿色创新研究的切入点

很明显，已有研究不仅为我们提供了学术准备和支撑，其不足也为本书的研究提供了相应的切入点和有益启发。基于此，本书以绿色创新空间结构的演化及异质性溢出作为研究主线，通过对绿色创新的概念内涵、测度、影响因素、空间特征、空间溢出等方面的文献进行学术梳理及理论演绎，发现尽管目前学界对于区域绿色创新概念内涵的辨析和阐释已触及生态可持续、空间边界以及空间溢出等属性，但绿色创新要素的跨区域流动以及绿色产业的区域关联性等特质却决定了绿色创新空间结构演化的复杂性及其空间溢出的异质性，且考虑到目前对于绿色创新空间结构及其溢出效应的研究尚未形成完整体系，因此，本书将以绿色创新的"发展历程—分异特征—演化规律—扩散状态—收敛形态—演化动因—发展策略"作为基本分析框架，进行如下扩展和补充。

首先，结合目前的现实背景，将高质量发展理念与绿色创新相关概念进行融合，从促进"经济-社会-环境"三者协同发展的视角出发，对省际绿色创新效率的评价指标体系进行修正和完善。在此基础上，运用随机前沿模型和数据包络模型两类模型对我国 30 个省区市 2001～2019 年的绿色创新效率值进行多维测度和比较，遴选最优测度方法与结果，以考察我国省际绿色创新的时空差异特征，明确其发展历程。

其次，从绿色创新全过程出发，运用探索性空间数据分析、时空跃迁分析及标准差椭圆分析对绿色创新投入、产出及效率三类空间结构的特征及演化规律进行可视化分析。同时，基于耦合协同理论深度剖析绿色创新投入、产出及效率三类空间结构的差异、联系及协同性。

再次，考察绿色创新空间扩散的作用机制。为此，通过构建相关概念框架，提出相应的研究假设，引入空间面板计量模型，对不同空间权重矩阵下的绿色创新的空间溢出效应及其影响机制进行验证，同时关注其空间溢出的异质性。

最后，在绿色创新空间溢出分析的基础上，检验其空间结构的敛散性，进而采用机器学习法对绿色创新空间结构的演化进行动态模拟及预测，以明确其空间结构的演化动因及作用路径。

第3章

绿色创新研究相关概念及理论基础

绿色创新属于区域经济和资源环境管理的研究范畴，涉及经济学、管理学、地理学以及生态环境学等多个学科门类，是一个典型的多学科交叉研究领域。因此，理解绿色创新的概念内涵、厘清其相关理论基础是本书研究的一个重要组成部分。基于此，本章首先对绿色创新的相关概念及其内涵进行界定，以期准确把握本书研究的主体与边界，其次对绿色创新空间结构演化及异质性溢出研究所涉及的投入产出理论、系统论、空间经济理论等方面的内容进行回顾和梳理，最后构建有关绿色创新的理论分析框架，以期为随后的经验分析提供必要的理论基础和学术准备。

3.1 绿色创新研究相关概念辨析与界定

前文已对绿色创新的概念内涵做过界定和解析，因而此处不再赘述，下面主要对与其密切相关的绿色发展、绿色技术创新及绿色产业与绿色产业创新等概念做一辨析和界定。

3.1.1 绿色发展

绿色发展作为一种新的发展理念，是绿色创新活动开展的根本遵循，为绿色创新指明了方向。21 世纪以来，全球性的气候变暖、资源枯竭、环境污染、生态恶化等问题日益凸显，严重威胁着人类的生存和发展。而为了应对这些危机，绿色发展理念开始受到各界重视，由此也推动了世界各国的发展方式从粗放型向绿色化方向转变（Brand，2012；诸大建，2019）。本质上讲，绿色发展理念是根植于 2005 年习近平总书记提出的"绿水青山就是金山银山"理念的一种新的发展观，它反映了生态文明建设在我国"五位一体"总体战略布局中的重要地位。因而绿色发展本质上是围绕协调经济、社会、生态三者之关系而展开的，是将人类可持续发展视为一种包含"经济－社会－生态"在内的复杂系统的协调发展（胡鞍钢、周绍杰，2014；D'Amato et al.，2017），而其中所蕴含的绿色发展理念已构成我国高质量发展的核心维度，具有鲜明的创新内涵（陈晓红等，2020；钱易，2020）。2020 年 9 月，习近平主席在第七十五届联合国大会上庄严宣布，我国力争于 2030 年前实现碳达峰、2060 年前实现碳中和的目标，这也彰显了新时期我国加速推进经济社会低碳绿色转型的坚定决心。而为了实现这一"双碳"目标，绿色发展理念自然就应成为我国经济高质量发展的核心。

本质上而言，绿色发展这一概念是在可持续发展理念推动下提出的，是继低碳经济、循环经济、绿色增长、绿色经济等概念之后，人们在探索经济社会可持续发展过程中的又一重大理论创新成果。从已有研究来看，绿色发展理念发轫于英国环境经济学家 Pearce 和 Markandya（1989）的《绿色经济蓝图》一书，他们认为绿色发展不仅仅要关注经济增长，更要考虑生态环境的承载力，因而是一种可持续的发展模式。在此基础上，国外学者更多是将绿色发展等同于可持续发展，进而从生态危机、资源短缺、生态足迹以及增长极限等角度对绿色发展概念进行了丰富和完善。聚焦于国内，戴星翼（1999）在其著作《走向绿色的发展》中首次提及"绿色发展"这一术语，用以阐述当时中国可持续发展进程中面临的一系列理论及实践问题，认为"可持续性不断增加"才是中国迈向绿色发展之路的根本途径。而斯德哥尔摩环境研究所和联合国开发计划署在 2002 年共同发表的《2002 年中国人类发展报告：让绿色发展成为一种选择》，进一步深刻阐述了中国生态环境质量的现实情况及面临的问题和挑战，明确指出在资源环境约束趋紧、生态破坏日益严重的背景下，走绿色发展道路是中国未来发展的必然选择（秦书生、杨硕，2015）。

基于此，有关绿色发展的研究日益受到学界的关注和认可（Feng et al.，2017；Wang et al.，2018），特别是基于中国的研究增长较快，但因学者关注的角度不同，相应也衍生出有关绿色发展概念内涵及外延的差异。胡鞍钢和周绍杰（2014）认为，绿色发展是对可持续发展思想的进一步继承和超越，是一种以绿色增长为核心、绿色财富为基础、绿色福利为目标，且三者相互联系、相互协调的可持续发展模式；黄志斌等（2015）将绿色发展定义为在资源环境承载力与生态环境容量约束下，通过"绿色化""生态化"等生态环保实践来促进绿色资产不断增值、绿色福利不断改进，通过人与自然日趋和谐以最终实现资源环境和经济活动协调发展；刘明广（2017b）认为，绿色发展是绿色生产、绿色生活、绿色环境和绿色新政等概念的系统集成，是对过去"高污染、高能耗、高排放、低利用"粗放经济发展模式的修正，强调以资源节约和生态环境保护为基本前提，以促进经济发展、社会进步和人民生活水平不断改善；李顺毅（2017）则认为，绿色发展是一种旨在促进经济社会发展与生态环境质量改善的有机融合，兼顾生产发展、生活富裕、生态良好等多维目标的人与自然和谐发展方式。随着新发展理念的日益深入以及经济发展阶段和社会主要矛盾的转变，学者也对绿色发展的内涵进行了拓展。如方敏等（2019）认为，绿色发展是五大发展理念中的核心理念，旨在推动经济发展和生态环保向以效率、质量为主要特征的新模式转变；钱易（2020）则认为，绿色发展关键在于保护环境、节约资源、减污降碳、生态优先，它使自然资源既能满足人民日益增长的经济发展需要，又能满足人民对优美生态环境向往的生态需要；而马宗国等（2022）进一步将绿色发展与高质量发展相融合，提出了绿色高质量发展概念，认为绿色高质量发展是一种以绿色发展驱动区域经济的发展，是以绿色为底色的创新、协调、开放、共享的发展。

总而言之，尽管目前学者对于绿色发展概念的讨论还未完全达成共识，但他们普遍认为凡是能促进经济、社会与生态环境和谐共生、协同推进的发展便可被称为绿色发展。

在对绿色发展概念进行界定的基础上，现有文献重点探讨了两方面的内容。一是绿色发展评价体系的构建。这类研究主要是围绕如何测度社会经济发展与资源环境的协调性而展开的，其中大多数研究是通过构建综合评价指标体系来测度地区绿色发展水平的（Wang et al.，2018；高红贵、赵路，2019；梁刚，2021；徐晓光等，2021）。但根据其侧重点（如宏观经济、生态环境、能源消耗等）的不同，此类研究目前还未在如何准确测度绿色发展水平这一问题上达成共识。其他研究则是从效率或生产率角度出发，利用数据包络分析等工具来测度绿色发展效率与绿色全要素生产率，以衡量各地区的绿色发展能力（周亮等，2019；黄磊、吴传清，2019）。二是绿色发展途径及其效应研究。这类研究考察了中国实现绿色发展（转型）的主要影响因素，旨在分析相关因素在推动绿色发展战略实施中的作用和影响，并进一步针对不同行业探讨了其绿色发展转型的具体路径，认为影响绿色发展的因素主要有技术水平（李兰冰、李焕杰，2021）、环境规制（胡鞍钢，2010；孙振清等，2021）、能源结构与生态效率（徐晓光等，2021）、数字经济（魏丽莉、侯宇琦，2011）、金融集聚程度与企业行业规模（徐晓光等，2021）等。与此同时，地理区位，相对湿度、气温、当地降雨量、风速等气象条件，植被覆盖情况，人口密度也是影响绿色经济发展的重要因素（李赟鹏、郝美彦，2021；Chen et al.，2018；Kang et al.，2020）。此外，还有学者基于空间关联与溢出效应对绿色发展的影响因素进行考察（陈超凡等，2021；顾剑华、王亚倩，2021）。

3.1.2　绿色技术创新

由于绿色发展能够有效协调经济增长与资源环境间的矛盾，这样一来，在我国经济由高速增长向高质量发展转型的关键时期，绿色发展就成为摆脱经济增长与生态约束两难困境的必然选择，而绿色技术创新则是绿色发展的核心驱动力（陶锋等，2021）。事实上，党的十九大报告已明确指出要"加快生态文明体制改革，建设美丽中国"，同时进一步指出要"构建市场导向的绿色技术创新体系"。而为了贯彻和落实党和国家这一重大战略部署，国家发展改革委与科技部于 2019 年联合印发了《关于构建市场导向的绿色技术创新体系的指导意见》，其中将绿色技术明确界定为"通过降低消耗、减少污染、改善生态，以此促进生态文明建设、实现人与自然和谐共生的新兴技术，主要涉及节能环保、清洁生产、清洁能源、生态保护与修复、城乡绿色基础设施、生态农业等领域，涵盖产品设计、生产、消费、回收利用等环节的技术"。由此绿色技术创新成为一项复杂的系统工程，它既包括前端的绿色技术研究与开发，又包括后端的市场化应用。因此，绿色技术创新要从根本上提升生产技术水平，就需要更关注资源节约与环境保护，以实现经济的可持续增长，由此其也成为追求环境与经济"双赢"发展模式的关键举措。

本质上看，绿色技术创新与绿色创新一脉相承，绿色技术创新不仅是绿色创新的重要组成部分，而且体现了其核心要义。Brawn 和 Wield 于 1994 年首次提出"绿色技术"这一术语，认为一切与环境保护相关的技术都可被称为绿色技术（Brawn and Wield，1994）。之后学界对绿色技术进行了广泛讨论，基本认为绿色技术是以生态学原理和生态经济规律为根本遵循，旨在降低消费与生产的边际外部成本、节约资源能源、避免和减少环境污染，以实现生态负效应最小的技术、工艺和产品的总称（Aguilera-Caracuel and Ortiz-De-Mandojanan，2013）。随着对绿色技术概念的讨论不断深入，学者逐渐将其关注的重点转向绿色技术创新，对此学者主要从两个视角切入。

一是从生产过程的角度来系统描述绿色技术创新过程。如 Brezet（1997）在对产品绿色设计实践过程进行探讨的基础上，将绿色设计创新划分为"产品提升—产品更新设计—产品功效创新—产品系统创新"四个动态环节，认为产品绿色创新是一个从简单到复杂、从部分到整体、从低级到高级、从渐进型创新到根本性创新的动态化过程；Freeman（1996）指出，在经济转向可持续发展的过程中，既要综合考虑能源消耗和资源利用问题，也要兼顾社会观念、生产方式、消费模式等的转变，因此经济社会绿色可持续发展所要求的技术变革并不只限于一些关键技术的革新，还伴随相关组织及制度环境等的绿色化；Huang 和 Shih（2009）认为，绿色技术创新不仅包含绿色产品创新（相关硬件），还包含绿色制度创新（相关软件），旨在降低生产和消费对生态环境产生的负面影响，以提高环境管理效率，达到环境保护之要求；Hopfenbeck（1993）基于全面环境质量管理并结合企业经营业务流程提出了企业绿色技术创新全过程的理论框架；杨发明等（1997）从企业经济性角度将绿色技术创新解析为，能够最大限度地避免和减少企业在生产、消费过程中所形成的由生态环境传递的外部非经济性的技术创新；许庆瑞和王毅（1999）则立足于产品生命周期角度，认为绿色技术创新是一种在从创新理念形成到将相关产品推向市场的全流程中，以降低产品生命周期所消耗总成本为最终目标的创造性活动。

二是从创新的特征出发，通过归纳创新的多样化特征来界定绿色技术创新。其中，赵细康和李建民（2004）将绿色技术创新等同于生态技术创新，认为一切以生态环境保护为目标的管理创新和技术创新皆可被称为绿色技术创新；葛晓梅（2005）指出，绿色技术创新的本质是将环保知识及低碳、清洁、节能等绿色技术应用于生产经营过程，用以创造和实现新的经济社会环境价值的一种创新性活动；孙燕铭等（2021）则认为，绿色技术创新有别于传统意义上的技术创新，它更侧重于生态环境改善，是低耗能、少污染、高技术含量且能够改善环境的产品、方法及工艺的总称。不仅如此，中国环境与发展国际合作委员会（CCICED）还将绿色技术创新的内涵延伸到了社会、制度等领域，认为绿色技术创新不只局限于技术层面，还是一种"绿色思维"，是一种将"绿色"属性融入产品研发、设计、生产过程中，最终实现经济社会环境效益的理念。

由此可知，尽管对于绿色技术创新还未形成统一界定，但多数定义都肯定了这一概念的两个基本特质：一是绿色技术创新作为技术创新的延伸，具有与之相同的基本特性，即强调创新带来的经济效益，且追求利润最大化；二是注重生态环境效益，要求技术创新必须能够降低环境污染、节约能源资源、减少生态破坏。基于此，本书结合当前国家提出的"碳达峰、碳中和"目标，进一步认为绿色技术创新是一种以"绿水青山就是金山银山"理念为指引，旨在降低环境污染、减少二氧化碳排放、节约资源能源，兼顾经济效益和生态环境效益的创新型活动。

此外，在明确绿色技术创新概念的基础上，相关研究重点关注了绿色技术创新效率的测度及其影响因素分析。其中，对于绿色技术创新效率的测算，主要是采用参数方法 SFA（康鹏辉、茹少峰，2020）和非参数方法 SBM-DEA（吕岩威等，2020）来进行测度，而对于绿色技术创新影响因素的分析，环境规制则被认为是企业进行绿色技术创新的原动力，如郭捷和杨立成（2020）就证实了环境规制和政府研发资助对于绿色技术创新具有显著的促进作用。

3.1.3 绿色产业与绿色产业创新

党的十九大报告明确提出"要加快生态文明体制改革，推进绿色发展"，而发展绿色产业则是加快推进生态文明建设的重要举措，也是发展绿色经济的关键途径（裴庆冰等，2018）。一般说来，绿色产业是指那些能够积极采用清洁生产技术，或者使用无害或低害的新工艺和新技术，以大幅度降低原材料与能源消耗，实现低投入、低消耗、低污染与高产出，尽可能把对环境的污染消除在生产过程中的产业（徐枫、丁有炜，2016）。因此，发展绿色产业，本质上就是要使经济增长不以自然资源和能源的过度使用与消耗为代价，从而以更小的环境代价和更大的生态经济效益来创造更多的价值。基于此，绿色产业的发展需要依靠突破性的技术进步和创新，因为创新是引领发展的第一动力，创新发展有利于推动科技进步，使技术得到优化、效率得以提升。而产业的技术进步及其效率的提高，又可使产业结构持续向合理化与高级化的方向转变，进而推动经济的高效增长及高质量发展。由此可将绿色产业创新简单理解为"通过绿色产业链上各要素的技术变革，实现绿色产业结构、绿色产业组织及绿色产业布局等方面的根本性改变"。

具体说来，绿色产业是绿色创新的实践载体，从而绿色产业创新就成为绿色创新体系的重要组成部分，也是实现全面绿色创新的重要途径。事实上，目前学术界对于"绿色产业"和"绿色产业创新"的概念已进行了较为深入的探讨。其中就绿色产业而言，学者主要从生态经济学、产业经济学等学科角度对其进行界定和描述，但尚未形成统一认识。代表性的观点有：刘思华和刘泉（2004）从广义角度定义了绿色产业，认为与生态产业相类似，是指那些在改善生态环境和建设自然的生产活动中，进行生态产品生产、制造或创造生态环境效益的产业，以及符合绿色环保要求的产品或技术的相关部门；Hall（2006）认为，只要与环境园林植物、园林景观及园林设备相关的生产、设计、制造、销售以及服务产业均可被称为绿色产业；张昌勇（2011）指出，绿色产业作为一种新兴业态，强调要将资源节约、环境友好、低碳发展、循环利用等"生态文明"理念融入生产过程的各环节，以实现"经济价值-生态价值-社会价值"的耦合共生；Stanikis（2011）则认为，绿色产业的核心理念是"脱钩"，具体表现为当产业内资源环境压力的增长率低于产业经济驱动力的增长率时，"脱钩"现象就会发生，且绿色产业发展将成为经济竞争力提升和可持续增长的决定因素。因此，借鉴现有文献对于绿色产业的界定，本书认为绿色产业是能够将生态经济、低碳发展、循环发展以及绿色发展思想（理念）贯穿于产业生产的各环节、全流程之中，通过使用新产品、新工艺、新技术，生产绿色（生态）产品、提供绿色服务等，以降低资源能源消耗、减少污染物排放，实现经济社会发展与自然财富消耗的全面脱钩，最终促进"经济价值-生态价值-社会价值"相协调的新兴业态。

对于绿色产业创新而言，比较完整的绿色产业创新概念界定最早是由国内学者张昌勇（2011）提出的，其通过全面分析绿色产业的特征和分类，将绿色产业创新视为一个系统。该系统涉及政府、企业、科研院所、金融机构等创新主体，认为绿色产业创新实际上就是创新主体运用技术创新、制度创新、观念创新、组织创新、管理创新等方式，通过改变绿色产业结构、优化绿色产业布局，以提高绿色产业组织管理效率。受此启发，同时结合前文对绿色创新概念内涵的诠释，本书从务实角度将绿色产业创新定义为，创新主体以绿色可持续发展为终极目标，通过借助外部有利因素的支持，同时结合自身资源禀赋，设计和研发更环保、更节能、附加值更高的产品，不断改善管理、组织和制度模式，由此降低对环境的负面影响，塑造创新主体的可持续竞争优势，进而实现产业的全面绿色转型升级。

3.2 绿色创新研究相关理论基础

为了能够更为有效地考察我国省际绿色创新投入、产出与效率的作用机制及其空间溢出效应，本节将分别对与此相关的投入产出理论、系统论、空间经济理论做简要说明，以期为随后的省际绿色创新空间结构演化分析奠定相应的理论基础。

3.2.1 投入产出理论

1963 年，美国哈佛大学教授华西里·里昂惕夫在其《美国经济制度中投入产出的数量关系》一文中首次提出并使用了投入产出分析法，认为"投入产出分析"的本质是从数量上对各种经济活动进行的一种考察，是具体"延伸"全部均衡理论的结果。基于此，学者便将投入产出理论界定为一种基于投入、产出层面的数量化分析，多用于对效率的测度（曹霞、于娟，2015；沈能、周晶晶，2018），认为效率是基于"投入"与"产出"维度进行的分析，通过在最优生产规模下实现最大化产出，从而形成前沿生产函数。根据前文对绿色创新概念的界定可知，由于绿色创新可从投入与产出两个角度进行界定，因此绿色创新效率也可以从投入和产出两个角度来进行测度。

3.2.2 系统论

系统论最早由我国科学家钱学森提出，随后清华大学的魏宏森教授及其团队对这一思想做了进一步的完善和发展，主要体现在其《系统论：系统科学哲学》一书中。书中明确指出系统论是以整体为核心，强调事物发展的整体性与系统性。这样一来，系统论不仅要考虑事物（或现象）同一层次间各部分的相互作用，而且要关注不同层次间的相互作用。目前我国经济正处于绿色发展的新阶段，因此，深化绿色发展以实现经济社会的高质量发展，就成为新时期我国经济建设的重要课题。事实上，作为一种以节约能源、优化生态环境和创新驱动发展为核心的新发展理念，绿色创新不仅有利于节能减排，还能够显著促进技术进步（肖仁桥、丁娟，2017），因此，提高绿色创新能力及效率就成为寻求绿色发展的内在要求。然而，长期以来，我国地区间的发展差距却在不断增大，传统的创新在促进经济快速增长的同时，可能会使人类赖以生存的生态环境遭到破坏，从而可能会导致经济发展系统与生态环境系统失调，由此也与系统论的核心要义相悖。这样一来，基于系统论的绿色创新就成为推动我国经济社会实现可持续发展的有效途径，也是我国区域经济高质量发展的新增长点（肖黎明等，2018），从而使得基于系统理论考察我国省际绿色创新的时空演化及其收敛性成为题中应有之义。

3.2.3　空间经济理论

对空间经济的关注发端于 Krugman 所构建的"中心-外围"模型，该模型强调一国（经济体）内部产业集聚的形成是由"报酬递增规律"所致（胡锡琴、张红伟，2017）。随后 Fujita 等（1999）在规模报酬递增和不完全竞争的一般均衡框架下，进一步引入集聚经济、要素流动和路径依赖等因素，将贸易理论与经济地理置于一个统一的分析框架下，较为系统地考察了生产要素的国际专业分工与经济区位，分析了经济活动的空间集聚以及区域增长的动力问题，并最终形成了新经济地理学和空间经济学（梁琦、黄卓，2012；Fujita et al.，1999）。事实上，党的十八届五中全会对经济形势的判断以及发展路径的安排，基本上确定了我国经济发展及其空间格局演化的最优路径，而此后学界对党的十八届五中全会精神的一系列理解和阐释，尤其是习近平总书记关于制定"十三五"规划的建议稿的几个重要说明，则明确了当前空间经济理论研究的重点内容及其未来方向，这对于推进空间经济学在中国的发展具有重要的指导意义。本节主要对以下相关理论进行简要说明。

3.2.3.1 增长极理论

增长极概念最早是由法国经济学家弗朗索瓦·佩鲁于 20 世纪 50 年代初提出来的。佩鲁认为经济空间并不是平衡的，而是存在极化作用，因为在经济空间中总是会存在一些"中心"或者是"极"，其作用就像磁铁的磁极一样，它们一方面会对外部因素起到吸引作用，另一方面会在其相互之间表现出吸引和排斥的作用，从而产生向心力与离心力，进而彼此作用形成一定范围的"场"，而增长极就在"场"的中心。一般而言，增长极对其所在区域发展的作用机制大致有极化效应和扩散效应两种情形（徐露，2017）。其中，极化效应是指增长极利用自身相对优越的条件，迅速大量地吸纳区域内各种资源要素以及各类经济活动主体，从而促进其经济能量不断积累的情形；而扩散效应则是指将资源要素和经济活动主体进行有效整合后，由增长极向其外围不断扩散，进而带动腹地经济发展的情形。我国各地区在经济发展水平、资源禀赋、产业结构以及技术创新等方面均存在较大差异，沿海地区是我国发达省份的聚集地，其区域产业结构相对较优，技术密集型产业发展迅速（肖黎明、李秀清，2020），从而有利于绿色创新能力的提高。这样一来，在此类增长极的辐射带动下，将区域的绿色创新能力转化为当地的综合竞争力，对整个区域的绿色创新及发展都具有重大意义。

3.2.3.2 中心-外围理论

1949 年 5 月，普雷维什向联合国拉丁美洲和加勒比经济委员会（简称拉美经委会）递交了一份题为《拉丁美洲的经济发展及其主要问题》的报告，首次较为系统和完整地阐述了他的"中心-外围"理论。该理论将资本主义世界划分成两个部分，一个是生产结构同质性和多样化的"中心"，另一个则是生产结构异质性和专业化的"外围"。克鲁格曼对"中心-外围"理论做了进一步完善，由此揭示了经济地理聚集的内在运行机制，即在两个具有完全相同外部条件的地区，由于存在报酬递增、人口流动和运输成本的交互作用，制造业通常会集中在相对发达的地区，而城市的规模和城市间的距离在离心力和向心力相对强度的作用下，将在某一固定水平稳定下来，如果经济中存在大量规模各异及运输成本不同的行业，那么由此将形成层级结构（保罗·克鲁格曼，2000）。目前"中心-外围"理论已被广泛应用于城市、城市群以及区域发展的相关研究中（李强、王琰，2021；张亚斌、张敏敏，2010）。

3.2.3.3 梯度推移理论

梯度推移理论最早源于美国哈佛大学教授拉坦·弗农等人提出的"工业生产生命周期阶段论"，而区域经济学者则进一步将这种生命周期阶段论引入区域经济发展研究中，从而创立了区域经济梯度推移理论。梯度推移理论指出，创新活动大多发源于高梯度地区，然后随着时间的推移及生命周期阶段的变化，按顺序逐步由高梯度地区向低梯度地区转移，由此促进了区域产业结构的更新。目前该理论主要被用于绿色产业发展（牛艳梅，2012）、区域产业转移（李鹤虎、段万春，2010）等方面的研究。事实上，由于上述增长极理论将增长极在经济意义上界定为某种推进型产业、在地理含义上界定为区位（即核心区或中心城市），因而增长极对周围地区的扩散和传递过程也可看作一种梯度推移过程。

3.2.3.4 极化-涓滴理论

极化-涓滴理论是著名发展经济学家赫希曼对一国内部各区域间的经济关系进行深入探讨后提出来的，主要用来解释经济发达区域与欠发达区域之间的相互作用及影响。现实中，当一个国家的经济增长先在某个区域发生，那么它就会对其他区域产生各种作用，这种有利与不利的作用分别被称为极化效应和涓滴效应（秦贤宏、段学军，2018）。在我国，某一区域与其周边地区通过货物流、人口流、技术流、信息流、资金流等方式同样发生着各种各样的经济联系，且这种联系既包含极化效应，又表现出涓滴效应，始终贯穿于区域发展的全过程。

3.2.3.5 循环累积因果理论

循环累积因果理论是演化经济学的重要理论之一，最早是由美国旧制度学派的开创者凡勃伦于1957年提出的，并在缪尔达尔和卡尔多那里得到进一步发展。缪尔达尔等人认为，在社会发展过程中，社会经济各因素之间存在循环累积的因果关系。随后缪尔达尔进一步运用"循环累积因果原理"解释了增长极的作用机制，认为社会经济制度是基于技术进步、社会、经济、政治和文化等因素不断演进的，在这一动态演进过程中，社会经济的各种因素是互相联系、互相影响、互为因果的，并且以具有积累效果的循环方式运动着，且这种循环运动是通过"扩散效应"和"回流效应"（分别对应于赫希曼的"涓滴效应"与"极化效应"）实现的。而绿色创新的空间结构及其影响因素基于积累效果的循环运动方式实质上就是一种多元梯度及其梯度推移的路径演进。

3.3　绿色创新研究理论依据及分析框架

为了保证随后的实证研究有一个相对坚实的理论基础，本书在上述绿色创新相关概念及理论分析的基础上，聚焦主要研究问题，进一步构建绿色创新的理论分析框架。

3.3.1　理论依据

对于绿色创新的量化分析，核心在于通过绿色创新的定性研究，从投入产出视角识别和确定绿色创新的关键维度，进而通过系统性的剖析和分解，在厘清绿色创新投入、产出、效率间内在机理的基础上构建绿色创新的评价体系，进而对我国 30 个省区市的绿色创新发展现状、空间结构特征、空间溢出效应及其空间结构演化动因进行实证分析。基于此，本书从投入产出视角研究绿色创新，原因有以下几点。

一是基于投入产出视角对绿色创新所进行的评价，主要以投入产出理论、系统论、空间经济理论等相关理论作为支撑。这是因为绿色创新在创新主体、发展环境、利益相关者、发展模式等方面均存在差异，从而对其评价也应从多样化的视角展开，这又进一步决定了绿色创新内涵、外延和体系的识别、价值判断及所依托的理论基础的多元化。通过前述对绿色创新及其相关概念的辨析，遴选绿色创新的维度要素，并主要从"发展水平、区域均衡"两个层面审视绿色创新的现实状况，这有助于相关研究主题突破以往单一评价的局限，从而拓展绿色创新量化分析的深度和广度。

二是从投入产出视角能够对绿色创新空间结构及其演化特征进行更为清晰与明确的剖析。投入产出视角突破了以往研究仅从整体层面考虑绿色创新效率的空间特征，未将"绿色创新效率"黑箱打开，从而忽视了绿色创新全过程的空间结构变迁的局限。通过构建综合性的绿色创新投入产出效率评价指标体系，从绿色创新投入、产出和效率三个维度出发，对绿色创新的各维度进行量化，并深入揭示绿色创新各维度的空间结构特征及演化规律，能够使绿色创新研究在数据支撑和可视化呈现的基础上更加科学有效。因此，本书从绿色创新全过程视角探讨绿色创新的空间结构特征及其演化规律，同时，用可视化方式对绿色创新各维度的空间结构特征进行有效识别，观察相对应的支撑数据，预判绿色创新空间结构演化规律，借此把握绿色创新发展趋势。

三是基于投入产出视角的绿色创新投入、产出和效率三类空间结构的耦合协同分析可作为绿色创新空间结构优化的判别标准。通过解析绿色创新投入、产出和效率的耦合协同机理，考量绿色创新投入、产出和效率三类空间结构的差异、联系和协同水平，有助于更为客观地了解绿色创新空间结构的优化情况。

四是基于投入产出视角的绿色创新空间溢出、收敛性及其空间结构演化动因分析可作为区域协调均衡发展的有效判别标准。通过对省际绿色创新投入、产出和效率的相关数据进行分析，判断绿色创新水平的空间均衡问题，有助于剖析其背后的作用机理。因为省际绿色创新不仅在水平层面存在客观差异，在空间溢出效应及其收敛性方面也表现出一定的异质性，因此，从经验层面探讨绿色创新的空间差异及其演化动因有助于把握绿色创新的区域均衡发展情况。

总之，绿色创新虽然在内涵特征、发展模式、政策指引等方面存在一定的差异，但在实践层面，绿色创新却体现了可持续发展和高质量发展两大战略的内在要求，是确保我国经济平稳高质量运行的关键环节。这样一来，从投入产出视角构建绿色创新的评价体系，由此探求其空间结构、溢出效应和演化动因，无论是在理论支撑和实现路径方面，还是在判别标准上都具有较为重要的学术价值和现实意义。

3.3.2 分析框架

为此，本书在对绿色创新内涵进行系统阐释和凝练的基础上，尝试基于投入产出角度来对我国省际层面的绿色创新水平进行测度，力求精准把握其空间结构特征及演化规律，以实现对绿色创新溢出效应、收敛性及其演化动因的深层次理解，进而根据研究结论提出系统性和具有针对性的政策建议及路径设计，从而搭建起一个较为完善的绿色创新理论分析框架[①]（见图3-1）。

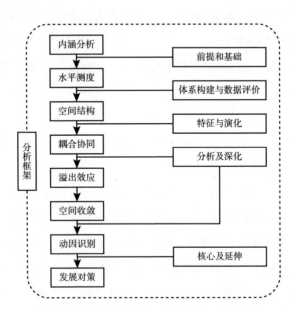

图3-1 我国省际绿色创新的理论分析框架

[①] 此处的绿色创新理论分析框架仅是从宏观层面给出本书实证部分的理论依据，具体的机制分析详见以下相关章节。

3.3.2.1　内涵分析

绿色创新是新时代背景下创新发展的新模式和新理念，是一个涉及创新主体、理念指引、发展目标等内容的系统性要求。前文对绿色创新的内涵、指标选择、影响因素、相近概念等进行了系统性分析，从而为随后绿色创新评价体系的构建，以及"水平测度"和"空间收敛"两个层面的综合评估奠定了理论基础。

3.3.2.2　综合评价

绿色创新投入产出效率综合评价指标体系的构建是随后实证研究的基础。基于此，本书通过对文献分析及熵值赋权法、随机前沿分析法、数据包络分析法等的综合应用，在绿色创新效率概念框架的基础上，确定了绿色创新的评价维度和评价指标，以对我国省际绿色创新效率进行系统评价和特征事实分析，从而为绿色创新的空间结构特征、空间溢出效应、空间收敛性及空间结构演化动因等的实证和量化分析提供相应的数据支撑。

3.3.2.3　空间结构特征及演化

探求绿色创新的空间结构特征及其演化规律，把握绿色创新空间发展趋势，是我国省际绿色创新均衡发展的核心目标。基于此，本书在绿色创新效率评价指标体系的基础上，从绿色创新全过程角度扩展了空间结构分析的评价维度，也即通过深入剖析绿色创新投入、产出和效率的空间结构特征及演化规律，预判其空间发展趋势，从而为进一步优化绿色创新的空间布局提供经验支持。

3.3.2.4　耦合协同分析

基于系统论分析绿色创新投入、产出及效率三者之间的耦合协同机理。针对于此，本书借助 PVAR 模型、耦合协同度模型及地理统计分析方法对绿色创新投入、产出及效率三类空间结构的差异、联系和相互作用程度进行了考察，从而为省际绿色创新的空间溢出及收敛性分析提供前提和基础。

3.3.2.5　溢出效应分析

明确绿色创新的空间溢出路径对于提升区际绿色创新协同水平意义非凡。本书基于空间经济理论构建绿色创新空间溢出的理论模型，同时参考相关文献，确定绿色创新空间溢出的相关异质性条件和影响因素，由此形成相关研究假设。同时借助空间计量模型，分解绿色创新的空间溢出效应，以检验相关异质性条件对绿色创新空间溢出的影响方向和作用程度，从而为省际绿色创新水平的协同提升提供指导。

3.3.2.6 收敛性分析

新时代背景下，我国经济在全面转向绿色创新的同时，更应关注区域发展的收敛与均衡。基于此，本书根据空间经济学的极化-涓滴理论、中心-外围理论、增长极理论以及循环累积因果理论等，深入剖析了绿色创新的空间收敛机制。以此为基础，进一步运用 σ 收敛、β 收敛和俱乐部收敛三种收敛估计模型对绿色创新的空间收敛情况进行了检验，以考察省际绿色创新收敛的驱动因素，为区域绿色创新整体的协调均衡发展提供经验证据。

3.3.2.7 空间结构演化动因

绿色创新是我国经济增长的新动能，其空间结构的演化路径直接决定了我国经济的可持续发展。本书通过数值模拟识别绿色创新空间结构的演化动因，获得研究结果，明确绿色创新空间结构的优化路径，从而为绿色创新的空间结构优化提供依据。

3.3.2.8 发展对策

发展对策是本书研究的最终落脚点，是对研究的总结和提炼。通过对内涵分析、水平测度、空间结构、耦合协同、溢出效应、空间收敛和动因识别等方面内容进行系统梳理，从顶层设计、区域合作、空间溢出、分类施策等不同角度提出对策和建议，由此为"十四五"乃至未来更长时期全面推进区域绿色创新均衡发展提供政策参考。

3.4 本章小结

绿色发展作为一种新型发展理念，是可持续发展与高质量协调发展的扩展和深化，也是产业发展的绿色化与低碳化。因此，大力发展绿色产业是实现生态安全与环境友好的必然选择，而绿色技术创新和绿色产业创新则是绿色发展和绿色产业发展的关键路径。此外，由于绿色创新强调系统间的整体性与协调性，以及人与生态的和谐共生（许庆瑞、王毅，1999），所以绿色创新效率的提升不仅取决于区域内部效率的提升，还会受到系统外部环境因素的影响。进而在某一区域内部，其中心城区与周边地区表现为一种"中心-外围"的空间形态。这样一来，根据中心-外围理论和增长极理论，城市中心区域的发展将产生"极化效应"或"涓滴效应"，从而会阻碍或者促进绿色创新效率的提升。加之绿色创新又是一个多元投入、多元产出的复杂系统，其效率越高，表明其中的要素投入、创新要素投入与绿色绩效产出就越匹配。基于此，增长极理论、中心-外围理论、梯度推移理论以及循环累积因果理论等空间经济理论，将为本书进一步考察区域绿色创新效率及其空间演化特征奠定相应的理论基础。此外，本书还构建了有关绿色创新的理论分析框架，力求为下文的实证分析提供较为坚实的理论基础。

第4章

省际绿色创新效率的多维测度及比较

构建科学合理的评价体系，以精准测度我国省际绿色创新效率水平，有助于准确把握我国区域绿色创新发展现状及存在的问题，进而通过寻找绿色创新效率改进与提升的着力点和施政点，为推动我国区域绿色创新高质量协调发展提供科学支撑。基于此，本章将使用目前多数学者测算绿色创新效率的相关方法，同时基于高质量发展理念，从投入、产出两个维度构建省际绿色创新效率评价指标体系。在此基础上，运用非参数 DEA 模型和参数 SFA 模型分别对我国 30 个省区市的绿色创新效率进行测度与评价，进而对测算结果进行比较，最终筛选出相对更优的绿色创新效率度量方法。

4.1 绿色创新效率的内涵及评价指标体系

4.1.1 绿色创新效率的概念框架

准确理解绿色创新及绿色创新效率的内涵是对其进行科学评估的前提和基础。现有研究中，学者对企业、产业、区域、国家等多重尺度下的创新能力概念及其内涵分别做了相应的界定，但针对区域绿色创新能力的概念辨析却相对较少。事实上，早在 1912 年，熊彼特便在其著作《经济发展理论》中首次提出了"创新理论"，并据此将创新界定为构建一种新的生产函数，实现生产要素的重新组合，以获得潜在超额利润的一系列"创造性破坏"行为，同时还进一步界定了五种具体的创新形式，即开发新产品、引进新技术、发现新材料、开辟新市场、实现新的组织形式和管理模式（葛世帅等，2021）。从这一定义可以看出，"创新"的关键在于创造出新的价值，由此获得超额经济利润，这一概念也常被学界称为传统创新。不同于传统创新，绿色创新则旨在减少对环境的破坏，强调在运用一系列创新手段创造经济价值的同时，显著降低经济价值创造过程中产生的资源消耗和环境负担，从而建立起一种环境友好型的经济社会发展模式，最终实现"经济-社会-环境"统筹发展之目标（孙燕铭、谌思邈，2021；鲍涵等，2022）。很明显，绿色创新融合了可持续发展之理念，从而其内涵更具可持续性，这一概念主要表达了两个层面的含义，即综合考虑了代际的公平性以及当前经济发展与生态环境保护的公平性，从而充分发挥了其在"保护"与"发展"之间的桥梁和纽带作用。这样一来，绿色创新的内涵及目标就与当下国内热议的高质量发展主题不谋而合。因为高质量发展本质上是一种以"破解资源环境约束和满足人民对优美生态环境的需要"为目标的发展模式，旨在促进生态环境"高颜值"与经济发展"高素质"的和谐共生（郭政等，2020）。它不仅是对习总书记倡导的"既要绿水青山，也要金山银山"之理念的完美诠释，也是新发展理念的题中应有之义。从这一角度出发，区域高质量发展在某种意义上又与可持续发展观相吻合，即认为经济系统只是生态系统的一个子系统，因而经济不能无节制地追求物理性增长，还应受到生态系统可持续发展的约束，无论是在短期还是在长期，均应以实现经济效益、社会效益和生态效益的协同发展为主要目标（樊杰，2018）。

基于上述理论演绎，本书认为我国区域经济高质量发展应以"生态优先、绿色发展"为导向，通过强化中心发达地区与周边落后地区在生态、经济、社会等领域的互动与交流，促进各类生产要素合理流动及高效集聚，最终实现区域经济的高质量协调发展，同时最大化满足人民对美好生活向往之需求（安树伟、李瑞鹏，2020）。况且在我国经济由高速增长向高质量发展转轨的关键时期，以区域为依托践行高质量发展理念，提高经济发展质量、生态宜居程度和人民福祉水平，已成为区域经济可持续发展的关键。由此本书将绿色创新与区域高质量发展之概念进行融合，基于投入产出视角，以绿色创新效率来衡量绿色创新，认为绿色创新效率是在传统创新的基础上，统筹考虑资源消耗、环境污染以及人民福祉改善的一种高质量的创新发展效率。与此相对应，可将区域绿色创新效率界定为在高质量发展理念统领下，以促进区域高质量绿色化发展为目标，用尽可能少的创新要素投入和环境污染代价，来谋取尽可能多的经济收益、生态收益和社会收益，最终实现经济增长、生态宜居和社会进步三者的协同发展的创新发展效率。从这一绿色创新效率的内涵及其外延出发，参考相关研究（程钰等，2019；肖黎明、肖沁霖，2021），统筹考虑资源禀赋、生态环境、制度环境等因素的影响，将区域绿色发展系统论和绿色创新效率评价指标相结合，可构建如下绿色创新效率的概念框架（见图4-1）。

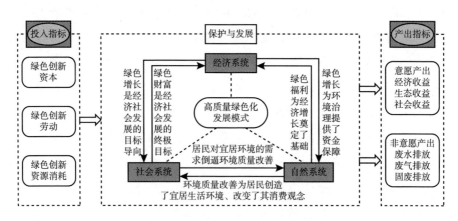

图4-1 绿色创新效率的概念框架

4.1.2 指标设计框架及选取原则

构建科学合理的评价指标体系是精准测度省际绿色创新效率的关键，同时有利于厘清绿色创新的内在作用机理，以准确把握绿色创新投入资源的利用情况。基于此，本书将绿色创新作为一个整体（系统），重点从效率视角来评价其发展水平。而效率视角则体现在我们是从投入和产出两个维度来构建绿色创新效率评价指标体系的，这样不仅能够有效体现经济学研究中"以最小投入实现最大产出"之思想，而且能够清楚反映绿色创新要素投入与其成果转化之关系，从而有利于对绿色创新投入、产出的数量进行有效把控与及时调整。

此外，本书主要是按照"理念-准则-支撑-具体"的指标构建原则和"海选指标—筛选指标—检验指标"的指标选择步骤，来建构能够反映省域实际情况及其自身特征的评价指标体系，且对投入产出评价指标体系的合理性进行了检验。与此同时，在遴选具体指标时，考虑到绿色创新投入、产出及效率的测度是一项复杂的系统性工程，涉及经济、社会、环境等多个方面，因此评价指标体系的构建还需满足如下原则。一是代表性原则。根据我国现实情况选择更具代表性的关键指标，以求尽可能贴切地反映"绿色"和"创新"之属性。二是可比性原则。为避免因数据量纲不同导致的各项投入、产出指标不具可比性的问题，对相关指标进行标准化处理。三是数据的可获取性。在尽可能获取更加符合实际情况的指标的基础上，确保所选指标在研究时限和地域范围内没有太多缺失值。四是细粒度原则。在保证指标数据可获得的前提下，尽可能使用有利于反映绿色创新作用于高质量发展的产出指标，如绿色经济增长、生态宜居、社会进步、空间优化等能体现高质量发展理念的细粒度指标。五是全面性原则。根据绿色创新的概念内涵，选择多维指标来对其进行全方位刻画，以避免"管中窥豹"之缺陷。

4.1.3　评价指标体系

基于绿色创新效率的概念框架、指标设计框架及选取原则，本书从投入与产出视角出发，构建了包含 5 个一级指标、9 个二级指标、15 个三级指标的省际绿色创新效率评价指标体系（见表 4-1）。相关指标选取的理论依据具体如下。

表 4-1　省际绿色创新效率评价指标体系

指标维度	一级指标	二级指标	三级指标	单位	指标属性
绿色创新投入	资本投入	科技活动资金投入	R&D 经费内部支出	万元	激励指标
		新产品开发投入	新产品经费支出	万元	激励指标
		环境治理资金投入	工业环境污染治理完成投资额	万元	激励指标
	人力投入	科技劳动力投入	R&D 人员全时当量	万人	激励指标
		绿色劳动力投入	环境和公共设施管理及水利业从业人数	万人	激励指标
	资源投入	能源消耗投入	区域电力消费量	亿千瓦时	约束指标
绿色创新产出	意愿产出	经济收益	新产品销售收入	元	激励指标
			专利申请授权量	件	激励指标
			工业增加值	亿元	激励指标
		社会收益	人均社会消费品零售总额	万元	激励指标
			人均绿地面积	平方米	激励指标
	非意愿产出	生态收益	人均工业废水排放量	吨	约束指标
			人均工业废气排放量	吨	约束指标
			人均工业固体废弃物排放量	吨	约束指标
			人均城市生活垃圾清运量	吨	约束指标

绿色创新投入是绿色创新产出成果转化的前提和基础，根据新古典框架下的知识生产函数和罗默的内生增长理论，资本和劳动始终是创新活动的基本构成要素，因而许多相关研究对于创新投入指标的选择也主要是从资本和人力两个维度着手的（田红彬、郝雯雯，2020）。但考虑到绿色创新旨在通过创新手段来改善环境绩效的本质特征，其投入指标就不能局限于只是对传统创新特征的反映，还应体现环境改善、资源节约、节能减排之特性。为此，本书从资本、劳动力和资源消耗三个维度来遴选绿色创新的投入指标。具体而言，对于资本维度，相关研究大多认为，大规模的 R&D 经费投入无疑是开展科学研究的基本保障和前提基础（Syverson，2011），因此通常选择 R&D 经费内部支出来衡量。至于劳动力维度，由于人力资本

是经济增长的动力源泉，对于绿色创新亦是如此，即绿色创新活动的开展需要相关研发人员的积极参与，因此选取 R&D 人员全时当量来表征劳动力投入。此外，为了能够更好地刻画绿色创新投入中的"绿色"属性，除了选择 R&D 经费内部支出和 R&D 人员全时当量来衡量企业研发创新的资本和人力投入，我们还进一步引入规模以上工业企业开发新产品经费支出、工业环境污染治理完成投资额、环境和公共设施管理及水利业从业人数[①]三个指标来进行补充。这样不仅能够更为准确地反映相关外部因素对绿色创新水平提升的作用，而且有利于体现绿色创新活动中为减少环境污染而投入的专项资金和人力资本。资源维度上，考虑到绿色创新活动不仅需要关注资本和劳动力方面的投入情况，还要重视节能减排目标的达成以及资源能源利用效率的提升，加之创新活动与资源能源投入也密切相关，因此本书主要选择区域电力消费量来表征绿色创新过程中所发生的资源消耗（吴旭晓，2019）。

而对于绿色创新产出，目前相关研究主要是从意愿产出和非意愿产出两个维度来进行表征的（肖黎明、张仙鹏，2019）。其中，意愿产出多体现在绿色创新活动所带来的经济增长和科技进步上，但我们认为基于高质量发展理念的绿色创新产出显然不能仅限于此，还应体现通过加大绿色创新投入所达成的生态环境保护和经济社会发展的协同，以及由此所实现的经济收益、社会收益以及生态收益的最大化。为此，本书对现有绿色创新的产出指标进行了扩展，其中经济收益主要体现在绿色创新活动所带来的经济增长和科技进步（潜在市场收益）上。考虑到目前学者大多采用新产品销售收入[②]和工业增加值来表征产品创新和工业创新带来的经济增长效果

---

① 根据《中国统计年鉴》，"环境和公共设施管理及水利业从业人数"这一指标于 2003 年之后才开始统计，因而 2001 年和 2002 年的这一数据采用地质勘查水利管理从业人员数来近似替代。

② 根据《中国科技统计年鉴》，新产品销售收入的统计口径在 2011 年之后由"大中型工业企业"调整为"规模以上工业企业"，故而本书将"新产品销售收入"这一指标按两个时段进行处理，即 2001～2010 年各省大中型工业企业新产品销售收入和 2011～2019 年各省规模以上工业企业新产品销售收入。

（易明、程晓曼，2018），本书也沿用此做法。对于科技进步的衡量，目前以专利最具代表性，然而专利作为绿色创新活动的主要产出，通常又可分为专利申请量和专利授权量，由于专利申请量指标存在较为明显的滞后性特征（杨树旺等，2018），因而学者更倾向于使用专利授权量来表征创新产出，为此本书也选择专利申请授权量（发明专利、实用新型专利、外观设计专利申请授权量之和）来度量绿色创新所带来的科技进步和潜在市场收益。对于社会收益，则主要体现在社会进步和绿色生态空间的优化上。一般而言，绿色创新在促进社会进步方面多表现为提高居民的消费水平和生活质量，故借鉴相关研究（易明、程晓曼，2018），选用人均社会消费品零售总额予以度量。此外，由于绿色生态空间的优化不仅能够直观反映地区环境实力，而且可以体现居民生活环境的美化和绿色福利的提升，故参照国家颁布的《美丽中国建设评估指标体系及实施方案》中的相关指标，选取人均绿地面积来表示。

不同于经济收益和社会收益，生态收益更应体现在绿色创新非意愿产出的减少上，从而"保护生态环境、降低环境污染和改善人居环境"应是其核心要义。而在现实中，由于工业"三废"是生态环境恶化的主要原因，且在相关研究中，学者也大多选择工业"三废"来度量生态收益（肖黎明、吉荟茹，2018），所以本书也沿用此选择。除此之外，本书还认为绿色创新活动除了可能会产生工业"三废"等环境污染物，还可能会带来生活污染物（如生活垃圾等）。为此，本书进一步引入人均城市生活垃圾清运量，同时运用熵值法将其与人均工业废水排放量、人均工业废气排放量、人均工业固体废弃物排放量等三项指标折算为环境污染指数，以表征生态收益。另外还需要说明的是，由于环境污染是绿色创新过程中产生的"不好"产出（非合意产出），与经济学所倡导的"投入最小化，产出最大化"之思想相背离，故而通常希望这一产出越少越好，且相关研究也多将其视为一种未支付的投入而纳入投入指标（肖沁霖、肖黎明，2022），本书也借鉴并使用这一处理方法。

4.2　绿色创新效率测度方法与数据处理

本章主要运用随机前沿分析（SFA）和数据包络分析（DEA）两类构造前沿面的分析方法来对我国省际绿色创新效率进行全面测评。需要指出的是，由于 SFA 方法只能处理单一产出的效率问题，而本章所建构的绿色创新效率评价指标体系涉及多个产出指标，因而需要对其做降维处理。据此，借鉴相关研究（张莉莉等，2018），运用熵值法将表征绿色创新产出的相关指标综合为单一指标。此外，为了能够更为全面客观地评价绿色创新效率，本书将以处理"多投入多产出"问题见长的 DEA 方法与仅能处理单一产出的 SFA 方法的测算结果进行比较，以寻求更加符合现实的测度结果。相关方法简述如下。

4.2.1　熵值法

熵值法是一种依据数据的离散程度来判断相关指标所含信息量的客观赋权方法（张昌勇，2011），故能较好避免赋权时可能产生的主观随意性，且主要用来测度和评价不同研究对象的综合指数以客观反映其发展情况（肖黎明、李秀清，2022；Li et al.，2022）。其中，信息熵是对不确定性和离散程度的刻画，离散程度越大，信息量也就越大，从而对评价指标体系的贡献也就相对更大。此外，熵值法还可通过计算各指标的权重，达到降维的目的，从而为多指标评价提供客观依据，其计算步骤如下。

第一步，构建初始矩阵 $\{x_{ijk}\}_{m \times n}$，其中 m 为省级行政区数量，n 为评价指标数，x_{ijk} 为 k 年第 i 个省份第 j 项指标对应的原始数值。

第二步，考虑到本书所选择的绿色创新投入与产出指标数据的单位不统一，且量纲与数量级差异较大，从而导致各指标间不具可比性。因此，为统一量纲，消除量纲差异对指标评价值造成的影响，故需对各指标数据进行标准化处理，这样才能保证所估算的指标值的准确性。基于此，本书采用"极大-极小化"思想对激励指标和约束指标进行标准化处理，公式如下：

$$对于激励指标：X_{ijk} = \frac{x_{ijk} - \min\{x_{ij}\}}{\max\{x_{ij}\} - \min\{x_{ij}\}} + N \qquad (4-1)$$

$$对于约束指标：X_{ijk} = \frac{\max\{x_{ij}\} - x_{ijk}}{\max\{x_{ij}\} - \min\{x_{ij}\}} + N \qquad (4-2)$$

式（4-1）和式（4-2）中，$\max\{x_{ij}\}$ 和 $\min\{x_{ij}\}$ 分别表示所有年份中指标的最大值及最小值；X_{ijk} 为各指标去量纲后的结果。考虑到数据标准化后可能会出现 0 的情形，参照相关研究的做法（曹霞、于娟，2015），将其右移 N 个单位，N 的取值为 0.001。

第三步，计算 k 年第 j 项指标下 i 省相应指标值的比重，用 p_{ijk} 来表示：

$$p_{ijk} = X_{ijk} / \sum_{i=1}^{m} X_{ijk} \qquad (4-3)$$

第四步，计算 k 年第 j 项指标的信息熵 H_{jk}：

$$H_{jk} = -\frac{1}{\ln(m)} \sum_{i=1}^{m} p_{ijk} \ln p_{ijk} \qquad (4-4)$$

其中，m 为评价单元，即我国 30 个省区市。

第五步，计算 k 年第 j 项指标的权重：

$$w_{jk} = \frac{1 - H_{jk}}{n - \sum_{j=1}^{n} H_{jk}} \qquad (4-5)$$

第六步，基于标准化后的指标 X_{ijk} 和指标权重 w_{jk}，加权计算求得各省份的绿色创新资本投入、绿色创新人力投入、环境污染指数（生态收益）和绿色创新产出效益（经济收益和社会收益），计算公式为：

$$s_{ik} = \sum_{j=1}^{n} w_{jk} p_{ijk} \qquad (4-6)$$

通过上述计算公式可求得相关指标的综合分值，其取值范围介于 0 到 1 之间。

4.2.2　随机前沿分析法（SFA）

随机前沿模型是基于确定性生产函数而提出的一种包含复合扰动项的随机边界模型，随机前沿分析法是测度技术效率的重要方法。常见的生产前沿函数包含 Cobb-Douglas（C-D）生产函数和超越对数生产函数两类（Goelli，1995）。相比较而言，尽管 C-D 生产函数具有模型形式设定简洁、易操作等优点，但超越对数生产函数的模型设定更灵活，同时放宽了投入要素替代弹性与产出弹性固定、技术进步中性等假设，能较好地避免因模型误设而导致的估计偏差，还能检验解释变量间的交互性对被解释变量的影响，故而被广泛应用于多要素生产函数之中。此外，鉴于随机前沿分析法只能处理"多投入-单产出"问题，本章建立了修正后的随机前沿模型来对省际绿色创新效率值进行测算。但由于事先难以判断各省是否存在中性技术进步以及产出弹性和替代弹性是否固定，所以最终选择哪种形式的模型还需做进一步的检验。因此，可首先构建考虑时间因素的超越对数生产函数模型（肖沁霖、肖黎明，2021）：

$$
\begin{aligned}
\ln Y_{it} = {} & \beta_0 + \beta_1 t + \beta_2 \ln CP_{it} + \beta_3 \ln LA_{it} + \beta_4 \ln RE_{it} + \beta_5 \ln EPI_{it} + \frac{1}{2}\beta_6 t^2 + \\
& \frac{1}{2}\beta_7 (\ln CP_{it})^2 + \frac{1}{2}\beta_8 (\ln LA_{it})^2 + \frac{1}{2}\beta_9 (\ln RE_{it})^2 + \frac{1}{2}\beta_{10} (\ln EPI_{it})^2 + \\
& \beta_{11} t \ln CP_{it} + \beta_{12} t \ln LA_{it} + \beta_{13} t \ln RE_{it} + \beta_{14} t \ln EPI_{it} + \beta_{15} \ln CP_{it} \ln LA_{it} + \\
& \beta_{16} \ln CP_{it} \ln RE_{it} + \beta_{17} \ln CP_{it} \ln EPI_{it} + \beta_{18} \ln LA_{it} \ln RE_{it} + \\
& \beta_{19} \ln LA_{it} \ln EPI_{it} + \beta_{20} \ln RE_{it} \ln EPI_{it} + v_{it} - u_{it}
\end{aligned}
\tag{4-7}
$$

式（4-7）中，Y_{it} 为 i 省 t 时期的绿色创新产出，CP_{it}、LA_{it}、RE_{it} 和 EPI_{it} 分别为 i 省 t 时期的创新资本投入、创新人力投入、资源投入以及环境污染。β 为待估参数，随机扰动项由随机误差项 v_{it} 和技术无效率 u_{it} 构成，其中 v_{it} 服从标准正态分布，即 $v_{it} \sim N(0, \sigma_v^2)$，代表无法预测的随机冲击（如不可控的自然灾害、极端天气等），u_{it} 服从非正态分布，即 $u_{it} \sim N^+(m_{it}, \sigma_u^2)$，且与 v_{it} 相互独立，表示 i 省 t 时期绿色创新的无效率成分。当 $u_{it} = 0$ 时，表明绿色创新实际产出与生产前沿面的距离为 0，从而绿色创新效率处于完全有效状态；否则，u_{it}越大，则说明绿色创新实际产出偏离生产前沿面越严重，从而绿色创新效率也就越低。

在公式（4-7）的基础上，可计算绿色创新效率：

$$GIE_{it} = \exp(-u_{it}) \tag{4-8}$$

式（4-8）中，GIE_{it}为省际绿色创新效率，且$u_{it} \geq 0$，$0 < GIE_{it} \leq 1$。

为定量描述时间变化对省际绿色创新无效率项u_{it}的影响，可将其定义为：

$$u_{it} = u_i \delta(t) \exp[-\eta(t - T_i)] \tag{4-9}$$

式（4-9）中，η为待估的时变系数，用以反映省际绿色创新效率变化的大小，若$\eta > 0$，表示$\delta(t)$随时间的推移而递减，即省际绿色创新效率提升；若$\eta < 0$，表示$\delta(t)$随时间的推移而递增，即省际绿色创新效率下降；若$\eta = 0$，则表示省际绿色创新效率不随时间变化。

似然函数的方差参数如式（4-10）所示，通过判断γ取值，即可确定该类型数据是否适合用 SFA 模型来进行测算：当γ接近于 1 时，说明该省份的产出差距是由绿色创新无效率引起的，从而采用随机前沿模型是合理的；而当γ接近于 0 时，则说明该省份的实际产出与前沿面产出之间的差距是由统计误差引起的，从而采用随机前沿模型是不合适的，直接采用 OLS 模型即可。

$$\sigma^2 = \sigma_u^2 + \sigma_v^2$$
$$\gamma = \sigma_u^2 / \sigma^2 \tag{4-10}$$

为进一步确定模型的适用性及技术效率的相关情况，本书将采用广义似然率统计量（LR）来对其进行验证，且$LR = -2[L(H_0) - L(H_1)]$。其中，检验统计量LR服从混合卡方分布，即$LR \sim \chi_{1-\alpha}^2(k)$，$\alpha$表示显著性水平，$k$为自由度（自由度为受约束变量个数），$H_0$为原假设，$H_1$为备择假设，$\ln L(H_0)$为有限制时的对数似然函数值，$\ln L(H_1)$为无限制下的对数似然函数值。具体检验步骤为：第一，根据γ的取值判断模型的适用性，如果拒绝$\gamma = 0$的原假设，说明存在无效率项，模型是合适的，反之说明不存在无效率项，导致模型出现误差的因素只是随机噪声，使用普通 OLS 模型即可；第二，在确定模型适用的基础上，对使用哪种模型（C-D 生产函数模型还是超越对数生产函数模型）做出判断，若拒绝了模型的二次项系数（$\beta_6 \sim \beta_{20}$）均为 0 的原假设，则选择超越对数生产函数模型，反之，则选择 C-D 生产函数模型；第三，确定了模型之后，进一步检验模型是否存在技术变化，如果拒绝了所有含时间变量 t 的各项系数（β_1、β_6、β_{11}、β_{12}、β_{13}、β_{14}）均为 0 的原假设，则说明存在技术变化，反之则相反；第四，检验技术变化是否与投入要素相关，若拒绝时间变量 t 与相关投入变量交互项系数（$\beta_{11} \sim \beta_{14}$）均为 0 的假设，则说明技术变化与投入要素有关；第五，检验技术效率是否随时间变化，如果拒绝 $\eta = 0$ 的原假设，则表明技术效率具有时变性。

4.2.3　数据包络分析法（DEA）

数据包络分析（Data Envelopment Analysis，DEA）是一种采用线性规划来评价具有多投入、多产出指标的决策单元（DMU）相对技术效率的非参数方法（Xiao et al.，2020）。较之于 SFA 分析法，DEA 分析法具有无须假定生产函数形式、非主观赋权、对指标量纲无要求等优点，从而可使测算结果更符合客观实际，目前也被广泛应用于效率评价的相关研究中（Tian et al.，2022）。传统的数据包络分析模型主要包括 CCR 模型和 BCC 模型两种，二者分别基于规模报酬不变（CRS）和规模报酬可变（VRS）的前提假设来对效率值进行测算。尽管传统数据包络分析模型因形式简单且易操作而在相关研究中得到广泛应用，但它只能基于径向角度来测算效率（即通过同比例增大或减小投入和产出指标而对无效率进行调整），并未考虑非零松弛变量，从而模型中没有包含任何环境外部性变量，这样就容易高估测算结果（方慧等，2021）。而为了克服传统模型的这种缺陷，使测算结果更加符合客观实际，Tone（2001）提出了考虑松弛变量的 SBM 模型，该模型解决了传统模型中要求同比例增大或减小投入与产出指标的问题，且能从投入、产出双重视角来对无效率情形进行测度。但遗憾的是，SBM 模型在测算效率时，可能会出现多个评价单元效率值为 1 的情形，导致不能对多个有效决策单元进行排序。基于此, Tone (2002) 对该模型做了进一步修正, 提出了超效率 SBM 模型。该模型假设规模报酬可变, 避免了多个评价单元效率值为 1 的情况, 从而实现了对有效决策单元进行排序之目的。综上, 为了能够更好地评价我国不同省区市绿色创新效率值的排序情况, 本书构建了如下超效率 SBM 模型:

$$
\mathrm{Min}\phi_{se}^{*} = \frac{\dfrac{1}{m} \sum\limits_{i=1}^{m} \overline{x}_i/x_{io}}{\dfrac{1}{s} \sum\limits_{q=1}^{s} \overline{y}_q/y_{rk}}
$$

$$
\mathrm{s.t.} \begin{cases} \sum\limits_{j=1,j\neq o}^{n} x_j\lambda_j \leqslant \overline{x}; \sum\limits_{j=1,j\neq o}^{n} y_j\lambda_j \geqslant \overline{y} \\ \sum\limits_{j=1,j\neq k}^{n} x_{ij}\lambda_j + s_i^{-} = x_{io}, i = 1,2,3,\cdots,m \\ \sum\limits_{j=1,j\neq k}^{n} y_{qj}\lambda_j - s_q^{+} = y_{qo}, q = 1,2,3,\cdots,s \\ \sum\limits_{j=1,j\neq k}^{n} \lambda_j = 1, \overline{x} \geqslant x_o, \overline{y} \leqslant y_o, j = 1,2,3,\cdots,n(j\neq k) \\ \overline{y} \geqslant 0, \lambda \geqslant 0, s_i^{-} \geqslant 0, s_q^{+} \geqslant 0 \end{cases} \tag{4-11}
$$

式 (4-11) 中, ϕ_{se}^{*} 为绿色创新效率值, x、y、λ 分别代表投入变量、产出变量和权重向量; m、s 为投入和产出变量个数, $(\overline{x}, \overline{y})$ 为决策变量参考点, s_i^{-}、s_q^{+} 分别为投入、产出的松弛变量。其中判别决策单元是否有效的基本准则为: 当 $\phi_{se}^{*} \geqslant 1$ 且 $s^{-} = s^{+}$ 时, 被评价单元为 DEA 有效; 当 $\phi_{se}^{*} \geqslant 1$ 且 $s^{-} \neq 0$ 或 $s^{+} \neq 0$ 时, 被评价单元为 DEA 弱有效; 而当 $\phi_{se}^{*} < 1$ 时, 则被评价单元为 DEA 无效, 从而有必要对投入、产出进行调整和改进。总之, ϕ_{se}^{*} 值越大, 说明省际绿色创新效率就越高。

4.2.4 数据处理

表 4-1 省际绿色创新效率评价指标体系中所涉及的相关数据主要来自 2002~2020 年《中国统计年鉴》、《中国环境年鉴》、《中国能源统计年鉴》、《中国科技统计年鉴》、《中国区域经济统计年鉴》、各省区市统计年鉴、各

省区市国民经济和社会发展统计公报以及国家知识产权局（SIPO）专利检索数据库，各投入产出指标的描述性统计分析具体见表 4-2。此外，考虑到数据的可得性和连续性，加之西藏、港澳台的数据缺失较多，故不考虑西藏和港澳台地区。此外，本书还将涉及价格变动的相关指标调整为 2001 年的不变价水平，而对于相关年鉴中个别年份缺失的数据，则采用线性插值法和类比类推法进行填补。

表 4-2　变量的描述性统计分析

指标类型	指标描述	观察值	均值	标准差	最小值	最大值
投入指标	R&D 经费内部支出(万元)	570	2900000	4500000	8457	31000000
	新产品经费支出(万元)	570	2100000	4190000	30	38600000
	工业环境污染治理完成投资额(万元)	570	177000	184000	1006	1416464
	R&D 人员全时当量(万人)	570	87892	115000	848	1091544
	环境和公共设施管理及水利业从业人数(万人)	570	7.051	3.925	0.120	20.400
	区域电力消费量(亿千瓦时)	570	1396.858	1213.291	42.960	6695.850
	人均工业废水排放量(吨)	570	0.014	0.011	0.000	0.060
	人均工业废气排放量(吨)	570	17.586	11.388	3.083	87.440
	人均工业固体废弃物排放量(吨)	570	2.267	3.325	0.094	25.270
	人均城市生活垃圾清运量(吨)	570	0.141	0.074	0.035	0.470
产出指标	新产品销售收入(元)	570	30700000	54700000	22804	430000000
	专利申请授权量(件)	570	29349	57960.54	70	527390
	工业增加值(亿元)	570	6229.946	6825.131	71.590	39398.460
	人均社会消费品零售总额(万元)	570	1.350	1.124	0.099	6.990
	人均绿地面积(平方米)	570	15.800	11.627	1.888	64.990

与此同时，考虑到指标选择的合理性以及所选指标可能存在多重共线性等问题，因而需要进行相应的统计检验。为此，首先采用"最大值-最小值"标准化法对所有投入及产出指标进行无量纲化处理，进而运用客观赋权的熵值法对表 4-1 中的三级指标进行降维处理，其中包括绿色创新资本投入的 3 个指标、绿色创新人力投入的 2 个指标、环境污染（绿色创新非意愿产出）的 4 个指标以及绿色创新产出（意愿产出）的 5 个指标。

需要指出的是，前文将绿色创新非意愿产出视为"一种未支付的投入"而归入投入指标体系中进行处理，使得绿色创新产出指标中只包含意愿产出。这样一来，最终可得绿色创新投入、环境污染、绿色创新产出等3个一级指标的综合得分。其次使用 Pearson 相关系数检验法，基于中国2001~2019年30个省区市的面板数据，对省际绿色创新投入产出指标的多重共线性进行检验。从相关系数矩阵的统计结果看（见表4-3），各指标间存在相关性，且均通过了1%水平的显著性检验。但按照多重共线性的判别标准，相关系数值介于0~0.5是可以接受的，而系数值介于0.5~1的，则可能存在多重共线性，但也不能完全确定，还需要使用膨胀因子法做进一步确认。膨胀因子检验结果显示（见表4-4），膨胀因子（VIF）均介于0~10，说明不存在多重共线性问题。此外，从投入产出指标的相关系数看，绿色创新资本投入、绿色创新人力投入与绿色创新产出均呈显著正相关，即加大绿色创新资本及人力投入是省际绿色创新产出水平提升的有效途径；而资源投入、环境污染则与绿色创新产出呈负相关，从而资源消耗和环境污染问题仍然是阻碍各省绿色产出水平提升的重要因素。由此可见，检验结果表明所选指标间无多重共线性，且绿色创新投入与产出的关系也与实际情况相符，同时投入、产出指标也满足"保序性"原则，因而本书构建的评价指标体系以及所选指标具有其合理性。

表4-3 绿色创新投入产出指标的相关性

变量	绿色创新产出	绿色创新资本投入	绿色创新人力投入	资源投入	环境污染
绿色创新产出	1.000				
绿色创新资本投入	0.926***	1.000			
绿色创新人力投入	0.852***	0.886***	1.000		
资源投入	-0.777***	-0.849***	-0.806***	1.000	
环境污染	-0.353***	-0.258***	-0.188***	0.237***	1.000

注：***代表在1%的水平下显著。

表 4-4　方差膨胀因子检验结果

变量	VIF	1/VIF
绿色创新资本投入	6.28	0.159
绿色创新人力投入	4.95	0.202
资源投入	3.77	0.265
环境污染	1.08	0.923
Mean VIF	4.02	

4.3　省际绿色创新效率的测算结果

4.3.1　基于 SFA 法的绿色创新效率

根据以上构建的省际绿色创新效率评价指标体系，首先运用改进后的超越对数生产函数模型对 2001~2019 年我国 30 个省区市的绿色创新效率值进行测算。为确保测算结果稳健，测算前还需要对模型的适用性进行检验（见表 4-5）。从表 4-5 中可以发现，模型的检验结果均拒绝了原假设，其中检验①表明使用随机前沿模型测算绿色创新效率是合适的。而检验②、③、④、⑤则分别表明应采用包含时间变量的超越对数生产函数模型、模型存在技术变化、技术变化与投入要素相关、技术效率具有时变性，这与前文的模型设定相吻合。进而对模型的参数进行估计（见表 4-6），γ 值为 0.924，且在 1% 的显著性水平下拒绝了不存在技术无效率的假定，说明复合误差项的变异是由技术无效率项引起的。另外，模型估计中的对数似然函数值为 48.11，单边 LR 检验的 t 统计量为 634.60。综上，本章使用改进的超越对数生产函数模型对省际绿色创新效率进行测度是合理的、科学的。此外，η 值也显著为正，表明技术无效率成分随时间变化在逐渐减弱，即各省的绿色创新效率随时间推移将不断提升。从各投入变量的产出弹性看，绝大多数变量都通过了显著性检验，从而模型整体估计效果较为理想。

表 4-5　随机前沿模型的假设检验结果

检验	假设	LLF	LR 检验统计量	自由度 k	$\chi^2_{1-0.05}(k)$	结论
①	$H_0: \gamma = 0$	−269.19	634.60	3	7.05	拒绝***
	$H_1: \gamma \neq 0$	48.11				
②	$H_0:$二次项系数全部为0	5.61	85.00	3	7.05	拒绝***
	$H_1:$二次项系数不全为0	48.11				
③	$H_0:\beta_1 = \beta_6 = \beta_{11} = \beta_{12} = \beta_{13} = \beta_{14} = 0$	30.48	35.27	3	7.05	拒绝***
	$H_1:\beta_1 \neq$ 或 $\beta_6 \neq 0$ 或 $\beta_{11} \neq 0$ 或 $\beta_{12} \neq 0$ 或 $\beta_{13} \neq 0$ 或 $\beta_{14} \neq 0$	48.11				
④	$H_0:\beta_{11} = \beta_{12} = \beta_{13} = \beta_{14} = 0$	33.68	28.85	3	7.05	拒绝***
	$H_1:\beta_{11} \neq$ 或 $\beta_{12} \neq$ 或 $\beta_{13} \neq$ 或 $\beta_{14} \neq 0$	48.11				
⑤	$H_0:\eta = 0$	45.32	5.58	2	5.14	拒绝**
	$H_1:\eta \neq 0$	48.11				

注：***表示在1%的显著水平下拒绝原假设。

表 4-6　随机前沿生产函数模型参数估计结果

变量	待估参数	估计系数	标准误	t 统计量
截距项	β_0	−0.587***	0.205	−2.871
t	β_1	0.007	0.013	0.579
$\ln CP$	β_2	0.193*	0.106	1.827
$\ln LA$	β_3	0.335***	0.108	3.087
$\ln RE$	β_4	−0.111	0.094	−1.180
$\ln EPI$	β_5	−0.319	0.312	−1.022
$0.5t^2$	β_6	0.002**	0.001	2.104
$0.5(\ln CP)^2$	β_7	0.007	0.038	0.181
$0.5(\ln LA)^2$	β_8	−0.079**	0.032	−2.479
$0.5(\ln RE)^2$	β_9	0.001	0.020	0.038
$0.5(\ln EPI)^2$	β_{10}	0.171	0.290	0.590
$t\ln CP$	β_{11}	0.012***	0.004	3.248
$t\ln LA$	β_{12}	−0.004	0.004	−0.886
$t\ln RE$	β_{13}	0.007***	0.002	4.017
$t\ln EPI$	β_{14}	0.001	0.010	0.125
$\ln CP\ln LA$	β_{15}	0.082***	0.031	2.651

变量	待估参数	估计系数	标准误	t 统计量
lnCPlnRE	β_{16}	0.184 ***	0.058	3.180
lnCPlnEPI	β_{17}	−0.345 ***	0.090	−3.827
lnLAlnRE	β_{18}	−0.141 **	0.054	−2.617
lnLAlnEPI	β_{19}	0.338 ***	0.108	3.113
lnRElnEPI	β_{20}	−0.021	0.080	−0.265
	σ^2	0.504 *	0.283	1.781
	γ	0.924 ***	0.044	21.098
	μ	0.361	0.370	0.974
	η	0.011 **	0.004	2.479

注：***、**、*分别代表变量在 1%、5%、10%水平下显著。

在以上检验均通过的基础上，使用 Frontier 4.1 软件对我国 30 个省区市的绿色创新效率进行测算（见表 4-7）。同时为能够进一步明确我国绿色创新效率的区域差异，参照国家统计局的相关区划法，将我国 30 个省区市划分为东部、中部、西部及东北四大经济区来进行考察①。从图 4-2 和表 4-7 可以看出，在全国层面上，考察期内我国省际绿色创新效率总体上呈稳步上升之势，其中绿色创新效率均值由 2001 年的 0.497 增长至 2019 年的 0.551，整体变化幅度不大，增幅仅为 10.87%。说明近年来我国经济社会发展的各方面虽已取得不小进步，但大多数省份总体上仍处在粗放式发展阶段，省际绿色创新效率的提升仍需久久为功。这 19 年间我国省际绿色创新效率的整体均值也只有 0.524，说明绿色创新产出与其最佳前沿面仍存在较大差距，未来各省区市在绿色创新投入、产出方面仍有近 48%的提升空间。区域层面上，东部、中部、西部、东北四大地区的省际绿色创新效率同样呈不断上升之势，但其地域分异特征明显，表现为东部地区的绿色创新效率均值（0.778）远高于东北（0.568）、中部（0.421）和西部（0.337）

---

① 其中东部地区包括北京、天津、河北、上海、江苏、浙江、福建、山东、广东、海南 10 省市；中部地区包括山西、安徽、江西、河南、湖北、湖南 6 省；西部地区包括内蒙古、广西、重庆、四川、贵州、云南、陕西、甘肃、青海、宁夏、新疆 11 省区市；东北地区包括辽宁、吉林、黑龙江 3 省。

地区，但各地区的增长幅度却呈现西部（20.59%）＞中部（17.31%）＞东北（11.15%）＞东部（4.47%）的阶梯式分布特征，与绿色创新效率均值的分布态势恰好相反，说明绿色创新效率落后地区对先进地区可能存在"后发赶超效应"。由此可初步判断我国省际绿色创新效率存在明显的区域差异，且呈现"东高-中次-西低"的分异态势。省域层面上，考察期内30个省区市的绿色创新效率均有不同程度提升，但省际差异明显，效率值增幅介于0.84%～46.30%，且其均值从0.132到0.959不等。

表 4-7 基于 SFA 的省际绿色创新效率测算结果（2001～2019 年）

省区市/ 地区	年份										
	2001	2002	2003	2004	2005	2006	2007	2008	2009	2010	2011
北京	0.839	0.841	0.842	0.844	0.845	0.847	0.848	0.850	0.851	0.852	0.854
天津	0.842	0.843	0.845	0.846	0.848	0.849	0.851	0.852	0.853	0.855	0.856
河北	0.385	0.389	0.393	0.397	0.401	0.404	0.408	0.412	0.416	0.420	0.424
上海	0.955	0.956	0.956	0.956	0.957	0.957	0.958	0.958	0.959	0.959	0.959
江苏	0.904	0.905	0.906	0.907	0.908	0.908	0.909	0.910	0.911	0.912	0.913
浙江	0.936	0.937	0.937	0.938	0.939	0.939	0.940	0.940	0.941	0.942	0.942
福建	0.603	0.606	0.609	0.613	0.616	0.619	0.622	0.625	0.628	0.631	0.634
山东	0.765	0.767	0.769	0.771	0.773	0.775	0.777	0.779	0.781	0.783	0.785
广东	0.791	0.793	0.795	0.797	0.798	0.800	0.802	0.804	0.806	0.808	0.810
海南	0.595	0.598	0.601	0.604	0.608	0.611	0.614	0.617	0.620	0.623	0.626
东部地区	0.761	0.763	0.765	0.767	0.769	0.771	0.773	0.775	0.777	0.779	0.780
山西	0.235	0.238	0.242	0.245	0.249	0.253	0.256	0.260	0.264	0.267	0.271
安徽	0.433	0.437	0.440	0.444	0.448	0.452	0.456	0.459	0.463	0.467	0.471
江西	0.313	0.316	0.320	0.324	0.328	0.332	0.336	0.339	0.343	0.347	0.351
河南	0.406	0.410	0.414	0.418	0.421	0.425	0.429	0.433	0.437	0.440	0.444
湖北	0.506	0.510	0.514	0.517	0.521	0.524	0.528	0.532	0.535	0.539	0.542
湖南	0.432	0.436	0.440	0.443	0.447	0.451	0.455	0.459	0.462	0.466	0.470
中部地区	0.387	0.391	0.395	0.399	0.402	0.406	0.410	0.414	0.417	0.421	0.425
内蒙古	0.400	0.404	0.408	0.412	0.415	0.419	0.423	0.427	0.431	0.435	0.438
广西	0.353	0.357	0.361	0.365	0.368	0.372	0.376	0.380	0.384	0.388	0.392
重庆	0.553	0.556	0.560	0.563	0.567	0.570	0.573	0.577	0.580	0.583	0.587

续表

省区市/地区	年份										
	2001	2002	2003	2004	2005	2006	2007	2008	2009	2010	2011
四川	0.435	0.439	0.443	0.447	0.450	0.454	0.458	0.462	0.465	0.469	0.473
贵州	0.170	0.173	0.176	0.179	0.183	0.186	0.189	0.192	0.196	0.199	0.203
云南	0.154	0.157	0.160	0.163	0.166	0.169	0.172	0.175	0.179	0.182	0.185
陕西	0.253	0.256	0.260	0.264	0.268	0.271	0.275	0.279	0.282	0.286	0.290
甘肃	0.108	0.110	0.113	0.115	0.118	0.121	0.123	0.126	0.129	0.132	0.135
青海	0.127	0.130	0.133	0.136	0.139	0.142	0.144	0.147	0.150	0.153	0.156
宁夏	0.420	0.424	0.428	0.432	0.435	0.439	0.443	0.447	0.451	0.454	0.458
新疆	0.391	0.395	0.399	0.402	0.406	0.410	0.414	0.418	0.422	0.425	0.429
西部地区	0.306	0.309	0.313	0.316	0.320	0.323	0.327	0.330	0.334	0.337	0.341
辽宁	0.591	0.594	0.598	0.601	0.604	0.607	0.610	0.614	0.617	0.620	0.623
吉林	0.536	0.539	0.543	0.546	0.550	0.553	0.557	0.560	0.564	0.567	0.570
黑龙江	0.487	0.490	0.494	0.498	0.501	0.505	0.509	0.512	0.516	0.519	0.523
东北地区	0.538	0.541	0.545	0.548	0.552	0.555	0.559	0.562	0.565	0.569	0.572
南方地区	0.542	0.545	0.548	0.551	0.554	0.556	0.559	0.562	0.565	0.568	0.570
北方地区	0.452	0.455	0.459	0.462	0.465	0.468	0.471	0.474	0.478	0.481	0.484
全国均值	0.497	0.500	0.503	0.506	0.509	0.512	0.515	0.518	0.521	0.524	0.527

省区市/地区	年份								均值	增幅（%）	均值排名
	2012	2013	2014	2015	2016	2017	2018	2019			
北京	0.855	0.857	0.858	0.859	0.861	0.862	0.863	0.865	0.852	3.10	5
天津	0.858	0.859	0.860	0.862	0.863	0.864	0.866	0.867	0.855	2.97	4
河北	0.427	0.431	0.435	0.439	0.443	0.446	0.450	0.454	0.420	17.92	22
上海	0.960	0.960	0.961	0.961	0.961	0.962	0.962	0.963	0.959	0.84	1
江苏	0.914	0.915	0.915	0.916	0.917	0.918	0.919	0.920	0.912	1.77	3
浙江	0.943	0.943	0.944	0.944	0.945	0.946	0.946	0.947	0.942	1.18	2
福建	0.637	0.640	0.643	0.646	0.649	0.652	0.655	0.658	0.631	9.12	8
山东	0.787	0.789	0.791	0.793	0.795	0.797	0.799	0.801	0.783	4.71	7
广东	0.811	0.813	0.815	0.817	0.818	0.820	0.822	0.823	0.808	4.05	6
海南	0.630	0.633	0.636	0.639	0.642	0.645	0.648	0.651	0.623	9.41	9
东部地区	0.782	0.784	0.786	0.788	0.789	0.791	0.793	0.795	0.778	4.47	Ⅰ/4
山西	0.275	0.279	0.282	0.286	0.290	0.294	0.297	0.301	0.268	28.09	26
安徽	0.474	0.478	0.482	0.485	0.489	0.493	0.496	0.500	0.467	15.47	16
江西	0.355	0.359	0.363	0.367	0.370	0.374	0.378	0.382	0.347	22.04	24

续表

省区市/地区	年份								均值	增幅（%）	均值排名
	2012	2013	2014	2015	2016	2017	2018	2019			
河南	0.448	0.452	0.456	0.459	0.463	0.467	0.471	0.474	0.440	16.75	19
湖北	0.546	0.549	0.552	0.556	0.559	0.563	0.566	0.569	0.538	12.45	13
湖南	0.474	0.477	0.481	0.485	0.488	0.492	0.496	0.499	0.466	15.51	17
中部地区	0.429	0.432	0.436	0.440	0.443	0.447	0.451	0.454	0.421	17.31	Ⅲ/4
内蒙古	0.442	0.446	0.450	0.454	0.457	0.461	0.465	0.469	0.435	17.25	20
广西	0.395	0.399	0.403	0.407	0.411	0.415	0.419	0.422	0.388	19.55	23
重庆	0.590	0.593	0.597	0.600	0.603	0.606	0.609	0.612	0.583	10.67	11
四川	0.477	0.480	0.484	0.488	0.491	0.495	0.499	0.502	0.469	15.40	15
贵州	0.206	0.209	0.213	0.216	0.220	0.223	0.227	0.230	0.199	35.29	27
云南	0.188	0.192	0.195	0.199	0.202	0.205	0.209	0.212	0.182	37.66	28
陕西	0.294	0.298	0.301	0.305	0.309	0.313	0.317	0.320	0.286	26.48	25
甘肃	0.137	0.140	0.143	0.146	0.149	0.152	0.155	0.158	0.132	46.30	30
青海	0.160	0.163	0.166	0.169	0.172	0.175	0.178	0.182	0.154	43.31	29
宁夏	0.462	0.466	0.469	0.473	0.477	0.480	0.484	0.488	0.454	16.19	18
新疆	0.433	0.437	0.441	0.445	0.448	0.452	0.456	0.460	0.425	17.65	21
西部地区	0.344	0.348	0.351	0.355	0.358	0.362	0.365	0.369	0.337	20.59	XI/4
辽宁	0.626	0.629	0.632	0.635	0.638	0.641	0.644	0.647	0.620	9.48	10
吉林	0.574	0.577	0.580	0.584	0.587	0.590	0.594	0.597	0.567	11.38	12
黑龙江	0.527	0.530	0.534	0.537	0.541	0.544	0.548	0.551	0.519	13.14	14
东北地区	0.575	0.579	0.582	0.585	0.589	0.592	0.595	0.598	0.568	11.15	Ⅱ/4
南方地区	0.573	0.576	0.579	0.582	0.584	0.587	0.590	0.593	0.568	9.41	①
北方地区	0.487	0.490	0.493	0.496	0.500	0.503	0.506	0.509	0.481	12.61	②
全国均值	0.530	0.533	0.536	0.539	0.542	0.545	0.548	0.551	0.524	10.87	—

注：表中排名基于30个省区市的测算结果，Ⅰ、Ⅱ、Ⅲ、XI为东部、东北、中部、西部四大地区的排名，①、②为南方地区和北方地区的排名，下表同。

另外，目前我国区域经济发展过程中出现的新情况和新问题，使得区域经济发展差异化态势越发明显，加之全国经济重心南移，南北经济发展差距及其协调问题也开始成为我国区域发展战略的关注点（许宪春等，2021）。为此，本章在考察绿色创新效率东中西差异的基础上，同时关注其南北分异情况。具体来看，2001~2019年南方地区和北方地区的绿色创新效

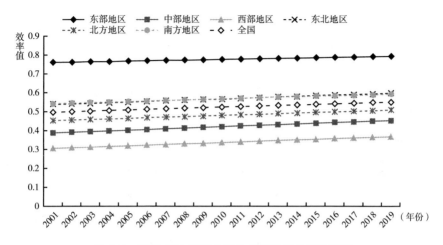

图 4-2　基于 SFA 测算的绿色创新效率的变化趋势

率亦呈不断上升之势，其中南方地区由 2001 年的 0.542 增长至 2019 年的 0.593，增幅为 9.41%，年均增速为 0.50%，而北方地区则由 2001 年的 0.452 增长至 2019 年的 0.509，增幅为 12.61%，年均增速为 0.66%，这一结果与全国、东部、中部、西部及东北地区的变化趋势基本一致。但其中仍有一些不同，如考察期内尽管北方地区绿色创新效率的增长率高于南方地区，但南方地区的绿色创新效率值却始终高于北方，且北方的绿色创新效率也一直低于全国平均水平。由此可见，受我国区域经济发展逐渐向南北异化格局转变的影响，区域绿色创新效率也开始表现出明显的南北差异，且这种南北差异已逐步由速度差距转向水平差距。当然，绿色创新效率南北分异的原因还可能与南北地区在自然条件、产业构成、发展观念、体制机制和营商环境方面的差异有关。

此外，就各省的排名情况来看，上海最高（0.959），其次分别为浙江（0.942）、江苏（0.912）、天津（0.855）、北京（0.852）、广东（0.808）、山东（0.783）、福建（0.631）、海南（0.623）、辽宁（0.620）、重庆（0.583）。可以发现，除辽宁和重庆以外，排名靠前的省份均在东部地区，这是因为东部地区的地理位置优越、经济实力雄厚、创新资源丰富、人力资本充足，加之有国家政策倾斜，研发经费投入充足，使其绿色创新成果转化明显。此外，还需要注意的是，同样是位于东部的河北，较之于其他省市，绿色创新效率明显偏低，只有 0.420，低于全国平均水平。原因可能在于，目前河北的经济发展模式仍以粗放型为主，加之自身产业结构重型化，长期依赖钢铁、建筑、化工、冶金等高能耗产业，导致其产品深加工能力欠缺，产品附加值较低，创新驱动不明显。另外，近年来随着《京津冀协同发展规划纲要》的实施，河北省积极响应这一战略，认真落实相关目标及任务，采取了一些有利于其产业结构绿色转型升级的举措，但因其仍处于转型的阵痛期，转型升级的效果还不是很明显，加上北京、天津与河北之间的发展差距明显，互补性较弱，使得京津高水平的绿色创新要素不能充分自由地流向河北，辐射带动作用有限。因此，在京津冀生态环境保护和经济高质量发展协同推进的战略背景下，未来河北还需继续努力，争取使其绿色创新发展水平再上新台阶。而排名靠后的省区则依次为新疆（0.425）、河北（0.420）、广西（0.388）、江西（0.347）、陕西（0.286）、山西（0.268）、贵州（0.199）、云南（0.182）、青海（0.154）、甘肃（0.132）。这些省区大都来自西部地区，绿色创新效率均低于全国平均水平。原因可能在于，西部地区虽然自然资源丰富，但长期的不合理开发，导致了较为严重的生态破坏和环境污染问题，且区域资源利用效率低下、绿色创新发展活力不足、绿色转型压力较大，加之存在地理区位和经济发展之劣势，明显阻碍了其绿色创新效率的提升。

4.3.2　基于 DEA 法的绿色创新效率

为了能够与 SFA 法测度的绿色创新效率值进行比较，以遴选出更加符合客观实际的绿色创新效率测度方法，本节将进一步运用数据包络分析法对我国各省区市的绿色创新效率值进行度量。此外，考虑到 DEA 模型在实际应用中对指标数量的特殊要求，在测算前还需对表 4-1 中的相关指标进行处理，即使用熵值法将 R&D 经费内部支出、新产品经费支出、工业环境污染治理完成投资额三项指标综合为单一指标，同时将人均工业废水排放量、人均工业废气排放量、人均工业固体废弃物排放量以及人均城市生活

垃圾清运量也综合为单一指标，其余指标则不变。在此基础上，选用规模
报酬不变的非径向非角度的超效率 SBM 模型，借助 DEA-Solver Pro 5.0 平台
测算 2001～2019 年中国 30 个省区市的绿色创新效率值（见表 4-8），进而
从国土空间纵横两个维度分别绘制了东部地区、中部地区、西部地区、东
北地区以及南北地区在样本考察期内的变动趋势图。

　　由图 4-3 和表 4-8 可知，基于超效率 SBM 模型测算的全国省际绿色创
新效率均值呈波动上升之势，整体表现出向好的趋势；其全样本均值为
0.914，仍小于 1，说明我国省际绿色创新效率仍然未达到 DEA 有效状态，
基于创新驱动的绿色发展依然任重道远。分区域看，样本考察期内基于
DEA 模型的区域绿色创新效率表现出 "东部（1.208）＞东北（0.881）＞西
部（0.785）＞中部（0.691）" 的地区差异特征，而增幅却呈现 "中部
（65.96%）＞西部（58.79%）＞东北（0.84%）＞东部（-11.40%）" 的分
异态势。其中西部地区的绿色创新效率值排名较之于 SFA 的测算结果有所
上升，说明西部地区丰富的自然资源和良好的生态环境可能是促成其绿色
创新成果有效转化的重要因素。

表 4-8　基于 DEA 法的省际绿色创新效率测算结果（2001～2019 年）

省区市/地区	年份										
	2001	2002	2003	2004	2005	2006	2007	2008	2009	2010	2011
北京	1.218	1.216	1.146	1.207	1.155	1.18	1.087	1.107	1.083	1.100	1.130
天津	1.209	1.150	1.263	1.445	1.145	1.118	1.066	1.128	1.183	1.158	1.163
河北	1.040	1.011	1.024	1.052	1.021	1.038	1.037	1.033	1.022	1.017	1.023
上海	1.806	1.786	1.630	1.387	1.289	1.307	1.305	1.208	1.391	1.367	1.305
江苏	1.044	1.081	1.116	1.120	1.041	1.029	1.042	1.028	1.054	1.068	1.140
浙江	1.202	1.231	1.210	1.179	1.045	1.077	1.071	1.109	1.118	1.123	1.067
福建	1.005	1.015	1.014	0.775	0.757	1.002	1.008	1.035	1.034	1.036	
山东	1.025	0.594	1.014	1.051	1.042	1.057	1.055	1.037	1.105	1.100	1.053
广东	1.143	1.128	1.043	1.164	1.219	1.113	1.072	1.106	1.026	1.051	1.047
海南	2.814	2.524	2.713	2.574	1.458	1.747	1.864	2.119	3.417	2.703	1.477
东部地区	1.351	1.274	1.317	1.295	1.117	1.167	1.161	1.190	1.343	1.272	1.144

续表

省区市/地区	年份										
	2001	2002	2003	2004	2005	2006	2007	2008	2009	2010	2011
山西	0.242	0.297	0.455	0.355	0.336	0.232	0.273	0.335	0.290	0.366	0.409
安徽	0.494	0.438	0.353	0.505	0.476	0.461	0.375	0.357	0.422	0.569	0.673
江西	0.430	0.502	0.681	0.357	0.542	0.540	0.410	0.527	1.009	1.024	1.031
河南	0.516	1.019	1.016	0.529	1.018	1.001	1.012	1.028	1.032	1.034	1.028
湖北	1.056	1.014	0.488	0.490	0.424	0.404	0.332	0.421	0.363	0.420	0.612
湖南	0.382	0.476	0.613	0.544	0.537	0.541	0.336	0.385	0.405	0.483	0.637
中部地区	0.520	0.624	0.601	0.463	0.556	0.530	0.456	0.509	0.587	0.649	0.732
内蒙古	1.051	1.067	1.118	1.113	1.158	1.135	1.157	1.173	1.202	1.204	1.175
广西	1.051	1.048	1.016	1.006	0.433	0.679	1.022	0.557	0.470	0.561	0.596
重庆	0.524	1.054	1.103	1.087	0.688	1.011	1.001	1.034	1.052	1.124	1.159
四川	0.248	0.282	0.284	0.276	0.299	0.386	0.287	0.374	0.457	1.005	1.005
贵州	0.233	0.290	0.349	0.373	0.381	0.429	0.280	0.304	0.297	0.330	0.320
云南	0.392	0.321	0.305	0.395	0.345	0.381	0.227	0.245	0.257	0.260	0.272
陕西	0.145	0.138	0.186	0.205	0.229	0.301	0.250	0.287	0.248	0.283	0.348
甘肃	0.176	0.104	0.141	0.148	0.237	0.218	0.182	0.196	0.187	0.226	0.260
青海	0.192	0.229	1.040	1.231	1.462	1.710	1.616	1.246	1.112	1.204	1.231
宁夏	1.082	1.115	1.170	1.164	1.241	1.225	1.087	1.058	1.050	1.131	1.099
新疆	1.100	1.188	1.069	1.114	1.086	1.119	1.079	1.042	0.394	0.581	0.624
西部地区	0.563	0.621	0.707	0.737	0.687	0.781	0.744	0.683	0.611	0.719	0.735
辽宁	1.090	1.009	0.648	0.679	0.422	0.440	0.470	1.014	0.727	1.007	1.040
吉林	0.743	0.601	0.427	0.437	0.518	0.742	1.023	1.049	1.173	1.179	1.129
黑龙江	1.007	1.018	1.050	1.128	1.073	1.055	1.155	1.024	0.398	0.528	1.008
东北地区	0.947	0.876	0.708	0.748	0.671	0.746	0.883	1.029	0.766	0.905	1.059
南方地区	0.922	0.946	0.928	0.882	0.729	0.807	0.775	0.787	0.918	0.941	0.892
北方地区	0.789	0.784	0.851	0.857	0.876	0.905	0.903	0.917	0.814	0.875	0.915
全国均值	0.851	0.863	0.888	0.866	0.801	0.853	0.835	0.847	0.864	0.905	0.900

省区市/地区	年份								均值	增幅（%）	相对于SFA测算均值的排名情况
	2012	2013	2014	2015	2016	2017	2018	2019			
北京	1.125	1.154	1.182	1.172	1.165	1.155	1.144	1.158	1.152	-4.93	6↓
天津	1.194	1.277	1.258	1.263	1.228	1.312	1.336	1.090	1.210	-9.84	4（无变化）
河北	1.012	1.019	1.008	0.558	1.042	1.025	1.008	1.010	1.000	-2.88	14↑

省区市/地区	年份								均值	增幅（%）	相对于SFA测算均值的排名情况
	2012	2013	2014	2015	2016	2017	2018	2019			
上海	1.296	1.242	1.234	1.177	1.187	1.207	1.297	1.296	1.354	-28.24	2↓
江苏	1.168	1.082	1.095	1.079	1.068	1.025	1.100	1.121	1.079	7.38	10↓
浙江	1.093	1.133	1.143	1.167	1.197	1.171	1.080	1.060	1.130	-11.81	8↓
福建	1.018	1.031	1.062	1.068	1.087	1.071	1.096	1.188	1.017	18.21	12↓
山东	1.060	1.061	1.049	1.047	1.062	1.056	1.027	1.022	1.027	-0.29	11↓
广东	1.033	1.029	1.013	1.007	1.023	1.097	1.167	1.156	1.086	1.14	9↓
海南	1.439	1.622	1.709	2.025	1.723	1.295	1.304	1.872	2.021	-33.48	1↑
东部地区	1.144	1.165	1.175	1.156	1.178	1.141	1.156	1.197	1.208	-11.40	Ⅰ/4(无变化)
山西	0.425	0.427	0.477	0.372	0.382	0.485	0.581	1.020	0.408	321.49	27↓
安徽	0.626	0.608	0.717	0.684	0.669	0.814	1.042	0.829	0.585	67.81	25↓
江西	1.035	1.030	1.050	1.039	1.067	1.043	1.022	1.047	0.810	143.49	20↑
河南	1.041	1.038	1.021	1.040	1.014	1.016	1.040	0.535	0.946	3.68	17↑
湖北	0.640	0.713	0.689	1.001	1.006	1.005	1.043	1.057	0.694	0.09	23↓
湖南	1.003	1.040	1.063	1.050	1.064	1.067	1.016	0.689	0.702	80.37	22↓
中部地区	0.795	0.810	0.836	0.864	0.867	0.905	0.957	0.863	0.691	65.96	Ⅳ/4↓
内蒙古	1.148	1.130	1.127	1.083	1.125	1.084	1.151	1.092	1.131	3.90	7↑
广西	0.646	0.826	1.000	1.014	1.044	1.042	1.056	1.058	0.849	0.67	19↑
重庆	1.098	1.089	1.103	1.120	1.116	1.030	0.817	1.103	1.016	110.50	13↓
四川	1.006	1.024	1.016	1.033	1.008	0.551	0.539	0.534	0.611	115.32	24↓
贵州	0.366	0.429	1.015	1.057	1.048	1.050	1.019	1.038	0.558	345.49	26↑
云南	0.315	0.373	0.418	0.307	0.376	0.427	0.482	0.437	0.344	11.48	28(无变化)
陕西	0.358	0.381	0.437	0.421	0.461	0.552	0.656	0.507	0.336	249.66	29↓
甘肃	0.260	0.383	0.415	0.501	0.305	0.388	0.414	0.571	0.280	224.43	30(无变化)
青海	1.968	1.581	1.342	1.280	1.254	2.250	2.519	1.156	1.349	502.08	3↑
宁夏	1.122	1.273	1.260	1.293	1.200	1.206	1.141	1.235	1.166	14.14	5↑
新疆	1.002	1.052	1.064	1.028	1.023	1.084	1.103	1.101	0.992	0.09	15↑
西部地区	0.844	0.867	0.927	0.922	0.905	0.970	0.991	0.894	0.785	58.79	Ⅲ/4↑

续表

省区市/地区	年份								均值	增幅（%）	相对于SFA测算均值的排名情况
	2012	2013	2014	2015	2016	2017	2018	2019			
辽宁	1.057	1.075	1.097	1.109	1.018	1.001	1.029	0.721	0.876	-33.85	18↓
吉林	1.174	1.178	1.160	1.129	1.143	1.173	1.141	1.125	0.960	51.41	16↓
黑龙江	1.061	0.474	0.432	0.378	0.384	0.547	0.598	1.019	0.807	1.19	21↓
东北地区	1.097	0.909	0.896	0.872	0.848	0.907	0.923	0.955	0.881	0.84	Ⅱ/4（无变化）
南方地区	0.919	0.952	1.022	1.055	1.046	0.993	1.005	1.032	0.924	11.93	①
北方地区	1.000	0.967	0.955	0.912	0.920	1.022	1.059	0.957	0.909	21.29	②
全国均值	0.957	0.958	0.988	0.983	0.983	1.007	1.032	0.994	0.914	16.80	—

注："↑"表示排名上升；"↓"表示排名下降。

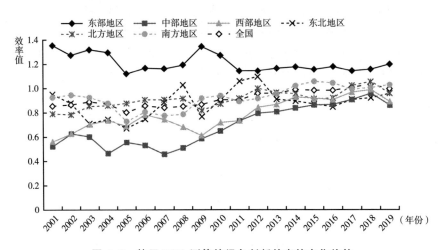

图4-3 基于DEA测算的绿色创新效率的变化趋势

此外，从南北地区的绿色创新发展来看，研究期内南方地区与北方地区的绿色创新效率水平呈现一定的周期性变动趋势，其中南方地区由2001年的0.922增长至2019年的1.032，增幅为11.93%，年均增速为0.63%；而北方地区则由2001年的0.789增长至2019年的0.957，增幅为21.29%，年均增速为1.08%，这说明虽然考察期内南北方的绿色创新效率均出现波动，但总体上却在变好。就区域差异而言，南方地区绿色创新效率的增速低于北方地区，而其发展水平（0.924）却高于北方地区（0.909），说明由DEA 测度的我国省际绿色创新效率同样表现出"南北分异"之态势，且由增长速度差距逐渐演变为发展水平差距。

　　进一步从省际层面看，我国各省区市的绿色创新发展水平差距显著，增幅徘徊在-33.85% 到 502.08% 之间，但与 SFA 的测算结果相比，排名前10 省区市及其相应的变动情况分别为海南（2.021，上升 8 位）、上海（1.354，下降 1 位）、青海（1.349，上升 26 位）、天津（1.210，无变化）、宁夏（1.166，上升 13 位）、北京（1.152，下降 1 位）、内蒙古（1.131，上升 13 位）、浙江（1.130，下降 6 位）、广东（1.086，下降 3 位）、江苏（1.079，下降 7 位）。可以看出，排名前 10 的省区市均实现了 DEA 有效，说明这些省区市已位于生产前沿面之上，从而基本实现了绿色创新投入及产出的最优配置。值得注意的是，此间海南省异军突起，其绿色创新效率高居榜首，这可能是因为海南地理位置优越、旅游业发达、生态资源丰富，不仅为其经济发展注入了强劲活力，而且促进了其生态环境保护与改善，从而使其绿色创新效率处于高位水平。来自西部的青海表现得也较为抢眼，其绿色创新效率排名跃居前三，这可能与最近国家重视黄河流域生态保护与高质量发展，对处于流域范围内的青海省给予了更多政策扶持有关，从而使其获得了许多有利于绿色创新成果转化的人才、技术及资本。而排名后 10 位的省份及其相应的变动情况则为黑龙江（0.807，下降 7 位）、湖南（0.702，下降 5 位）、湖北（0.694，下降 10 位）、四川（0.611，下降 9位）、安徽（0.585，下降 9 位）、贵州（0.558，上升 1 位）、山西（0.408，下降 1 位）、云南（0.344，无变化）、陕西（0.336，下降 4 位）、甘肃（0.280，无变化）。可见，排名后 10 位的省份的效率值均低于全国平均水平，且未能实现 DEA 有效，说明这些省份的绿色创新投入及产出要素的配置仍不合理，滥用资源所导致的投入冗余与产出低效问题仍然比较严重，从而导致这些省份的绿色创新效率整体上处于较低水平，未来优化各自绿色创新投入产出的转化效率仍是其高质量发展过程中需要考虑的重点。

4.4 省际绿色创新效率测算结果比较

由上述测度结果可知，随机前沿分析法测算的省际绿色创新效率值明显低于数据包络分析法，且效率均值排名也发生了较为明显的变动，这可能与两种方法的各自特点有较大关系，尤其是随机前沿分析在测算绿色创新效率时考虑了随机因素对绿色创新产出水平的影响，从而使得其测算结果相对偏低。

基于此，为了能够更为直观地比较这两类方法测算的省际绿色创新效率之不同，本节进一步绘制了省际绿色创新效率均值及其标准差的变化趋势图来予以展示（见图 4-4）。由图 4-4 可知，随机前沿分析法测算的绿色创新效率均值一直呈缓慢上升之趋势，而数据包络分析法测算的绿色创新效率均值却表现出较为明显的阶段性变化特征，但总体上仍保持了上升的态势。此外，从标准差来看，随机前沿分析法测算的省际绿色创新效率标准差在时间序列上基本保持一致，表明研究期内各省区市绿色创新效率之差异并未发生明显变化。另外，就测算结果的排名而言，随机前沿分析法测算的绿色创新效率位居前三的省市分别是上海（0.959）、浙江（0.941）、江苏（0.912），均来自经济及科技实力较为雄厚的长三角地区，而排名后三位的则分别为云南（0.182）、青海（0.154）、甘肃（0.132）；数据包络分析法测算的绿色创新效率位列前三的分别为海南（2.021）、上海（1.354）、青海（1.349），排名后三位的则分别是云南（0.344）、陕西（0.336）、甘肃（0.280）。随机前沿分析法测算的省际绿色创新效率值及其标准差均要低于数据包络分析法，但由于这两类方法测算的结果均为效率的相对值，而非绝对值，因此二者并不存在本质上的差异。但考虑到随机前沿分析法测算的绿色创新效率均值排名与现实情况更为相符，从而也就意味着其测度结果更加稳健可靠。

为明确随机前沿分析法与数据包络分析法测算的绿色创新效率值在统计上是否存在关联性和差异性，本章进一步使用配对样本 t 检验和 Spearman

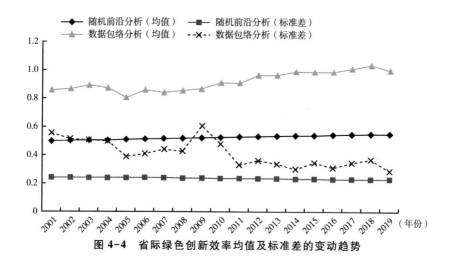

图 4-4　省际绿色创新效率均值及标准差的变动趋势

相关系数检验来对此进行验证。首先，利用两类方法测算的省际绿色创新效率均值的横截面数据，基于配对样本 t 检验考察其是否存在显著差异。结果显示，t 统计量为 -7.1518，且 p 值也显著拒绝了原假设，说明两种方法测算的结果存在显著差异，这也较好印证了前文的结论（见表 4-9）。

表 4-9　配对样本 t 检验

变量	配对差异						t 检验值	自由度	显著性（双尾）
	样本数	均值	标准差均值	标准误	95% 置信区间				
					上限	下限			
SFA-DEA	30	-0.3924	0.3005	0.0549	-0.5047	-0.2802	-7.1518	29	0.0000

　　其次，为判断两种方法测度的绿色创新效率均值在排名上是否具有一致性，基于各省区市绿色创新效率均值的排名结果，使用 Spearman 相关系数对两类方法测度的排名结果进行检验。由表 4-10 可知，随机前沿分析法与数据包络分析法测算结果的相关系数为 0.604，且通过了 1% 水平的显著性检验，说明两种方法测算的省际绿色创新效率值在排名上存在较高程度的关联性和较为明显的一致性。

表 4-10　SFA 和 DEA 测算值排序的 Spearman 相关系数矩阵

	SFA	DEA
SFA	1.000	
DEA	0.604 ***	1.000

注：*** 代表在 1% 水平下显著。

4.5　本章小结

本章运用随机前沿分析（SFA）和数据包络分析（DEA）模型对 2001～2019 年我国 30 个省区市的绿色创新效率进行了测算，进而从全国、区域、省域三个层面分别比较了相应的测度结果，最后采用配对样本 t 检验和 Spearman 相关系数检验对两种测算结果的一致性和相关性进行了验证，结果如下。

第一，SFA 法和 DEA 法的测算结果均表明，考察期内我国省际绿色创新效率总体上呈现改善之势，但区域间的差异比较明显，不仅存在东西差异，南北差异也较为明显，且两种方法测算的绿色创新效率均值的整体水平都不高，未来仍有较大的改进空间。

第二，DEA 测算的绿色创新效率值要远高于 SFA，从而该方法可能存在一定程度的高估。此外，由于 SFA 在测算绿色创新效率时，排除了随机误差对绿色创新产出的影响，其测算结果在时间维度上表现出显著的上升趋势，但较之于具有周期性变化的 DEA 测算结果，SFA 的测算结果能更为客观地反映我国省际绿色创新发展的实际情况。

第三，配对样本 t 检验和 Spearman 相关系数检验结果均表明，两类方法测度的省际绿色创新效率值排名存在较为明显的一致性，但 SFA 测算的省际绿色创新效率排名与实际情况更为吻合。

第四，SFA 测算的省际绿色创新效率值更优，从而此方法也是测度绿色创新效率的较佳选择。

基于此，在以下的实证分析中，我们将主要采用 SFA 测算的省际绿色创新效率值来做进一步分析。

第5章

省际绿色创新效率的
地区差异及动态演进

随着我国经济社会转型发展以及区域协调战略不断推进，创新要素在区域间的流动以及由此所导致的技术转移表现出明显的地区差异，由此也导致了绿色创新发展的区域差异不断扩大。事实上，由于我国各地区在资源禀赋、人口密度、产业结构和经济发展等方面均存在显著的异质性，所以我国绿色创新效率表现出较为明显的地域分化特征也就在所难免。然而，绿色创新发展的这种地区异化趋势若长期存在，则可能会弱化创新驱动绿色发展的战略意义。那么，这种区域差异的特征是什么？其来源为何？其在时间维度上的演化规律又是什么？很明显，能够准确回答这些问题，对于实现我国绿色创新的均衡发展具有较为重要的政策意义。基于此，为了能够更为科学精准地揭示区域绿色创新在时间维度上的变化特征，本章综合运用 Dagum 基尼系数、核密度估计法等，对八大综合经济区、五大经济带和南北地区绿色创新效率的差距及其动态分布进行考察，由此揭示区域绿色创新的时序演变特征、差异来源及其动态演进规律，以期为缩小地区间绿色创新发展差距、提升区域绿色创新效率以及促进区域绿色创新协调发展提供相应的政策依据。

5.1　分析方法

5.1.1　Dagum 基尼系数及其分解

本章将采用 Dagum 基尼系数及其分解法对我国绿色创新效率的区域差异及其来源进行分析（肖黎明等，2021a）。不同于传统基尼系数和综合熵值法，Dagum 基尼系数及其分解法在处理区域非均衡问题上具有明显优势，由于它既能精准刻画样本的分布状况，又能有效解决样本数据交叉重叠和区域净差异问题，因而目前被广泛应用于各类区域差异的分析中。其中用以衡量省际绿色创新效率的基尼系数公式为：

$$G = \frac{\sum_{j=1}^{k} \sum_{h=1}^{k} \sum_{i=1}^{n_j} \sum_{r=1}^{n_h} |M_{ji} - M_{hr}|}{2n^2 \overline{D}} \tag{5-1}$$

式（5-1）中，G 为总体基尼系数，表示全国 30 个省区市绿色创新效率间的差异；k 为区域划分数，j、h 为 k 个区域中不同的地理范围，n 为所考察的省区市总数（此处为 30），i、r 为相关省区市；n_j（n_h）为 j（h）区域内的省区市数量，M_{ji}（M_{hr}）为 j（h）区域中 i（r）个省区市的绿色创新效率值，$\overline{D}$ 为我国省际绿色创新效率的算术平均值。需要指出的是，在对总体基尼系数进行区域分解前，还需要根据各区域内绿色创新效率水平的均值对 k 个区域进行排名。在此基础上，则可进一步将基尼系数分解为区域内差异的贡献（G_w）、区域间超变净值的贡献（G_{nb}）以及区域间超变密度（G_t）的贡献三部分，且三者满足 $G = G_w + G_{nb} + G_t$，其具体计算公式为：

$$G_{jj} = \frac{\sum_{i=1}^{n_j} \sum_{r=1}^{n_h} |M_{ji} - M_{hr}|}{2\overline{D}n_j^2} \tag{5-2}$$

$$G_w = \sum_{j=1}^{k} G_{jj} p_j s_j = \sum_{j=1}^{k} G_{jj} \frac{n_j}{n} \frac{n_j \overline{D_j}}{n\overline{D}} \tag{5-3}$$

$$G_{jh} = \sum_{i=1}^{n_j} \sum_{r=1}^{n_h} \frac{|M_{ji} - M_{hr}|}{n_j n_h (\overline{D_j} + \overline{D_h})} \tag{5-4}$$

$$G_{nb} = \sum_{j=2}^{k} \sum_{h=1}^{j-1} G_{jh}(p_j s_h + p_h s_j) Z_{jh} \tag{5-5}$$

$$G_t = \sum_{j=2}^{k} \sum_{h=1}^{j-1} G_{jh}(p_j s_h + p_h s_j)(1 - Z_{jh}) \tag{5-6}$$

$$Z_{jh} = \frac{e_{jh} - w_{jh}}{e_{jh} + w_{jh}} \tag{5-7}$$

$$e_{jh} = \int_0^\infty dF_j(M) \int_0^M (M - x) dF_h(x) \tag{5-8}$$

$$w_{jh} = \int_0^\infty dF_h(M) \int_0^M (M - x) dF_j(x) \tag{5-9}$$

其中，G_{jj}为区域j的基尼系数，G_{jh}为区域j与区域h之间的基尼系数，Z_{jh}为区域j与区域h之间绿色创新效率的相对影响；e_{jh}为区域间绿色创新效率之差值，表示区域j和区域h中所有满足$M_{ji} - M_{hr} > 0$条件的样本值加总的数学期望；w_{jh}为超变一阶矩，表示区域j和区域h中所有满足$M_{hr} - M_{ji} > 0$条件的样本值加总的数学期望；F_j（F_h）为区域j（h）绿色创新效率的累积密度分布函数。

5.1.2　核密度估计法

本章将使用非参数的核密度估计对我国省际绿色创新效率的分布动态及其演进特征进行考察。因为核密度估计（Kernel Density Estimation）是探究区域经济分布不均衡的重要工具之一，是基于数据本身来考察其分布特征的，通过对随机变量的概率密度进行平滑估计，获得变量的分布形态，不仅能够直观刻画变量分布的位置、形态和延展性等信息，而且能够克服参数估计法中存在的模型主观设定和模型依赖性较弱之缺陷（徐维祥等，2015），从而具有较好的稳健性，其函数形式为：

$$f(x) = \frac{1}{nh} \sum_{i=1}^{n} K\left(\frac{x - X_i}{h}\right) \tag{5 - 10}$$

$$K(x) = \frac{1}{\sqrt{2\pi}} \exp(-x^2/2) \tag{5 - 11}$$

其中，$f(x)$ 是中国绿色创新效率 x 的密度函数，n 为样本观察值数量，X_i 为服从独立同分布的相关观察值，x 为观察值的算术平均值。$K(x)$ 为核函数，包括三角（Triangle）核函数、Epanechnikov 核函数、高斯（Gaussian）核函数等。为了能够更好地进行判断，本章将使用高斯（Gaussian）核函数来进行估计。h 代表带宽，是一个较小的正数，其取值会对核密度函数曲线的平滑度产生影响。一般而言，带宽越大，说明核密度函数曲线越光滑，从而精确度越低；反之，带宽越小，说明核密度函数曲线越不光滑，但其精确度相对更高。其中对于最优带宽的选择是遵照积分均方误差最小思想进行的。

5.1.3 马尔可夫链（Markov）分析

传统马尔科夫链（Markov）是基于随机过程理论而提出的，其主要工作原理是通过构造 Markov 转移概率矩阵来对事件发生的状态进行度量，由此揭示事件的动态变化趋势，且该过程满足"无后效性"假定，即在当前信息给定的情形下，用过去知识信息来预测其将来变化情况这一过程的前后是无关的（侯孟阳、姚顺波，2018）。为此，本书构建 Markov 转移概率矩阵来反映我国省际绿色创新效率的动态演进特征，因为很多经济现象的演变过程一般都具有"无后效性"特征，其中绿色创新效率也不例外。Markov 链刻画的是一个随机过程 B，其中令随机变量 A，即该变量第 t 期的系统状态为 j，其具体表达式为：

$$\begin{aligned} P_{ij} &= P\{M_t = j \mid M_{t-1} = i, M_{t-2} = i_{t-2}, \cdots, M_0 = i_0\} \\ &= P\{M_t = j \mid M_{t-1} = i\} \end{aligned} \tag{5 - 12}$$

$$P_{ij} = n_{ij}/n_i \tag{5 - 13}$$

由式（5-12）可知，随机变量 M_t 具有一阶 Markov 的性质，即随机变量

M_t 在未来某个时段的状态只受前一期的影响。同时设 P_{ij} 为某省绿色创新效率从 t 期的状态 i 转移到 $t+1$ 期的状态 j 的转移概率，n_i 为观测期内第 i 种绿色创新效率概率状态发生的总次数，n_{ij} 为绿色创新效率水平从 i 种状态转移至 j 种状态所发生的次数，其中 P_{ij} 使用极大似然估计求得。若进一步将绿色创新效率划分为 N 种类型（N 个状态），则可构造 $N \times N$ 的状态转移概率矩阵，进而根据省际绿色创新效率的类型变化（提高、不变、下降）来定义转移的方向。

在传统马尔科夫链分析的基础上，考虑到区域经济现象的演变在地理空间上既不是孤立也不是随机的，而是不同区域间相互关联、彼此影响的，为此，可进一步引入"空间滞后"因素，此即为空间马尔科夫链分析。空间 Markov 链分析方法弥补了传统马尔科夫链忽视区域空间关联影响之不足，可用于揭示某经济现象与地理空间位置之间的内在联系。基于此，本章将采用空间 Markov 链分析法来考察空间因素在各省绿色创新效率动态演变过程中所发挥的作用，即通过构建空间权重矩阵，以某省在初始时期的空间滞后类型为条件，将 $N \times N$ 的状态转移概率矩阵分解为 $N \times N \times N$ 的状态转移概率矩阵。其中，P_{ij} 表示以某省在 t 期的空间滞后类型 N 为条件，从 t 期 i 类型转移到 $t+1$ 期 j 类型的空间转移概率，用以揭示空间效应的存在对我国省际绿色创新效率动态演进的影响。

5.2 八大综合经济区绿色创新效率分析

自"东部率先""中部崛起""西部开发""东北振兴"等国家重大战略相继提出以来，各界便开始按照这些区域规划布局来统筹推进我国的区域协调发展。但这样的区域划分仅是根据地理位置做出来的，方式较为单一，不利于各类要素资源在区际的优化配置，也不利于制定差异化的区域协调发展政策。为此，本章在综合考虑我国自然地理条件、经济发展水平、区域内部联系、历史发展基础等因素的前提下，借鉴国务院发展研究中心发布的《地区协调发展的战略和政策》报告，在传统四大板块区域划分的基础上，进一步将我国划分为东北、北部沿海、东部沿海、南部沿海、长江中游、西南、黄河中游和西北等八大综合经济区（相应的具体区域范围见图5-1，由于港澳台不属于本书的考察范围，且考虑到西藏统计数据缺失严重，故将其剔除），由此对我国八大综合经济区的绿色创新效率状况进行分析。

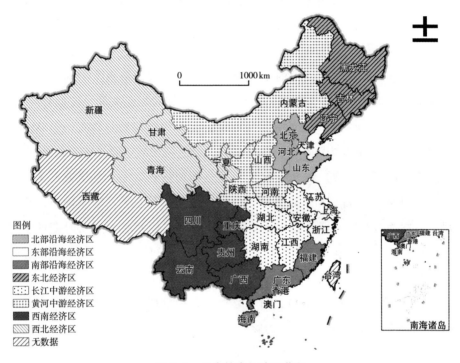

图5-1 八大综合经济区范围

注：该图基于国家测绘地理信息局标准地图服务网站下载的审图号为 GS（2020）4630 的标准地图绘制，底图无修改。

5.2.1 八大综合经济区绿色创新效率的演进轨迹

图5-2 给出了八大综合经济区绿色创新效率的时序变化结果，可以发现，第一，八大综合经济区绿色创新效率均表现出持续提升之势，且区域绿色创新效率均值由高到低依次为东部沿海经济区（0.937）>北部沿海经济区（0.727）>南部沿海经济区（0.687）>东北经济区（0.569）>长江中

游经济区（0.455）>西南经济区（0.364）>黄河中游经济区（0.357）>西北经济区（0.291）。其中东部沿海经济区的绿色创新效率一直遥遥领先于其他经济区，说明地理区位和资源禀赋应该是造成八大综合经济区绿色创新效率差异明显的主要原因。而排名靠后的则为黄河中游经济区和西北经济区，因此，这些区域未来仍需继续推进其产业结构的绿色转型与升级，同时不断完善各项基础设施建设。此外，当地政府也要积极出台一些有利于绿色创新的激励措施，鼓励其工业企业加大环保投入及创新人才培养力度、扩大绿色创新产品规模，以提高绿色创新效率。

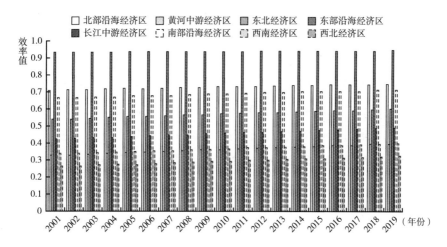

图 5-2　2001~2019 年八大综合经济区绿色创新效率的时序变化

第二，从绿色创新效率的增速来看，八大综合经济区的绿色创新效率在 2001~2019 年的增速由高到低依次为西北经济区（22.90%）>黄河中游经济区（21.05%）>西南经济区（18.92%）>长江中游经济区（15.91%）>东北经济区（11.15%）>南部沿海经济区（7.24%）>北部沿海经济区（5.51%）>东部沿海经济区（1.18%）。其中东部沿海、北部沿海、南部沿海三大经济区绿色创新发展的增速有所放缓，而西南经济区、黄河中游经济区、西北经济区的发展速度则相对较快，这说明西南经济区、黄河中游经济区与西北经济区的绿色创新得到了较好的发展。此外，南部沿海经济区、北部沿海经济区、东部沿海经济区绿色创新效率的增长率都要低于全国平均水平（10.87%），说明未来这三大综合经济区在继续保持较高绿色创新发展水平的基础上，还需对其增长速度加以重视。

第三，就区域差距而言，八大综合经济区的绿色创新效率差异比较明显，即八大综合经济区的绿色创新并未表现出某种趋同之势，而是随着时间的推移，区域间绿色创新发展的分化趋势愈加明显，且呈现由东向西梯度递减之格局。其中，东部沿海经济区、北部沿海经济区和南部沿海经济区的领先优势明显，说明这三大增长极将持续辐射和引领我国区域绿色创新高质量发展；西北经济区和黄河中游经济区崛起较快，增速位居八大综合经济区的第一方队，这可能是因为近年来这两个经济区在国家相关政策的激励下，一直在致力于追赶东部沿海地区，使其与领先区域绿色创新效率的差异在不断缩小；东北经济区和长江中游经济区的这一效率仍有提升空间。由此可见，国家及地方相关政策在助力区域协调发展尤其是区域绿色创新协调发展方面确实发挥了较为明显的积极作用，但未来还需持续推出有利于当地绿色创新发展的精准举措，在资金、技术和人才投入方面有所作为，以进一步缩小落后地区与发达地区绿色创新发展之差距。

为了进一步明确八大综合经济区绿色创新转化效率与绿色创新产出效益之关系，为此，可绘制如图5-3所示的线性拟合图。从图5-3中可以发现，绿色创新产出效益与绿色创新转化效率之间表现出显著的正线性相关关系。

进一步由表5-1可知，北部沿海经济区、东部沿海经济区、南部沿海经济区绿色创新的转化效率及产出效率的均值都高于全国，从而一直处于"高产出-高效率"状态；而东北经济区绿色创新效率的均值则一直高于全国，但其产出效益的均值却一直低于全国，从而处于"低产出-高效率"状态，这可能是因为东北老工业基地长期以来相对僵化的经济体制，使其经济增长动能缺失，加之区域内人口大量外流以及人力资本储备不足等问题，导致其绿色创新产出效益也不高；而黄河中游经济区、长江中游经济区、西南经济区、西北经济区绿色创新的转化效率与产出效益都低于全国平均

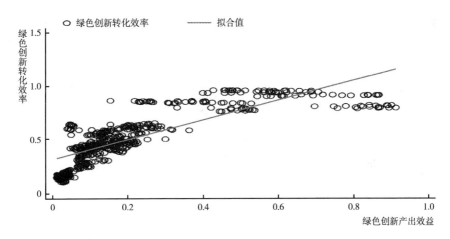

图 5-3   绿色创新产出效益与绿色创新转化效率的线性拟合

水平, 一直处于"低产出-低效率"状态。由此可见, 我国区域绿色创新效率的两极分化趋势比较明显。

表 5-1   八大综合经济区绿色创新效率评价结果

区域	全样本期间 (2001~2019 年)		"十五"时期 (2001~2005 年)		"十一五"时期 (2006~2010 年)		"十二五"时期 (2011~2015 年)		"十三五"时期 (2016~2019 年)	
	产出	效率	产出	效率	产出	效率	产出	效率	产出	效率
北部沿海经济区	0.331	0.727	0.365	0.712	0.340	0.723	0.317	0.734	0.294	0.744
黄河中游经济区	0.123	0.357	0.100	0.331	0.121	0.350	0.134	0.368	0.142	0.385
东北经济区	0.183	0.569	0.211	0.545	0.192	0.562	0.180	0.579	0.141	0.593
东部沿海经济区	0.608	0.937	0.553	0.933	0.620	0.936	0.659	0.939	0.598	0.942
长江中游经济区	0.151	0.455	0.128	0.429	0.126	0.447	0.168	0.466	0.188	0.482
南部沿海经济区	0.387	0.687	0.377	0.668	0.406	0.682	0.374	0.695	0.395	0.707
西南经济区	0.099	0.364	0.090	0.340	0.096	0.357	0.103	0.375	0.107	0.391
西北经济区	0.055	0.291	0.048	0.268	0.051	0.285	0.065	0.301	0.059	0.317
全国	0.222	0.524	0.214	0.515	0.223	0.530	0.230	0.545	0.222	0.558

此外, 分时期看, "十五"、"十一五"、"十二五"及"十三五"时期, 我国省际绿色创新效率分别实现了 2.42%、2.33%、2.25% 和

1.63%的增长，其中除"十三五"时期的绿色创新发展增速有所放缓外，其余时期均表现出稳步上升之势，这可能与"十三五"时期我国经济开始向高质量发展阶段转变，导致各地更为关注其经济的提质增效有关。进一步分区域看，除"十三五"时期以外，黄河中游经济区、长江中游经济区、西南经济区以及西北经济区在"十五"、"十一五"和"十二五"时期的绿色创新效率的增长率均维持在3%~5%，且八大综合经济区绿色创新效率增速最快的时段均为"十五"时期。

5.2.2 八大综合经济区绿色创新效率的区域差异及其来源

上述分析表明有必要进一步明确八大综合经济区绿色创新效率的总体差异及其来源，为此，本章将使用Dagum基尼系数对这一差异进行测算和分解。

5.2.2.1 总体空间差异

图5-4描述了研究期内我国绿色创新效率空间差异的总体演变趋势。其中从基尼系数的演变趋势可以发现，研究期内我国省际绿色创新效率的空间差异总体上呈平稳下滑之势。进一步结合表5-2可知，整体上的基尼系数均值为0.253，且在2001~2010年，我国省际绿色创新效率整体上的相对差异（0.264）高于全部年份平均相对差异水平，但在2011~2019年，其值（0.242）却低于全部年份平均相对差异水平。从时间维度来看，绿色创新效率的整体基尼系数由2001年的0.274下降至2019年的0.233，年均降幅为0.90%，其中2001~2010年绿色创新效率整体相对差异的年均降幅为0.88%，而在2011~2019年，其整体相对差异的年均降幅则为0.93%。可见，进入"十二五"时期以后，我国绿色创新效率整体相对差异的下降速度有所加快，说明较之于"十五"和"十一五"时期，"十二五"时期国家更加重视区域的协调发展，由此也导致了地区绿色创新发展水平差距开始不断缩小。整体而言，2001~2019年，我国绿色创新效率的空间差异趋于缩小，因而绿色创新的区域协同发展基本向好，但未能表现出明显的上升势头。这也从侧面反映出，国家"十五"、"十一五"、"十二五"及"十三五"规划中有关绿色可持续发展之战略从初步提出到深入推进已取得一定

成效，从而在一定程度上缩小了我国绿色创新发展的总体差距。但考虑到目前绿色创新发展在区域间及省域间的差距仍比较突出，未来相关政府部门还需进一步制定和落实用以促进区域高质量绿色协调发展的有关政策，以不断缩小区域间的绿色创新发展差距，最终确保全国层面的绿色可持续发展目标顺利实现。

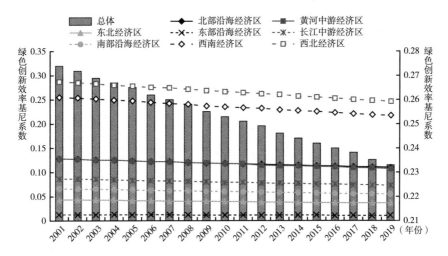

图 5-4　绿色创新效率总体及区域内差异的演变趋势

注：右轴为总体绿色创新效率基尼系数，左轴为各经济区绿色创新效率基尼系数。

表 5-2　八大综合经济区绿色创新效率的基尼系数及其分解结果

年份	整体基尼系数	区域内基尼系数							
		北部沿海	黄河中游	东北	东部沿海	长江中游	南部沿海	西南	西北
2001	0.274	0.128	0.128	0.043	0.012	0.086	0.066	0.255	0.287
2002	0.272	0.126	0.127	0.043	0.012	0.086	0.065	0.253	0.285
2003	0.269	0.125	0.125	0.042	0.012	0.085	0.065	0.251	0.282
2004	0.267	0.124	0.125	0.042	0.012	0.084	0.064	0.249	0.280
2005	0.265	0.123	0.123	0.041	0.012	0.083	0.063	0.247	0.277
2006	0.262	0.122	0.121	0.041	0.012	0.082	0.062	0.244	0.275
2007	0.260	0.121	0.121	0.040	0.012	0.081	0.061	0.242	0.274
2008	0.258	0.120	0.119	0.040	0.011	0.081	0.061	0.241	0.271

年份	整体基尼系数	区域内基尼系数							
		北部沿海	黄河中游	东北	东部沿海	长江中游	南部沿海	西南	西北
2009	0.255	0.119	0.118	0.040	0.011	0.080	0.060	0.237	0.269
2010	0.253	0.118	0.117	0.039	0.011	0.079	0.060	0.235	0.266
2011	0.251	0.117	0.116	0.039	0.011	0.078	0.059	0.233	0.264
2012	0.249	0.116	0.114	0.038	0.011	0.077	0.058	0.232	0.262
2013	0.246	0.115	0.113	0.038	0.011	0.077	0.058	0.229	0.260
2014	0.244	0.114	0.113	0.037	0.011	0.076	0.057	0.227	0.257
2015	0.242	0.113	0.111	0.037	0.011	0.075	0.056	0.225	0.255
2016	0.240	0.112	0.110	0.037	0.010	0.075	0.056	0.223	0.253
2017	0.238	0.111	0.109	0.036	0.010	0.074	0.055	0.221	0.250
2018	0.235	0.110	0.108	0.036	0.010	0.073	0.055	0.218	0.248
2019	0.233	0.109	0.107	0.036	0.010	0.072	0.054	0.217	0.246
均值	0.253	0.118	0.117	0.039	0.011	0.079	0.060	0.236	0.266

5.2.2.2 区域内差异

表5-2也报告了我国八大综合经济区绿色创新效率区域内差异的大小。从表5-2中可以看出，不同经济区内的省际绿色创新发展差距并不完全一样，但却都呈下降之势。从横向对比来看，研究期内西北经济区4省区内相对差异的均值最高，为0.266，其次分别为西南经济区、北部沿海经济区、黄河中游经济区、长江中游经济区、南部沿海经济区、东北经济区，其区域内相对差异的均值依次为0.236、0.118、0.117、0.079、0.060、0.039，其中东部沿海经济区区域内差异的均值最小，仅有0.011。除西北经济区外，其余7个经济区的区域内相对差异的均值都小于全国层面的。由此可见，西北经济区省域间绿色创新效率的差异最大，东部沿海经济区最小，其余经济区则处于中间水平。就纵向的增速而言，八大综合经济区的区域内差异在研究期内均呈稳步下降之势，年均下降幅度南部沿海经济区为1.11%、东部沿海经济区为1.01%、黄河中游经济区为0.99%、东北经济区为0.98%、长江中游经济区为0.98%、西南经济区为0.89%、北部沿海经

济区为 0.89%、西北经济区为 0.85%。由此可见，八大综合经济区内的相对差异的年均变化均以缩小为主，且南部沿海、东部沿海、黄河中游、东北、长江中游等五大经济区的区域内相对差异的降幅均高于全国层面的相对差异。因此，未来这五大经济区应继续保持这一良好发展势头，同时还要持续引领全国层面上的协同发展。

5.2.2.3　区域间差异

表 5-3 给出了八大综合经济区之间绿色创新效率的 Dagum 基尼系数测算结果。从时间过程来看，八大综合经济区绿色创新效率区域间的相对差异在考察期内均呈不断下降的趋势特征。具体而言，观测期内，区域间差异均值介于 0.280~0.330 的包括南部沿海-西北（0.282）、东部沿海-西南（0.293）、北部沿海-西北（0.297）、东部沿海-西北（0.327）。可见，西北与南部沿海、北部沿海、东部沿海三大经济区之间的这一差异比较大，说明这四个区域间绿色创新发展的协同性最差。区域差异均值介于 0.160~0.280 的包括北部沿海-黄河中游（0.232）、北部沿海-长江中游（0.178）、北部沿海-西南（0.264）、黄河中游-东部沿海（0.260）、黄河中游-南部沿海（0.205）、黄河中游-西南（0.199）、黄河中游-西北（0.209）、东北-西南（0.198）、东北-西北（0.238）、东部沿海-长江中游（0.200）、长江中游-西南（0.180）、长江中游-西北（0.201）、南部沿海-西南（0.237）、西南-西北（0.263）等 14 个。区域间差异均值介于 0.080~0.160 的包括北部沿海-东北（0.136）、北部沿海-东部沿海（0.100）、北部沿海-南部沿海（0.111）、黄河中游-东北（0.155）、黄河中游-长江中游（0.122）、东北-东部沿海（0.133）、东北-长江中游（0.089）、东部沿海-南部沿海（0.093）、长江中游-南部沿海（0.138）等 9 个。而东北与南部沿海绿色创新效率的差异最小（0.073），说明二者的区域协同性相对较高。综上所述，沿海三大经济区彼此之间的绿色创新发展差异相对更小，而西北与其他经济区间的差异则比较大，说明它们之间的绿色创新发展协同性普遍较差。沿海三大经济区不仅地理区位优越，而且在其绿色创新发展过程中，雄厚的经济实力、先进的技术、完善的基础设施、持续的人才流入、良好的创新环境都为其积累了较为坚实的创新基础，这些内外部条件为其区域

表5-3 八大综合经济区绿色创新效率区域间差异的基尼系数

年份	经济区													
	1~2	1~3	1~4	1~5	1~6	1~7	1~8	2~3	2~4	2~5	2~6	2~7	2~8	3~4
2001	0.252	0.148	0.108	0.195	0.121	0.284	0.318	0.169	0.282	0.133	0.223	0.216	0.225	0.146
2002	0.250	0.147	0.107	0.193	0.120	0.282	0.316	0.168	0.280	0.132	0.221	0.215	0.224	0.145
2003	0.248	0.145	0.106	0.191	0.119	0.280	0.313	0.166	0.277	0.130	0.219	0.213	0.222	0.143
2004	0.245	0.144	0.105	0.189	0.118	0.277	0.311	0.165	0.274	0.129	0.217	0.211	0.220	0.141
2005	0.243	0.142	0.104	0.187	0.117	0.275	0.309	0.163	0.272	0.128	0.215	0.209	0.218	0.140
2006	0.241	0.141	0.103	0.186	0.116	0.273	0.306	0.161	0.270	0.127	0.213	0.207	0.216	0.139
2007	0.239	0.140	0.102	0.184	0.115	0.270	0.304	0.160	0.267	0.126	0.211	0.205	0.215	0.137
2008	0.236	0.138	0.101	0.182	0.114	0.268	0.302	0.158	0.265	0.124	0.209	0.203	0.213	0.136
2009	0.234	0.137	0.100	0.180	0.113	0.265	0.299	0.157	0.263	0.123	0.207	0.201	0.211	0.135
2010	0.232	0.135	0.100	0.178	0.111	0.263	0.297	0.155	0.260	0.122	0.205	0.199	0.209	0.133
2011	0.229	0.134	0.099	0.176	0.110	0.261	0.294	0.154	0.258	0.121	0.203	0.197	0.207	0.132
2012	0.227	0.133	0.098	0.175	0.109	0.259	0.292	0.152	0.256	0.119	0.201	0.195	0.205	0.131
2013	0.225	0.132	0.097	0.173	0.108	0.257	0.290	0.151	0.253	0.118	0.198	0.193	0.204	0.129
2014	0.223	0.130	0.096	0.171	0.107	0.254	0.288	0.149	0.251	0.117	0.197	0.192	0.202	0.128
2015	0.221	0.129	0.095	0.169	0.106	0.252	0.285	0.148	0.249	0.116	0.195	0.190	0.200	0.127
2016	0.219	0.127	0.094	0.168	0.105	0.250	0.283	0.147	0.246	0.115	0.193	0.188	0.199	0.125
2017	0.216	0.126	0.094	0.166	0.104	0.248	0.281	0.145	0.244	0.114	0.191	0.186	0.197	0.124
2018	0.214	0.125	0.093	0.164	0.103	0.245	0.279	0.144	0.242	0.113	0.189	0.184	0.195	0.123
2019	0.212	0.124	0.092	0.163	0.102	0.244	0.276	0.142	0.240	0.111	0.187	0.183	0.193	0.122
均值	0.232	0.136	0.100	0.178	0.111	0.264	0.297	0.155	0.260	0.122	0.205	0.199	0.209	0.133

续表

年份	经济区													
	3~5	3~6	3~7	3~8	4~5	4~6	4~7	4~8	5~6	5~7	5~8	6~7	6~8	7~8
2001	0.097	0.080	0.213	0.254	0.217	0.102	0.314	0.348	0.151	0.194	0.215	0.256	0.302	0.283
2002	0.096	0.079	0.211	0.252	0.215	0.101	0.312	0.345	0.149	0.193	0.214	0.253	0.300	0.281
2003	0.095	0.078	0.209	0.250	0.213	0.100	0.309	0.343	0.148	0.191	0.212	0.251	0.297	0.279
2004	0.094	0.077	0.208	0.249	0.211	0.099	0.307	0.341	0.147	0.190	0.211	0.249	0.295	0.277
2005	0.093	0.077	0.206	0.247	0.209	0.098	0.305	0.338	0.145	0.188	0.209	0.247	0.293	0.274
2006	0.092	0.076	0.204	0.244	0.207	0.097	0.302	0.336	0.143	0.186	0.207	0.245	0.290	0.271
2007	0.091	0.075	0.203	0.243	0.205	0.096	0.300	0.334	0.142	0.185	0.206	0.243	0.289	0.270
2008	0.090	0.074	0.201	0.241	0.203	0.095	0.297	0.331	0.140	0.184	0.205	0.241	0.286	0.267
2009	0.090	0.073	0.199	0.239	0.202	0.094	0.295	0.329	0.139	0.181	0.203	0.239	0.284	0.265
2010	0.089	0.073	0.198	0.238	0.199	0.093	0.292	0.327	0.138	0.180	0.201	0.237	0.282	0.262
2011	0.088	0.072	0.196	0.236	0.197	0.092	0.290	0.324	0.136	0.178	0.200	0.235	0.280	0.260
2012	0.087	0.071	0.194	0.234	0.196	0.091	0.288	0.322	0.135	0.177	0.198	0.233	0.277	0.258
2013	0.086	0.070	0.193	0.232	0.194	0.090	0.285	0.319	0.133	0.175	0.196	0.231	0.275	0.255
2014	0.085	0.069	0.191	0.230	0.192	0.089	0.283	0.317	0.132	0.174	0.195	0.229	0.273	0.253
2015	0.084	0.069	0.189	0.228	0.190	0.088	0.280	0.315	0.131	0.172	0.193	0.227	0.271	0.251
2016	0.083	0.068	0.188	0.227	0.188	0.087	0.278	0.313	0.129	0.171	0.192	0.225	0.269	0.249
2017	0.083	0.067	0.186	0.225	0.186	0.087	0.276	0.310	0.128	0.169	0.191	0.223	0.267	0.247
2018	0.082	0.066	0.184	0.223	0.185	0.086	0.273	0.308	0.127	0.167	0.189	0.221	0.265	0.244
2019	0.081	0.066	0.183	0.221	0.183	0.085	0.272	0.306	0.125	0.166	0.187	0.219	0.262	0.242
均值	0.089	0.073	0.198	0.238	0.200	0.093	0.293	0.327	0.138	0.180	0.201	0.237	0.282	0.263

注：此处的"1~8"分别代表东北部沿海、黄河中游、东北、南部沿海、长江中游、西南、西北八大综合经济区，"1~2"表示北部沿海经济区和黄河中游经济区间的区域差异，其他均依次类推。

绿色创新效率的提升提供了全方位支持，因而其绿色创新效率的区域间相对差异较小。相比较而言，内陆经济区尽管在能源、生态资源方面具有一定的相对优势，但其绿色创新发展的其他内外部条件却明显不足，导致其绿色创新成果转化较慢，最终也使其区域间的相对差异较大。

5.2.2.4 地区差异来源及其贡献

表 5-4 和图 5-5 描述了样本观察期内八大综合经济区绿色创新效率差异来源及其贡献的演变趋势。可以发现，区域间差异的贡献率远大于区域内差异和超变密度，其中区域间差异的贡献率一直保持在 83%~85%，而区域内差异与超变密度的贡献率则比较接近，浮动范围分别在 5.4%~5.7% 和 10.0%~10.6%，且三者的年均贡献率分别为 84.14%、5.58%、10.28%，说明我国省际绿色创新效率差异来源的贡献，区域间差异＞超变密度＞区域内差异，从而使得区域间差异成为省际绿色创新效率分布不均的主要原因。而从时间演变趋势看，区域间差异的贡献率总体上呈微弱下降之势，由 2001 年的 84.52% 下降至 2019 年的 83.80%，年均只下降 0.04 个百分点，降幅为 0.85%。与此不同的是，区域内差异和超变密度的贡献率则呈缓慢上升之势，年均增长率分别为 0.20% 和 0.28%，增幅依次为 3.66% 和 5.19%。总体而言，区域间差异是影响我国省际绿色创新效率分布不均的主要因素，但其贡献程度却在逐年减弱。因此，未来在解决我国八大综合经济区绿色创新发展不均衡问题时，应在重视区域内差异的基础上着力缩小其区域间差异。

表 5-4　八大综合经济区绿色创新效率差异来源及其贡献

年份	区域内差异		区域间差异		超变密度	
	来源	贡献率（%）	来源	贡献率（%）	来源	贡献率（%）
2001	0.015	5.47	0.232	84.52	0.027	10.01
2002	0.015	5.49	0.230	84.47	0.027	10.05
2003	0.015	5.50	0.227	84.41	0.027	10.09
2004	0.015	5.51	0.225	84.38	0.027	10.11
2005	0.015	5.52	0.223	84.37	0.027	10.11
2006	0.015	5.53	0.221	84.30	0.027	10.17
2007	0.014	5.55	0.219	84.26	0.027	10.20

年份	区域内差异		区域间差异		超变密度	
	来源	贡献率（%）	来源	贡献率（%）	来源	贡献率（%）
2008	0.014	5.57	0.217	84.18	0.026	10.26
2009	0.014	5.57	0.215	84.16	0.026	10.27
2010	0.014	5.58	0.213	84.15	0.026	10.27
2011	0.014	5.59	0.211	84.11	0.026	10.30
2012	0.014	5.60	0.209	84.04	0.026	10.36
2013	0.014	5.61	0.207	84.00	0.026	10.38
2014	0.014	5.63	0.205	83.97	0.025	10.40
2015	0.014	5.64	0.203	83.93	0.025	10.43
2016	0.014	5.64	0.201	83.92	0.025	10.44
2017	0.013	5.66	0.199	83.86	0.025	10.49
2018	0.013	5.67	0.197	83.83	0.025	10.51
2019	0.013	5.67	0.196	83.80	0.025	10.53
均值	0.014	5.58	0.213	84.14	0.026	10.28

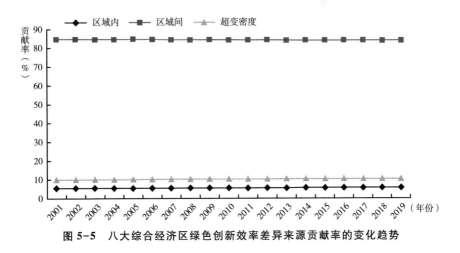

图 5-5 八大综合经济区绿色创新效率差异来源贡献率的变化趋势

5.2.3 八大综合经济区绿色创新效率的分布动态

5.2.3.1 全国层面

上一节考察了省际绿色创新效率差异来源及其贡献，尽管这有利于反映省际绿色创新效率的相对差异，但却无法展示其绝对差异的动态演进过程。因此，为了能够更为精准地获取我国省际绿色创新效率绝对差异的动态信息，本节将进一步运用核密度估计方法，同时以 2001 年、2004 年、2008 年、2012 年、2016 年和 2019 年作为考察节点，通过分析不同时点全国及八大综合经济区省际绿色创新效率的分布位置、分布形态及延展性等方面的特征，综合考察其分布动态之特征。

图 5-6 展示了样本考察期内我国 30 个省区市绿色创新效率分布的动态演进趋势。可以发现，全国层面的分布曲线中心及其变化区间以稳定的速度不断向右迁移，但迁移的幅度并不是很大，说明我国省际绿色创新效率正在逐渐从低水平向高水平演进，这与前文的时序特征分析结果基本一致。就波峰而言，其高度主要用于刻画各省绿色创新效率的集聚程度，从图 5-6 中可以看出，考察期内我国省际绿色创新效率整体呈现从左到右波峰由高到低的"双峰"变动趋势，但始终是一个主峰伴随一个侧峰，侧峰峰值较低，而且随时间推移多数省份的绿色创新效率从低水平集聚逐渐向"高-低"数值差异拉大的趋势转变。此外还可以发现，第一波峰的效率值在 0.5 附近集聚，第二波峰的效率值在 0.9 附近集聚，说明全国 30 个省区市的绿色创新效率存在梯度效应，两极分化现象比较明显。至于波峰的密度值，可以发现，研究期内第一波峰和第二波峰的差距在不断拉大，说明我国绿色创新（效率）的发展并非是均衡的。而从分布的延展性看，密度函数的双尾延长度在逐年增加，但其右侧拖尾延长更为明显，说明绿色创新高效率省份在不断增加，而低效率省份则在不断减少，由此使得绿色创新发展差距不断被拉大。总体上看，近年来虽然我国省际绿色创新效率随着经济社会的快速发展一直在稳步提升，但考虑到不同省域（或地区间）影响绿色创新投入和产出变化的经济发展水平、资源禀赋、人力资本、开放程度、政策扶持等因素存在较为明显的异质性，因此可以断定，短期内绿色创新低效率省份还难以实现对高效率省份的赶超，未来二者之间的差距还可能会进一步扩大。

5.2.3.2 八大综合经济区

图 5-7 描述了样本观察期内八大综合经济区绿色创新效率的动态演进趋势。首先，从分布区域来看，2001~2019 年，八大综合经济区分布曲线中心及其变化区间均向右侧小幅移动，表明八大综合经济区的绿色创新效率总体上

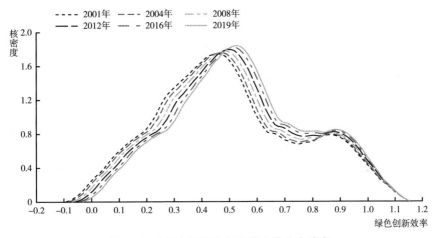

图 5-6 全国层面绿色创新效率的分布动态

在逐年上升，这与全国层面的变动趋势基本一致。其次，从分布形态来看，北部沿海、东北、东部沿海、长江中游和南部沿海经济区的分布曲线呈现主峰高度不断攀升但宽度却持续缩小之势，说明这些经济区绿色创新效率的总体离散程度及其内部的绝对差距在逐渐缩小。而黄河中游、西北和西南经济区分布曲线的主峰高度却在下降，同时宽度在变大，说明这三大经济区内部的绝对差距存在扩大之势。再次，从分布延展性来看，八大综合经济区的分布曲线均存在右拖尾现象。尽管经济区的部分省份绿色创新效率相对较高，但各经济区的分布延展性却存在差别。其中，长江中游和西南经济区总体上表现出收敛趋势，说明这两个经济区内部绿色创新效率较高的省份与其绿色创新效率平均水平之差距在不断缩小。北部沿海、黄河中游、东北和西北经济区的这一差距则在不断拉大，说明这些经济区内部绿色创新效率的差异在持续扩大，而北部沿海经济区的延展性趋势却不是很明显。最后，从极化特征来看，考察期内八大综合经济区的分布曲线均表现出双峰或多峰的特征，说明这些经济区内部存在两极或多极分化现象。其中，北部沿海经济区和南部沿海经济区为双峰型分布，且主峰与侧峰间的距离相对较大，说明这些经济区内部的绿色创新效率差距显著；东北和东部沿海经济区的主峰和侧峰间的落差相对较小，说明这两大经济区内部的绿色创新效率差距不显著。

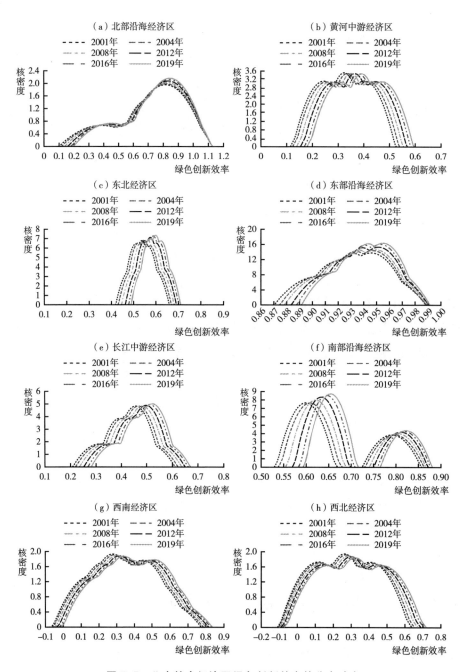

图 5-7　八大综合经济区绿色创新效率的分布动态

5.3　五大经济带绿色创新效率分析

党的十八大以来，随着我国经济逐渐步入新常态，经济增速开始放缓，高质量发展成为当前的主旋律。而要实现高质量发展，离不开区域间的协调发展，为此，国家先后提出了京津冀协同发展、长江经济带发展、长三角一体化发展、"一带一路"建设、黄河流域生态保护与高质量发展等促进区域经济高质量协同发展的一系列重大战略，明确指出"打造特色经济带、促进区域高质量协调发展是现阶段区域发展的重点内容"。然而，各地在地理位置、资源禀赋及发展模式等方面存在较大差异，从而使得各经济带的发展水平也不尽相同，导致其绿色创新发展水平存在一定差距。基于此，本节参考郭芸等（2020）的研究将各省区市划分为五大经济带，并对其绿色创新效率进行分析，其中五大经济带所辖范围如表 5-5 所示。另外还需说明的是，因西藏的相关数据无法获取，故在研究中将其删除。

表 5-5　五大经济带覆盖范围

五大经济带	包含的省级区域
京津冀协同发展经济带	北京、天津、河北
长江经济带	上海、江苏、浙江、安徽、湖北、湖南、江西、重庆、四川、贵州、云南
长三角一体化经济带	上海、江苏、浙江、安徽
"一带一路"建设经济带	新疆、陕西、甘肃、宁夏、青海、内蒙古、黑龙江、吉林、辽宁、广西、云南、西藏、上海、福建、广东、浙江、海南、重庆
黄河流域经济带	山东、河南、陕西、山西、内蒙古、宁夏、甘肃、青海、四川

5.3.1　五大经济带绿色创新效率的演进轨迹

图 5-8 报告了五大经济带绿色创新效率的时间变化趋势，可以发现，五大经济带的绿色创新效率在考察期内均有明显提升。具体说来，2001~2019年，京津冀协同发展经济带绿色创新效率的均值从 0.689 上升到 0.729，增幅

为 5.81%；长江经济带绿色创新效率的均值从 0.526 上升到 0.576，增幅为 9.51%；长三角一体化经济带绿色创新效率的均值从 0.807 上升到 0.832，增幅为 3.10%；"一带一路"建设经济带绿色创新效率的均值从 0.485 上升到 0.539，增幅为 11.13%；黄河流域经济带绿色创新效率的均值从 0.350 上升到 0.411，增幅为 17.43%。进一步从绿色创新效率均值的排名来看，排名由高到低依次为长三角一体化经济带（0.820）、京津冀协同发展经济带（0.709）、长江经济带（0.551）、"一带一路"建设经济带（0.512）、黄河流域经济带（0.380）。可以发现，研究期内长三角一体化和京津冀协同发展经济带的绿色创新发展水平最高，处于绝对领先地位，一直居前两位，长江经济带和"一带一路"建设经济带居中，而黄河流域经济带则相对较低，位列最后。此外，从年均增速来看，绿色创新效率的年均增速呈现黄河流域经济带（0.90%）＞"一带一路"建设经济带（0.59%）＞长江经济带（0.51%）＞京津冀协同发展经济带（0.31%）＞长三角一体化经济带（0.17%）的分布态势，与绿色创新效率均值的排序恰好相反。其中，黄河流域经济带绿色创新效率的增速明显在加快，这与近年来黄河流域生态保护与高质量发展上升为国家重大战略不无关系，如此一来，在国家相关政策的大力支持下，流域内各地政府致力于本地生态环境保护与经济高质量发展的协同推进，由此显著促进了其绿色创新效率提升，表现出明显的追赶效应；"一带一路"建设经济带和长江经济带增速平稳，说明"一带一路"倡议的践行和长江经济带绿色高质量发展规划的出台对其绿色创新发展作用明显；而京津冀协同发展经济带近年来由于致力于疏解北京非首都功能以及着力解决京津冀三地的协同发展问题，所以其绿色创新效率的增速有所放缓。由此可见，国家出台的有关区域发展的政策及战略对于缩小绿色创新发展差距，进而在防止我国区域"绿色创新效率"出现极化现象方面发挥了较为明显的作用。

类似于八大综合经济区的分析，本节也将关注五大经济带绿色创新转化效率与其产出效益的时序变化情况。由表 5-6 可知，样本观测期内，京津冀协同发展经济带、长三角一体化经济带、长江经济带绿色创新的转化效率及其产出效益均值都要高于全国水平，始终保持着一种"高产出-高效

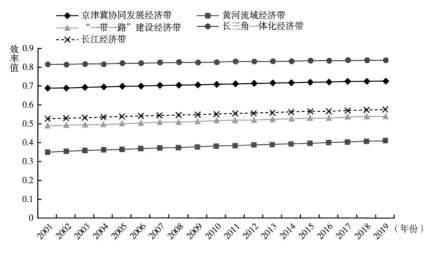

图 5-8　五大经济带绿色创新效率的时序变化

率"的状态;"一带一路"建设经济带绿色创新的转化效率和产出效益均值
均低于全国,从而处于"低产出-低效率"状态,这或许与"一带一路"沿
线省份多为西部落后省份有关,这些省份的发展模式为粗放型,产业结构偏
重,且要素资源禀赋存在明显短板,从而拉低了"一带一路"建设经济带的
整体水平,使其绿色创新产出效益低于全国平均水平;而黄河流域经济带绿
色创新的转化效率及其产出效益均值也都低于全国平均水平,持续处于一种
"低产出-低效率"状态,说明黄河流域经济带绿色创新发展水平整体偏低,
其经济发展与生态环境保护的矛盾依然比较突出,因此最近将"黄河流域生
态保护和高质量发展"确定为国家重大战略可谓恰逢其时。

表 5-6　五大经济带绿色创新效率评价结果

经济带	全样本期间 (2001~2019 年)		"十五"时期 (2001~2005 年)		"十一五"时期 (2006~2010 年)		"十二五"时期 (2011~2015 年)		"十三五"时期 (2016~2019 年)	
	产出	效率	产出	效率	产出	效率	产出	效率	产出	效率
京津冀协同发展经济带	0.281	0.708	0.329	0.693	0.279	0.705	0.258	0.716	0.248	0.725
黄河流域经济带	0.143	0.379	0.127	0.357	0.146	0.373	0.153	0.390	0.147	0.406

经济带	全样本期间 (2001~2019年)		"十五"时期 (2001~2005年)		"十一五"时期 (2006~2010年)		"十二五"时期 (2011~2015年)		"十三五"时期 (2016~2019年)	
	产出	效率	产出	效率	产出	效率	产出	效率	产出	效率
"一带一路"建设经济带	0.208	0.511	0.202	0.491	0.213	0.506	0.212	0.521	0.205	0.534
长三角一体化经济带	0.495	0.819	0.442	0.810	0.495	0.817	0.544	0.824	0.501	0.830
长江经济带	0.257	0.551	0.230	0.532	0.250	0.546	0.279	0.560	0.272	0.572
全国	0.222	0.524	0.214	0.515	0.223	0.530	0.230	0.545	0.222	0.558

进一步分时段来看，五大经济带各时期绿色创新产出效益的增长率排序为"十三五"时期（-7.763%）＜"十五"时期（-2.010%）＜"十一五"时期（4.962%）＜"十二五"时期（14.166%），而绿色创新转化效率的增长率排序为"十三五"时期（1.447%）＜"十二五"时期（1.989%）＜"十一五"时期（2.050%）＜"十五"时期（2.109%）。很明显，五大经济带"十三五"时期绿色创新产出效益及其转化效率的增长率均为最小，这可能是因为，此间我国经济正处在转变发展方式、转换增长动能、优化经济结构，由高速增长向高质量发展迈进的关键时期，从而导致其绿色创新发展速度开始放慢。

进一步从不同经济带来看，黄河流域经济带绿色创新产出效益的增长率在"十五"时期（6.704%）和"十二五"时期（17.818%）为最高，长三角一体化经济带的这一增长率在"十一五"时期（5.085%）为最高，长江经济带则在"十三五"时期（-11.422%）为最高；而京津冀协同发展经济带在"十五"时期（-10.922%）和"十一五"时期（-20.295%）为最低，长三角一体化经济带在"十二五"时期（8.769%）为最低，黄河流域经济带在"十三五"时期（-23.835%）为最低。至于绿色创新效率，黄河流域经济带在"十五"时期（1.911%）、"十一五"时期（3.679%）、"十二五"时期（3.536%）及"十三五"时期（2.546%）的这一增长率均为最高，且在"十一五"时期达到其峰值；而长三角一体化经济带在"十五"

时期（0.361%）、"十一五"时期（0.697%）、"十二五"时期（0.674%）及"十三五"时期（0.490%）的增长率却都为最低，且在"十五"时期达到谷底。

5.3.2　五大经济带绿色创新效率的区域差异及其来源

为了进一步明确五大经济带绿色创新效率的总体差异及其来源，本节同样采用 Dagum 基尼系数对其进行测度，具体结果见表5-7。由表5-7可知，考察期内，经济带绿色创新效率的整体基尼系数由 2001 年的 0.298 下降为 2019 年的 0.255，降幅约为 14.4%，且表现出较为明显的逐年降低之趋势。而总体基尼系数的均值为 0.276，说明经济带绿色创新效率整体差异相对较小，从而其均衡发展水平在不断提升。在此基础上，还需要对区域内差异、区域间差异和差异来源及其贡献率进行分析。

5.3.2.1　区域内差异

从五大经济带绿色创新效率的区域内差异及其演变趋势看（见表5-7），尽管不同经济带的省际绿色创新效率差异不尽相同，但在时间维度上却都基本表现出逐年下降之态势。原因可能在于，目前国家分别就五大经济带出台了不同的战略，从而有力推动了各经济带内低效率省份向高效率省份的追赶。进一步从横向对比上看，考察期内，五大经济带绿色创新效率区域内基尼系数的均值从高到低排序分别为长江经济带（0.266）、黄河流域经济带（0.265）、"一带一路"建设经济带（0.264）、京津冀协同发展经济带（0.136）、长三角一体化经济带（0.115）。可以发现，长江经济带11 省市、黄河流域经济带9省区以及"一带一路"建设经济带17 省区市的区域内绿色创新发展差距都比较大，原因可能在于上海、山东、江苏、广东等省市在各自经济带内产生了较为明显的极化作用。而京津冀协同发展经济带3省市和长三角一体化经济带4省市的差距却相对较小。此外，五大经济带区域内基尼系数的均值都要小于总体基尼系数均值。基于此，可以认为就经济带层面而言，长江经济带、黄河流域经济带的内部差异是造成整体绿色创新区域内差异的重要原因。

表 5-7　五大经济带绿色创新效率基尼系数及其分解结果

年份	整体基尼系数	各经济带基尼系数				
		京津冀协同发展经济带	黄河流域经济带	"一带一路"建设经济带	长三角一体化经济带	长江经济带
2001	0.298	0.147	0.288	0.285	0.124	0.287
2002	0.296	0.146	0.285	0.283	0.123	0.285
2003	0.293	0.145	0.282	0.280	0.122	0.283
2004	0.291	0.143	0.280	0.278	0.121	0.280
2005	0.288	0.142	0.277	0.276	0.120	0.278
2006	0.286	0.141	0.275	0.273	0.119	0.275
2007	0.283	0.140	0.273	0.271	0.118	0.273
2008	0.281	0.139	0.270	0.269	0.117	0.270
2009	0.278	0.137	0.268	0.266	0.116	0.268
2010	0.276	0.136	0.265	0.264	0.115	0.266
2011	0.273	0.135	0.263	0.262	0.114	0.263
2012	0.271	0.134	0.260	0.260	0.113	0.261
2013	0.269	0.133	0.258	0.257	0.112	0.258
2014	0.266	0.132	0.256	0.255	0.111	0.256
2015	0.264	0.131	0.253	0.253	0.110	0.254
2016	0.262	0.129	0.251	0.251	0.109	0.251
2017	0.260	0.128	0.249	0.249	0.108	0.249
2018	0.257	0.127	0.247	0.246	0.107	0.247
2019	0.255	0.126	0.244	0.244	0.106	0.245
均值	0.276	0.136	0.265	0.264	0.115	0.266

5.3.2.2　区域间差异

由表 5-8 可知，五大经济带绿色创新效率的区域间差异在样本观测期内的变化趋势大致相同，均呈下降之势，其年均降速，京津冀协同发展经济带-黄河流域经济带为 0.88%、京津冀协同发展经济带-"一带一路"建设经济带为 0.86%、京津冀协同发展经济带-长三角一体化经济带为 0.88%、京津冀协同发展经济带-长江经济带为 0.86%、黄河流域经济带-"一带一路"建设经济带为 0.87%、黄河流域经济带-长三角一体化经济带为 0.87%、黄河流域经济带-长江经济带为 0.90%、"一带一路"建设经济带-长三角一体化经济带为 0.85%、"一带一路"建设经济带-长江经济带为 0.89%、长三角一体化经济带-长江经济带为 0.86%，其中黄河流域经济带-长江经济带间差异的年均下降速度最快。而区域间差异的均值排名则依次为黄河流域经济带-长三角一体化经济带（0.300）、黄河流域经济带-长江经济带（0.288）、京津冀协同发展经济带-黄河流域经济带（0.284）、黄河流域经济带-"一带一路"建设经济带（0.280）、"一带一路"建设经济带-长江经济带（0.268）、"一带一路"建设经济带-长三角一体化经济带（0.262）、京津冀协同发展经济带-"一带一路"建设经济带（0.258）、京津冀协同发展经济带-长江经济带（0.251）、长三角一体化经济带-长江经济带（0.246）、京津冀协同发展经济带-长三角一体化经济带（0.139），其中黄河流域经济带-长三角一体化经济带间的差距最大，京津冀协同发展经济带-长三角一体化经济带间的差距最小。原因可能在于京津冀协同发展和长三角一体化两大经济带的要素资源丰裕、地理区位优越、经济实力雄厚，加之国家扶持力度也比较大，使其绿色创新成果转化相对较快，从而其绿色创新效率能够一直领先，因而其区域差距最小。但对于黄河流域而言，该经济带所辖省区多位于西部和北方地区，受水资源环境、经济发展水平以及制度观念等方面的限制，绿色创新效率的提升并不是很明显，短期内还难以缩小与长三角一体化经济带、长江经济带、京津冀协同发展经济带等发达经济带间的差距。

表 5-8　五大经济带绿色创新效率区域间差异的基尼系数

年份	经济带									
	①<->②	①<->③	①<->④	①<->⑤	②<->③	②<->④	②<->⑤	③<->④	③<->⑤	④<->⑤
2001	0.307	0.278	0.150	0.271	0.302	0.324	0.312	0.282	0.290	0.265
2002	0.305	0.276	0.149	0.269	0.300	0.322	0.309	0.280	0.287	0.263
2003	0.302	0.273	0.148	0.267	0.297	0.319	0.306	0.277	0.285	0.261
2004	0.299	0.271	0.146	0.264	0.295	0.316	0.304	0.275	0.282	0.259
2005	0.296	0.270	0.145	0.262	0.292	0.313	0.301	0.273	0.280	0.256
2006	0.294	0.267	0.144	0.260	0.289	0.311	0.298	0.270	0.277	0.254

年份	经济带									
	①<->②	①<->③	①<->④	①<->⑤	②<->③	②<->④	②<->⑤	③<->④	③<->⑤	④<->⑤
2007	0.292	0.265	0.143	0.257	0.287	0.308	0.296	0.268	0.275	0.252
2008	0.289	0.262	0.141	0.255	0.284	0.305	0.293	0.266	0.273	0.250
2009	0.286	0.260	0.140	0.253	0.282	0.303	0.290	0.264	0.270	0.248
2010	0.284	0.258	0.139	0.251	0.280	0.300	0.288	0.262	0.268	0.246
2011	0.281	0.255	0.137	0.248	0.277	0.298	0.285	0.259	0.265	0.243
2012	0.279	0.253	0.137	0.246	0.275	0.295	0.282	0.257	0.263	0.242
2013	0.276	0.251	0.135	0.244	0.272	0.292	0.280	0.255	0.261	0.239
2014	0.274	0.249	0.134	0.242	0.270	0.290	0.277	0.253	0.259	0.237
2015	0.271	0.247	0.133	0.240	0.267	0.287	0.274	0.250	0.256	0.235
2016	0.269	0.245	0.132	0.238	0.265	0.285	0.272	0.248	0.254	0.233
2017	0.266	0.243	0.131	0.236	0.263	0.282	0.270	0.246	0.252	0.231
2018	0.264	0.240	0.129	0.233	0.260	0.280	0.267	0.244	0.249	0.229
2019	0.262	0.238	0.128	0.232	0.258	0.277	0.265	0.242	0.247	0.227
均值	0.284	0.258	0.139	0.251	0.280	0.300	0.288	0.262	0.268	0.246

注：此处的"①~⑤"分别代表京津冀协同发展经济带、黄河流域经济带、"一带一路"建设经济带、长三角一体化经济带、长江经济带，"①<->②"表示京津冀协同发展经济带与黄河流域经济带之间的差异，其他依次类推。

5.3.2.3　地区差异来源及其贡献

表5-9和图5-9报告了五大经济带绿色创新效率的地区差异来源及其贡献的演变趋势。可以发现，五大经济带绿色创新效率的区域间差异总体呈现缓慢下行之势，其贡献率由2001年的41.65%降为41.11%，年均降幅为0.072%；而区域内差异和超变密度则表现出缓慢上升之势，其年均增长率分别为0.054%、0.049%。就差异来源的对比而言，区域间差异来源始终保持最大，介于0.105~0.124，其次是超变密度差异来源，介于0.090~0.104，区域内差异来源最小，介于0.060~0.070。进一步从差异贡献率来看，2001~2019年区域间差异贡献率的均值（41.375%）明显大于区域内差异（23.510%）和超变密度（35.116%）。由此可知，区域间差异贡献是影响区域总体差异的主要因素，而区域内差异贡献度的持续增加同样也需要

引起重视。而从分解结果看，五大经济带之间绿色创新发展的分异仍是总体差异的主要来源。因此，解决区域间绿色创新效率的非均衡性，关键在于缩小区域间绿色创新发展的差异。

表 5-9　五大经济带绿色创新效率差异来源及其贡献

年份	区域内差异		区域间差异		超变密度	
	来源	贡献率（%）	来源	贡献率（%）	来源	贡献率（%）
2001	0.070	23.39	0.124	41.65	0.104	34.96
2002	0.069	23.40	0.123	41.63	0.103	34.97
2003	0.069	23.42	0.122	41.57	0.103	35.01
2004	0.068	23.44	0.121	41.53	0.102	35.03
2005	0.068	23.44	0.120	41.55	0.101	35.01
2006	0.067	23.46	0.118	41.50	0.100	35.05
2007	0.066	23.47	0.117	41.47	0.099	35.06
2008	0.066	23.49	0.116	41.41	0.099	35.11
2009	0.065	23.50	0.115	41.39	0.098	35.11
2010	0.065	23.51	0.114	41.39	0.097	35.10
2011	0.064	23.52	0.113	41.37	0.096	35.10
2012	0.064	23.54	0.112	41.30	0.095	35.16
2013	0.063	23.55	0.111	41.28	0.095	35.18
2014	0.063	23.56	0.110	41.26	0.094	35.18
2015	0.062	23.58	0.109	41.22	0.093	35.20
2016	0.062	23.59	0.108	41.20	0.092	35.21
2017	0.061	23.60	0.107	41.16	0.091	35.24
2018	0.061	23.61	0.106	41.13	0.091	35.26
2019	0.060	23.62	0.105	41.11	0.090	35.27
均值	0.065	23.510	0.114	41.375	0.097	35.116

5.3.3　五大经济带绿色创新效率的分布动态

为了进一步明确五大经济带绿色创新效率随时间演变的集聚差异，本节将选择 2001 年、2004 年、2008 年、2012 年、2016 年和 2019 年 6 个代表性年份对五大经济带内部绿色创新效率的分布形态、分布位置、分布延展

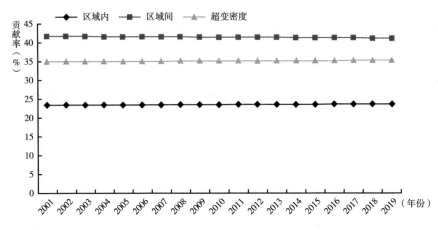

图 5-9　五大经济带绿色创新效率差异来源贡献率的变化趋势

性及其极化情况进行核密度分析，由此可得其绿色创新效率在不同时点的分布状况。图 5-10 给出了样本观察期内五大经济带绿色创新效率的动态演进趋势。

（1）分布区域方面

五大经济带分布曲线中心及其变化区间均向右侧小幅移动，说明五大经济带绿色创新效率总体上呈现逐年上升之势，这与上述五大经济带绿色创新效率测算值的时间演进趋势基本一致；就分布曲线右移幅度而言，黄河流域经济带与"一带一路"建设经济带的右移幅度最大，其次为京津冀协同发展经济带和长江经济带，而长三角一体化经济带的右移幅度最小，说明黄河流域经济带与"一带一路"建设经济带绿色创新效率提升的速度最快，而长三角一体化经济带绿色创新效率提升的速度则比较缓慢。

（2）分布形态方面

京津冀协同发展经济带、长三角一体化经济带、"一带一路"建设经济带和长江经济带的分布曲线均呈主峰高度不断攀升但宽度却在逐步缩小之势，说明这些经济带绿色创新效率的内部绝对差异正在逐渐缩小。需要指出的是，考察期内黄河流域经济带分布曲线的主峰高度在不断下降，但其宽度却在逐渐变大，说明该经济带内部的绝对差距呈扩大之势。此外，

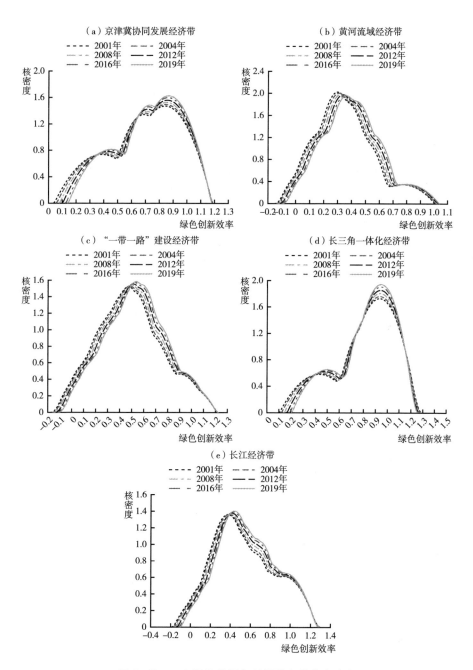

图 5-10 五大经济带绿色创新效率的分布动态

黄河流域、"一带一路"建设和长江经济带分布曲线形状均表现出一定的右偏态势，且其主峰右侧的面积相对更大，说明在这些经济带内部，省际绿色创新效率值高于其均值的省份较多。而京津冀协同发展和长三角一体化经济带的分布曲线形状却呈左偏态势，说明其内部绿色创新效率的差异比较大。

（3）分布延展性方面

五大经济带的分布曲线均存在明显的右侧拖尾现象。尽管一些经济带的绿色创新效率明显较高，但其分布曲线的延展性却有所差别。具体而言，"一带一路"建设经济带和长江经济带呈收敛趋势，表明这两大经济带内部绿色创新效率较高省份和绿色创新效率平均水平的差距相对较小；长三角一体化经济带和黄河流域经济带绿色创新效率较高省份和绿色创新效率平均水平的差距则表现出变大之趋势，说明其内部的高值省份与平均水平之间的差距在持续拉大；而京津冀协同发展经济带的延展性趋势却不是很明显。

（4）极化特征方面

考察期内，京津冀协同发展、黄河流域及长三角一体化经济带的分布曲线一直显现出较为明显的多峰或双峰现象，且其主峰峰值均高于侧峰峰值，说明这些经济带内部存在较为明显的两极或多极分化现象，且分化程度在不断加深。京津冀协同发展、黄河流域和长三角经济带分布曲线主峰与其侧峰间的距离相对较大，说明这些经济带内部的绿色创新效率差距比较明显；而"一带一路"建设经济带和长江经济带分布曲线在考察期内一直以"单峰"为主，分别在 0.5 与 0.4 处集聚，说明这两大经济带存在一定的单极化特征，从而其内部不存在"一省独大"的现象。

5.4　南北地区绿色创新效率分析

由于前文已经对南北地区绿色创新效率的时间演变趋势进行过探讨，且已发现我国省际绿色创新效率确实存在较为明显的"南北差异"现象，因而本节将不再对南北地区绿色创新效率的时间演变轨迹进行考察，而是重点关注这种南北差异的具体来源，并将其与东西差异进行对比，以期明确我国绿色创新发展之差异究竟是源于东西还是南北，并在此基础上，进一步对南北地区绿色创新效率的分布动态进行剖析。

5.4.1　南北地区绿色创新效率的差异来源及其贡献

表 5-10 给出了南北地区绿色创新效率的差异来源及其贡献。可以发现，区域内差异最大，超变密度差异次之，区域间差异则最小。就差异的贡献率而言，考察期内区域内差异贡献率的均值（48.79%）明显大于超变密度（34.83%）和区域间差异（16.39%）。由此可知，与八大综合经济区和五大经济带不同，南北地区的区域内差异贡献反而是影响其总体区域差异的主要因素。因此，未来缩小南北地区绿色创新效率的差距，应将重点放在区域内绿色创新发展差异的减小上。此外，考虑到区域间差异并未在南北地区差异中发挥明显作用，今后还应理性看待我国绿色创新发展的南北差距现象。

表 5-10　南北地区绿色创新效率差异来源及其贡献

年份	区域内差异		区域间差异		超变密度	
	来源	贡献率（%）	来源	贡献率（%）	来源	贡献率（%）
2001	0.134	48.78	0.045	16.47	0.095	34.75
2002	0.133	48.78	0.045	16.49	0.095	34.74
2003	0.131	48.78	0.044	16.43	0.094	34.79
2004	0.130	48.79	0.044	16.43	0.093	34.79
2005	0.129	48.78	0.044	16.45	0.092	34.77
2006	0.128	48.78	0.043	16.42	0.091	34.80
2007	0.127	48.78	0.043	16.42	0.091	34.79
2008	0.126	48.79	0.042	16.38	0.090	34.84
2009	0.125	48.79	0.042	16.37	0.089	34.84
2010	0.124	48.78	0.042	16.41	0.088	34.81

年份	区域内差异		区域间差异		超变密度	
	来源	贡献率(%)	来源	贡献率(%)	来源	贡献率(%)
2011	0.122	48.78	0.041	16.41	0.087	34.81
2012	0.121	48.79	0.041	16.37	0.087	34.85
2013	0.120	48.79	0.040	16.33	0.086	34.88
2014	0.119	48.79	0.040	16.37	0.085	34.84
2015	0.118	48.79	0.040	16.36	0.084	34.86
2016	0.117	48.80	0.039	16.31	0.084	34.89
2017	0.116	48.79	0.039	16.35	0.083	34.86
2018	0.115	48.79	0.038	16.33	0.082	34.88
2019	0.114	48.80	0.038	16.28	0.082	34.92
均值	0.124	48.79	0.042	16.39	0.088	34.83

另外，为了进一步厘清我国绿色创新发展差异究竟是源自南北还是东西，可绘制南北地区以及东、中、西、东北四大板块的绿色创新效率区域差异来源的变化趋势图（见图5-11）。从图5-11中可以看出，尽管近年来我国绿色创新效率的南北差异在不断增加，但东西差异却一直高于南北差异，且考察期内四大板块的区域间差异对其总差异的贡献远高于南北间差异，这说明当前绿色创新效率的东西差异仍是造成我国绿色创新发展存在地区差异的主要原因。基于此，结合上述研究，我们认为对于绿色创新发展的差异问题，未来既要关注四大板块、八大综合经济区和五大经济带内区域间的协同发展，也要重视南北区域内部各省区市间的差距。

5.4.2 南北地区绿色创新效率的分布动态

为了进一步考察南北地区绿色创新效率的绝对差异，可绘制如图5-12所示的南北地区绿色创新效率的核密度估计图。从图5-12中可以发现，在分布区域上，2001～2019年南北地区绿色创新效率核密度分布曲线中心及其变化区间均向右侧移动，说明南北地区绿色创新效率总体上在逐

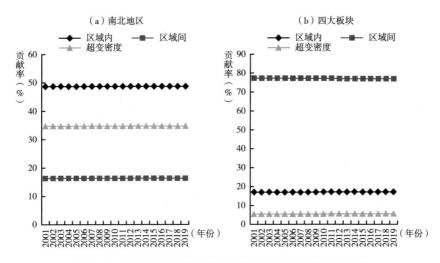

图 5-11　我国省际绿色创新效率区域差异来源的变化趋势

年提升，这与前面有关南北地区绿色创新效率测算值的时间演进趋势基本一致；在分布形态上，南方和北方地区的分布曲线呈现主峰高度不断攀升但宽度却在稳步缩小之势，说明南北地区内部的绿色创新效率绝对差异在逐渐缩小；在分布延展性上，南方和北方地区的分布曲线均存在明显的右侧拖尾现象，说明其高效率省份在不断增加，而低效率省份却在不断减少；在极化特征上，考察期内南方和北方地区的分布曲线一直以"单峰"为主，且在 0.5 和 0.4 处集聚，说明南北方的绿色创新效率虽具有一定的单极化特征，但其内部却不存在"一省独大"的现象。

5.5　省际绿色创新效率的 Markov 链分析

核密度估计虽然能够较为清晰地展示我国省际绿色创新效率的整体分布形态，但却不能对其内部的动态演变规律进行精准预测。为了弥补这一缺陷，下面将通过估计 Markov 转移概率矩阵，来进一步考察我国省际绿色创新效率的内部动态性及其稳态分布。

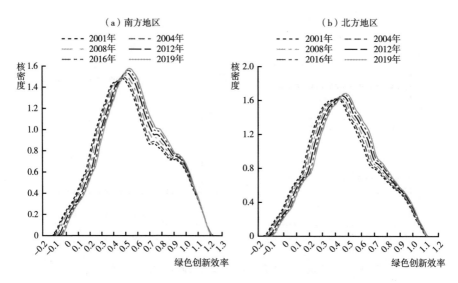

图 5-12　南北地区绿色创新效率的分布动态

5.5.1　传统 Markov 链分析

借助传统 Markov 链分析，可求得马尔科夫转移概率矩阵，据此可将 2001~2019 年我国 30 个省区市的绿色创新效率均值按大小划分为不同类型的状态空间，同时鉴于不同类型省份的观测量大体相当，故按照四分位数的分类方法（Tone，2002），以 0.25、0.50、0.75 为界限，将绿色创新效率值划分为 4 种等级类型，即低水平（0.108，0.387]、较低水平（0.387，0.482]、较高水平（0.482，0.644]、高水平（0.644，0.963]，从而可得我国省际绿色创新效率状态转移的传统 Markov 转移概率矩阵（见表 5-11）。表 5-11 描述了 2001~2019 年我国省际绿色创新效率的内部动态信息，其中对角线上的数值表示绿色创新效率的状态类型在第 $t+1$ 年未发生转移的概率，说明该区域的绿色创新效率稳定，而非对角线上的数值则表示绿色创新效率在不同状态类型之间发生转移的概率。根据表 5-11，假设某省的绿色创新效率在 t 年处于较低水平，则年末的绿色创新效率为低水平的概率至少为 98.5%。对于高水平和低水平这两个区间而言，低水平为 98.5%，高水平则为 100%，表明二者在绿色创新效率区域分布中的相对位置比较稳定，一般不会随时间而发生变动。对表 5-11 中第二行数据进行分析可知，有 98.5% 的省份的绿色创新效率等级类型在当年年末未发生变动，而只有 1.5% 的省份的绿色创新效率跃迁到一个更高的等级；表 5-11 中的第三行数据表明有 97.1% 的省份在当年年末仍处于较低水平，而仅有 2.9% 的省份的状态提升了一个等级；表 5-11 中的第四行数据表明有 97.8% 的省份在当年年末仍处于较高水平，而有 2.2% 的省份的绿色创新效率提升至更高水平；表 5-11 中第五行数据则表明有 100% 的省份处于绿色创新效率高水平区间未变。由此可知，在不考虑地理空间因素的情形之下，2001~2019 年我国省际绿色创新效率的分布动态演进表现出如下特征。

表 5-11　2001~2019 年我国省际绿色创新效率的传统 Markov 转移概率矩阵

$t/t+1$	省份个数（n）	低水平	较低水平	较高水平	高水平
低水平	134	0.985	0.015	0.000	0.000
较低水平	135	0.000	0.971	0.029	0.000
较高水平	135	0.000	0.000	0.978	0.022
高水平	136	0.000	0.000	0.000	1.000

第一，所有主对角线上的概率值均远高于其他非对角线上的概率值，说明在不考虑地理因素的作用时，我国绿色创新发展趋势较为稳定，且其流动性弱、延续性强，不同状态类型省份间发生跃迁的可能性非常小。这也意味着各省份在绿色创新（效率）发展类型中的位置较为稳定，即绿色创新效率高水平的省份仍处于高水平区间，绿色创新效率低水平的省份依然处于低水平区间，出现跨越性变动的可能性较小，大部分变动只是发生在相邻的状态类型中（如绿色创新效率较高水平省份向高水平省份转移的概率只有 2.2%）。

第二，对角线两端的类型维持稳定状态的概率最大（低水平和高水平），说明目前我国绿色创新效率仍存在以"低水平"和"高水平"集聚为主的俱乐部收敛。

5.5.2 空间 Markov 链分析

随着我国区域协调发展战略和市场一体化的持续推进，提高"绿色"与"创新"相关要素的空间流动性日益提高，从而使得区域之间绿色创新的空间联系越来越紧密，由此也使得地理邻近省份间绿色创新效率的区域互动作用也越发显著。因此，为了能够更为深入地了解省际绿色创新效率的空间演变特征，在上述传统 Markov 链分析的基础上，本节将地理邻接空间权重矩阵嵌入时间维度之中，并以各省初始年份的空间滞后类型为条件，进一步构建空间 Markov 转移概率矩阵。这样一来，通过对比两个矩阵中相应的概率值，即可考察有地理空间因素和无地理空间因素的情形下，某省绿色创新效率类型的转移概率与其相邻省份之间的关系。表 5-12 给出了我国省际绿色创新效率的空间 Markov 转移概率矩阵，从中我们可以发现以下几点内容。

表 5-12　2001~2019 年我国省际绿色创新效率的空间 Markov 转移概率矩阵

空间滞后	$t/t+1$	省份个数(n)	低水平	较低水平	较高水平	高水平
低水平邻居	低水平	69	1.000	0.000	0.000	0.000
	较低水平	51	0.000	0.962	0.038	0.000
	较高水平	18	0.000	0.000	1.000	0.000
	高水平	0	0.000	0.000	0.000	0.000
较低水平邻居	低水平	47	0.979	0.021	0.000	0.000
	较低水平	45	0.000	1.000	0.000	0.000
	较高水平	37	0.000	0.000	1.000	0.000
	高水平	5	0.000	0.000	0.000	1.000
较高水平邻居	低水平	8	0.889	0.111	0.000	0.000
	较低水平	27	0.000	0.963	0.037	0.000
	较高水平	46	0.000	0.000	0.978	0.022
	高水平	53	0.000	0.000	0.000	1.000
高水平邻居	低水平	10	1.000	0.000	0.000	0.000
	较低水平	12	0.000	0.923	0.077	0.000
	较高水平	34	0.000	0.000	0.943	0.057
	高水平	78	0.000	0.000	0.000	1.000

首先，对比表5-11和表5-12可知，地理空间因素在我国省际绿色创新效率的动态演变过程中作用显著，此时各省绿色创新效率的转移概率值明显与传统的Markov转移概率矩阵的概率值不同，说明空间滞后影响确实存在，因而基于空间因素考察绿色创新效率的演变规律很有必要。

其次，在考虑地理空间因素的情形下，与不同类型的省份相邻，某省的绿色创新效率类型转移概率也会各不相同（如 $P_{23/2} = 0.000 < P_{23} = 0.029 < P_{23/3} < 0.037$[①]）。一般说来，一省若与绿色创新效率较高省份相邻，则其向高水平省份跃升的概率就会增大；反之，则后退的概率将增大。因此，绿色创新效率较高省份对其周围省份具有正向溢出效应，而绿色创新效率较低省份对其周围省份会产生不利影响。

最后，从表5-12中还可以发现，对角线上的转移概率值要高于其他非对角线上的概率值，说明即便在考虑邻近区域绿色创新效率影响的前提下，各省的绿色创新效率仍旧能够维持当前状态。另外，空间Markov转移概率矩阵也为俱乐部收敛提供了空间层面上的解释，即若某省与绿色创新效率低水平省份相邻，那么其向上跃迁的可能性将受到抑制（如上述矩阵中的 $P_{12/1} = 0.000 > P_{12} = 0.015$），而若与绿色创新效率高水平省份为邻，则其会受到其邻近省份的辐射带动，从而向上跃迁的可能性将提高（如 $P_{34/4} = 0.057 > P_{34} = 0.022$），如此一来，最终将形成"高高集聚和低低集聚"的空间俱乐部现象，即形成"双峰"型分布。

5.5.3 结果比较

通过对比传统Markov转移概率矩阵与空间Markov转移概率矩阵之结果，可以发现，地理空间格局对我国省际绿色创新效率的动态分布演变具

[①] 1表示低水平，2表示较低水平，3表示较高水平，4表示高水平。此处 $P_{23/2}$ 表示某省与绿色创新效率较低水平省份相邻，其绿色创新效率从 t 年较低水平转移到 $t+1$ 年较高水平的转移概率；P_{23} 表示某省绿色创新效率从 t 年较低水平转移到 $t+1$ 年较高水平的转移概率；$P_{23/3}$ 表示某省与绿色创新效率较高水平省份相邻，其绿色创新效率从 t 年较低水平转移到 $t+1$ 年较高水平的转移概率；其余对照表5-11和表5-12中的位置依次类推，此处不再赘述。

有重要影响，绿色创新效率较高省份使周边相邻省份向上跃迁的可能性增大，具有明显的正向溢出效应，而绿色创新效率较低省份使周边相邻省份向上跃迁的可能性减小，从而使其继续维持绿色创新效率的低水平状态，产生负向溢出。这样一来，在循环累积因果效应的作用下，最终将在空间上形成以"高辐射低、低抑制高、高高集聚、低低集聚"为主要特征的俱乐部收敛现象，由此空间 Markov 链为俱乐部收敛现象在空间层面的存在提供了较好的解释（陶晓红、齐亚伟，2013）。

5.6　本章小结

本章使用 SFA 法测算的中国 30 个省区市 2001～2019 年的绿色创新效率值，基于区域视角，综合运用 Dagum 基尼系数法和核密度估计法对我国八大综合经济区、五大经济带和南北地区绿色创新效率的时序演变特征、区域差异来源及其分布动态进行了探讨。在此基础上，进一步运用马尔科夫链（Markov）分析法探寻了我国省际绿色创新效率的内部动态演变规律和其稳态分布。

第一，从时间过程看，2001～2019 年八大综合经济区和五大经济带的绿色创新效率均表现出持续改善的向好趋势，其中东部沿海经济区高于其他经济区、长三角一体化经济带高于其他经济带，且东部沿海经济区和长三角一体化经济带始终处于"高产出-高效率"状态。

第二，从基尼系数的相对差异看，我国省际绿色创新效率存在明显的区域差异，全国层面、八大综合经济区和五大经济带绿色创新效率的基尼系数均呈递减之势，说明我国绿色创新发展不平衡程度在降低。具体说来，八大综合经济区中，绿色创新效率的区域内差异呈稳步下降趋势，其中西北经济区的差异最大，而东部沿海经济区的差异最小；就区域间的差异而言，东部沿海-西北经济区的差异最大，北部沿海-西北经济区的差异次之，而东北-南部沿海经济区的差异最小。五大经济带中，绿色创新效率的区域内差异同样表现出下降之势，其中长江经济带的绿色创新效率差异最大，长三角一体化经济带的最小；对于其区域间的差异而言，黄河流域经济带-长三角一体化经济带的差异最大，黄河流域经济带-长江经济带的次之，京津冀协同发展经济带-长三角一体化经济带的最小。而贡献率则表明，考察期内，无论是八大综合经济区还是五大经济带，其区域间差异的贡献率始终大于区域内差异和超变密度的贡献率，且区域间差异、区域内差异、超变密度的贡献率均呈平稳下降之势，因而可以认为区域间差异是八大综合经济区和五大经济带绿色创新效率总体差异的主要来源。此外，与八大综合经济区、五大经济带和四大板块不同，区域内差异是绿色创新效率南北总体差异的主要来源，且现阶段绿色创新效率的东西差异仍旧是导致我国绿色创新发展存在地区差异的主要原因。

第三，从绝对差异来看，全国层面、八大综合经济区、五大经济带及南北地区绿色创新效率的分布曲线均向右小幅移动，这说明全国、八大综合经济区、五大经济带及南北地区的绿色创新效率整体上处于上升态势。此外，尽管全国、八大综合经济区、五大经济带及南北地区分布曲线主峰高度的变化并不一致，但其宽度却均有缩小之势，表明绿色创新效率的离散程度在不断降低。与此同时，全国、八大综合经济区及五大经济带的分布曲线均存在显著的右拖尾现象，但其延展性却有所差别，且在考察期内，八大综合经济区、京津冀协同发展经济带、黄河流域经济带和长三角一体化经济带的分布曲线均表现出明显的"双峰"或"多峰"特征，而"一带一路"建设经济带、长江经济带以及南北方却以"单峰"为主。

第四，从分布的动态演化来看，传统 Markov 链分析结果表明，我国省际绿色创新效率整体向高水平方向转移的趋势明显，而绿色创新效率的演变具有维持其分布状态的稳定性，即绿色创新效率的类型变动多发生在相邻等级间，出现跨越性变动的概率相对较低，且矩阵两端的绿色创新效率类型保持不变的概率最大，存在"低水平集聚"和"高水平集聚"的情形。而空间 Markov 链分析结果则表明，考虑地理空间因素后，各省的绿色创新效率仍保持不变，但空间因素对省际绿色创新效率的分布格局演变却产生了重要影响，空间溢出效应明显。在不同相邻空间背景下，各省份绿色创新效率类型转移的概率不同。若某省与绿色创新效率较高的省份毗邻，则其向上跃迁的概率将增加，反之，则后退的概率将增大，即绿色创新效率较高省份产生正向溢出效应，而绿色创新效率较低省份则表现为负向溢出，最终在空间上形成以"高辐射低、低抑制高、高高集聚、低低集聚"为主要特征的俱乐部收敛现象。

第6章

省际绿色创新空间结构特征及演化

　　绿色创新发展水平在省域、四大板块、八大综合经济区和五大经济带上表现出相应的时序特征，现实中，因省域间在诸多方面存在密切联系，绿色创新发展也表现出较为明显的空间关联性。这样一来，考察绿色创新在不同区域发展的相关性，探寻省际绿色创新的空间结构特征及其演化规律，对于从空间视域把握区域绿色创新发展现状、厘清区域内部绿色创新空间结构的动态演化规律、优化国土开发保护格局、促进以绿色创新为导向的区域经济高质量协调发展便显得不可或缺。基于此，本章在上述绿色创新效率测算结果的基础上，进一步使用趋势面分析和 ArcGIS 空间分析软件对我国省际绿色创新效率的空间分布趋势及其空间异质性特征进行可视化展示，以考察绿色创新投入、产出及效率的区域关联性，以期探寻绿色创新（效率）空间差异之原因。同时从绿色创新全过程出发，综合运用探索性空间数据分析、标准差椭圆分析和时空跃迁测度法探寻我国省际绿色创新投入、产出及效率三类空间结构的特征，进而基于探索性空间数据分析和标准差椭圆分析求得绿色创新投入、产出及效率的空间自相关指数和椭圆重心，从时间维度上剖析我国省际绿色创新空间结构的演化规律。

6.1　空间统计分析方法与数据来源

6.1.1　趋势面分析

　　趋势面分析是一种借助光滑数学曲面来模拟和分析样本观测值在空间

上的地理分布及变化趋势的数学分析方法，它基于最小二乘法的运行原理，通过拟合二维非线性函数来模拟并呈现观测值在空间上的分布规律及变化趋势（刘耀彬等，2019）。基于此，本节将使用趋势面分析来探寻我国省际绿色创新效率空间格局的总体分异趋势。趋势面分析涉及的函数形式为：

$$z_i(x_i, y_i) = \dot{z}(x_i, y_i) + \varepsilon_i \qquad (i = 1, 2, \cdots, n) \qquad (6-1)$$

式（6-1）中，(x_i, y_i) 为地理坐标（其中 x_i 为经度，y_i 为纬度），$z_i(x_i, y_i)$ 为区域 i 的绿色创新效率值，$\dot{z}_i(x_i, y_i)$ 为趋势面的拟合值，ε_i 为剩余值。

6.1.2 探索性空间数据分析

探索性空间数据分析（Exploratory Spatial Data Analysis，ESDA）是一种遵循泰勒地理学第一定律，以空间属性数据驱动为导向，并以空间关联测度为核心的地学统计分析方法。它通过对事物（或现象）的空间结构变迁进行统计描述及可视化展示，探求事物或现象的所属区域是否存在空间关联性与空间异质性，以揭示考察对象在空间上的相互作用机理（Anselin et al.，1997；肖黎明、于翠凤，2021）。由于探索性空间数据分析涉及全局空间自相关和局部空间自相关两种度量方法，从而本节也分别采用这两类工具来识别我国省际绿色创新效率的空间相关性及其空间集聚类型，具体说明如下。

6.1.2.1 全局空间自相关

全局空间自相关用于刻画整个区域的经济社会属性（或现象）与邻近区域同一属性（或现象）的关联程度。衡量全局空间自相关的指标主要有 Moran's I 指数、Geary's C 指数和 Getis-ord 指数等，由于 Moran's I 指数更加稳定、可靠，因而本节将使用全局空间自相关的 Global Moran's I 指数来反映我国省际绿色创新投入、产出和效率在区域单元上的空间关联程度和集散效应。以绿色创新效率为例，其计算公式为：

$$\text{Global Moran's } I = \frac{m\sum\limits_{i=1}^{m}\sum\limits_{j=1}^{m}w_{ij}(x_i - \bar{x})(x_j - \bar{x})}{\sum\limits_{i=1}^{m}\sum\limits_{j=1}^{m}w_{ij}\sum\limits_{i=1}^{m}(x_i - \bar{x})^2} = \frac{m\sum\limits_{i=1}^{m}\sum\limits_{j=1}^{m}w_{ij}(x_i - \bar{x})(x_j - \bar{x})}{S^2\sum\limits_{i=1}^{m}\sum\limits_{j=1}^{m}w_{ij}} \quad (6-2)$$

式（6-2）中，m 为研究区域的空间单元数，x_i、x_j 分别为第 i 个和第 j 个省份的绿色创新效率值；$\bar{x}$ 为各省份绿色创新效率之均值；w_{ij} 为标准化后的空间权重矩阵，此处选择一阶 Rook 邻接空间权重矩阵，即当 i 省与 j 省相邻时，w_{ij} 取值 1，反之则取值 0；Global Moran's I 为全局莫兰指数值，取值区间为 $[-1, 1]$，当 $0<$Global Moran's $I \leqslant 1$ 时，表明绿色创新效率具有空间正相关特征，从而在空间上呈聚合分布模式；当 $-1 \leqslant$ Global Moran's $I < 0$ 时，绿色创新效率表现为空间负相关，即在空间上呈离散分布模式；当 Global Moran's $I = 0$ 时，则说明绿色创新效率在空间上随机分布，不存在空间自相关。其中 Global Moran's I 的绝对值越大，说明绿色创新效率观察值属性的聚集（离散）特征越明显。

6.1.2.2　局部空间自相关

事实上，不同研究区的属性还会因空间位置的差异而存在一定的异质性。为此，本章进一步引入局部空间自相关的衡量指标——Local Moran's I 指数，通过绘制莫兰散点图来直观形象地揭示各省内部绿色创新效率的局部空间集聚与离散格局，其表达式为：

$$\text{Local Moran's } I = \frac{(x_i - \bar{x})}{S^2}\sum\limits_{j=1,j\neq i}^{n}w_{ij}(x_j - \bar{x}) \quad (6-3)$$

其中，Local Moran's I 为局部空间自相关指数，其取值范围同样介于 $-1\sim1$。根据局部莫兰指数的测算结果及其取值范围，可将本书所考察的样本单元划分为 4 个象限（4 个集聚区），即第一象限的"高-高"（H-H）集聚区、第二象限的"低-高"（L-H）集聚区、第三象限的"低-低"（L-L）集聚区以及第四象限的"高-低"（H-L）集聚区。由此可将绿色创新发展区分为 4 种空间关联模式：①H-H 型促进区，即绿色创新发展高水平省份被周围其他高值省份所包围；②H-L 型辐射区，即绿色创新发展高水平省份被周围其他低值省份所包围；③L-L 型落后区，即绿色创新发展低水平省份被周围其他低值省份所包围；④L-H 型过渡区，即绿色创新发展低水平省份被周围其他高值省份所包围。对于这些集聚区，可通过绘制 Moran 散点图或 LISA 集聚图来进行展示，从而就能够更为直观地了解我国省际绿色创新效率在空间上的集聚程度和分布格局。

6.1.3 时空跃迁测度方法

由于局部空间自相关指数法在量化分析事物（或现象）的空间格局差异及演化特征时，更多的是关注其截面特征，相对忽略了时间过程，从而可能会人为地将空间格局与时间过程割裂开来，不利于考察研究对象的时空交互关系以及时空跃迁规律。为弥补这一缺陷，本书借鉴 Rey 和 Janikas （2006）提出的时空跃迁测度法，探求我国省际绿色创新效率局部空间集聚类型的转化过程。由于该方法实现了时间和空间因素的有效整合，从而在时空交互分析方面具有一定的优势。同时，根据相关学者的研究（方世敏、黄琰，2020），可将时空跃迁类型划分为四种，具体如表 6-1 所示。

表 6-1 时空跃迁类型

跃迁类型	跃迁形式	符号表达
Ⅰ 型	本地区跃迁-相邻地区稳定	$L-L_t \rightarrow H-L_{t+1}$、$H-L_t \rightarrow L-L_{t+1}$、$H-H_t \rightarrow L-H_{t+1}$、$L-H_t \rightarrow H-H_{t+1}$
Ⅱ 型	本地区稳定-相邻地区跃迁	$L-L_t \rightarrow L-H_{t+1}$、$L-H_t \rightarrow L-L_{t+1}$、$H-H_t \rightarrow H-L_{t+1}$、$H-L_t \rightarrow H-H_{t+1}$
Ⅲ 型	本地区跃迁-相邻地区跃迁	$L-L_t \rightarrow H-H_{t+1}$、$H-H_t \rightarrow L-L_{t+1}$、$L-H_t \rightarrow H-L_{t+1}$、$H-L_t \rightarrow L-H_{t+1}$
Ⅳ 型	本地区稳定-相邻地区稳定	$H-H_t \rightarrow H-H_{t+1}$、$H-L_t \rightarrow H-L_{t+1}$、$L-L_t \rightarrow L-L_{t+1}$、$L-H_t \rightarrow L-H_{t+1}$

在上述时空跃迁类型划分的基础上，可进一步计算各省绿色创新效率的空间凝聚度，其表达式为：

$$S_t = \frac{Y_{0,t}}{n} \qquad (6-4)$$

其中，S_t 表示空间凝聚度；$Y_{0,t}$ 为考察期内跃迁类型 Ⅳ 的省份数；n 为所有可能发生跃迁的省份数。$S_t \in [0, 1]$，该值越大，说明我国省际绿色创新效率的空间锁定及路径依赖特征就越明显，从而其跃迁阻力也就越大。

6.1.4　标准差椭圆分析

标准差椭圆法（Standard Deviation Ellipse，SDE）是一种表征地理要素空间方向分布的空间统计分析方法。它借助可视化手段，运用空间统计方法来测算地理要素或研究对象的重心、旋转方位角、沿长轴标准差、沿短轴标准差等参数，因而能够从全局和空间角度来定量考察地理要素或研究对象在空间上的方向分布和多维特征（肖黎明等，2021b）。基于此，本节将采用标准差椭圆法对我国省际绿色创新效率的中心性、展布性、密集性以及方向性等特征进行刻画。其中，椭圆重心反映了绿色创新效率的空间分布在地理空间上的相对位置；旋转方位角是指沿正北方向顺时针旋转到椭圆长轴时所形成的夹角，可用来描述我国省际绿色创新效率在空间分布上的主趋势方向，若方位角变大，则说明位于椭圆轴线西南方向省份的绿色创新发展速度快于轴线东北方向上的省份，此时椭圆长轴呈顺时针旋转，反之则说明位于椭圆轴线东北方向省份的绿色创新发展速度快于轴线西南方向上的省份，此时椭圆长轴呈逆时针旋转；沿长轴标准差是指绿色创新效率的空间分布在主趋势方向上偏离中心的程度；沿短轴标准差则描述了其在次要方向上偏离中心的程度。此外，椭圆面积则用于刻画绿色创新效率空间聚集的主体范围。其中，标准差椭圆分析涉及的有关参数计算公式为：

$$X' = X_i - X_{ave}; Y' = Y_i - Y_{ave} \tag{6-5}$$

$$\sigma_x = \sqrt{\frac{\sum_{i=1}^{n}(w_iX_i'\cos\theta - w_iY_i'\sin\theta)^2}{\sum_{i=1}^{n}w_i^2}}; \sigma_y = \sqrt{\frac{\sum_{i=1}^{n}(w_iX_i'\sin\theta - w_iY_i'\cos\theta)^2}{\sum_{i=1}^{n}w_i^2}} \tag{6-6}$$

$$\tan\theta = \frac{(\sum_{i=1}^{n}w_i^2X_i'^2 - \sum_{i=1}^{n}w_iY_i'^2) + \sqrt{(\sum_{i=1}^{n}w_i^2X_i'Y_i' - \sum_{i=1}^{n}w_iY_i'^2) + 4(\sum_{i=1}^{n}w_i^2X_i'Y_i')}}{2\sum_{i=1}^{n}w_i^2X_i^2Y_i^2} \tag{6-7}$$

其中，$(X_{ave}$，$Y_{ave})$ 为 $(X_i$，$Y_i)$ 的平均中心，即绿色创新效率的重心坐标；w_i 为权重，本章 w_i 为各地区的绿色创新效率值；$(X'_i$，$Y'_i)$ 为各点距离区域中心的相对坐标，基于 $\tan\theta$ 可求得重心分布格局旋转方位角；σ_x 和 σ_y 分别为沿 X 轴的标准差和沿 Y 轴的标准差。这些参数均可通过 ArcGIS 10.7 软件计算求得。

6.1.5　空间数据来源与计算

经纬度数据与地理矢量数据分别来自经纬度查询网站（https：//map.jiqrxx.com/jingweidu/）和国家基础地理信息中心（http：//www.ngcc.cn/ngcc/html/1/391/392/16114.html）。同时，绘制地图时采用的地理坐标系为 Beijing 1954，投影坐标系为 Albers 投影，其中的地理参数和矢量地图均可通过 ArcGIS 10.7 软件得到。

6.2　省际绿色创新效率的空间梯度分布

为探寻绿色创新效率在全国范围内的空间分布趋势及其演变情况，借助 ArcGIS 10.7 中嵌套的"趋势面分析"工具，分别绘制全样本时期以及"十五"时期、"十一五"时期、"十二五"时期、"十三五"时期我国省际绿色创新效率的空间分布趋势图（见图 6-1），图中 X 轴代表正东方向，Y 轴代表正北方向，Z 轴代表绿色创新效率。

由图 6-1 可知，全样本时期及"十五"时期、"十一五"时期、"十二五"时期和"十三五"时期的绿色创新效率走势基本一致，均呈现"南高北低，东高西低"的空间分布特征。从方向变化上看，东西走向上，从东向西均呈现"东高西低"且向东不断攀升的空间结构，即东部地区的绿色创新效率增长较快，而西部地区的增长则较慢，且西部地区的绿色创新效率一直低于东部。这种空间结构与我国经济发展水平"东高西低"的格局基本一致，原因可能在于，东部地区拥有更为优越的区位条件和良好的营商环境，从而有利于通过吸引资金、人才和技术等创新资源来提升其绿色

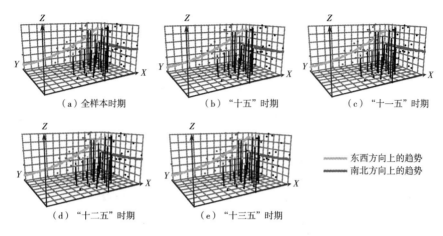

（a）全样本时期　　　　（b）"十五"时期　　　　（c）"十一五"时期

（d）"十二五"时期　　　　（e）"十三五"时期

————— 东西方向上的趋势
————— 南北方向上的趋势

图6-1　我国省际绿色创新效率的空间分布趋势

创新效率，且东部的经济发展水平与科技创新能力也要明显强于中西部地区，从而使其具备雄厚的综合实力来促进其绿色创新发展，因而成为我国绿色创新发展的领跑者。南北走向上，自南向北则表现出"南高北低"的空间格局特征，说明我国南方地区的绿色创新效率显示出相对较好的发展态势。由此可见，我国省际绿色创新效率存在较为明显的空间非均衡状态，且在"东西差距"继续存在的同时，"南北差距"也开始显露头角，这也与前文得出的结论相一致。那么，这种空间状态就具体省份而言，在地理分布上又表现出何种异质性？这就有必要对我国省际绿色创新效率值进行梯度划分，以明确不同梯度内绿色创新效率空间格局的分布特征及其演化趋势。

基于上述分析结果，本节以2001年绿色创新效率的测算值为基期，使用ArcGIS 10.7软件中自带的自然间断点分级法（Jenks），以0.253、0.435、0.603为间断点，将样本省份划分为第一梯度（$GIE \geq 0.603$）、第二梯度（$0.435 \leq GIE < 0.603$）、第三梯度（$0.253 \leq GIE < 0.435$）和第四梯度（$GIE < 0.253$）4种类型。然后分别以2004年、2008年、2012年、2016年和2019年为观测点，进行可视化处理。从图6-2中可以看出，观测期内，分属不同梯度的绿色创新效率的空间分布变化均比较大，从而其空间异质

性明显，总体上表现出"东强-中次-西弱"、"沿海高内陆低"以及"南高北低"的空间分异特征，且从东向西、由沿海向内陆、从南向北依次梯度递减。

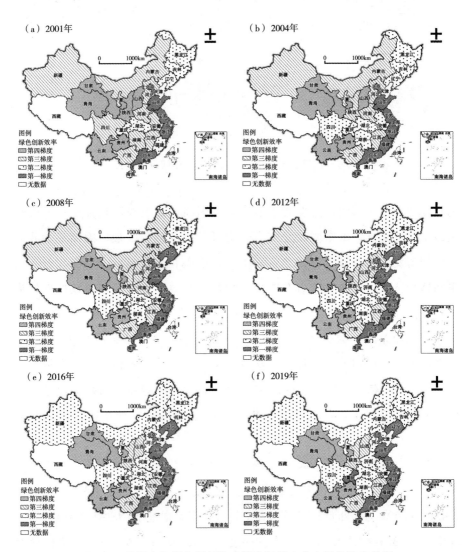

图6-2 我国省际绿色创新效率的空间梯度分布及其演变状况

注：该图基于国家测绘地理信息局标准地图服务网站下载的审图号为 GS（2020）4630 的标准地图绘制，底图无修改。

从各梯度内部成员分布的总体情况来看，2001~2019 年，位于第一、二梯度的成员数量显著增加（见表 6-2），并在 2016 年和 2019 年达到 22 个，其中来自东部的北京、天津、上海、江苏、浙江、山东、广东等 7 省市的绿色创新效率一直处于高水平，始终位居第一梯度，位于第二梯度的成员数量也在稳步增加，而位于第三、四梯度的成员数量则在减少。

表 6-2　各省绿色创新效率的梯度分类

年份	梯度划分			
	第一梯度	第二梯度	第三梯度	第四梯度
2001	北京、天津、上海、江苏、浙江、山东、广东	辽宁、吉林、黑龙江、湖北、海南、重庆、福建	河北、内蒙古、安徽、江西、河南、湖南、广西、宁夏、新疆、四川	山西、贵州、云南、甘肃、青海、陕西
2004	北京、天津、上海、江苏、浙江、福建、山东、广东、海南	辽宁、吉林、黑龙江、安徽、湖北、湖南、重庆、四川	河北、内蒙古、江西、河南、广西、陕西、宁夏、新疆	山西、贵州、云南、甘肃、青海
2008	北京、天津、辽宁、上海、江苏、浙江、福建、山东、广东、海南	吉林、黑龙江、安徽、湖北、湖南、重庆、四川、宁夏	河北、山西、内蒙古、江西、河南、广西、陕西、新疆	贵州、云南、甘肃、青海
2012	北京、天津、辽宁、上海、江苏、浙江、福建、山东、广东、海南	内蒙古、吉林、黑龙江、安徽、河南、湖北、湖南、重庆、四川、宁夏	河北、山西、江西、广西、陕西、新疆	贵州、云南、甘肃、青海
2016	北京、天津、辽宁、上海、江苏、浙江、福建、山东、广东、海南	河北、内蒙古、吉林、黑龙江、安徽、河南、湖北、湖南、重庆、四川、宁夏、新疆	山西、江西、广西、陕西	贵州、云南、甘肃、青海
2019	北京、天津、辽宁、上海、江苏、浙江、福建、山东、广东、海南、重庆	河北、内蒙古、吉林、黑龙江、安徽、河南、湖北、湖南、四川、宁夏、新疆	山西、江西、广西、陕西	贵州、云南、甘肃、青海

具体而言，2001 年的省际绿色创新效率整体水平偏低，空间上"东高西低""南强北弱"的不均衡分布态势明显。第三、四梯度的成员扎堆于黄河中游地区、长江中游地区、西南地区和西北地区，分别涉及 10 个和 6 个省区，约为样本总数的二分之一，且不少省区的效率值不足 0.2。这可能是因为这些省区长期以来片面追求城镇化率和土地财政，推崇 GDP 至上，对其区域创新能力的提升和高科技人才的培养不够重视，导致技术创新动力不足，加之这些省区地理位置闭塞、经济增长模式为粗放型、绿色发展理念淡薄，在创新过程中要素资源投入过多、污染排放量较高，从而制约了其绿色创新效率的提升。受 2003 年"坚持以人为本，树立全面、协调、可持续的发展观"的国家战略之影响，随后各地开始注重其创新资源要素的有效利用，因此到了 2004 年，一些省份绿色创新效率的分布态势发生了较为明显的变迁。其中陕西由第四梯度上升至第三梯度，安徽、湖南、四川由第三梯度跃迁至第二梯度，而福建、海南则由第二梯度上升至第一梯度。2008 年的省际绿色创新效率水平较之于 2004 年又有了进一步提升，其中山西由第四梯度跃迁至第三梯度，宁夏由第三梯度跃迁至第二梯度，而辽宁则由第二梯度跃迁至第一梯度。然而，即便如此，此间我国绿色创新的整体水平仍旧不高，位于第三、四梯度的省区仍连片分布于西北地区、黄河中游地区和西南地区。原因可能在于，这一时期受到全球金融危机的影响，许多省区企业的生产都陷于停滞，因而大多忙于采取各种急救措施来恢复自身经济，从而对于科技创新水平的提升关注较少，由此导致绿色创新成果转化的资金支持和高素质人才投入不足。2012 年，全国省际绿色创新效率继续稳步攀升，表现在位于第三梯度的省份有所减少，其中尤以内蒙古与河南两地表现突出，绿色转型发展取得了明显效果，其绿色创新效率由第三梯度跃迁至第二梯度。这可能是因为 2012 年正值党的十八大召开之际，随着创新驱动发展战略、生态文明建设、五大发展理念等方面的政策相继出台，中央将节能减排、环境保护和科技创新等方面的工作提到了前所未有的高度，使经济发展模式开始由粗放型向高质量发展转变，加之当地居民也纷纷响应国家的这些号召，积极投身到生态建设和创新活动中，使得能源消耗大、高污染的落后产能不断被淘汰，绿色新兴技术产业得以大力发展，同时居民对优美生活环境的强烈需求，也倒逼企业更为重视节能减排和绿色技术创新，从而助推了绿色创新效率的提高。2016 年绿色创新整体水平进一步提升，河北、新疆由第三梯度进入第二梯度，使得第二梯度省区市增加至 12 个，从而使得该梯度的省区市开始呈现明显的"组团式"分布特征，而到了 2019 年，各地绿色创新水平又出现了进一步提升。

但从绿色创新的整体空间格局来看，各地还存在一定差距，其中高水平省份仍主要分布在东部沿海地区，且第一梯度省份已形成稳定的以"北京-天津-上海-广东"为极点的"弓形"高水平绿色创新发展轴带，同时不断向南北两侧纵深辐射，进而通过绿色产业关联和区域关联等一系列联动与扩散机制，带动其他梯度省份实现了不同程度的跃升。第三、四梯度的成员数量明显减少，占比降至 26.67%，其中西南地区的重庆表现得尤为抢眼，由第二梯度跃升至第一梯度，成为我国西部地区绿色创新的重要增长极。这可能与当前国家高度重视成渝城市群发展，致力于将其打造成西部大开发战略的"先行者"和"桥头堡"有关，由此重庆经济发展稳步提升，加之这一时期重庆也积极对接国家的"一带一路"倡议，引进了大量的先进技术和管理经验，从而为其绿色创新效率的快速提升奠定了基础。需要注意的是，尽管西部地区的绿色创新效率有了一定程度的提升，但受其发展基础和区位条件所限，总体上其还未能与东部沿海及中部地区形成良性互动，因而仍处于较落后梯度，未来其绿色创新还需持续发力。此外，与 2001 年相比，2019 年绿色创新效率"南北分异"的空间格局有所缓和，但第一梯度省市仍主要分布在南方，"南北差距"问题依然存在。这主要是因为长期以来我国人口和经济重心不断向南移动，导致北方经济增长乏力，最终使其绿色创新动力不足。基于此，在未来的区域绿色高质量协同发展过程中，政府相关部门在继续关注绿色创新效率东西差距的同时，还应重视"南北差距"的缩小，通过提高北方经济增长质量，以厚植绿色创新发展基础。

综上，由图 6-1、图 6-2 和表 6-2 中绿色创新效率的空间分布趋势及其空间梯度分布演变可知，我国省际绿色创新效率的空间分布与其经济发展水平紧密相关，且随着时间的推移，这一特征日益凸显，而这又与基于经济发展水平的群分效应相似。事实上，群分效应源于人的社会偏好差异，目前也有研究对此进行过验证（陆铭、张爽，2007）。与此类似，在地区发展过程中，也时时会掺杂着各种人为因素，这样在区域相关政策的制定中，就会表现出一定的倾向性。如发达地区通常会倾向于跟那些与之经济发展水平相似的地区进行交流，以此实现人力资本、科学技术、管理经验等方面的互通有无，以求创新思维不断迸发，这样一来，这种良性互动将有力推动区域绿色创新效率快速提升。反过来，那些欠发达地区由于自身经济发展基础较为薄弱，从而在与发达地区进行互动时，往往缺乏比较优势和对等条件，甚至还可能会为此付出更多的资源环境代价，不利于其绿色创新效率的提升。

6.3 省际绿色创新效率及绿色创新要素的投入产出关联分析

通过上述分析可知，我国省际绿色创新效率存在较为明显的空间差异。那么，造成这种空间差异的内在原因又是什么？为此，本节将基于绿色创新效率评价指标体系，对绿色创新要素投入、绿色创新产出效益、污染排放程度等进行分析，以探寻造成绿色创新效率空间差异的深层次原因，也即运用熵值法将第4章表4-1中的一级指标（资本投入、人力投入、资源投入、意愿产出、非意愿产出）所涉及的各具体度量指标综合为绿色创新投入水平、绿色创新产出效益和环境污染指数，进而运用K-均值聚类法将绿色创新投入水平、绿色创新产出效益和环境污染指数划分为高、中、低三种类型（见表6-3），从而可得如下认识。

第一，低投入、低产出、高污染类型与低投入、低产出、低污染类型的省际绿色创新效率均相对较低。具体而言，低投入、低产出、高污染省份的绿色创新投入水平不高，其绿色创新产出水平也较低，且在绿色创新投入产出转化过程中还伴随较高的污染排放，从而造成绿色创新效率损失；

表 6-3　各省绿色创新投入产出效益与污染排放关联类型

省区市	2001年 投入产出类型			2001年 效率值	2010年 投入产出类型			2010年 效率值	2019年 投入产出类型			2019年 效率值
北京	高投入	中产出	中污染	0.839	中投入	中产出	中污染	0.852	中投入	中产出	中污染	0.865
天津	低投入	中产出	中污染	0.842	中投入	中产出	中污染	0.855	低投入	中产出	中污染	0.867
河北	中投入	中产出	中污染	0.385	中投入	中产出	中污染	0.420	中投入	低产出	中污染	0.454
山西	低投入	低产出	低污染	0.235	中投入	低产出	中污染	0.267	中投入	低产出	中污染	0.301
内蒙古	低投入	低产出	中污染	0.400	低投入	低产出	低污染	0.435	低投入	低产出	低污染	0.469
辽宁	中投入	中产出	中污染	0.591	中投入	中产出	中污染	0.620	低投入	中产出	中污染	0.647
吉林	低投入	中产出	中污染	0.536	低投入	低产出	中污染	0.567	低投入	低产出	中污染	0.597
黑龙江	中投入	中产出	低污染	0.487	低投入	低产出	中污染	0.519	低投入	低产出	高污染	0.551
上海	中投入	高产出	中污染	0.955	中投入	中产出	中污染	0.959	中投入	中产出	中污染	0.963
江苏	中投入	高产出	高污染	0.904	高投入	高产出	中污染	0.912	高投入	高产出	中污染	0.920
浙江	中投入	高产出	高污染	0.936	中投入	中产出	中污染	0.942	中投入	中产出	中污染	0.947
安徽	中投入	低产出	高污染	0.433	中投入	中产出	低污染	0.467	中投入	中产出	高污染	0.500
福建	低投入	中产出	中污染	0.603	低投入	低产出	高污染	0.631	中投入	中产出	中污染	0.658
江西	中投入	低产出	高污染	0.313	高投入	中产出	高污染	0.347	中投入	中产出	中污染	0.382
山东	中投入	中产出	中污染	0.765	中投入	中产出	高污染	0.783	中投入	中产出	中污染	0.801
河南	中投入	中产出	高污染	0.406	中投入	中产出	高污染	0.440	中投入	中产出	高污染	0.474
湖北	中投入	中产出	高污染	0.506	中投入	中产出	中污染	0.539	中投入	中产出	中污染	0.569

续表

省区市	2001年 投入产出类型			效率值	2010年 投入产出类型			效率值	2019年 投入产出类型			效率值
湖南	中投入	中产出	中污染	0.432	中投入	中产出	高污染	0.466	中投入	中产出	高污染	0.499
广东	高投入	高产出	中污染	0.791	高投入	高产出	中污染	0.808	高投入	高产出	中污染	0.823
广西	低投入	中产出	高污染	0.353	低投入	低产出	中污染	0.388	低投入	低产出	高污染	0.422
海南	低投入	低产出	高污染	0.595	低投入	中产出	高污染	0.623	低投入	低产出	中污染	0.651
重庆	中投入	中产出	中污染	0.553	低投入	中产出	中污染	0.583	中投入	中产出	高污染	0.612
四川	低投入	中产出	高污染	0.435	中投入	中产出	高污染	0.469	低投入	中产出	高污染	0.502
贵州	低投入	低产出	高污染	0.170	低投入	低产出	高污染	0.199	低投入	低产出	中污染	0.230
云南	中投入	低产出	高污染	0.154	低投入	低产出	高污染	0.182	低投入	低产出	低污染	0.212
陕西	低投入	低产出	高污染	0.253	中投入	低产出	高污染	0.286	中投入	低产出	中污染	0.320
甘肃	低投入	低产出	高污染	0.108	低投入	低产出	高污染	0.132	低投入	低产出	高污染	0.158
青海	低投入	低产出	中污染	0.127	低投入	低产出	中污染	0.153	低投入	低产出	低污染	0.182
宁夏	低投入	低产出	中污染	0.420	低投入	低产出	低污染	0.454	低投入	低产出	低污染	0.488
新疆	低投入	低产出	高污染	0.391	低投入	低产出	中污染	0.425	低投入	低产出	中污染	0.460

注：限于篇幅，此处仅给出 2001 年、2010 年和 2019 年的结果。

而低投入、低产出、低污染省份的绿色创新投入、产出均较低，尽管这在一定程度上有助于环境污染排放的减少，但就共同前沿面来说，绿色创新的实际产出与其前沿产出仍存在较大偏离，由此也导致其绿色创新效率不高。此外，随着经济和科技的不断发展，尽管少数省份开始实现了由低投入向中高投入水平转变，但其绿色创新产出仍旧较低（如来自中部的山西和江西）。

第二，绿色创新的高投入未必能够带来更高的绿色创新产出效益。从表6-3可以发现，中投入、低产出是造成省际绿色创新效率偏低的关键原因之一。这类省份虽然绿色创新投入水平相对较高，但因技术水平和要素资源使用效率相对低下等原因，绿色创新产出与前沿面产出之间的差距较大，由此导致其处于低效率状态。考察期内，这类省份数量总体上有所减少，目前主要分布在东北、中部和西部地区。

第三，绿色创新高投入与绿色创新高产出同样也未必能够带来绿色创新的高效率，因为较高的环境污染水平会产生更大的效率损失。东部沿海是高投入、高产出类型省份的主要聚集地，这些地区科技实力相对较强，研发投入水平较高，地理区位相对优越，有利于实现较高的绿色创新产出，但其绿色创新效率却不一定处于高水平。原因可能在于，尽管这些省份在某种程度上实现了相对较高的绿色创新投入和绿色创新产出，但因其环境污染水平也相对较高，从而导致其绿色创新效率较低。

6.4 省际绿色创新空间结构特征及演化

由上述分析可知，我国省际绿色创新效率整体呈现空间非均衡的内在原因在于各省绿色创新投入水平、绿色创新产出效益及其环境污染程度之差异，这也说明省际绿色创新投入、产出和效率之间存在较为明显的区域（空间）关联。由此就引申出需要进一步深思的一系列问题：我国省际绿色创新空间结构失衡是否与绿色创新投入、产出和效率的空间结构有关？这三者的空间结构特征为何？其演化规律又是什么？基于此，本节将进一步应用地学统计分析方法，从绿色创新投入、产出和效率三个子系统入手，进一步剖析我国省际绿色创新的空间结构特征及其变化规律，以期能够更好地理解我国省际绿色创新投入、产出和效率水平分布集聚的互动关系，通过明确其空间结构的重心转移轨迹，寻求各省间绿色创新投入、产出和效率的协同提升及互动发展之策。

6.4.1　省际绿色创新空间集散特征、演变与时空跃迁

6.4.1.1　空间集散的总体特征及演变

为了明确我国省际绿色创新投入、产出及效率的空间相关性，本章借助 Stata 16.0 软件，以 0-1 空间邻接矩阵作为评价权重，分别对 2001~2019 年我国省际绿色创新投入、产出和效率的全局莫兰指数进行测算，结果如表 6-4 所示。

表 6-4　2001~2019 年我国省际绿色创新投入、产出和效率的全局 Moran's *I* 指数

年份	绿色创新投入水平		绿色创新产出效益		绿色创新效率	
	I 指数	p 值	*I* 指数	p 值	*I* 指数	p 值
2001	−0.149	0.311	0.198*	0.051	0.477***	0.000
2002	−0.133	0.401	0.223**	0.031	0.476***	0.000
2003	−0.081	0.684	0.205**	0.042	0.475***	0.000
2004	−0.041*	0.953	0.171*	0.081	0.474***	0.000
2005	0.095	0.281	0.160*	0.094	0.475***	0.000
2006	0.101	0.259	0.213**	0.037	0.474***	0.000
2007	0.069	0.386	0.300***	0.005	0.473***	0.000
2008	0.116	0.203	0.263**	0.011	0.472***	0.000
2009	0.090	0.295	0.336***	0.002	0.472***	0.000
2010	0.105	0.239	0.339***	0.001	0.471***	0.000
2011	0.140	0.139	0.374***	0.000	0.471***	0.000
2012	0.150	0.115	0.374***	0.000	0.470***	0.000
2013	0.164*	0.090	0.270***	0.009	0.470***	0.000
2014	0.170*	0.083	0.256**	0.013	0.469***	0.000

年份	绿色创新投入水平		绿色创新产出效益		绿色创新效率	
	I 指数	p 值	I 指数	p 值	I 指数	p 值
2015	0.189*	0.056	0.237**	0.020	0.468***	0.000
2016	0.187*	0.059	0.230**	0.023	0.468***	0.000
2017	0.165*	0.087	0.199**	0.044	0.467***	0.000
2018	0.147	0.116	0.189**	0.050	0.466***	0.000
2019	0.148	0.108	0.223**	0.025	0.467***	0.000

注: *** 、 ** 、 * 分别代表在 1% 、5% 、10% 的水平下显著。

从绿色创新投入水平来看，考察期内省际绿色创新投入的全局 Moran's I 指数值及其显著性均表现出阶段性的变化特征。其中，2001~2004 年绿色创新投入的全局 Moran's I 指数值均为负，且只有 2004 年通过了 10% 的显著性检验，但此间 Moran's I 指数值却表现出逐年递增之势，说明早期省际绿色创新投入存在空间负相关，从而表现出一定的空间发散特征，并且这一特征在不断弱化。但从 2005 年开始，绿色创新投入的全局 Moran's I 指数值开始由负变为正，且 2005~2015 年绿色创新投入的 Moran's I 指数值均为正，但却只有 2013 年、2014 年和 2015 年 3 个年份通过了显著性检验，说明此间绿色创新投入表现出较为明显的空间正相关，从而在空间上呈集聚状态。与此同时，2005~2015 年 Moran's I 指数值总体上呈上升趋势，从而意味着绿色创新投入的空间集聚特征日益明显。在随后的 2016~2019 年，绿色创新投入的全局莫兰指数仍继续为正，但却只有 2016 年和 2017 年通过了显著性检验，且这一指数值开始表现出递减之势，说明此间绿色创新投入存在正的空间自相关特征，这种空间集聚特征在不断减弱。值得注意的是，整个样本考察期内，尽管绿色创新投入的全局莫兰指数大多数时候为正，但许多都不显著，说明我国绿色创新投入尚未形成有效的空间集聚模式，目前仍处于落后省份围绕领先省份的"中心－外围"格局，而随着时间的推移，这一空间格局在不断弱化，存在向均衡方向发展的趋势。

从绿色创新产出效益来看，考察期内省际绿色创新产出效益的全局

Moran's I 指数值均显著为正，说明我国省际绿色创新产出存在显著的空间正相关性，其空间集聚效应明显，即绿色创新产出效益较高的省份趋向于集聚，而绿色创新产出效益较低的省份在空间分布上同样也比较集中。

从绿色创新效率来看，2001～2019 年我国省际绿色创新效率的全局 Moran's I 指数值均大于 0，且均在 1% 的水平下显著，说明我国 30 个省区市的绿色创新效率具有较为明显的空间集聚特征。就其变化趋势而言，随着时间的推移，其全局 Moran's I 指数值在变小，说明绿色创新效率在集聚中开始逐渐趋向于均衡。

综上可知，现阶段我国省际绿色创新产出与绿色创新效率均存在显著的空间集聚特征，且绿色创新效率的这一特征在不断减弱，说明其存在一定的"追赶效应"，从而其空间同质性在逐渐增强，而绿色创新投入未能表现出明显的空间集聚特征。需要指出的是，基于已有研究成果可知（石慧、吴方卫，2011），就总体上的空间关联性而言，由于空间权重选择不同以及存在区域间正负相关性可能会相互抵消的情形，从而可能最终会导致检验结果在空间上不显著。这样一来，虽然在上述检验中绿色创新投入的全局 Moran's I 指数值为正且不显著，但却不能完全确定我国省际绿色创新投入在空间上不存在集聚性。

6.4.1.2 空间集散的局部特征及演变

为进一步刻画我国省际绿色创新投入、产出和效率的局部空间关联特征及其演变趋势，本节分别绘制了绿色创新投入水平、绿色创新产出效益及绿色创新效率在 2001 年、2010 年和 2019 年的局部 Moran 散点图，以求能够更为准确地反映各省内部的空间依赖关系及其空间分异特征。其中散点图的横坐标代表绿色创新投入水平、绿色创新产出效益和绿色创新效率各自空间单元标准化后的属性值，纵坐标表示标准化后由空间权重所决定的空间滞后值。

从绿色创新投入水平的 Moran 散点图可知（见图 6-3），2001 年位于第一、三象限的散点数和位于第二、四象限的散点数相等，各占总数的 50%，在空间上表现出明显的负相关，说明考察期初我国省际绿色创新投入水平存在较为明显的空间发散特征。到了 2010 年，落在第一、三象限的散点的占比增至 56.7%，在空间上表现出明显的正相关特征，说明此时我国省际绿色创新投入水平开始表现出较为明显的局部空间集聚特征。而到了 2019 年，绝大多数散点都落在了第一、三象限，从而绿色创新投入在空间上表现出显著的正相关。可见，随着时间的推移，各省间的绿色创新投入要素流动开始变得更为频繁，从而使省际绿色创新投入水平表现出更为明显的局部空间集聚特征，这也验证了上述有关绿色创新投入全局空间自相关检验的结论。其中的原因可能在于，2000 年前后，各地都在忙于发展当地经济，对环境保护和创新发展的投入重视不够，加之此时各地的行政壁垒也比较明显，使得创新要素难以实现跨地区的充分自由流动，从而导致绿色创新投入在空间上表现出一定的发散状态。而随着西部大开发等一系列国家区域开发战略的持续推出，各地的资本、技术、人才等创新要素的流动与合作不断强化，使其开始呈现一定的空间收敛特征。

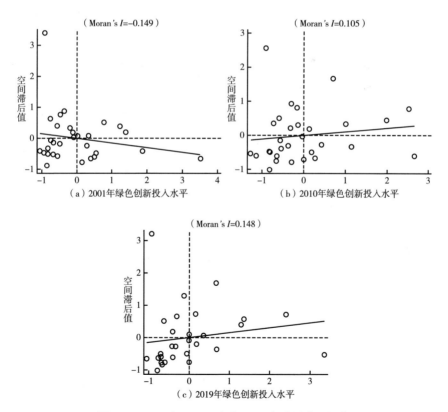

图 6-3　2001 年、2010 年和 2019 年我国省际绿色
创新投入水平的局部 Moran 散点图

　　进一步结合表 6-5 可以发现，观测期内，H-H 型促进区省份主要集中在东部沿海与中部地区，而 L-L 型落后区省份则主要分布在西部内陆与东北地区。从空间聚类的动态变化来看，2001~2010 年，湖南由 L-H 型转变为 L-L 型，黑龙江则由 H-L 型转变为 L-L 型；而 2010~2019 年，陕西、辽宁和四川 3 省由 H-L 型转变为 L-L 型，河北由 L-H 型转变为 H-L 型，而安徽由 L-H 型转变为 H-H 型，其他省份则无变化。由此可见，考察期内不少省区市发生了类型转变，且以 H-L 型和 L-H 型相互转化的省区市居多，但大部分省区市仍处于 L-L 型落后区，与周边省区市表现出显著的正相关；而且我国省际绿色创新投入水平的空间异质性明显，主要表现为海南、福建、江西、广西、天津、湖南等省区市处于 L-H 型过渡区，以及湖北、北京、广东、河北等地处于 H-L 型辐射区，表现出负的空间相关性。此外，大多数省区市一直处于 L-L 型落后区，基本没有变动。因此，未来一段时间我国省际绿色创新投入水平仍有待进一步提升，为此，打破省级行政边界，促进创新要素合理流动，缩小地区间绿色创新发展差距依然是摆在我国绿色创新高质量发展面前的重要命题。

表 6-5　2001 年、2010 年和 2019 年我国省际绿色创新投入
水平局部空间聚类的动态变化

年份	H-H 型促进区	L-H 型过渡区	L-L 型落后区	H-L 型辐射区
2001	浙江、河南、上海、江苏、山东(5)	广西、江西、天津、福建、安徽、河北、湖南、海南(8)	重庆、山西、吉林、内蒙古、宁夏、青海、贵州、云南、甘肃、新疆(10)	湖北、四川、黑龙江、辽宁、陕西、北京、广东(7)
2010	河南、浙江、山东、上海、江苏(5)	海南、广西、江西、河北、天津、安徽、福建(7)	宁夏、青海、新疆、甘肃、黑龙江、云南、贵州、重庆、吉林、山西、内蒙古、湖南(12)	陕西、辽宁、湖北、北京、广东、四川、(6)

续表

年份	H-H 型促进区	L-H 型过渡区	L-L 型落后区	H-L 型辐射区
2019	安徽、河南、浙江、山东、江苏、上海（6）	海南、福建、江西、广西、天津、湖南（6）	青海、宁夏、内蒙古、贵州、云南、黑龙江、甘肃、吉林、新疆、辽宁、重庆、山西、陕西、四川（14）	湖北、北京、广东、河北（4）

从绿色创新产出效益的 Moran 散点图可以发现（见图 6-4），在 3 个代表性年份当中，分别有 70%、73%、73% 的空间评价单元位于第一、三象限，说明我国省际绿色创新的产出效益表现出较为明显的空间俱乐部收敛特征。进一步由表 6-6 可知，考察期内我国省际绿色创新产出效益以 H-H 型促进区和 L-L 型落后区为主，其中 H-H 型促进区省市主要分布在北部沿海和东部沿海地区，L-L 型落后区省区市则主要位于黄河中游、东北、西北和西南地区。进一步从空间聚类的变化情况来看，2001~2010 年，福建和北京由 H-H 型分别转变为 L-H 型和 H-L 型，海南由 L-H 型转变为 H-H 型，湖北由 H-L 型转变为 L-L 型，其他省区市未发生变动；而在 2010~2019 年，天津和海南由 H-H 型转变为 L-H 型，安徽和福建由 L-H 型转变为 H-H 型，河北由 L-H 型转变为 L-L 型，湖北由 L-L 型转变为 H-L 型，辽宁则由 H-L 型转变为 L-L 型，湖南由 L-L 型转变为 L-H 型，其他省区市未发生变动。由此可见，我国省际绿色创新产出效益的局部空间集聚格局具有较强的稳定性与空间依赖性。

其中 H-H 型促进区表现出两个重要特征。第一，具有相对稳定性。山东、上海、江苏和浙江 4 省市始终位居此类区域之中。这些省市处于长三角城市群和山东半岛城市群的核心位置，经济发展水平高，环境治理技术先进，高校科研院所众多，人力资本充足，且国家也率先在这些城市群建立了相应的区域协调发展机制。这样一来，通过省际的联动与合作，就可使其绿色创新产出成果得以巩固。第二，近年来，H-H 型促进区有进一步向长江中游（安徽）扩散之趋势。这是因为，一方面，安徽省非常重视这一创新经济带的发展，通过积极实施区域创新驱动发展战略，强化关键核心

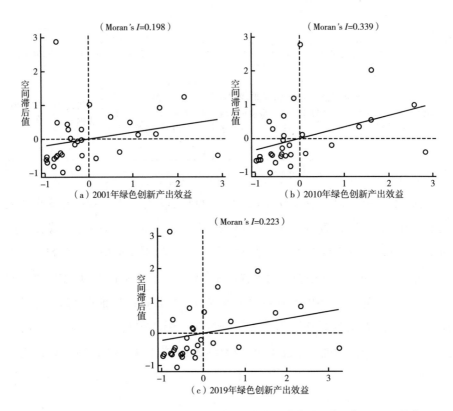

图 6-4　2001 年、2010 年和 2019 年我国省际绿色创新产出效益的局部 Moran 散点图

表 6-6　2001 年、2010 年和 2019 年我国省际绿色创新产出效益局部空间聚类的动态变化

年份	H-H 型促进区	L-H 型过渡区	L-L 型落后区	H-L 型辐射区
2001	福建、天津、浙江、山东、北京、江苏、上海（7）	海南、江西、安徽、广西、河北、湖南（6）	贵州、青海、甘肃、宁夏、云南、山西、陕西、新疆、内蒙古、重庆、四川、吉林、河南、黑龙江（14）	湖北、辽宁、广东（3）
2010	天津、山东、浙江、江苏、上海、海南（6）	广西、河北、安徽、福建、江西（5）	青海、甘肃、贵州、云南、山西、陕西、宁夏、新疆、黑龙江、内蒙古、吉林、河南、湖北、四川、重庆、湖南（16）	辽宁、北京、广东（3）
2019	安徽、山东、福建、上海、浙江、江苏（6）	海南、广西、江西、湖南、天津（5）	青海、甘肃、黑龙江、云南、山西、贵州、河北、陕西、内蒙古、吉林、宁夏、新疆、河南、重庆、辽宁、四川（16）	湖北、北京、广东（3）

技术攻关和科技成果转化，一直致力于为皖江地区的经济社会发展提供强有力的科技支撑；与此同时，安徽还积极推动省内高校与沪苏浙一流高校开展各方面的合作，以此促进创新人才资源的共享；此外，安徽也在致力于打造生态文明建设示范省，通过加大其生态修复与环境治理力度，提高能源资源利用效率。这些举措有力促进了安徽绿色创新产出效益的提升。另一方面，在长三角区域一体化发展战略的作用下，安徽可以就近获得上海、浙江、江苏等绿色创新产出高效益省市的帮助，从而有利于其发挥后发赶超优势，因为通过积极引进这些省市的先进环境治理技术和资本，就可实现其绿色创新成果的快速有效转化。

而 L-L 型落后区同样也表现出两大特征。第一，具有非常高的稳定性。考察期内，青海、甘肃、黑龙江、云南、山西、贵州、陕西、内蒙古、吉林、宁夏、新疆、河南、重庆、四川共计 14 个省区市始终处于该区域。可以发现，这些省区市要么产业结构偏重，重化工产业分布较多，污染严重，要么经济发展水平欠佳，创新能力及动力不足，抑或是地处内陆，区位优势不明显，难以获得创新成果转化所需的相关要素资源，从而可能会落入"低水平均衡"的陷阱。第二，周边省区受其同化效应的作用较为明显。这主要表现在那些处于"低-高"集聚区和"高-低"集聚区的省份，由于不能与其周边落后省份形成协同创新，最终难免会沦为创新产出低效益省份。如河北和辽宁 2010 年分别处于 L-H 型过渡区和 H-L 型辐射区，但因缺乏协同创新，到了 2019 年，均落入了 L-L 型落后区。综合起来看，上述我国省际绿色创新产出效益存在较为明显的局部空间集聚特征这一事实说明，"以面带点容易，但以点带面较难"。因此，未来相关省份绿色创新产出效益的提高不能"孤军奋战"，而要强强联合、协同推进。

从绿色创新效率的 Moran 散点图可以看出（见图 6-5），2001 年、2010 年和 2019 年，绝大多数空间评价单元处于第一象限和第三象限，且位于第三象限的明显多于第一象限，表明我国省际绿色创新效率存在空间正相关性和空间异质性，但在整体上表现出较为明显的空间俱乐部收敛状态。进一步由表 6-7 可知，研究时限内，我国省际绿色创新效率以 H-H 型促进区和 L-L 型落后区的省区市居多，且 H-H 型促进区省市主要集中在北部沿海、东部沿海和南部沿海地区，而 L-L 型落后区省区则主要位于黄河中游、西南和西北等内陆地区，两极分化现象比较明显。从空间集聚类型的演变来看，绿色创新效率表现出较强的空间稳定性，研究期内没有省份发生变动。其中由于沿海地区的各方面条件均比较优越，从而其绿色创新效率的空间扩散作用及空间溢出效应也更为明显，且这些地区也都进入了绿色创新协同发展阶段，如山东、天津、北京、浙江、福建、江苏、上海、海南等 8 省市一直处于绿色创新效率 H-H 型促进区，它们通过涓滴效应带动了周边省份的绿色创新发展。但西部内陆地区及中部少数省区绿色创新效率的空间集聚效应却不是很明显，是我国绿色创新发展的洼地，如西部的甘肃、青海、云南、贵州、陕西、广西、内蒙古、宁夏、四川、新疆等 10 省区。这些省区长期以"高投入、高污染、高能耗"的经济发展模式为主，产业结构单一，要素资源禀赋相对处于劣势，导致其绿色创新成果转化的资源约束比较明显，加之缺乏区域发展后劲，使其一直处于绿色创新效率的落后区。很明显，该区域内的省区若不尽早出台相关政策给予绿色创新发展强力支持，很有可能会陷入"强者愈强，弱者恒弱"的恶性循环之中。因此，这些省区是未来我国省际绿色创新效率提升的主要地区。

此外，还可以发现，位于 H-H 型促进区的省市明显少于 L-L 型落后区，说明绿色创新效率领先地区对其周边地区的辐射带动作用还比较弱。因此，未来继续强化这些领先地区的辐射带动作用，也是相关部门应该考虑的重点。而 H-L 型辐射区和 L-H 型过渡区则成为绿色创新效率由东部沿海地区向西部内陆地区辐射的断层地带，如研究期内湖北、重庆、辽宁和广东均处于 H-L 辐射区。这些地区在回波效应的作用下，仍处于吸引周边省份各类创新要素聚集的极化发展阶段，一定程度上挤占了周边省份的绿色创新发展空间，导致其与周边一些欠发达省份形成了 L-H 的发展逆差。

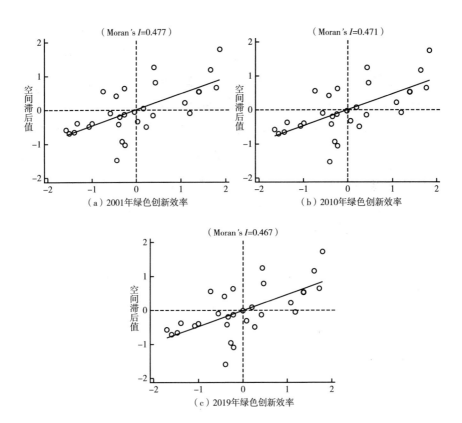

图 6-5　2001 年、2010 年和 2019 年我国省际绿色创新产出效益的局部 Moran 散点图

表 6-7　2001 年、2010 年和 2019 年我国省际绿色创新效率的局部空间聚类动态变化

年份	H-H 型促进区	L-H 型过渡区	L-L 型落后区	H-L 型辐射区
2001	吉林、山东、天津、北京、浙江、福建、海南、江苏、上海(9)	江西、河北、安徽(3)	甘肃、青海、云南、贵州、山西、陕西、广西、河南、内蒙古、湖南、黑龙江、宁夏、四川、新疆(14)	湖北、重庆、辽宁、广东(4)
2010	吉林、山东、天津、北京、浙江、福建、海南、江苏、上海(9)	江西、河北、安徽(3)	甘肃、青海、云南、贵州、山西、陕西、广西、河南、内蒙古、湖南、黑龙江、宁夏、四川、新疆(14)	湖北、重庆、辽宁、广东(4)
2019	吉林、山东、天津、北京、浙江、福建、海南、江苏、上海(9)	江西、河北、安徽(3)	甘肃、青海、云南、贵州、山西、陕西、广西、河南、内蒙古、湖南、黑龙江、宁夏、四川、新疆(14)	湖北、重庆、辽宁、广东(4)

总之，在样本观测期内，我国省际绿色创新投入、产出及效率空间结构的散点（省份）大都集中在第一、三象限，局部空间集聚效应明显，而落在二、四象限的散点（省份）却呈现一定的离散分布状态。由此可见，我国省际绿色创新投入、产出及效率空间结构的同质性和异质性并存，但总体上仍以空间同质性为主。尽管如此，三者位于第三象限 L-L 型落后区的散点（省份）数却要明显多于第一象限 H-H 型促进区，表明我国省际绿色创新整体上存在较为明显的空间异化（失衡）特征，且绿色创新发展领先省份对周边落后省份的涓滴效应小于其极化效应，辐射带动作用不明显。

6.4.1.3 时空跃迁分析

进一步采用时空跃迁分析法对 2001~2019 年我国 30 个省区市绿色创新投入、产出和效率的时空跃迁类型进行分析，进而根据表 6-1 中的时空跃迁类型，将绿色创新投入水平、绿色创新产出效益和绿色创新效率划分为 4 种类型，结果如下。

（1）绿色创新投入水平的时空跃迁分析

2001~2019 年，在省际绿色创新投入水平的所有跃迁类型中，Ⅳ型省区市最多，Ⅲ型和Ⅱ型次之，Ⅰ型最少。整体上看，在 2001~2010 年和 2010~2019 年这两个时段内，属于Ⅳ型的省区市数分别为 16 个和 18 个，其空间凝聚度分别为 0.533 和 0.600，说明我国省际绿色创新投入存在较为明显的空间锁定效应和路径依赖性（见表 6-8）。

表 6-8　2001~2019 年我国省际绿色创新投入水平的时空跃迁类型

跃迁类型	时间划分	
	2001~2010 年	2010~2019 年
Ⅰ 型	H-L→L-L:黑龙江	H-L→H-H:安徽
Ⅱ 型	—	L-H→L-L:陕西、辽宁、四川
Ⅲ 型	L-H→H-L:广西、江西、天津、福建、安徽、河北、海南 H-L→L-H:湖北、四川、辽宁、陕西、北京、广东	L-H→H-L:湖北、北京、广东 H-L→L-H:海南、广西、江西、天津、福建

跃迁类型	时间划分	
	2001~2010 年	2010~2019 年
Ⅳ 型	山西、内蒙古、吉林、上海、江苏、浙江、山东、河南、湖南、重庆、贵州、云南、甘肃、青海、宁夏、新疆	河北、山西、内蒙古、吉林、黑龙江、上海、江苏、浙江、山东、河南、湖南、重庆、贵州、云南、甘肃、青海、宁夏、新疆

在跃迁Ⅰ型中，2001~2010 年，仅有黑龙江一省发生此类型跃迁，这是因为其缺乏与相邻省份的创新要素的交流与共享，导致其绿色创新投入水平提升受阻，使其从 H-L 型迁移至 L-L 型；2010~2019 年，同样也只有安徽一省发生此类型跃迁，这是因为此间安徽加大了其科技研发力度，积极与相邻的长三角发达省份开展相关方面的交流与合作，促进了创新人才的流动，加之受到绿色创新投入高水平省份的辐射带动，最终使其成功地由 H-L 型跃迁至 H-H 型。

在跃迁 Ⅱ 型中，2001~2010 年，没有省份发生此类型跃迁；而在 2010~2019 年，陕西、辽宁和四川 3 省因受其相邻省份绿色创新投入水平显著降低的不利影响，由 L-H 型迁移至 L-L 型。

在跃迁Ⅲ型中，2001~2010 年，不少省区市发生了此类型跃迁，其中广西、江西、天津、福建、安徽、河北、海南等 7 省区市实现了由 L-H 型向 H-L 型的跃迁，说明这些省区市的绿色创新投入水平在此期间实现了对其相邻省份的超越；而湖北、四川、辽宁、陕西、北京、广东等 6 省市则从 H-L 型迁移至 L-H 型，说明这些省市的绿色创新投入水平在此期间落后于相邻省份。2010~2019 年，同样也有一些省区市发生了此类型跃迁，尤其是在 2010 年之后，随着长江经济带建设、京津冀协同发展、粤港澳大湾区建设等国家区域协调发展战略的相继推出，湖北、北京、广东逐步加强了与其周边绿色创新投入高水平省份的互动和交流，从而实现了从 L-H 型向 H-L 型的跃迁；而海南、广西、江西、天津、福建 5 省区市，此间因受其周边低水平省份的不利影响，从 H-L 型迁移至 L-H 型。

在跃迁Ⅳ型中，L-L 型省份在 2001~2010 年和 2010~2019 年两个时段的占比分别为 62.5% 和 61%。2010～2019 年，西北地区（宁夏、甘肃、青海、新疆）、黄河中游地区（山西、内蒙古）、西南地区（重庆、贵州、云南）和东北地区（吉林、黑龙江）的 11 个 L-L 型省区市在样本考察期内没有发生任何跃迁，从而成为制约当前我国省际绿色创新投入整体向高水平跃迁的重点省群。

（2）绿色创新产出效益的时空跃迁分析

表 6-9 给出了 2001～2019 年我国省际绿色创新产出效益的时空跃迁类型。从表 6-9 中可以看出，在所有跃迁类型中，Ⅳ型省份仍旧最多，Ⅰ型次之，Ⅱ型最少。整体来看，在 2001～2010 年和 2010～2019 年两个时段内，属于Ⅳ型的省份数分别为 26 个和 24 个，其空间凝聚度分别高达 0.867 和 0.800，从而反映出我国省际绿色创新产出效益具有非常明显的空间锁定效应和路径依赖性。

表 6-9　2001～2019 年我国省际绿色创新产出效益的时空跃迁类型

跃迁类型	时间划分	
	2001～2010 年	2010～2019 年
Ⅰ型	H-H→L-H:福建、北京 L-H→H-H:海南 H-L→L-L:湖北	L-L→H-L:湖北 H-L→L-L:辽宁
Ⅱ型	—	H-H→H-L:天津、海南 H-L→H-H:安徽、福建
Ⅲ型	—	—
Ⅳ型	天津、河北、山西、内蒙古、辽宁、吉林、黑龙江、上海、江苏、浙江、安徽、江西、山东、河南、湖南、广东、广西、重庆、四川、贵州、云南、陕西、甘肃、青海、宁夏、新疆	北京、河北、山西、内蒙古、吉林、黑龙江、上海、江苏、浙江、江西、山东、河南、湖南、广东、广西、重庆、四川、贵州、云南、陕西、甘肃、青海、宁夏、新疆

在跃迁Ⅰ型中，2001～2010 年，福建和北京因受长三角地区绿色创新高产出效益省份"虹吸效应"的不利影响，未能保持与相邻省份进行绿色创新产出成果的协同转化，最终从 H-H 型迁移至 L-H 型；而海南却因与广东这一绿色创新高产出效益省份毗邻，受到其辐射带动，成功实现了由 L-H 型向 H-H 型的跃迁。此外，这一时期湖北由于缺乏与相邻省份的有效协同，绿色创新成果转化受阻，从而由 H-L 型迁移至 L-L 型。随后在 2010～

2019 年，湖北因加强了与其邻近发达省份的互动与交流，积极吸取创新发展经验，同时积极致力于本省产业结构的绿色化升级，从而从 L-L 型重新跃迁至 H-L 型；而辽宁受制于其单一的产业结构及其较为严重的人才流失，未能实现与其相邻省份的协同发展，绿色创新产出效益的提升受到很大制约，导致其从 H-L 型迁移至 L-L 型。

在跃迁 II 型中，2001～2010 年，没有省份发生此类型跃迁；而到了2010～2019 年，天津和海南分别受其相邻省市北京和广东"虹吸效应"的不利影响，大量有利于当地绿色创新成果转化的要素外流，加之其也未能实现与高产出效益省份的有效协同，从而导致其从 H-H 型迁移至 H-L 型；而安徽和福建受邻近省份绿色创新产出效益显著提升的影响，实现了由 H-L 型向 H-H 型的跃迁。

在跃迁 III 型中，考察期内没有省份发生此类型跃迁。

在跃迁 IV 型中，L-L 型省份在 2001～2010 年和 2010～2019 年两个时段的占比分别为 53.8% 和 58.3%。2010～2019 年，西北地区（宁夏、甘肃、青海、新疆）、黄河中游地区（山西、内蒙古、河南、陕西）、西南地区（重庆、贵州、云南、四川）和东北地区（吉林、黑龙江）的 14 个 L-L 型省区市在样本考察期内一直未能发生跃迁，从而成为制约当前我国省际绿色创新产出整体向高产出效益跃迁的重点省群。

（3）绿色创新效率的时空跃迁分析

表 6-10 报告了 2001～2019 年我国省际绿色创新效率的时空跃迁类型。由表 6-10 可知，我国省际绿色创新效率的跃迁类型主要表现为 IV 型，且在2001～2010 年和 2010～2019 年两个时段内，所考察的样本省份均未发生跃迁，空间凝聚度均为 1，说明我国省际绿色创新效率存在较高的空间锁定效应和路径依赖性。需要指出的是，在跃迁 IV 型中，L-L 型省份在样本观测期内的占比为 45.2%，而 H-H 型省份占比却只有 29.0%，其中西北地区（宁夏、甘肃、青海、新疆）、黄河中游地区（山西、内蒙古、河南、陕西）、西南地区（广西、贵州、云南、四川）、东北地区（黑龙江）和长江中游地区（湖南）的14 个 L-L 型省区在样本考察期内一直未能发生跃迁，这已严重制约了我国省

际绿色创新效率的提升。因此未来应进一步强化区域及省域间的合作与交流，通过促进各类创新要素资源的自由流动及合理配置，不断提高 H-H 型省份的占比，使其能够更好地发挥对其他省份的辐射带动作用。

表 6-10　2001~2019 年我国省际绿色创新效率的时空跃迁类型

跃迁类型	时间划分	
	2001~2010 年	2010~2019 年
Ⅰ 型	—	—
Ⅱ 型	—	—
Ⅲ 型	—	—
Ⅳ 型	北京、天津、河北、山西、内蒙古、辽宁、吉林、黑龙江、上海、江苏、浙江、安徽、福建、江西、山东、河南、湖北、湖南、广东、广西、海南、重庆、四川、贵州、云南、陕西、甘肃、青海、宁夏、新疆	北京、天津、河北、山西、内蒙古、辽宁、吉林、黑龙江、上海、江苏、浙江、安徽、福建、江西、山东、河南、湖北、湖南、广东、广西、海南、重庆、四川、贵州、云南、陕西、甘肃、青海、宁夏、新疆

总而言之，我国省际绿色创新投入、产出和效率均呈现明显的空间锁定和路径依赖特征，H-H 型促进省份主要集中在东部沿海地区，而 L-L 型落后省份则主要位于西北、西南、东北、长江中游和黄河中游地区，且后者已成为制约我国省际绿色创新投入、产出和效率三者向高水平发展的关键区域。

6.4.2　省际绿色创新空间格局演化

为了能够更好地了解我国省际绿色创新投入、产出及效率空间发展格局的均衡程度及其变化特征，精准把握其发展规律，制定有关绿色创新投入、产出和效率提升的针对性措施，本章对我国省际绿色创新投入、产出及效率空间发展格局的演化趋势进行了探讨。利用前面计算求得的各省区市的绿色创新投入水平、绿色创新产出效益以及绿色创新效率的测算值，运用 ArcGIS 10.7 中嵌套的标准差椭圆分析功能，得到三者各自的空间椭圆参数。在此基础上，计算求得三者的重心迁移方向、重心迁移距离、重心迁移速度以及形状指数（沿短轴标准差与沿长轴标准差之比），以寻求我国省际绿色创新投入、产出和效率空间发展格局之规律。

6.4.2.1　省际绿色创新投入水平的空间格局演变

2001~2019 年我国省际绿色创新投入水平的重心转移轨迹及空间椭圆统计相关参数如图 6-6、表 6-11 和表 6-12 所示。

（1）省际绿色创新投入水平的空间重心转移轨迹

从空间重心分布范围来看（见图 6-6），研究期内，我国省际绿色创新投入水平的重心均位于河南省驻马店市境内，说明在东西方向上，位于东部地区的绿色创新投入水平平均要高于西部地区。

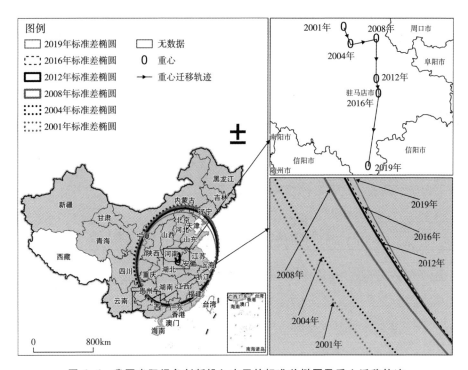

图 6-6　我国省际绿色创新投入水平的标准差椭圆及重心迁移轨迹

注：该图基于国家测绘地理信息局标准地图服务网站下载的审图号为 GS（2020）4630 的标准地图绘制，底图无修改。

从空间重心转移轨迹及其方向来看（见表 6-11），考察期内，我国省际绿色创新投入水平空间分布格局的重心迁移轨迹经历了"东南（2001~2004 年）—东北（2004~2008 年）—西南（2008~2012 年）—东南

（2012～2016 年）—西南（2016～2019 年）"的演变过程，总体上表现出向东南方向迁移的趋势。其中 2001 年绿色创新投入水平的重心位于河南省驻马店市的上蔡县境内，2001～2004 年重心开始逐渐向东南方向偏移，移动方向为东偏南 66.615°，但重心未发生转移；2004～2008 年重心又向东偏北方向偏移，移动方向为东偏北 7.595°，但重心仍位于驻马店市的上蔡县境内。可见，2001～2008 年，绿色创新投入水平重心整体上表现出向东南方向移动的趋势，说明此间我国东南地区的绿色创新投入水平有了较大提升，由此导致这一重心开始向东南方向转移。随后的 2008～2012 年，重心又开始向西南方向偏移，偏移量为西偏南 86.882°，从而使得这一重心由上蔡县移动到平舆县，说明此间西南地区较之于东北地区，绿色创新投入水平有了明显提升，从而导致重心向西南方向迁移。此后的 2012～2016 年，重心又向东南方向偏移，偏移量为 82.043°，但重心仍在平舆县境内。而到了 2016～2019 年，重心又开始向西南方向偏移，偏移量为 76.732°，重心由平舆县迁移至正阳县，表明此间西部地区较之于东部地区，绿色创新投入水平有了较大提升，从而导致重心向西南方向迁移。

表 6-11　我国省际绿色创新投入水平重心迁移方向和距离

年份	重心坐标	方向	迁移距离（km）	东西方向距离（km）	南北方向距离（km）	速度（km/a）	东西方向速度（km/a）	南北方向速度（km/a）
2001	E114.233°，N33.342°	—	—	—	—	—	—	—
2004	E114.281°，N33.231°	东偏南66.615°	13.442	8.218	10.637	4.481	2.739	3.546
2008	E114.491°，N33.259°	东偏北7.595°	19.073	18.761	3.435	4.768	4.690	0.859
2012	E114.477°，N33.002°	西偏南86.882°	30.391	2.858	30.256	7.598	0.715	7.564
2016	E114.490°，N32.909°	东偏南82.043°	10.575	2.575	10.257	2.644	0.644	2.564
2019	E114.382°，N32.451°	西偏南76.732°	53.160	2.583	53.097	17.720	0.861	17.699

就重心迁移距离及速度而言，2001~2004 年，重心移动的距离和速度均相对较小，分别只有 13.442km、4.481km/a；而在 2004~2008 年，重心在东西方向的迁移速度有所提高，但在南北方向的速度有所下降，且重心东进的速度（4.690km/a）与重心的整体迁移速度（4.768km/a）相差不大，表明此间重心在向东迁移，且迁移距离为 19.073km；随后的 2008~2012 年，重心迁移距离和速度都有了一定程度的提升，这主要是因为南北方向上重心南进的速度和距离大幅提升；但在 2012~2016 年，重心迁移的距离和速度都出现明显下降，迁移距离和速度分别仅为 10.575km、2.644km/a，原因主要在于重心在南北方向上的南进速度和距离，以及东西方向上的东进速度和距离均出现下降；而到了 2016~2019 年，重心迁移距离和速度又都出现大幅提升，迁移距离和速度分别达到了 53.160km、17.720km/a，原因在于重心在南北方向上南进的速度和距离大幅提升，尽管此间东西方向上迁移的速度和距离也有一定提升，但幅度不明显。因此，总体上看，我国省际绿色创新投入水平的重心迁移速度呈现"缓慢推进—缓慢升高—缓慢升高—缓慢下降—快速推进"之态势，即 2001~2004 年迁移速度较慢，2004~2008 年有所提升，2008~2012 年继续稳步攀升，2012~2016 年却有所下降，2016~2019 年又明显加快。

出现这一态势的原因可能在于，2001~2004 年，经济发达的东南地区已经开始重视生态环境保护和清洁生产技术使用，出于对自身经济高质量转型与发展的考虑，该地区对各类技术创新要素的需求也较高，从而使其绿色创新投入水平有了一定提升。而中西部地区的经济发展水平相对落后，各地更为关注的是其经济发展速度，对科技创新绿色化发展的重视不足，且其交通基础设施不发达，不利于创新要素充分有序流动，加之资源能源消耗过大（尤其是山西、内蒙古等煤炭资源丰富地区）、环境污染严重，导致其绿色创新投入水平较低，使重心向东南方向迁移的比较缓慢。2004~2008 年，东部发达地区继续保持这一良好势头，通过不断加大基础性研发投入力度，使其绿色创新投入水平继续得以稳步提升，而此间随着"东北振兴""中部崛起"等国家战略的相继出台以及可持续发展理念的不断深入，中西部一些省份和东三省的绿色创新也开始得到较好发展，这些省份凭借国家相关政策和战略的支持，通过学习东部发达地区的先进技术，加快产业结构转型升级、降低单位 GDP 能耗、提高资源能源利用效率，使其绿色创新投入水平有了明显提升，因而重心向东北方向迁移的速度有所提升。而在 2008~2012 年，我国经济遭受了较为严重的国际金融危机冲击，东部沿海发达省份更是最先受到冲击，从而导致其绿色创新投入水平的增长速度有所放缓。而同期的西部内陆省份因地理位置比较偏僻，经济发展水平和模式都不能与国际完全对接，受国际金融危机的冲击相对较小，反而使其绿色创新投入水平得到了一定程度的提高，从而导致重心向西南方向迁移。到了 2012~2016 年，随着创新驱动发展作为国家重大战略被明确提出，以及生态文明建设的持续推进，各地的绿色创新水平得到一定程度的提升，但由于此间我国经济发展开始步入"增速换挡"的新常态，绿色创新投入水平的增长总体上出现放缓，这样一来，各方面的综合作用使得重心向东南方向迁移的速度放慢。2016~2019年，党的十九大报告明确提出要构建以市场为导向的"绿色技术创新体系"，加之随后出台的"成渝城市群战略"，使得西南地区的绿色创新投入水平得以快速提升，导致重心开始向西南方向快速移动。

（2）省际绿色创新投入水平空间发展格局的标准差椭圆分析

2001~2019 年绿色创新投入水平的标准差椭圆覆盖了我国东中部的大部分省份，且椭圆面积在波动中持续变小，总体向东偏移。从形状指数来看，研究时限内的这一指数值总体上在不断变大，椭圆形状也在逐渐偏离正圆，说明绿色创新投入水平开始趋向于集中。从空间旋转方位角 q 来看，该方位角呈现"增大—缩小"的变化过程，但整体变化幅度不大，说明绿色创新投入水平的空间分布格局保持比较稳定的态势，总体呈现"偏东北-偏西南"分布的空间格局，且有向"偏正东-偏正西"格局演变之趋势（见表6-12）。从沿长轴标准差看，其长度由 2001 年的 1142.318km 变为 2019 年的 1038.694km，说明绿色创新投入水平在"偏东北-偏西南"方向的空间分布出现极化。而从沿短轴标准差来看，其呈现"上升—下降—上升—下降"的变化趋势，2001~2004 年，沿短轴标准差由 855.561km 增加至

892.278km，说明绿色创新水平在"偏东南-偏西北"方向上有"分散"的趋势；但在2004～2012年，却由892.278km减少至847.542km，说明此间绿色创新水平在"偏东南-偏西北"方向上有所"极化"；在随后的2012～2016年，进一步又由847.542km增加至851.294km，说明此间绿色创新水平在"偏东南-偏西北"方向上再度呈现"分散"的特征；但在2016～2019年，又由851.294km减少至843.335km，说明此间绿色创新水平在"偏东南-偏西北"方向上再次出现"极化"。

表6-12 我国省际绿色创新投入水平空间分布的标准差椭圆参数

年份	沿短轴标准差（km）	沿长轴标准差（km）	方位角 q(°)	椭圆面积（万 km²）	形状指数
2001	855.561	1142.318	22.084	307.017	0.749
2004	892.278	1112.061	23.000	311.713	0.802
2008	863.008	1096.428	22.730	297.249	0.787
2012	847.542	1071.925	20.745	285.398	0.791
2016	851.294	1066.108	20.055	285.107	0.799
2019	843.335	1038.694	16.032	275.178	0.812

6.4.2.2 省际绿色创新产出效益的空间格局演化

2001～2019年我国省际绿色创新产出效益的重心转移轨迹及其空间椭圆统计相关参数如图6-7、表6-13和表6-14所示。

（1）省际绿色创新产出效益的空间重心迁移轨迹

从空间重心分布来看（见图6-7），2001～2016年，我国省际绿色创新产出效益的空间重心一直位于安徽省境内，而2016～2019年，其重心却迁移至河南省境内。这反映出在东西方向上，我国东部地区的绿色创新产出效益平均要高于西部。

从空间重心的转移轨迹及方向来看（见表6-13），2001年，绿色创新产出效益的重心位于安徽省亳州市的利辛县境内，而在2001～2004年，重心开始逐渐向东南方向偏移，移动方向为东偏南76.760°，但重心未发生转

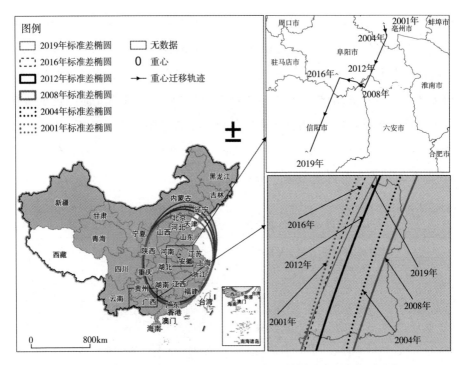

图 6-7　我国省际绿色创新产出效益的标准差椭圆及重心迁移路径

注：该图基于国家测绘地理信息局标准地图服务网站下载的审图号为 GS（2020）4630 的标准地图绘制，底图无修改。

移；2004～2008 年，重心向西偏南方向偏移，移动方向为西偏南 66.915°，且迁移至六安市霍邱县境内。可见，2001～2008 年，绿色创新产出效益重心整体上呈现向西南方向移动的态势，表明此间我国西南地区绿色创新产出效益出现明显提升。而在 2008～2012 年，重心却开始向西北方向偏移，偏移量为西偏北 68.875°，且由六安市的霍邱县迁移至阜阳市的阜南县，说明此间西北地区较之于西南地区，绿色创新产出效益有了明显提升，从而导致重心向西北方向迁移。随后在 2012～2016 年，重心继续向西北方向偏移，偏移量为 15.803°，但重心仍在阜南县境内。而到了 2016～2019 年，重心再度西南方向偏移，偏移量为 64.339°，且由安徽省阜阳市的阜南县迁移至河南省信阳市的商城县，表明此间较之于北方地区，南方地区的绿色创新产出效益有了较大提升，导致重心向西南方向转移。总体上看，我国省际绿色创新产出效益重心的迁移轨迹表现为"先偏东南再偏西南，然后偏西北，最后偏西南"，且在样本考察期内，其椭圆重心在东西方向上总体表现出向西偏移，而在南北方向上则呈现"先偏南再偏北，最后再偏南"的趋势。

表 6-13　我国省际绿色创新产出效益重心迁移方向和距离

年份	重心坐标	方向	迁移距离（km）	东西方向距离（km）	南北方向距离（km）	速度（km/a）	东西方向速度（km/a）	南北方向速度（km/a）
2001	E116.120°，N33.232°	—	—	—	—	—	—	—
2004	E116.148°，N33.113°	东偏南76.760°	15.777	5.476	14.796	5.259	1.825	4.932
2008	E115.888°，N32.503°	西偏南66.915°	72.518	16.289	70.665	18.130	4.072	17.666
2012	E115.871°，N32.547°	西偏北68.875°	5.861	1.283	5.719	1.465	0.321	1.430
2016	E115.712°N32.592°	西偏北15.803°	12.322	12.085	2.409	3.081	3.021	0.602
2019	E115.393°，N31.928°	西偏南64.339°	79.525	19.202	77.171	26.508	6.401	25.724

　　从重心迁移距离和速度来看（见表 6-13），2001~2004 年重心移动的距离和速度分别为 15.777km、5.259km/a，而在 2004~2008 年，重心在东西方向和南北方向上的速度均有所提高，但其南进速度（17.666km/a）明显要快于其西进速度（4.072km/a），且与其整体迁移速度（18.130km/a）相差不大，表明此间重心整体上在向南迁移，迁移距离为 70.665km；到了 2008~2012 年，重心迁移距离和速度均出现断崖式下降，这主要是因为南北方向上，重心的南进速度和距离大幅下降所致；而在 2012~2016 年，重心的迁移距离和速度又都有所提升，迁移距离和速度分别为 12.322km、3.081km/a，这主要归功于重心在东西方向上的西进速度和距离有所提升；而在 2016~2019 年，重心的迁移距离和速度又出现大幅提升，迁移距离和速度分别达到了 79.525km、26.508km/a，原因主要在于重心在南北方向上南进的速度

和距离大幅提升，尽管此间重心在东西方向上迁移的速度和距离也有一定的提升，但提升幅度却有限。总体来看，我国省际绿色创新产出效益的重心迁移速度表现出"缓慢推进—缓慢升高—快速下降—缓慢升高—快速推进"的发展过程。原因在于，考察期初（2004～2008年），在"西部大开发""中部崛起"等国家战略的作用下，资本（包括外资）、技术、人力等有利于绿色创新发展的优质要素资源开始向中西部转移，促使区域绿色创新向均衡方向发展，从而使得此间西南地区的绿色创新产出效益得以提升，导致重心向西南方向移动。考察期中（2008～2016年），随着区域经济社会发展逐渐向绿色可持续方向转变，各级政府开始转变其发展观念，希望通过鼓励科技创新和加大研发力度，借助新型技术手段来促进其产业结构转型升级，但因前期对环境保护的重视不够，导致出现了一定的非期望产出冗余，使得西北地区的绿色创新产出效益仅有小幅提升，从而导致其重心向西北方向缓慢迁移。考察期末（2016～2019年），党的十九大之后，以市场为导向的"绿色技术创新体系""成渝城市群战略"等一系列国家重大政策和战略相继出台，有力促进了西南地区绿色创新产出效益的提升，从而使重心快速向西南方向移动。

（2）省际绿色创新产出效益空间发展格局的标准差椭圆分析

2001～2019年绿色创新产出效益的标准差椭圆覆盖了我国东部沿海和中部地区的大多数省份，且椭圆面积在波动中不断缩小，总体向东偏移。从空间分布范围的变化来看（见表6-14），考察期内，该椭圆面积经历了"缩小（2001～2004年）—变大（2004～2012年）—缩小（2012～2019年）"的变化过程，整个考察期内的椭圆面积平均为253.250万 km^2；而其形状指数则经历了"减小（2001～2008年）—增加（2008～2019年）"的变化过程，整个考察期内的形状指数均值为0.715，且椭圆形状逐渐向正圆演变，说明我国省际绿色创新产出效益逐渐趋向于集中。从方位角 q 来看，研究期内方位角的变化范围在 8.400°～14.369°，且呈现"缩小（2001～2004年）—增大（2004～2012年）—缩小（2012～2019年）"的变化过程，2001～2004年方位角 q 变化了2.091°，表明绿色创新产出效益的空间分布格局

由"偏东北-偏西南"向"偏正东-偏正西"偏移了 2.091°；而 2004~2012 年
的方位角变化却不是很明显，仅有 0.038°，说明绿色创新产出效益的空间分
布格局基本保持稳定；而在 2012~2019 年方位角 q 再次由"偏东北-偏西南"
向"偏正东-偏正西"偏移了 3.916°。由此可见，我国省际绿色创新产出效益
的空间分布总体上呈现"偏东北-偏西南"之格局，且逐渐向"偏正东-偏正
西"方向发展。从沿长轴标准差的变化来看，2001~2004 年沿长轴标准差缩
小，由 1113.396km 变为 1087.866km，说明绿色创新产出效益在"偏东北-偏
西南"方向上的空间分布呈现出"极化"状态，而在 2004~2008 年沿长轴标
准差则由 1087.866km 变为 1099.415km，说明此间绿色创新的产出效益在主轴
方向上的空间分布有所"分散"，到了 2008~2019 年，沿长轴标准差却又从
1099.415km 变为 976.428km，说明此间绿色创新产出效益的空间分布再度出
现"极化"。从沿短轴标准差的变化来看，研究期内其呈现"缩小（2001~
2008 年）—增加（2008~2012 年）—缩小（2012~2016 年）—增加（2016~
2019 年）"的变化过程，考察期内总体上缩短了 4.181km，表明"偏东北-偏
西南"方向上的绿色创新产出效益是在"空间极化"和"空间分散"的交替
中逐渐向空间极化状态演变，空间异质性显著增强。

表 6-14　我国省际绿色创新产出效益空间分布的标准差椭圆参数

年份	沿短轴标准差（km）	沿长轴标准差（km）	方位角 q（°）	椭圆面积（万 km²）	形状指数
2001	772.595	1113.396	14.369	270.225	0.694
2004	744.081	1087.866	12.278	254.284	0.684
2008	736.653	1099.415	12.287	254.417	0.670
2012	764.834	1087.223	12.316	261.222	0.703
2016	763.391	1015.999	9.590	243.649	0.751
2019	768.414	976.428	8.400	235.701	0.787

6.4.2.3　省际绿色创新效率的空间格局演化

2001~2019 年我国省际绿色创新效率的重心迁移轨迹及其空间椭圆统计

相关参数如图 6-8、表 6-15 和表 6-16 所示。

（1）省际绿色创新效率的空间重心迁移轨迹

从空间重心分布来看（见图 6-8、表 6-15），2001~2019 年我国省际绿色创新效率的重心位于东经 114.420°~114.765° 和北纬 33.450°~33.477°，且一直位于河南省周口市的商水县境内，表明在东西方向上，东部地区的绿色创新效率平均要高于西部。

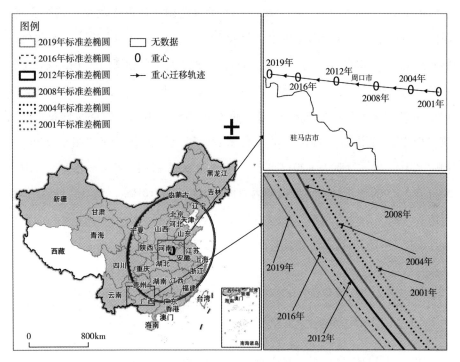

图 6-8　我国省际绿色创新效率的标准差椭圆及其重心迁移轨迹

注：该图基于国家测绘地理信息局标准地图服务网站下载的审图号为 GS（2020）4630 的标准地图绘制，底图无修改。

从重心迁移距离和速度来看（见表 6-15），2001~2004 年，重心迁移的距离和速度分别为 5.504km、1.835km/a；而在 2004~2008 年，重心在东西方向和南北方向上的迁移距离均出现小幅提高，但其西进速度（1.829km/a）要远快于北进速度（0.088km/a），且与重心的整体迁移速度（1.831km/a）

相差不大，表明此间重心整体上在向西迁移，迁移距离为 7.325km；到了 2008~2019 年，重心的迁移距离和速度又开始出现下降，这主要与南北方向和东西方向上重心的北进速度及距离以及西进速度及距离均有所下降有关。总体上看，研究期内我国省际绿色创新效率的重心一直在向西北方向迁移，且迁移速度持续降低。原因可能在于，随着"西部大开发""中部崛起"等重大战略的持续推进，国家更为重视西部各省市的发展，通过鼓励东部优质的资本、人才要素不断向中西部省份转移，从而有力促进其绿色创新产出成果转化，使得其绿色创新效率不断提升，进而导致重心一直向西北方向迁移。

表 6-15 我国省际绿色创新效率的重心迁移方向及距离

年份	重心坐标	方向	迁移距离（km）	东西方向距离（km）	南北方向距离（km）	速度（km/a）	东西方向速度（km/a）	南北方向速度（km/a）
2001	E114.765°，N33.450°	—	—	—	—	—	—	—
2004	E114.705°，N33.455°	西偏北 5.222°	5.504	5.496	0.305	1.835	1.832	0.102
2008	E114.626°，N33.462°	西偏北 4.753°	7.325	7.316	0.351	1.831	1.829	0.088
2012	E114.550°，N33.467°	西偏北 3.926°	7.009	7.006	0.212	1.752	1.752	0.053
2016	E114.475°，N33.473°	西偏北 4.090°	6.897	6.893	0.224	1.724	1.723	0.056
2019	E114.420°，N33.477°	西偏北 4.583°	5.032	5.026	0.237	1.677	1.675	0.079

（2）省际绿色创新效率空间发展格局的标准差椭圆分析

2001~2019 年省际绿色创新效率标准差椭圆的覆盖范围在不断扩大，且总体向东偏移，其中椭圆包含的区域主要涉及我国东中部的大部分省份，这些地区是我国经济实力相对雄厚、绿色发展基础较好的地区，这与我国绿色创新发展的现状基本吻合。此外，考察期内的椭圆形状指数也在不断变大，说明我国省际绿色创新效率的空间分布格局呈现不断"扩散"之态势（见表6-16）。进一步从方位角 q 来看，研究期内方位角的变化范围在 17.262°~18.696°，且有不断增大之趋势，2001~2019 年方位角变化了 1.434°，变化幅度不大，表明我国省际绿色创新效率的空间分布总体呈现相对稳定的"偏东北-偏西南"之格局，且表现出逐渐向"偏北-偏南"方向发展的态势。从沿长轴标准差和沿短轴标准差来看，两者均在不断增加，分别由 2001 年的 1166.916km、916.527km 延长至 2019 年的 1172.638km、939.018km，增长率分别为 0.490%、2.454%。由此可见，考察期内我国省际绿色创新效率的空间分布仍比较分散，尽管南北方向为绿色创新效率空间分布的主轴方向，但东西方向的绿色创新效率发展也开始显现。

表6-16 我国省际绿色创新效率空间分布的标准差椭圆参数

年份	沿短轴标准差（km）	沿长轴标准差（km）	方位角 q(°)	椭圆面积（万 km²）	形状指数
2001	916.527	1166.916	17.262	335.978	0.785
2004	920.397	1167.981	17.508	337.705	0.788
2008	925.770	1169.293	17.820	340.058	0.792
2012	930.680	1170.706	18.158	342.274	0.795
2016	935.257	1171.962	18.476	344.327	0.798
2019	939.018	1172.638	18.696	345.911	0.801

总体而言，绿色创新投入、产出及效率的标准差椭圆覆盖了我国东部沿海和中部地区的大部分省份，在空间上呈现"偏东北-偏西南"分布的格局，且都在向东偏移。而在空间重心和迁移轨迹上，绿色创新投入、产出和效率的变动情况却各不相同，其中绿色创新投入水平总体上在向东南方向迁移，绿色创新产出效益总体上在向西南方向迁移，而绿色创新效率则总体上在向西北方向迁移。至于空间分布格局，绿色创新投入水平及产出效益的椭圆覆盖范围均在波动中不断缩小，而绿色创新效率的椭圆覆盖范围却在逐年增大，说明我国绿色创新投入水平及其产出效

益在空间上有向集聚（极化）状态发展之趋势，但绿色创新效率却表现出向分散（均衡）状态发展的趋势。

6.4.3　省际绿色创新空间结构演化规律

由上述分析结果可知，我国省际绿色创新投入、产出和效率的空间结构分布及其重心迁移均具有较为明显的区域集聚和分化特征，加之绿色创新投入、产出和效率还存在较为明显的区域关联性，因而受这三类空间结构特征的共同影响，我国绿色创新空间结构也会表现出相应的区域集聚和分化特征。此外，考虑到绿色创新发展的作用机理及其区域差异成因的复杂性，目前学界从经济发展、产业构成和政策支持等方面进行了许多有益探索，但其研究目标大多聚焦于绿色创新影响因素的识别上，对其空间结构演化规律的关注尚有不足。为此，下面将从绿色创新投入、产出和效率空间结构分化引致绿色创新空间结构分化这一理论逻辑出发，就研究期内我国省际绿色创新投入、产出和效率三类空间结构的集聚程度、局部关联性及其重心迁移轨迹的变动情况进行对比分析，以期能更为深刻地理解和把握我国省际绿色创新空间结构的时空演化分异特征。

6.4.3.1　绿色创新投入、产出和效率空间集聚的对比分析

从绿色创新三类空间结构的整体集聚程度（全局 Moran's I 指数值）来看，样本观测期内的绿色创新产出及效率均存在明显的空间集聚特征，但随着时间的推移绿色创新效率的这一特征表现出不断减弱的趋势，使得各地的"追赶效应"明显，空间同质性持续增强。绿色创新投入的空间集聚性却不是很明显，整体上呈现落后省份环绕领先省份的"中心-外围"格局，但随着时间的推移，这一格局却在不断收敛，从而表现出向均衡方向发展的趋势。由此可见，2001~2019 年，我国省际绿色创新空间结构整体上表现出在集聚中不断向均衡发展之趋势，且未来这一趋势还可能会被进一步强化。

6.4.3.2　绿色创新投入、产出和效率局部空间关联的对比分析

从绿色创新三类空间结构的局部空间关联性（局部莫兰散点图）来看，

样本观测期内绿色创新投入、产出和效率的空间评价单元大多落在了第一象限（H-H 型促进区）和第三象限（L-L 型落后区），从而形成了较为明显的局部空间俱乐部收敛态势。尽管在研究期内三类空间结构的集聚类型均发生了不同程度的跃迁，但却始终未能打破"H-H 型"和"L-L 型"的空间集聚格局，两极分化现象依旧比较严重。此外，三类空间结构中，位于 L-L 型落后区的省份明显多于 H-H 型促进区，表现出较为明显的区域异质性，说明绿色创新投入、产出和效率的领先区域对其周边地区的"涓滴效应"小于其"极化效应"，辐射带动作用有限，且位于 L-L 型落后区的省份很可能会陷入一定程度的恶性循环中。就其集聚类型的时空跃迁而言，考察期内，在三类空间结构的集聚跃迁类型中，发生 IV 型跃迁的省份最多，说明我国省际绿色创新投入、产出和效率三类空间结构均具有较为明显的空间锁定及路径依赖特征，而且 H-H 型促进区省份主要集中在东部沿海地区，L-L 型落后区省份则主要分布在西北、西南、东北、长江中游和黄河中游地区，且 L-L 型落后区省份已成为制约我国省际绿色创新投入水平、产出效益及效率向更高水平方向发展的重点省群。由此可见，我国省际绿色创新的空间结构在考察期内一直保持以"H-H"集聚和"L-L"集聚为主的空间俱乐部收敛格局，绿色创新发展先进区对落后区的辐射带动作用有限，且受空间锁定和路径依赖的影响，这一格局在短期内很难有明显改变。但随着国家区域协调发展战略的不断推进，各类创新要素在不同区域间的自由流动将显著增强，加之国家对一些重点区域的政策倾斜（如长三角一体化发展、粤港澳大湾区建设等），这些区域的绿色创新水平将显著提升并成为新的增长极。这样一来，借助这些先进区域对西部内陆落后地区的辐射带动作用，未来我国省际绿色创新的空间结构可能会向均衡方向不断推进。

6.4.3.3 绿色创新投入、产出和效率空间结构重心及其迁移路径的对比分析

从三类空间结构的重心分布来看，2001～2019 年，绿色创新投入水平及其效率的重心一直位于河南省境内，而绿色创新产出效益的重心却由安徽省境内迁移至河南省境内，说明在东西方向上，东部地区的绿色创新发展

水平整体上要高于西部地区。从重心的迁移路径及其速度来看，考察期内，绿色创新投入水平的重心迁移路径表现出"东南—东北—西南—东南—西南"的变化趋势，且先后经过"驻马店市上蔡县—驻马店市平舆县—驻马店市正阳县"，同时其重心迁移速度表现为"缓慢推进（2001~2004 年）—缓慢升高（2004~2008 年）—缓慢升高（2008~2012 年）—缓慢下降（2012~2016 年）—快速推进（2016~2019 年）"的变化过程，其中南北方向上的移动速度要明显快于东西方向。而此间绿色创新产出效益的空间重心在向西南方向迁移，表现出"东南—西南—西北—西南"的变化趋势，说明二者的重心迁移轨迹存在差异。但与绿色创新投入水平的重心相比，绿色创新产出效益重心的迁移速度在 2008~2012 年和 2012~2016 年两个时段有所不同，其大致呈现"缓慢推进（2001~2004 年）—缓慢升高（2004~2008 年）—快速下降（2008~2012 年）—缓慢升高（2012~2016 年）—快速推进（2016~2019 年）"之趋势，且南北方向的移动速度同样要快于东西方向。然而，与绿色创新投入水平及其产出效益不同的是，绿色创新效率的空间重心在此期间一直在向西北方向迁移，且其迁移速度一直表现出不断降低的趋势，东西方向上的移动速度要远快于南北方向。

此外，从三类空间结构重心迁移的平均距离来看，绿色创新产出效益（9.790km）>绿色创新投入水平（6.665km）>绿色创新效率（1.672km），说明绿色创新投入和产出对其效率的驱动作用更为明显。值得注意的是，尽管绿色创新投入、产出及效率的空间重心迁移方向各不相同，但鉴于绿色创新产出和效率的重心都在向西迁移，因此总体上可以认为我国西部地区的绿色创新发展在不断向好。综上可知，2001~2019 年，我国省际绿色创新空间结构整体上呈现"东西失衡-南北异化"的分布态势，但其重心整体上在不断向西北方向迁移，说明东西方向和南北方向上的绿色创新发展差距在不断缩小，未来我国省际绿色创新的空间结构有向均衡方向不断推进之趋势。

总而言之，通过比较三类空间结构的整体空间集聚度、局部空间关联性及重心分布可知，当前我国省际绿色创新空间结构整体上仍处于"集聚"

大于"扩散"的"虹吸效应"占主导的阶段。但从三类空间结构的集聚度、局部空间关联性及重心迁移轨迹的变化情况来看,可以预测,在"极化效应"和"扩散效应"的共同作用下,未来我国省际绿色创新的空间结构短期内仍将在"集聚"和"均衡"两种空间状态间交替变化,且随着区域空间结构的不断演变,"扩散效应"最终会大于"极化效应",因而在长期中,我国省际绿色创新的空间结构将在集聚中趋向于均衡。这也恰好印证了习近平总书记2019年8月26日在中央财经委员会第五次会议提出的"新形势下推动区域协调发展,要遵循经济发展客观规律调整完善区域政策体系,发挥各地区比较优势,促进各类要素合理流动、高效集聚,在发展中营造平衡"的重要论述(蔡之兵,2020)。

6.5 本章小结

本章首先运用 ArcGIS 空间分析软件和趋势面分析法对我国省际绿色创新的空间分布趋势及空间异质性特征进行可视化展示,进而运用熵值法和 K-均值聚类法将绿色创新投入水平、绿色创新产出效益及环境污染指数划分为高、中、低三种类型,以对绿色创新效率及绿色创新要素的投入产出关联进行分析,最后从绿色创新全过程出发,运用探索性空间数据分析、时空跃迁分析、标准差椭圆分析法对我国省际绿色创新投入、产出和效率三类空间结构特征进行探讨,以寻求我国省际绿色创新空间结构的演化规律,从而可得如下结论。

第一,我国省际绿色创新效率总体呈现"南高北低、东高西低"的空间非均衡特征,其中"东部>中部>西部""沿海>内陆""南方>北方",梯度递减格局的分异特征明显。第一梯度的绿色创新效率高水平省份主要集中在东部沿海地区,且已形成稳定的以"北京-天津-上海-广东"为极点的"弓形"高水平绿色创新发展轴带,同时不断向南北两侧纵深辐射,由此也带动其他梯度省份实现了不同程度的跃升。其中位于西南地区的重庆跃迁至第一梯度,未来有望成为引领西部地区绿色创新发展的增长极。但在关注绿色创新发展东西差距的同时，还应重视其南北分化问题。

第二，绿色创新的高投入未必能带来更高的绿色创新产出效益；绿色创新高投入和绿色创新高产出也未必能带来绿色创新的高效率，因为较高的环境污染水平可能会导致更大的效率损失；"低投入、低产出、高污染"以及"低投入、低产出、低污染"是导致绿色创新低效率的关键原因。

第三，整体而言，研究期内的绿色创新产出效益及其效率均存在显著的空间正相关性，而绿色创新投入水平的空间相关性则不是很明显。从局部看，绿色创新投入、产出和效率各自的散点（省份）均主要分布在第一、三象限，存在"H-H"集聚和"L-L"集聚的空间俱乐部现象；同时这三者位于第三象限（L-L型落后区）的散点都明显多于第一象限（H-H型促进区），说明我国省际绿色创新具有较为明显的空间异质性，且绿色创新领先省份对其周边省份的"涓滴效应"小于"极化效应"，辐射带动作用不明显。从时空跃迁看，我国省际绿色创新存在较为明显的空间锁定和路径依赖，H-H型促进区省份主要集中于东部沿海地区，而L-L型落后区省份则主要位于西北、西南、东北、长江中游和黄河中游地区，且后者已成为制约我国省际绿色创新向高水平发展的重点区域。

第四，2001~2019年，我国省际绿色创新投入的重心位于河南省境内，迁移轨迹为"驻马店市上蔡县—驻马店市平舆县—驻马店市正阳县"，重心呈现"东南—东北—西南—东南—西南"的变化格局，重心迁移速度表现为"缓慢推进—缓慢升高—缓慢升高—缓慢下降—快速推进"的变化过程，其中南北方向上的移动速度要远快于东西方向；而绿色创新投入水平的空间分布则经历了"分散—极化—分散—极化"的交替过程，空间格局呈"偏东北-偏西南"，且有向"正东-正西"不断偏移之趋势。与绿色创新投入水平不同的是，考察期内，我国省际绿色创新产出效益的重心分布在安徽省和河南省境内，其移动轨迹为"亳州市利辛县—六安市霍邱县—阜阳市阜南县—信阳市商城县"，且表现为"东南—西南—西北—西南"的变化格局，重心移动速度呈现"缓慢推进—缓慢升高—快速下降—缓慢升高—快速推进"的变化过程。而绿色创新效率的空间分布格局则处在不断极化的过程中，其空间格局同样呈现"偏东北–偏西南"方向，且有向"正东–正西"不断偏移之趋势，其重心在观测期内一直分布在河南省周口市的商水县境内，但其迁移速度却在不断下降，空间上呈现"偏东北–偏西南"的分布格局，且有不断向西北方向扩散之趋势。

第五，未来一段时间我国省际绿色创新空间结构仍将在"集聚"和"均衡"两种状态间交替变化，但随着区域绿色创新空间结构的不断优化，其"扩散效应"势必会大于"极化效应"，最终使这一空间结构在集聚中不断走向均衡。

第7章

省际绿色创新投入、产出
与效率耦合协同的时空特征

由上述分析可知，我国省际绿色创新投入、产出及效率三类空间结构均存在不同程度的区域失衡，由此也导致我国绿色创新在整体上表现出一定的空间异化特征。那么，绿色创新发展这种空间异化态势形成的内在机理是什么？绿色创新投入、产出和效率这三类空间结构在其中又发挥着什么作用？为此，还需要进一步考察绿色创新投入、产出和效率三者间的差异、联系及协同状况，以探寻我国省际绿色创新空间失衡的深层次原因。基于此，本章将从静态结构特征和动态演化规律双重视域出发，关注我国省际绿色创新投入、产出及效率三类空间结构之差异，同时着眼于系统的耦合协同过程，将区域绿色创新看作一个包含投入、产出及效率三个子系统的整体系统，分别考察绿色创新投入对其产出及效率的影响、绿色创新效率对其产出的影响，以及绿色创新产出对其投入及效率的反馈作用，以厘清绿色创新投入、产出和效率三个子系统间的耦合互动关系及协同发展机理，同时从时空维度对三系统间的耦合协同机理进行检验，进而构建耦合协同度模型用以测度三系统的协同水平，尤其关注其时空特征，力求准确把握绿色创新投入、产出及效率三类空间结构的差异、互动及协调状况，从而为我国绿色创新空间特征分析提供相应的理论解释及经验证据。

7.1 省际绿色创新投入、产出
与效率的时空差异

基于前文测算的绿色创新投入水平、产出效益及其效率值，选择 2001 年、2010 年和 2019 年三个截面进行可视化展示，依次对我国省际绿色创新投入（a）、省际绿色创新产出（b）和省际绿色创新效率（c）三个子系统的变化情况进行说明（见图 7-1）。

由图 7-1（a）可知，在 2001~2010 年，我国省际绿色创新的投入水平有所提升，主要表现为低水平省份在减少，且已形成中水平区由长江中游向长江上下游推进、高水平区由北部沿海向东部沿海推进之趋势。但在 2010~2019 年，我国绿色创新投入的整体状况不是很好（尤其是山西、辽宁、黑龙江、云南等省份），表现为绿色创新投入水平降低，高水平区趋于收缩，低水平区大幅度向西南和东北地区扩散，中水平区开始向长江下游收缩，空间非均衡态势越来越明显。而由图 7-1（b）可知，绿色创新产出效益整体上表现出不断向好的发展趋势，已形成中水平区由东北和北部沿海向长江中下游不断扩展之趋势，高水平区则保持稳定，主要分布在长三角的核心区。进一步从图 7-1（c）可知，绿色创新效率高水平区的集中性比较明显，主要分布在北部沿海、东部沿海和南部沿海地区，只有少部分散落在东北地区，且在 2001~2019 年，低水平区收缩，中水平区出现一定程度的扩张，逐渐向黄河中游推进。

总体而言，我国省际绿色创新投入、产出及效率三类空间结构存在较为明显的差异，且在演化过程中始终存在"扩散"和"集聚"两种力量的相互作用，由此也造成三类空间结构存在分异特征，至于产生这一空间格局分异的原因，则在下文予以详细探讨。

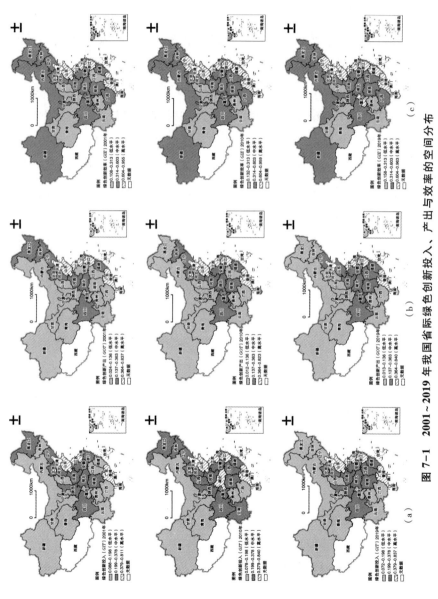

图 7-1　2001～2019 年我国省际绿色创新投入、产出与效率的空间分布

注：该图基于国家测绘地理信息局标准地图服务网站下载的审图号为 GS（2020）4630 的标准地图绘制，底图无修改。

217

7.2 绿色创新投入、产出及效率的耦合协同机理

耦合协同是指多个系统之间相互关联、彼此作用，最终衍生为一个交互影响、协同发展的有机整体，其本质是系统之间的共生互动、和谐发展（任保平、杜宇翔，2021）。区域绿色创新发展是一个包含绿色创新投入、产出及效率等不同子系统相互作用的复杂动态过程，因此本节将从系统的耦合协同性出发，考察省际绿色创新各子系统间的非线性耦合互动关系及其内部的协同性，明确我国区域绿色创新发展的现状及其阶段性特征，把握绿色创新系统内部各省份之间的差距，以进一步明确和优化我国区域绿色创新协同发展的路径选择。

根据系统理论，区域绿色创新的投入、产出及效率是一个涉及经济、社会、环境等多个领域的开放式耗散结构系统，兼具复杂性、不确定性、多层次性和动态性（沈宏婷，2015）。也即在绿色创新投入对其产出及效率产生影响的同时，绿色创新产出及效率也会通过某些特定路径对其投入进行反馈。这样一来，在从绿色创新投入到产出及效率的动态演进过程中，不仅包括各子系统自身的情况，还会涉及其他相关因素。区域绿色创新投入、产出及效率是一个多路径演进、多反馈调节并存的系统，构成该复合系统的诸要素之间存在多种相互关联，从而它们之间既互相依赖又彼此制约，同时伴随参与其中的相关要素的不断更替和变化，其交互作用也会随之发生动态调整。尤其是当绿色创新三个子系统的发展程度和变化趋势比较接近时，其相互促进作用将明显大于彼此的制约作用，从而有利于实现绿色创新的均衡协同发展。而当某一子系统落后于绿色创新内部其他系统的发展时，其制约作用将大于促进作用，从而各子系统之前的均衡状态就会被打破，导致绿色创新因失调而不断趋于发散（任栋等，2021）。

7.2.1　绿色创新投入-产出的转化过程

区域绿色创新表现为一个典型的投入-产出转化过程，即表现为一个从人才、资金、设备、能源等创新资源投入向绿色专利技术与工艺方法、绿色产品以及绿色 GDP 等产出转化的过程，最终带动经济、社会、环境的持续、健康、协同发展。这样一来，借鉴创新价值链理论（Guan and Chen，2010），就可以将绿色创新活动进一步分解为"绿色科技研发"和"绿色创新成果转化"两个相互联系、相互作用的子阶段（见图 7-2）。其中，绿色科技研发阶段刻画了从初始的绿色创新投入向中间的绿色创新产出的转化，而绿色创新成果转化阶段则反映了从中间的绿色创新产出向最终的社会经济效益的转化。其中绿色科技研发阶段是企业、高校、研发机构等绿色创新主体共同参与的阶段，这一阶段通过人力、资金、能源等要素的投入，实现以绿色专利申请授权量为中间产出代表的绿色科技研发过程，主要包括绿色设计、研究开发、干中学和测试等方面。绿色创新成果转化阶段则是以企业为主体、市场为导向的绿色科技成果的商业化阶

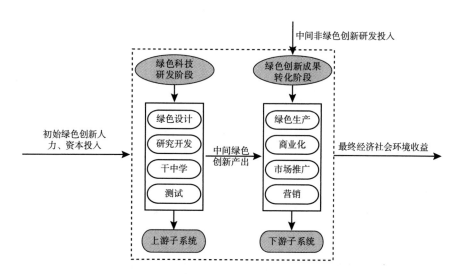

图 7-2　绿色创新投入-产出转化过程示意

段，主要涉及绿色生产、商业化、市场推广和营销等内容，此阶段既与绿色创新产出（专利申请授权量等）密切相关，也与绿色科技研发投入直接相关（肖仁桥等，2014）。这样一来，初始阶段的绿色科技研发投入增加，不仅有利于绿色创新产出成果的实现，而且有助于某些生产工艺的绿色化改进和革新，从而能够提升经济效益、环境效益和社会效益。换言之，绿色创新投入不仅能够带来绿色创新产出的增长，而且可以借助其中的正外部性来提升绿色全要素生产率，以抵消绿色创新要素规模收益递减的不利影响，最终实现绿色创新规模收益的持续增加。

7.2.2 绿色创新各子系统的相互作用

在绿色创新的三个子系统中，绿色创新投入是其产出及效率的物质基础和前提条件，对绿色创新产出成果的转化及其效率的提升具有非常重要的作用（沈宏婷，2015）。因为加大绿色创新的投入力度，促进各类创新要素在区域间有序流动，实现其优化配置及高效整合，有利于周边地区引进、消化、吸收绿色先进技术和绿色治理经验，进而不断改造和完善自身的生产经营活动，从而可以在"干中学"中促进区域绿色创新成果的孵化和转化。而营商环境的持续优化和市场化程度的不断提高，在既定的设备、土地、能源等各类绿色创新要素共同作用下，将形成有利于区域绿色创新效率提升的"结构效应"（李健等，2021），从而带动区域经济快速发展，最终促进当地经济结构不断向绿色化和低碳化方向转变。相应地，区域经济结构优化也有利于其劳动生产率和资源能源利用率的显著提升，而这将有利于地区生态环境质量的改善和提升。进一步地，绿色创新效率的提高又会反作用于绿色创新投入及产出，进而借助绿色创新系统内部的正向反馈作用，触发绿色创新能力的"叠加效应"，使区域内企业、高校和科研院所等创新主体的组织结构及运行机制更加合理与有效，从而使得绿色创新产出更有效率（王成金，2008）。绿色创新产出的提高也会对绿色创新投入及效率形成积极的反馈效应。也即当绿色创新获得成功时，以绿色专利为代表的产出成果将产生可观的规模经济收益，从而提高企业从事绿色科技研发的积极性，使其绿色创新投入力度得以持续加大，并最终实现区域绿色创新要素的不断集聚；而当绿色创新失败时，其产出就会成为一种非期望产出，其所排放的环境污染物将导致生态及人居环境恶化，对居民身心健康造成不利影响。然而，随着美丽中国建设的持续推进和经济社会发展主要矛盾的转变，人民对优美生态环境和绿色经济的需求日益增强，而这又可能会倒逼企业改进其生产经营环境，从而吸引绿色创新要素聚集。另外，绿色创新产出成果的转化和扩散，不仅能够促进区域的绿色化生产与发展，加快其产业的绿色化升级与转型，实现更大的经济收益，而且有利于企业生产方式的绿色化转变，提升其资本运作效率。上述这些方面的共同作用还有助于为居民提供节能高效的绿色生活方式，使其生活质量不断提高，使人居环境更加优美，最终在绿色创新产出"红利效应"的作用下，绿色创新效率不断提升（刘贝贝等，2021）。由此可见，上述三者之间只有相互适配、相互促进、协同推进，绿色创新的整体系统才能在持续优化的动态反馈中产生显著的协同效应，进而使该系统内部的创新要素不断得以重组，最终实现优化配置。绿色创新投入不足或者其成果转化效益较低，则会阻碍绿色创新产出及其效率的提升，同时也不利于绿色创新效率对其投入的积极反馈和有效促进，尤其是当系统之间及其内部各要素之间调配失当时，很可能会导致整个绿色创新系统陷入某种无序运行状态。

总之，在我国省际绿色创新的发展过程中，其投入、产出及效率三系统间相互依赖、彼此作用、协同推进，通过系统间的"叠加效应"，使得区域间的绿色创新发展能够实现相互引领、互利共赢、相互反馈。同时，在循环累积因果机制的作用下，各系统通过不断循环、自我组织、自我改造，最终将促进资本、劳动力、能源等创新要素自由流动、合理配置、高效整合，由此形成区域绿色创新的核心优势，最终推动区域绿色创新发展模式重塑和优化。基于此，可构建绿色创新投入、产出及效率的耦合协同作用机理及理论框架（见图 7-3）。

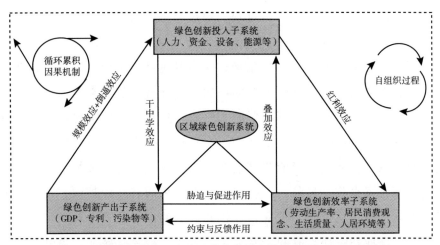

图 7-3 绿色创新投入、产出及效率的耦合协同作用机理及理论框架

7.3 绿色创新投入、产出及效率的耦合协同检验

7.3.1 模型选择

7.3.1.1 PVAR 模型

VAR（Vector Auto Regression，VAR）模型能够较好地解释多个相互关联变量的动态关系，通常被用来检验不同时间序列变量间的动态作用程度，通过使用某一内生变量对所有内生变量进行滞后回归实现。为考察绿色创新投入、产出和效率三个子系统的互动效果及动态响应关系，同时考虑到研究样本为面板数据，本章借鉴 Love 和 Zicchino（2006）的研究，引入 PVAR 模型进行验证，其具体形式如下：

$$\delta_{it} = \theta_0 + \sum_{j=1}^{k} \theta_j \delta_{it-j} + \mu_i + \upsilon_t + \varepsilon_{it} \tag{7-1}$$

式（7-1）中，δ_{it} 为包含相关内生变量的列向量，即绿色创新投入（GIT）、绿色创新产出（GOT）及绿色创新效率（GIE）；θ_0 为截距项，用于反映个体的异质性；j 为滞后阶数；μ_i 为反映省际绿色创新差别的固定效应变量；υ_t 为个体固定效应项；ε_{it} 为随机扰动项，且服从正态分布。

7.3.1.2　双变量空间自相关模型

双变量空间自相关模型是一种度量某一空间评价单元上的经济社会现象或属性值与其邻近空间单元上的另一经济社会现象或属性值之间关联程度的方法。基于此，为考察空间视域下省际绿色创新投入、产出及效率耦合协同的作用机理，本章引入双变量全局空间自相关模型（方叶林等，2020），运用双变量全局空间自相关系数对绿色创新投入、产出及效率的空间关联性进行分析，其表达式为：

$$G = \frac{n \sum_{i=1}^{n} \sum_{j \neq 1}^{n} W_{ij}(X_i^a - \overline{X}_a)(X_j^b - \overline{X}_b)}{\sum_{j=1}^{n} \sum_{j=1}^{n} W_{ij} \sum_{i=1}^{n}(X_i^a - \overline{X}_a)(X_j^b - \overline{X}_b)} \qquad (7-2)$$

$$G_{cd} = \frac{X_i^c - \overline{X}_c}{\delta_c} \sum_{j=1}^{n} W_{ij} \frac{X_j^d - \overline{X}_d}{\delta_d} \qquad (7-3)$$

其中，G 为双变量全局空间自相关系数，G_{cd} 为双变量局部空间自相关系数，且 $-1 \leqslant G \leqslant 1$。其中，当 $-1 \leqslant G < 0$ 时，空间评价单元 i 的属性 a 的属性值与空间评价单元 j 的属性 b 的属性值表现为空间负相关；当 $0 < G \leqslant 1$ 时，则表现为空间正相关；而当 $G = 0$ 时，则不存在空间相关性。X_i^a、$\overline{X}_a$ 分别为某省份 i 的属性 a 的属性值及其平均值；X_j^b、$\overline{X}_j$ 分别为某省份 j 的属性 b 的属性值及其平均值；X_i^c、$\overline{X}_c$、δ_c 分别为某省份 i 的属性 c 的属性值及其平均值和方差；X_j^d、$\overline{X}_d$、δ_d 分别为某省份 j 的属性 d 的属性值及其平均值和方差；W_{ij} 为空间权重矩阵，此处仍选择邻接关系空间权重矩阵。

7.3.2　基于时间尺度的检验

7.3.2.1　面板数据的单位根与协整检验

在使用 PVAR 模型进行检验之前，为克服变量非平稳所导致的虚假回归问题，首先需对相关变量进行面板单位根检验（肖黎明等，2019）。目前有关面板单位根检验的方法已比较成熟，常用的方法主要有 LLC 检验、

Breitung 检验、IPS 检验、Fisher 式检验、Hadri 检验、LM 检验、HT 检验等，其中 IPS 检验和 Fisher 式检验多用于非平衡面板数据。基于此，本节将分别采用 LLC 检验、IPS 检验、Fisher 式检验对绿色创新投入（*GIT*）、绿色创新产出（*GOT*）及绿色创新效率（*GIE*）的原始数据进行面板单位根检验（见表 7-1）。结果显示，在水平序列 *GIT*、*GOT*、*GIE* 中，*GIT* 和 *GOT* 存在单位根，从而为非平稳序列，故不存在 0 阶单整。而经过一阶差分后，D*GIT*、D*GOT*、D*GIE* 均通过了 1%水平的显著性检验，所有序列均平稳，且存在 1 阶单整，说明可以进行 PVAR 模型分析。

表 7-1　变量的面板单位根检验结果

变量	LLC 检验		IPS 检验		Fisher-ADF 检验		Fisher-PP 检验		结论
	统计量	p 值	统计量	p 值	统计量	p 值	统计量	p 值	
GIT	-1.658 **	0.049	1.460	0.928	2.352 ***	0.009	14.147 ***	0.000	不平稳
D*GIT*	-15.961 ***	0.000	-12.834 ***	0.000	3.078 ***	0.001	12.429 ***	0.000	平稳
GOT	2.226	0.987	3.040	0.999	-1.076	0.859	6.204 ***	0.000	不平稳
D*GOT*	-9.088 ***	0.000	-6.188 ***	0.000	2.754 ***	0.003	10.290 ***	0.000	平稳
GIE	-15.573 ***	0.000	-8.529 ***	0.000	6.371 ***	0.000	2.418 ***	0.008	平稳
D*GIE*	-16.165 ***	0.000	-16.013 ***	0.000	17.545 ***	0.000	19.883 ***	0.000	平稳

注：** 和 *** 分别表示在 5%和 1%的水平下显著。

此外，由于相关变量一阶差分后应满足面板协整检验之要求，因而还需进一步明确这些变量之间是否存在长期均衡关系。使用 Kao 检验、Pedroni 检验和 Westerlund 检验进行检验后可以发现（见表 7-2），三种检验的统计量均在 1%的显著水平下拒绝"无协整关系"的原假设，说明绿色创新投入、产出及效率三个子系统之间存在长期均衡关系。

表 7-2　变量的面板协整检验结果

原假设	Kao 检验		Pedroni 检验		Westerlund 检验	
	Modified Dickey-Fuller 统计量	p 值	Phillips-Perron t 统计量	p 值	Variance ratio 统计量	p 值
GIT、*GOT* 与 *GIE* 无协整关系	4.084 ***	0.000	-14.055 ***	0.000	-3.4184 ***	0.000

注：*** 表示在 1%的水平下显著。

7.3.2.2　模型滞后阶数选择

在上述检验均通过的基础上，本节构建了包含绿色创新投入、产出及效率三个子系统的 PVAR 模型，并通过 AIC、BIC、HQIC 等检验准则来确定 PVAR 模型的最优滞后期数。结果显示，当模型滞后 1 阶时，AIC、BIC、HQIC 统计量的值最小（见表 7-3），因而 PVAR 模型的最优滞后阶数为 1。

表 7-3　PVAR 模型的最优阶数选择

滞后阶数	AIC	BIC	HQIC
1	-19.4447^{*}	-18.6227^{*}	-19.1224^{*}
2	-15.7763	-14.8372	-15.4072
3	-18.9926	-17.9242	-18.5715

注：* 表示在 10% 的水平下显著。

7.3.2.3　PVAR 模型回归分析

1. PVAR 模型的 GMM 估计

在确定了模型的最优滞后阶数之后，就可对绿色创新投入、绿色创新产出及绿色创新效率三个变量进行 GMM 估计，结果见表 7-4。

表 7-4　GMM 估计结果

变量	GIT	GOT	GIE
$L_1.GIT$	0.806^{***}	0.060	-0.006^{*}
	(6.57)	(0.49)	(-1.89)
$L_1.GOT$	0.243	0.914^{***}	0.001
	(1.05)	(4.34)	(0.32)
$L_1.GIE$	-0.283^{**}	-0.004	0.890^{***}
	(-2.38)	(-0.03)	(203.37)

注：*、** 和 *** 分别表示在 10%、5% 和 1% 的水平下显著。

由表 7-4 可知，在被解释变量为绿色创新投入（GIT）的回归模型中，滞后一期的绿色创新投入及产出的系数均为正，且前者通过了 1% 水平的显著性检验，后者不显著，而滞后一期的绿色创新效率的系数为负，且通过了 5%水平的显著性检验，这意味着上一期绿色创新投入和产出的增加有利于当期绿色创新投入水平的提高，而上一期绿色创新效率的提高却不能进一步提升当期的绿色创新投入水平；在被解释变量为绿色创新产出（*GOT*）的回归模型中，滞后一期的绿色创新投入及产出的系数均为正，且后者通过了 1%水平下的显著性检验，前者未通过，而滞后一期的绿色创新效率系数为负，且不显著，说明前一期绿色创新投入及产出的增加有助于绿色创新产出的提高，而前一期绿色创新效率的提升对绿色创新产出却具有一定的抑制作用；在被解释变量为绿色创新效率（*GIE*）的回归模型中，滞后 1期的绿色创新效率及其产出的系数均为正，而绿色创新投入的系数却为负，且绿色创新投入及效率分别通过了 10%和 1%水平下的显著性检验，但绿色创新产出未能通过显著性检验，说明前一期绿色创新效率及产出的增加，有助于当期绿色创新效率的提高，而前一期绿色创新投入的增加却不利于当期绿色创新效率的提升，从而可能存在投入冗余现象。总体而言，PVAR模型中各变量估计结果的显著性相对较高，且基本符合之前的理论预测，说明模型的整体估计结果较好。同时，滞后 1期的绿色创新投入、绿色创新产出及绿色创新效率对其自身均具有显著影响，说明我国绿色创新发展表现出较为明显的惯性特征。但需要指出的是，PVAR模型的 GMM估计只能从宏观层面反映变量间的动态关系，且其所估计的参数值大小、正负及显著性也不太具有明显的经济意义（Goelli，1995），更无法揭示经济变量间的因果关系、动态传导机制以及冲击变量的贡献程度，因而还需结合面板格兰杰因果检验、脉冲响应函数和方差分解等分析工具做进一步探讨。

2. **面板格兰杰因果检验**

为了能够更好地揭示绿色创新投入、绿色创新产出及绿色创新效率间的短期动态效应与因果关系，还需对相关变量进行格兰杰因果检验。由表7-5可知，当被解释变量为绿色创新投入时，绿色创新效率是绿色创新投入的单向 Granger原因，即绿色创新效率能够通过集聚效应、学习效应和竞争效应来提高绿色创新投入，但短期内绿色创新产出的这种助推作用却不是很明显；当被解释变量为绿色创新产出时，绿色创新效率及绿色创新投入均不是绿色创新产出的 Granger 原因，即短期内绿色创新效率及投入对绿色创新产出的促进作用并不是很明显；当被解释变量为绿色创新效率时，在 10% 的显著性水平下，绿色创新投入是绿色创新效率的单向 Granger 原因，说明在某种程度上，增加资本、人力和技术等创新要素投入，能够提高绿色创新效率，但绿色创新产出却不是绿色创新效率的 Granger 原因，即短期内绿色创新产出对绿色创新效率的影响并不是很明显。由此可见，绿色创新投入与绿色创新效率互为因果，且现阶段二者的互动效应也比较显著，这也表明现阶段我国省际绿色创新的发展在很大程度上仍然是依赖其投入的增加。

表 7-5　绿色创新投入、绿色创新产出及绿色创新效率的 Granger 因果检验

被解释变量	因果关系	卡方统计量	p 值	因果关系
绿色创新投入	绿色创新效率不是原因	5.660**	0.017	拒绝
	绿色创新产出不是原因	1.108	0.292	接受
	所有变量都不是原因	6.545**	0.038	拒绝
绿色创新产出	绿色创新效率不是原因	0.001	0.974	接受
	绿色创新投入不是原因	0.239	0.625	接受
	所有变量都不是原因	0.570	0.752	接受
绿色创新效率	绿色创新投入不是原因	3.570*	0.059	拒绝
	绿色创新产出不是原因	0.103	0.747	接受
	所有变量都不是原因	5.341*	0.069	拒绝

注：*、** 分别表示在 10%、5% 的水平下显著。

3. 脉冲响应函数分析

脉冲响应主要用来衡量某一变量受到一个单位标准差冲击之后，对另一个变量的短期反馈效应，能够直观形象地展示变量间的动态关系和交互作用。为此，本章通过 500 次蒙特卡罗模拟，得到绿色创新投入、绿色创新产出及绿色创新效率的脉冲响应图（见图 7-4）。

第一，图 7-4（a）、图 7-4（e）和图 7-4（i）显示，就绿色创新投入、绿色创新产出及绿色创新效率对于其自身的冲击而言，三者均表现出

显著的正向响应，但响应程度却在各期有所不同，总的来看，均在第 1 期达到最大，此后这种正向响应随着时间的推移变得越来越小，最后逐渐向 0 附近收敛。其中绿色创新效率的自我增强机制延续到第 10 期，甚至有继续向前发展的势头，与此同时，绿色创新投入及产出对其自身的这种惯性作用同样延续到第 10 期。这说明我国省际绿色创新投入、绿色创新产出和绿色创新效率三者均存在较为明显的路径依赖特征，但在总体上却没有出现路径依赖的锁定。

第二，面对来自绿色创新效率的一个标准差冲击，绿色创新投入对绿色创新效率的当期脉冲响应为 0，如图 7-4（c）所示，随后开始不断累积上升。由此可见，尽管绿色创新效率对其投入的累积效应在不断持续，但这种影响却始终为负，说明绿色创新效率的提高不能带动其投入水平的提升。这可能是因为绿色创新效率涉及绿色科技研发及其成果转化两个关键阶段，且从绿色创新研发投入到其成果转化再到其效率提升，中间需要经过设计、研发、干中学、试制、生产、市场销售等多个环节，持续时间较长，从而绿色创新效率对其投入的影响存在一定滞后性。这样一来，短期内若绿色创新效率提升较慢，那么随后其将不会对绿色创新投入产生明显的积极影响。面对来自绿色创新效率的一个标准差冲击，绿色创新产出对绿色创新效率的当期脉冲响应为 0，随后开始下降，变为负值，如图 7-4（f）所示，表明绿色创新效率的提高未能使其创新成果优化配置，最终不会促进绿色创新产出效益提升。

第三，对于绿色创新投入的一个标准差冲击，绿色创新效率在当期的响应为 0，随后开始不断下降，且这种负响应还会不断累积，如图 7-4（g）所示，说明绿色创新投入对其效率的长期作用效果为负。这与绿色创新投入-产出-效率的转化过程中可能会产生较为明显的环境污染，以及资源能源综合利用效率不高有关。面对来自绿色创新投入的一个标准差冲击，绿色创新产出对绿色创新投入的当期脉冲响应为 0，随后开始上升，变为正值，如图 7-4（d）所示，说明加大绿色创新的投入力度，能够有效促进其成果转化，且这一结论与上述 GMM 估计结果相一致。

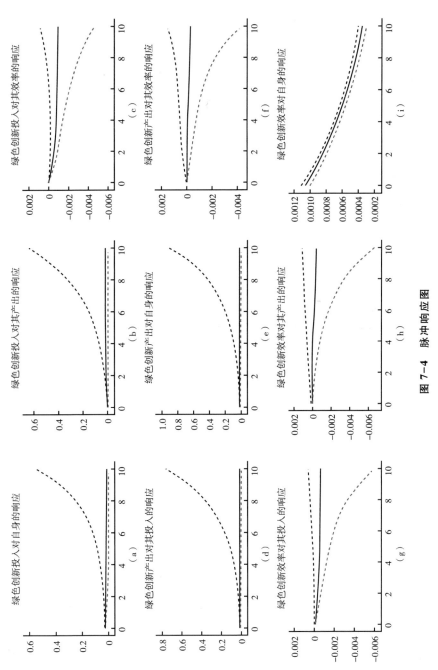

图 7-4　脉冲响应图

注：图中横坐标代表滞后期数，纵坐标代表脉冲响应大小。

面对来自绿色创新产出的一个标准差冲击，绿色创新效率对绿色创新产出的当期脉冲响应为 0，随后开始下降，变为负值，如图 7-4（h）所示，整体上绿色创新产出对其效率的累积效应为负，说明绿色创新产出不能有效促进绿色创新效率提升。而对于绿色创新产出的一个标准差冲击，绿色创新投入对其当期的响应为 0，随后则呈现不断上升之趋势，如图 7-4（b）所示，说明绿色创新产出对其投入的累积效应为正，从而增加绿色创新产出能够倒逼其投入水平提升。

4. 方差分解

与脉冲响应函数相比，方差分解旨在测度各变量的方差贡献率，因而有助于厘清绿色创新投入、绿色创新产出及绿色创新效率间的长期作用关系及影响程度。从表 7-6 可以看出，在绿色创新投入的方差分解中，绿色创新产出的贡献率在第 1 期为 0.6%，而在第 5 期和第 10 期分别上升到 0.5% 和 36.1%，说明区域绿色创新产出对其投入的影响具有长期性，因而推动区域绿色创新产出成果规模化，有助于借助集聚效应和扩散效应来提升区域绿色创新投入水平；而绿色创新效率的贡献率在第 1 期为 0.6%，但在第 5 期和第 10 期则分别下降到 0.5% 和 0.4%，说明区域绿色创新效率对其投入的影响较小。在绿色创新产出的方差分解中，绿色创新效率的贡献率在前两期均为 0.1%，在 3~10 期均为 0，说明绿色创新效率对其产出的促进作用还有待进一步加强；而绿色创新投入对其产出的贡献率在第 3 期后一直保持在 13% 以上，在第 10 期达到了 20.2%，说明绿色创新投入是其产出提升的重要动力来源。而在绿色创新效率的方差分解中，第 1 期绿色创新效率自身的贡献率就达到了 100%，但到了第 5 期，绿色创新投入及绿色创新产出对其效率的贡献率分别为 10.2% 和 89.6%，到了第 10 期，贡献率变为 25.9% 和 5.1%，并且自身的贡献率仍有 69%，说明绿色创新效率依靠自身惯性发展的特性非常明显，绿色创新投入对其的贡献率有所提高，而绿色创新产出对其的贡献率却在不断减小。

综上所述，绿色创新投入与其产出之间具有较为良好的互动关系，绿色创新效率更多的是依赖其自身水平而发展，绿色创新投入及绿色创新产出对其影响较小。与此同时，绿色创新效率对绿色创新投入及绿色创新产出也只表现出单向作用，因而其与绿色创新投入及绿色创新产出的相互作用还有待进一步强化。进一步地，就绿色创新投入与其产出的响应关系及方差分解而言，绿色创新投入对其产出的影响要大于绿色创新产出对其投入的影响。这可能是因为，近年来随着我国对创新型国家和美丽中国建设的重视程度提升，各地也开始重视其科技水平的提高以及环境质量的改善（比如加大了对科研机构、高校和高新技术产业 R&D 经费的投入），且随着整个社会对绿色发展理念的理解越来越深入，各地的环保投入也在持续增加，这些都有助于绿色产出成果的转化。

表 7-6　方差分解结果

预测期数	冲击变量（GIT）			冲击变量（GOT）			冲击变量（GIE）		
	GIE	GIT	GOT	GIE	GIT	GOT	GIE	GIT	GOT
1	0.000	0.994	0.079	1.000	0.006	0.001	1.000	0.006	0.001
2	0.013	0.971	0.098	0.987	0.006	0.001	0.987	0.006	0.001
3	0.037	0.928	0.117	0.962	0.005	0.000	0.962	0.005	0.000
4	0.068	0.877	0.133	0.932	0.005	0.000	0.932	0.005	0.000
5	0.102	0.826	0.148	0.896	0.005	0.000	0.896	0.005	0.000
6	0.137	0.778	0.162	0.858	0.005	0.000	0.858	0.005	0.000
7	0.171	0.735	0.174	0.817	0.004	0.000	0.817	0.004	0.000
8	0.204	0.697	0.184	0.775	0.004	0.000	0.775	0.004	0.000
9	0.233	0.664	0.194	0.732	0.004	0.000	0.732	0.004	0.000
10	0.259	0.636	0.202	0.051	0.361	0.798	0.690	0.004	0.000

总之，我国省际绿色创新投入、产出及效率三个子系统间的短期作用比较明显，且在长期中三者也基本上能够实现相互作用、协同推进，从而在时间维度上可以较好地验证图 7-3 中的绿色创新投入、产出、效率耦合协同的作用机理。

7.3.3 基于空间尺度的检验

为了进一步明确空间维度上绿色创新投入、产出及效率间是否存在互动关系及其协同发展趋势，本章使用双变量空间自相关分析法，分别对我国省际绿色创新投入与其产出的空间分布、绿色创新投入与其效率的空间分布，以及绿色创新产出与其效率的空间分布情况进行相关性分析。

7.3.3.1 双变量全局空间自相关

借助 GeoDa 空间分析工具，采用 Rook 邻接空间权重矩阵，通过计算可得我国省际绿色创新投入、产出及效率的全局空间自相关指数（Moran's I 指数）及其检验结果（见表 7-7）。从表 7-7 中可以发现，研究期内各组双变量的全局 Moran's I 指数值均为正，且分别通过了 1% 和 5% 水平的显著性检验，表明我国省际绿色创新投入、产出及效率存在较为明显的空间正相关关系，即绿色创新投入、产出及效率较高的省份通常与那些具有较高绿色创新投入、产出及效率的省份相邻，而绿色创新投入、产出及效率较低的省份则通常被绿色创新产出、投入及效率较低的省份所环绕。而从双变量全局 Moran's I 指数值来看，绿色创新投入与其产出的 Moran's I 指数值介于 0.119 ~ 0.301，绿色创新投入与其效率的 Moran's I 指数值介于 0.239 ~ 0.355，而绿色创新产出与其效率的 Moran's I 指数值则介于 0.358 ~ 0.421，说明绿色创新产出与其效率间的空间相关关系相对较强，从而其空间集聚程度也较高。从双变量全局 Moran's I 指数值的变化趋势来看，绿色创新投入与其产出的双变量全局 Moran's I 指数值整体上表现出波动上升的趋势，绿色创新投入与其效率的双变量全局 Moran's I 指数值整体上同样呈现波动上升之势，而绿色创新产出与其效率的双变量全局 Moran's I 指数值整体上却表现出波动下降的趋势。由此可见，随着时间的推移，绿色创新投入与其产出以及绿色创新投入与其效率的空间集聚程度在不断提高，而绿色创新产出与其效率的空间集聚程度则由高变低，从而有向均衡方向发展的趋势。

表 7-7　2001~2019 年绿色创新投入、产出与效率的双变量全局 Moran's I 指数

年份	绿色创新投入与其产出		绿色创新投入与其效率		绿色创新产出与其效率	
	I 指数	p 值	I 指数	p 值	I 指数	p 值
2001	0.119**	0.050	0.239**	0.030	0.406***	0.010
2002	0.134**	0.040	0.251**	0.030	0.421***	0.010
2003	0.171**	0.040	0.285**	0.030	0.412***	0.010
2004	0.198**	0.040	0.313**	0.030	0.387**	0.020
2005	0.215**	0.040	0.336**	0.020	0.379**	0.020
2006	0.245**	0.040	0.346**	0.020	0.400**	0.020
2007	0.218**	0.040	0.326**	0.020	0.391**	0.020
2008	0.231**	0.030	0.334**	0.030	0.364**	0.020
2009	0.244**	0.030	0.333**	0.030	0.398***	0.010
2010	0.254**	0.030	0.338**	0.020	0.389***	0.010
2011	0.291**	0.030	0.346**	0.020	0.403***	0.010
2012	0.291**	0.030	0.342**	0.020	0.397***	0.010
2013	0.295**	0.030	0.345***	0.010	0.388***	0.010
2014	0.289**	0.030	0.341***	0.010	0.387***	0.010
2015	0.299**	0.030	0.355***	0.010	0.379***	0.010
2016	0.301**	0.030	0.346***	0.010	0.378***	0.010
2017	0.282**	0.030	0.332**	0.030	0.368***	0.010
2018	0.273**	0.040	0.322**	0.030	0.358***	0.010
2019	0.281**	0.040	0.326**	0.030	0.370***	0.010

注：** 和 *** 分别表示在 5% 和 1% 的水平下显著。

7.3.3.2　双变量局部空间自相关

上述双变量全局 Moran's I 指数分析表明，我国省际绿色创新投入、产出与效率总体上存在较为明显的空间正相关关系，但具体到省域层面，这种空间相关关系还需要进一步考察。为此，本节采用双变量局部空间自相关模型对绿色创新投入、产出与效率的空间关系进行分析，同时选取 2001

年、2010 年和 2019 年作为特征年份，借助 GeoDa 软件绘制这些年份的双变量局部空间自相关的 LISA 集聚图。

1. 绿色创新投入与产出的局部空间自相关

由图 7-5 可知，样本观察期内，绿色创新投入与其产出共存在 4 种显著的空间集聚类型。其中，低-低（L-L）型集聚省份是与周边省份相比，绿色创新投入水平低-绿色创新产出效益低的省份；低-高（L-H）型集聚省份是与周边省份相比，绿色创新投入水平低-绿色创新产出效益高的省份；高-低（H-L）型集聚省份是与周边省份相比，绿色创新投入水平高-绿色创新产出效益低的省份；高-高（H-H）型集聚省份是与周边省份相比，绿色创新投入水平高-绿色创新产出效益高的省份。从空间集聚类型的省份变动情况看，考察期内的变动幅度均相对较小。其中，2001 年位于 L-L 型聚集区的省区包括新疆、甘肃和宁夏，L-H型集聚区的省份仅有福建，H-L 型集聚区的省份包括四川、陕西和河南，H-H 型集聚区的省市也只有上海和江苏。由此可见，考察期初，绿色创新投入与其产出的空间集聚模式以 L-L 型和 H-L 型为主，即绿色创新投入低水平省份被绿色创新低产出效益省份所包围，绿色创新投入高水平省份被绿色创新低产出效益省份所包围。但在 2010 年，一些省份的空间集聚类型有所变动，其中四川由 H-L 型集聚变为 L-L 型集聚，安徽由不显著变为 L-H 型集聚，而陕西和河南则由 H-L 型集聚变为不显著。而到了 2019 年，有不少省份的空间集聚类型发生了跃迁，各类型集聚区的覆盖范围有所扩大，分布也更为集中。其中内蒙古由不显著变为 L-L型集聚，使得 L-L 型集聚的覆盖范围扩大，且呈"人"字形分布于黄河中游、西北和西南地区，江西由不显著变为 L-H 型集聚，而安徽和浙江两地因受到上海和江苏的辐射带动，表现异常亮眼，分别由 L-H 型集聚和不显著跃迁至 H-H 型集聚，从而使得 H-H 型集聚区覆盖了整个长三角地区，形成了较稳定的"绿色创新投入水平高-绿色创新产出效益高"的辐射地带。长三角地区经济发达、就业机会多、工作环境好、工资待遇高，吸引了大量劳动力尤其是高素质人才流入，且长三角各省市的技术先进，资源利用效率高，加之该地区也集结了众多高校和科研院所，创新资源丰富，有利于创新成果的转化，因而其绿色创新投入水平及产出效益均相对较高。

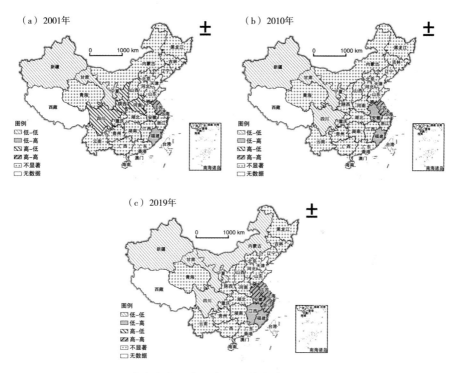

图7-5 绿色创新投入与绿色创新产出的双变量 LISA 集聚图

注：该图基于国家测绘地理信息局标准地图服务网站下载的审图号为 GS（2020）4630 的标准地图绘制，底图无修改。

2. 绿色创新投入与效率的局部空间自相关

由图7-6可知，研究期内，绿色创新投入与其效率形成了4种显著的空间集聚类型。具体说来，2001年 L-L 型集聚区的省区有新疆、甘肃和宁夏，2010年四川也进入这一类型集聚区，到了2019年，该类型集聚区保持稳定，没有省区发生变动。总体上看，位于该区域的这些省区的绿色创新投入水平和绿色创新效率与其周边省份相比均比较低。原因可能在于这些省区大多位于经济发展相对落后的西部内陆地区，创新资源禀赋不足，产业结构偏重，环境污染明显，资源能源利用效率也不高。2001年，L-H型集聚区的省份相对较少，仅有安徽和浙江，2010年浙江也退出了该类型集聚区，而到了2019年，该类型集聚区已没有省份。位于该区域内的这些省域单元是被绿色创新高效率省份围绕的绿色创新投入低水平省份，这可以2010年的安徽为例来进行说明。安徽的绿色创新投入水平相对较低，这可能主要是因为受江苏、上海、浙江等省市"虹吸效应"的影响，其创新要素资源大量外流；而安徽的绿色创新效率之所以相对较高，主要是由于其科技资源相对发达，保持了相对较高的绿色创新产出效益。H-L型集聚区的成员更少，仅有四川省，且也只有2001年存在这一类型集聚区。该类型集聚区成员是被绿色创新低效率省份围绕的绿色创新投入高水平的省份。以四川为例，早年受西部大开发战略的积极影响，其在经济、科技方面都获得了较好的发展，从而使得其绿色创新投入水平相对较高，但由于此间其发展模式一直以"高投入、高污染、高能耗"为主，给环境造成较大负担，不利于绿色创新产出成果转化，从而其绿色创新效率相对较低。2001年，H-H型集聚区省市有江苏和上海，2010年浙江加入该类型集聚区，到了2019年，安徽也加入了该类型集聚区。与上述绿色创新投入与绿色创新产出的情况类似，绿色创新投入与绿色创新效率的H-H型集聚区也正好覆盖了长三角地区。这些省级行政区是被绿色创新高效率省份围绕的绿色创新投入高水平省份。以上海为例，作为长三角地区的龙头、国家中心城市，上海的经济实力雄厚、技术创新水平较高，且其自身也积累了大量优质的创新要素资源，生态文明建设理念已深入人心，加之建设生态一体化先行示范区的现实需要，因而其绿色创新投入水平及效率均相对较高。

　　3. 绿色创新产出与效率的局部空间自相关

　　由图7-7可知，2001~2019年，绿色创新产出与其效率共存在3种显著的空间集聚类型，且这些空间集聚类型一直保持稳定，没有省份发生变动。具体来看，L-L型集聚省份是那些绿色创新产出效益较低且绿

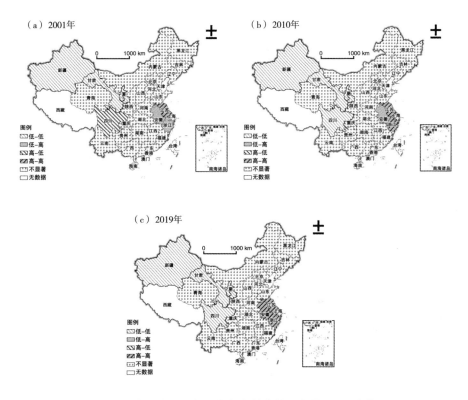

图 7-6　绿色创新投入与绿色创新效率的双变量 LISA 集聚图

注：该图基于国家测绘地理信息局标准地图服务网站下载的审图号为 GS（2020）4630 的标准地图绘制，底图无修改。

色创新效率也较低的省份，即其绿色创新产出效益与绿色创新效率存在较为密切的空间正相关，且都处于低水平均衡状态，其成员包括新疆、甘肃、宁夏和四川 4 省区，均来自西部内陆地区。L-H 型集聚省份为绿色创新产出效益较低但绿色创新效率相对较高的省份，即绿色创新产出效益与绿色创新效率存在较显著的空间负相关。该集聚类型的成员相对较少，仅有安徽。H-H 型集聚省份为绿色创新产出效益较高且绿色创新效率也较高的省份，从而其绿色创新产出效益与绿色创新效率存在较为明显的空间正相关，且二者均处于高水平均衡状态。该集聚类型的成员均来自经济相对发达的长三角地区，包括上海、江苏和浙江。需要说明的是，由于绿色创新投入与绿色创新产出具有较强的相关性，因而上述空间集聚类型的形成原因和绿色创新投入与效率空间集聚类型的成因类似，此处不再赘述。

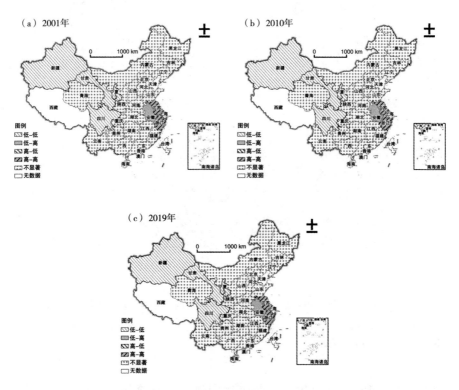

图 7-7　绿色创新产出与绿色创新效率的双变量 LISA 集聚图

注：该图基于国家测绘地理信息局标准地图服务网站下载，审图号为 GS（2020）4630 的标准地图绘制，底图无修改。

综上可知，我国省际绿色创新投入、产出及效率三个子系统之间存在较为显著的空间关联性，空间互动效应明显，且三个子系统两两之间表现出不同程度的局部空间集聚，从而在空间维度上较好地说明了绿色创新投入、产出与效率的耦合协同发展机理。

7.4 省际绿色创新投入、产出与效率
耦合协同的时空特征

7.4.1 耦合协同度模型

"耦合"是物理学的一个概念，指不同系统或运动形式之间通过相互作用而彼此影响的一种现象。而耦合协同度模型则主要是用来度量两系统或系统内部各要素之间在相互促进的过程中和谐发展的程度，它能够有效反映系统本身由低级到高级、从无序到有序的演化趋势，因而在测度发展与协同水平方面很实用（方传棣等，2019）。基于此，为揭示绿色创新投入、产出及效率三系统之间的动态关系，同时也为了考察绿色创新能否实现区域协同发展，本节引入三系统的耦合协同评价模型来测度绿色创新投入、产出及效率的协同性，其具体计算步骤如下。

首先，参照廖重斌（1999）的模型设计来测算耦合度，其表达式为：

$$C_i = \left\{ \frac{GIT_i \times GOT_i \times GIE_i}{[(GIT_i + GOT_i + GIE_i)/3]^3} \right\}^{1/3} \tag{7-4}$$

其中，C_i 为耦合度，GIT_i、GOT_i、GIE_i 分别代表绿色创新投入、绿色创新产出以及绿色创新效率三个子系统。鉴于耦合度只能反映绿色创新投入、产出及效率三个子系统间的作用强度而不能刻画其协调性，本节进一步引入耦合协同度模型来度量其协同水平，表达式为：

$$D_i = \sqrt{C_i \times T_i}, T_i = \alpha GIT_i + \beta GOT_i + \gamma GIE_i \tag{7-5}$$

其中，D_i 为耦合协同度，用以反映三个子系统之间的耦合协同水平，$D \in [0,1]$；T_i 为绿色创新投入、产出及效率的评价指数。由于三者在耦合协同过程中具有同等重要的作用，故将权重 α、β、γ 均赋值为 1/3。同时借鉴相关研究（高楠等，2015），对三者的耦合协同水平进行划分（见表7-8）。此外，为明确各子系统的相对发展情况，参照王见康和韩倩（2021）的研究，进一步对各子系统的相对发展状况进行类型划分（见表7-9）。

表 7-8　耦合协同水平等级阶段划分

耦合度(C)取值范围	耦合等级	耦合协同度(D)取值范围	协同类型	发展阶段
$0 \leqslant C < 0.3$	低度耦合	$0 \leqslant D < 0.2$	严重失调	失调衰退
$0.3 \leqslant C < 0.5$	拮抗	$0.2 \leqslant D < 0.4$	濒临失调	过渡发展
$0.5 \leqslant C < 0.6$	磨合	$0.4 \leqslant D < 0.6$	初级协同	
$0.6 \leqslant C < 0.8$	中度耦合	$0.6 \leqslant D < 0.8$	中级协同	协同上升
$0.8 \leqslant C \leqslant 1.0$	高度耦合	$0.8 \leqslant D \leqslant 1.0$	优质协同	

表 7-9　绿色创新各子系统相对发展状况分类

	判别标准	类型	符号表示
三系统同步发展	$GIT \geqslant \overline{GIT}、GOT \geqslant \overline{GOT}、GIE \geqslant \overline{GIE}$	投入-产出-效率优先型	△
单系统滞后	$GIT \geqslant \overline{GIT}、GOT < \overline{GOT}、GIE \geqslant \overline{GIE}$	产出滞后型	○
	$GIT \geqslant \overline{GIT}、GOT \geqslant \overline{GOT}、GIE < \overline{GIE}$	效率滞后型	☆
	$GIT < \overline{GIT}、GOT \geqslant \overline{GOT}、GIE \geqslant \overline{GIE}$	投入滞后型	□
双系统滞后	$GIT < \overline{GIT}、GOT < \overline{GOT}、GIE \geqslant \overline{GIE}$	投入-产出滞后型	◇
	$GIT < \overline{GIT}、GOT \geqslant \overline{GOT}、GIE < \overline{GIE}$	投入-效率滞后型	+
	$GIT \geqslant \overline{GIT}、GOT < \overline{GOT}、GIE < \overline{GIE}$	产出-效率滞后型	**
三系统滞后	$GIT < \overline{GIT}、GOT < \overline{GOT}、GIE < \overline{GIE}$	投入-产出-效率滞后型	*

注：$\overline{GIT}$、$\overline{GOT}$、$\overline{GIE}$分别表示样本期内绿色创新投入、绿色创新产出及绿色创新效率的平均值。

7.4.2　结果分析

根据公式（7-4）与公式（7-5），通过计算可求得各省绿色创新投入、产出与效率的耦合度及耦合协同度（具体测算结果见附录表 A-1 和表 A-2）。据此，可进一步绘制绿色创新投入、产出与效率耦合协同的变化趋势图（见图 7-8）。从图 7-8 中可以发现，2001～2019 年，我国省际绿色创新投入、产出及效率的耦合度均值呈现缓慢的波动下降之趋势，而耦合协同度均值的变化趋势则表现为在波动中缓慢上升。其中，耦合度均值从 2001 年的 0.871 变为 2019 年的 0.837，降幅为 3.90%，耦合度均值 $C \in [0.837, 0.880]$，处于优质协同阶段，说明研究期内绿色创新各系统的耦合度虽有小幅下降，但因大多数省份绿色创新投入、产出及效率的关联性较强，三系统间的互动作用较为明显；而耦合协同度均值则从 2001 年的 0.515 增至 2019 年的 0.516，但增幅较小，仅为 0.19%，耦合协同度均值 $D \in [0.506, 0.549]$，处于初级协同阶段，说明三系统的协同发展水平开始不断向好，且未来还会有较大的优化提升空间。此外，从图 7-8 还可以发现，三系统的耦合度明显高于其耦合协同度，说明各子系统间的协同发展水平相对滞后。这可能是由于耦合度只能反映不同系统间的相互作用程度及其在发展方向上的特征，这样一来，当系统各自的发展水平均较低时，也可能会出现耦合度较高的情形。

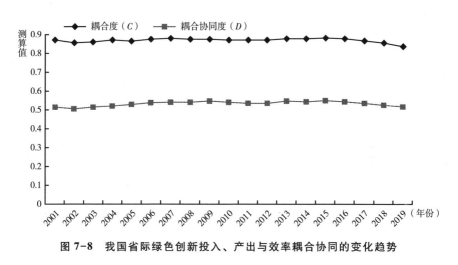

图 7-8　我国省际绿色创新投入、产出与效率耦合协同的变化趋势

7.4.3　绿色创新投入、产出与效率耦合协同度的时空特征

7.4.3.1　耦合协同度的时序演变

为了考察我国省际绿色创新投入、产出及效率耦合协同度的时空演变特征，本节根据表 7-8 和表 7-9，对各省耦合协同度的测算结果进行了分类（见表 7-10）。从表 7-10 可以得知，2001 年，我国各省绿色创新投入、产出及效率的耦合协同大多处于过渡发展阶段的初级协同水平，优质协同和严重失调的省份分别为 1 个和 0 个，表明三者存在一定的正相关性，但整体协同水平还有待进一步提升。其中处于过渡发展阶段的濒临失调水平的省

区有山西、江西、贵州、云南、甘肃、青海、宁夏，占样本总数的 23.3%，全部属于绿色创新投入-产出-效率滞后型。原因在于这些省区早期的经济发展过度依赖要素及投资驱动，产业结构"偏重"，创新投入不足，生态环保意识淡薄，导致其绿色创新投入、产出及效率的协同水平相对较低。而处于过渡发展阶段的初级协同水平的省区市则相对较多，占到样本总数的一半，且只有湖北的绿色创新投入、产出与效率在这一阶段实现了同步发展。位于协同上升阶段的中级协同水平和优质协同水平的省市大多来自东部地区，只有个别位于东北地区，其中除天津属于绿色创新投入滞后型以外，其他省市均实现了相对协同发展。

表 7-10　各省份绿色创新投入、产出与效率耦合协同度分类

年份	严重失调	濒临失调	初级协同	中级协同	优质协同
2001	—	山西*、江西*、贵州*、云南*、甘肃*、青海*、宁夏*(7)	河北*、内蒙古*、吉林◇、黑龙江**、安徽*、福建□、河南**、湖北△、湖南*、广西*、海南◇、重庆◇、四川**、陕西**、新疆*(15)	北京△、天津□、辽宁△、上海△、江苏△、浙江△、山东△(7)	广东△(1)
2010	—	贵州*、云南*、甘肃*、青海*、宁夏*(5)	河北*、山西*、内蒙古*、吉林◇、黑龙江*、安徽*、福建◇、江西*、河南**、湖北○、湖南*、广西*、海南□、重庆◇、四川**、陕西**、新疆*(17)	北京△、天津□、辽宁△、上海△(4)	江苏△、浙江△、山东△、广东△(4)
2019	—	山西*、黑龙江◇、广西*、海南◇、贵州*、云南*、甘肃*、青海*、宁夏*(9)	天津◇、河北*、内蒙古*、辽宁*、吉林◇、安徽☆、福建□、江西*、河南**、湖北△、湖南*、重庆◇、四川*、陕西*、新疆*(15)	北京△、上海△、浙江△、山东(4)	江苏△、广东△(2)

注：表中符号的含义见表 7-9。

2010 年，处于过渡发展阶段濒临失调水平的省区只剩下贵州、云南、甘肃、青海和宁夏，而过渡发展阶段初级协同水平的省区市则进一步增加，由 15 个增至 17 个，占到样本总数的 56.7%。但从表 7-10 中不难发现，初级协同水平的省区市均未实现相对协同发展，且以绿色创新投入-产出-效率滞后型为主（共计 9 个），说明处在过渡发展阶段初级协同水平省区市的绿色创新发展失衡问题比较突出。这种单轮驱动的发展方式严重制约了各省区市的跃迁，从而也直接导致了这一时期过渡发展阶段初级协同水平省区市的扎堆。从处在协同上升阶段中级协同水平和优质协同水平的省市来看，江苏、浙江、山东三地从协同上升阶段的中级协同水平跃迁为协同上升阶段的优质协同水平，说明其绿色创新投入、产出及效率水平均有了明显提升。其中，除处于协同上升阶段初级协同水平的天津仍属于绿色创新投入滞后型以外，其他省市都实现了相对协同发展。

到了 2019 年，处于过渡发展阶段濒临失调水平的省区不减反增，达到了 9 个，而过渡发展阶段初级协同水平的省区市虽有所减少，但仍占到样本总数的一半，且处在该阶段的省区市仍以绿色创新投入-产出-效率滞后型为主（共计 7 个），说明我国省际绿色创新投入、产出与效率发展的失调问题依然比较明显，即三系统之间目前还不能相互促进以形成良好的联动效应，这也再次暴露了单轮驱动发展方式的弊端。因此，未来这些省区市促进其三系统的协同发展，是解决我国绿色创新高质量协同发展需要考虑的重点问题。处于协同上升阶段中级协同水平和优质协同水平的省市同样发生了缩减，其中天津和辽宁由中级协同退化为初级协同，山东和浙江则由优质协同退化为中级协同，但处在协同上升阶段中级协同水平和优质协同水平的 6 省市全部实现了相对协同发展。值得注意的是，这些省市均来自沿海地区（分别为北部沿海、东部沿海和南部沿海地区），考虑到近年来国家在这三大地区分别实施了"京津冀协同发展"、"长三角一体化发展"和"粤港澳大湾区建设"等重大战略，在国家有关政策的作用下，优质创新资源及要素不断涌入这些地区，加之近年来这些国家战略重点区域都将生态文明建设理念贯穿于其协调发展，从而导致其绿色创新协同发展水平相对较高。

7.4.3.2 耦合协同度的空间格局演变

根据表7-8的等级分类，可选择2001年、2010年和2019年的测算数据绘制我国绿色创新投入、产出与效率耦合协同度的空间格局演变图（见图7-9）。由图7-9可知，我国省际绿色创新投入、产出及效率的耦合协同度整体上表现出较为显著的空间分异特征，即各地区的这一空间异质性较为明显。其中以胡焕庸线为界，高水平协同省份主要集中在东部沿海地区，而低水平协同省份主要分布在西北、西南和东北地区。

具体说来，2001年，处在协同上升阶段的省市相对较少，处于过渡发展阶段的省区市居多。中级协同及以上类型的省市主要聚集在北部沿海和东部沿海地区，少数分布在东北和南部沿海地区，只有广东达到优质协同水平。进一步看，初级协同省区市呈"￥"形集中分布在长江和黄河的南北两侧，濒临失调的省区大多集中在西北和西南地区，少数分布在黄河中游和长江中游地区。耦合协同整体上呈现"东高西低且自东向西阶梯式递减"的分布态势，如图7-9（a）所示。值得注意的是，尽管辽宁的经济发展水平与东部沿海地区省份相比仍有很大差距，但其靠近首都北京，拥有一定的区位优势，从而受北京的辐射带动比较明显，能够更为便捷地获得有利于其绿色创新发展的要素资源，因而其耦合协同度较高。

2010年，我国省际绿色创新投入、产出及效率耦合协同发展格局的变化不大，处在过渡发展阶段的省区市仍集中在中西部地区，整体上空间异化态势依然比较明显，如图7-9（b）所示。但与2001年相比，这一时期耦合协同的整体水平却有了一定程度的提升，一些省份的协同等级也发生了变动，如山西、江西由濒临失调跃迁至初级协同，山东、江苏、浙江则由中级协同跃迁至优质协同。

到了2019年，耦合协同的整体水平有所下降，不少省区的耦合协同等级不升反降，如图7-9（c）所示。其中海南、广西、黑龙江由初级协同退化为濒临失调，而山东和浙江则由优质协同降为中级协同。从空间格局看，我国省际绿色创新投入、产出及效率的耦合协同发展仍处于失衡状态，高

水平协同区依然集中在东部，且形成了由"江苏（0.861）-广东
（0.913）"两个优质协同发展极辐射的"U"形发展轴带。相比较而言，
西北和西南地区因受地理区位和经济发展基础的制约，绿色创新投入、产
出与效率的发展水平均较低，未能形成良性互动，仍处于协同发展的落后
梯队，未来这些地区在绿色创新高质量协同发展上仍需持续发力。

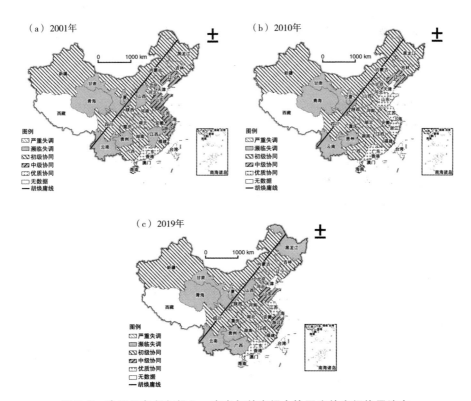

图7-9 我国绿色创新投入、产出与效率耦合协同度的空间格局演变

注：该图基于国家测绘地理信息局标准地图服务网站下载的审图号为 GS（2020）4630 的
标准地图绘制，底图无修改。

7.5 本章小结

本章在对绿色创新投入、产出及效率三类空间结构的时空格局进行可

视化展示的基础上，从系统耦合协同视角剖析了绿色创新投入-产出-效率三系统的耦合协同发展机理；进而运用面板 VAR 模型和双变量空间自相关模型，分别从时间和空间两个维度对三系统的耦合协同发展机理进行了检验，同时借助耦合协同度模型对其耦合协同的时空特征进行了考察，主要结论有如下几个。

第一，2001~2019 年，我国省际绿色创新投入、产出及效率三类空间结构之间存在较为明显的区域差异，并且"扩散"和"集聚"两种力量在其格局演化中一直交替发挥作用，导致三类空间结构存在格局分异。

第二，在我国省际绿色创新的协同发展中，绿色创新投入、产出及效率三个子系统之间彼此依赖、相互作用、协同推进，通过系统间的"叠加效应"使得各地的绿色创新发展互为引领、互利共赢，由此实现了某种良性的动态反馈。与此同时，在循环累积因果机制的作用下，各系统通过不断循环、自我组织、自我改造，促进了创新要素的自由流动、高效配置，最终有助于区域绿色创新发展模式的再优化。

第三，从时间维度看，绿色创新投入、产出及效率均为一阶单整序列，因而三系统之间存在长期协整关系；面板 VAR 模型分析表明绿色创新投入与绿色创新效率互为因果，但绿色创新产出与绿色创新投入及绿色创新效率的短期因果关系却不明显，从而三者未能形成良性互动关系。长期看，三系统均具有自我增强以及惯性增长之趋势，绿色创新投入与产出表现出一定的互动作用，绿色创新投入与绿色创新效率、绿色创新产出与绿色创新效率则主要表现为单向作用。方差分解结果显示，绿色创新投入对绿色创新产出的贡献大于绿色创新产出对绿色创新投入的贡献。

第四，从空间维度看，绿色创新投入、产出与效率之间存在明显的空间正相关关系，即绿色创新投入水平高的省份通常伴随较高的绿色创新产出效益和绿色创新效率，绿色创新产出效益高的省份往往会有较高的绿色创新投入水平和绿色创新效率，绿色创新效率高的省份基本上具有较高的绿色创新投入水平和绿色创新产出效益，反之则反是。我国省际绿色创新投入与绿色创新产出及效率已形成 4 种显著的空间集聚类型，而绿色创新产出与绿色创新效率却只有 3 种空间集聚类型。

第五，从耦合协同角度看，研究期内三系统的耦合度均值 $C \in$ [0.837, 0.880]，整体上处于优质协同阶段；耦合协同度均值 $D \in$ [0.506, 0.549]，整体上处于初级协同阶段，从而其未来仍有较大的提升空间。空间上，地区间的耦合协同度差异明显，高水平协同区主要集中在东部沿海地区，且已形成由"江苏-广东"两个优质协同发展极辐射的"U"形发展轴带。相比较而言，西北和西南地区仍处于绿色创新投入、产出与效率耦合协同发展的落后梯队，受周边高值地区的辐射带动较少，发展比较缓慢。

第8章

省际绿色创新空间溢出的异质性

根据上述有关省际绿色创新空间结构特征及其演变规律的分析可知，我国绿色创新投入、产出及效率三类空间结构存在显著的空间集聚特征，且不同区域间的绿色创新投入水平、绿色创新产出效益及绿色创新效率差距也比较大。那么，这种集聚性能否产生空间溢出效应？若可以，能否借助这种溢出效应带动相邻省份的绿色创新协同发展，缩小各省间的绿色创新差距？这种溢出效益是否会对其他省份的绿色创新发展产生不利影响，从而使绿色创新呈现发散状态？进一步地，由于我国地域辽阔，不同地区在经济发展、地理条件、技术水平、对外开放等方面存在一定差异，所以我国省际绿色创新空间溢出的路径及效果表现出较为明显的异质性，那么我国省际绿色创新空间溢出的这种异质性如何度量？其作用机理又是什么？为此，本章首先对绿色创新的空间溢出机制和地区异质性条件的作用机理进行理论演绎，以给出相关研究假设；其次引入 0-1 邻接、地理距离、经济距离、经济地理嵌套、信息技术距离等 5 种空间权重矩阵，通过构建相应的空间面板计量模型，检验省际绿色创新投入、产出及效率三类空间结构在多重空间权重矩阵下的溢出效应，进而分析对比不同空间权重矩阵下的溢出效应，同时采用偏微分效应分解法对省际绿色创新投入、产出和效率三类空间结构影响因素的空间溢出效应进行分解和比较；最后基于 Moran 散点图，将我国省际绿色创新划分为 H-H、H-L、L-L、L-H 四个象限（集聚区），以考察不同象限绿色创新投入、产出和效率三类空间结构溢出效应的异质性及其作用机理。

8.1　绿色创新的空间溢出机制及地区异质性条件

本章参考相关的研究成果（Desmet and Rossihansberg，2014；高军峰，2018），将我国省级行政单元（省区市）引入线性连续空间系统，以建构包含绿色产业与非绿色产业的两部门模型。其中重点考察产业绿色化升级视角下省际绿色创新的空间溢出机制及其空间格局演变，同时关注影响绿色创新水平提升以及绿色创新均衡发展的相关异质性条件在其中的作用机理，并在此基础上给出相应的研究假设。

8.1.1　绿色创新的空间溢出机制

8.1.1.1　基本假定

第一，连续空间。假定大量从事绿色及非绿色产业生产的厂商聚集在一个仅拥有一单位土地①的连续空间区位上，它们使用劳动和土地两种最基本的生产要素进行生产，同时假定规模报酬不变。但因土地资源的稀缺性以及劳动力要素的边际生产率递减，所以不包含创新的生产函数是规模收益递减的。

第二，冰山交易成本。在具备连续特征的空间经济系统中，假定劳动力要素能够在不同区域的两类企业间进行无交易成本转移，这意味着只有区际的实际工资达到相同水平时，劳动力要素才会停止流动，此时经济系统才有可能实现均衡，由此经济系统中的绿色产业与非绿色产业的产品才可以进行交易，且交易活动遵循冰山成本规律。而当所有产品市场都出清时，劳动力要素在不同区际的流动将停止，从而经济系统实现均衡。

第三，创新投资。厂商为了吸引更多的劳动力资源，必然会给予工人更高的工资待遇。同时为了在激烈的竞争中获得更多的土地资源，企业也需要支付更高的租金。如此一来，企业要想借助优质生产要素持续改善其

---

① 此处"土地"的内涵更加宽泛，还包括各种生产资料。

生产效率，从而在激烈的竞争中立于不败之地，那么，突破生产规模报酬递减的约束就成为其中的关键。而创新是经济持续增长的核心动力，加大对其的投资力度也就成为企业改善生产效率的有效途径。

第四，创新空间溢出。企业创新水平和能力的提升不仅依赖于自身的资源禀赋，模仿和学习其他区域扩散或溢出的先进技术、知识和管理经验等，也能够强化自身的创新能力。因此，企业在每一年（期）都会利用其所获得的先进创新要素进行生产。同时根据泰勒地理学第一定律，假定创新的空间溢出效应随地理距离增加而衰减。

基于上述假设可知：①企业只有不断创新才能吸引更多的劳动力要素，同时才能获得更多的土地要素来进行生产，从而实现利润最大化；②企业会将自身在前一期所获得的利润用于雇用更多的劳动力，同时获取更多的土地资源，来进行下一期的生产，故其利润仅仅能维持一个时期。由此可见，在分析此类企业的生产经营活动时，仅考虑当期利润最大化并不会影响其作用机制的基本内涵，反而会省掉许多复杂的数学推导，从而有利于模型的简化。

8.1.1.2 理论模型

1. 消费者行为

假定不同消费者拥有相同的偏好，同时拥有企业股票和不动产土地的多样性资产组合，他们通过提供劳动来换取工资，且对于劳动力的供给是无弹性的。假定消费者的未来消费是理性的，即在没有预算约束的条件下，消费者能够从消费绿色及非绿色产业产品的过程中获得最大的各期效用现值之和。假定消费者效用函数满足柯布-道格拉斯效用函数的一般形式，从而消费者在两种商品间的消费替代弹性为1，且高技术部门对劳动力不存在挤出效应（Ngai and Pissarides，2007）。基于此，消费者效用函数的表达式为：

$$\begin{cases} \mathrm{Max} U(c_{it}^G, c_{it}^N) = (c_{it}^G)^\alpha (c_{it}^N)^{1-\alpha} \\ \mathrm{s.\,t.\,} p_{it}^G c_{it}^G + p_{it}^N c_{it}^N = w_{it} + LY_t \end{cases} \qquad (8-1)$$

式（8-1）中，c_{it}^{G}、c_{it}^{N} 分别为 i 地区的消费者在 t 期所消费的绿色及非绿色产业产品数量，p_{it}^{G}、p_{it}^{N} 为与之相对应的两类产品的无套利价格。$LY_{t}=(R_{t}+\pi_{t})/L_{t}$，表示单个消费者在 t 期所拥有的多样性资产的平均收益，R_{t} 为总地租收益，π_{t} 为全部企业的总利润，L_{t} 为劳动力总数。

2. 创新演化过程

第一，创新空间溢出。在连续的地理空间单元上，绿色及非绿色产业所包含的技术、知识及管理经验等创新要素通常会以指数衰减的形式在不同区际进行溢出或扩散。这样一来，从事生产经营活动的企业便会考虑是使用自身积累的创新要素，还是通过某种空间溢出渠道来引进和吸收其他地区企业的先进技术等创新要素来进行生产。此处，假设创新空间溢出随地理距离衰减的速率为 δ（衰减率），那么当企业通过某种空间溢出渠道获得更为先进的创新要素时，则有：

$$\underline{A}_{it}^{\varphi} = \underset{j \in [0,1]}{\text{Max}} \{ e^{-\delta|i-j|} \overline{A}_{jt}^{\varphi} \}, \varphi \in \{G, N\} \qquad (8-2)$$

式（8-2）中，$\overline{A}_{jt}^{\varphi}$ 为 j 地区的厂商在 t 期所使用的创新要素；$\underline{A}_{it}^{\varphi}$ 为 i 地区的厂商在 t 期所获得的其他地区溢出的先进创新要素。

第二，创新水平。厂商可使用自身积累的创新要素以及通过创新溢出所获得的先进技术、知识和管理经验等进行创新，若获得成功，则其生产率将明显改善；反过来，若失败，则其生产率保持不变。据此，假定企业创新成功后，其生产率提升的倍数 a_{k} 服从帕累托分布（Ramondo and Rodríguez-Clare，2013），且有 $a_{k} \sim \text{P}_{r}(a<a_{k})=(1/a)^{b}$，$b>1$。其中，$a_{k}>1$，平均值为 $b/(b-1)$。进一步地，当企业创新成功时，厂商所期望的创新水平为：

$$E(\overline{A}\,|\,\underline{A}, Innov) = \frac{b}{b-1}\underline{A} \qquad (8-3)$$

另外，企业也有可能遭受创新失败，此时它就只能使用 $\underline{A}$ 的创新水平进行生产。假定创新成功的概率为 η，那么厂商基于 $\underline{A}$ 的期望创新水平为：

$$E(\bar{A} \mid \underline{A}) = \frac{b}{b-1} \eta \underline{A} + (1-\eta) \underline{A} = \left(\frac{\eta}{b-1} + 1\right) \underline{A} \qquad (8-4)$$

3. 生产者行为

企业通过吸收劳动力要素以及获取土地资源来进行内含创新的生产经营活动。一般说来，在完全竞争的市场条件下，企业在任何一期的生产经营活动中，所实现的经济利润均为零。这是因为，当经济利润为正时，劳动力要素及土地资源会被其他企业通过竞争而获得。反之，当经济利润为负时，则不利于企业当期生产经营活动的开展。不仅如此，创新所具有的空间外溢特性，可能会导致企业不能准确快速识别自身拥有的创新要素和其他地区企业溢出的创新要素二者谁更先进，从而可能会使其生产条件的改善迟滞（许宪春等，2021），因而也就无法确定当期应该使用哪种创新要素进行生产。基于此，为方便分析，此处仅考虑当期利润最大化的情形，同时假定本期行为能够代表未来其他各期行为。此外，在考虑某一变量的最优化选择时，假定其他变量已达到最优化。

第一，生产行为。企业使用劳动、土地等要素进行具有创新内涵的生产活动的柯布-道格拉斯生产函数为：

$$M(L_{it}^{\varphi}, 1) = (\bar{A}_{it}^{\varphi})^{\theta} (L_{it}^{\varphi})^{\beta_{\varphi}} 1^{\beta_l} = (\bar{A}_{it}^{\varphi})^{\theta} (L_{it}^{\varphi})^{\beta_{\varphi}}, \varphi \in \{G, N\}, \beta_{\varphi} + \beta_l = 1 \qquad (8-5)$$

其中，企业对劳动力的选择遵循当期利润最大化原则。同时基于大数定律及理性预期假设，最终达到均衡时劳动力市场也一定会出清。此处假设 $\tilde{\eta}_{it}^{\varphi}$ 为企业最优的创新选择，$C(\tilde{\eta}_{it}^{\varphi})$ 为企业实现最优创新选择所需的成本，于是企业的最优劳动力决策问题便可表示为：

$$\underset{L_{it}^{\varphi}}{\text{Max}} p_{it}^{\varphi} \left(\frac{\tilde{\eta}_{it}^{\varphi}}{b-1} + 1\right)^{\theta} (\underline{A}_{it}^{\varphi})^{\theta} (L_{it}^{\varphi})^{\beta_{\varphi}} - w_{it} L_{it}^{\varphi} - C(\tilde{\eta}_{it}^{\varphi}) - \bar{R}_{it}^{\varphi}, \varphi \in \{G, N\} \qquad (8-6)$$

为确保均衡解唯一，令 $\theta + \beta_M = 1$，则根据一阶条件可得企业的最优劳动雇用数为：

$$\tilde{L}_{it}^{\varphi} = \left[\frac{w_{it}}{p_{it}^{\varphi}(1-\theta)}\right]^{-\frac{1}{\theta}} \left(\frac{\tilde{\eta}_{it}^{\varphi}}{b-1} + 1\right) \underline{A}_{it}^{\varphi}, \varphi \in \{G, N\} \qquad (8-7)$$

由式（8-6）和式（8-7）可得最优的地租选择为：

$$\tilde{R}_{it}^{\varphi} = p_{it}^{\varphi} \left(\frac{\tilde{\eta}_{it}^{\varphi}}{b-1} + 1 \right)^{\theta} (\underline{A}_{it}^{\varphi})^{\theta} (\bar{L}_{it}^{\varphi})^{\beta_{\varphi}} - w_{it} L_{it}^{\varphi} - C(\tilde{\eta}_{it}^{\varphi}), \varphi \in \{G, N\} \quad (8-8)$$

第二，创新行为。基于式（8-6），可进一步将最优创新选择问题表示为：

$$\underset{\eta_{it}^{\varphi}}{\text{Max}} p_{it}^{\varphi} \left(\frac{\eta_{it}^{\varphi}}{b-1} + 1 \right)^{\theta} (\underline{A}_{it}^{\varphi})^{\theta} (\bar{L}_{it}^{\varphi})^{\beta_{\varphi}} - w_{it} \tilde{L}_{it}^{\varphi} - C(\eta_{it}^{\varphi}) - \tilde{R}_{it}^{\varphi}, \varphi \in \{G, N\} \quad (8-9)$$

同样根据一阶条件可得创新的最优选择为：

$$\tilde{\eta}_{it}^{\varphi} = (b-1) \left\{ \left[\frac{w_{it}}{p_{it}^{\varphi}(1-\theta)} \right]^{\frac{1}{\theta}} \frac{\bar{L}_{it}^{\varphi}}{\underline{A}_{it}^{\varphi}} - 1 \right\}, \varphi \in \{G, N\} \quad (8-10)$$

4. 一般均衡

第一，劳动力市场均衡。假设劳动力一直保持固定比例增长，从而每一期的劳动力市场均衡可表示为：

$$\sum_{i=0}^{1} \sum_{\varphi} \varepsilon_{it}^{\varphi} \tilde{L}_{it}^{\varphi} = L_0 e^{\lambda(t-1)}, 0 < \lambda < 1, \varphi \in \{G, N\} \quad (8-11)$$

式（8-11）中，$\varepsilon_{it}^{\varphi} \in \{0, 1\}$，代表绿色化程度，当 $\tilde{R}_{it}^{G} > \tilde{R}_{it}^{N}$ 时，则绿色产业可获得土地使用权，从而 $\varepsilon_{it}^{G} = 1$；反之，当 $\tilde{R}_{it}^{G} < \tilde{R}_{it}^{N}$ 时，则绿色产业不能获得土地使用权，从而 $\varepsilon_{it}^{N} = 1$。此外，考虑到居民（消费者）通常更加偏好绿色生态环境，故当 $\tilde{R}_{it}^{G} = \tilde{R}_{it}^{N}$ 时，$\varepsilon_{it}^{G} = 1$。

第二，产品市场均衡。根据基本假设条件，不同产品之间均能够实现自由交易，且存在冰山交易成本（运输成本）。这样一来，在不考虑其他交易成本的情形下，基于连续空间经济系统的产品的无套利价格就可表示为：

$$p_{it}^{\varphi} = \tau^{ij} p_{jt}^{\varphi}, \varphi \in \{G, N\} \quad (8-12)$$

式（8-12）中，τ 为冰山交易成本参数。一般来说，在存在冰山交易成本的情形下，根据成本最小化原则，若某一区域的供给大于需求，那么为了获取更高的收益，该区域通常会首先考虑与其邻近区域进行交易。只有在相邻区域不能完全消化和吸收其多余的供给时，该区域才会考虑与地理距离更远的地区进行交易。同样地，若某一区域的需求远大于供给，则该区域会首选其邻近区域的产品，只有相邻区域的产品不能满足其需求时，其才会考虑更远距离区域的产品。换言之，冰山运输成本下的区域产品交易遵循地理邻近原则。基于此，可采用超额供给的差分形式来表示产品市场的均衡条件（许宪春等，2021）。进一步假设 ES_{it}^{φ} 为区域 i 在自身区位（自身区位记为 0，邻近区位记为 1，其他依次类推）上存在的超额供给，则产品市场均衡条件为 $ES_{1t}^{\varphi}=0$，即 0-1 区位间的总超额供给为 0。这样一来，地理邻近的两区位间的超额供给差值的一阶差分方程就可表示为：

$$\Delta ES^{\varphi} = ES_{it}^{\varphi} - ES_{1t}^{\varphi} = x_{it}^{\varphi} - c_{it}^{\varphi}\tilde{L}_{it}^{\varphi} - \tau \mid ES_{i-1,t}^{\varphi} \mid , \varphi \in \{G,N\} \qquad (8-13)$$

式（8-13）中，x_{it}^{φ} 表示厂商最终产出中剔除创新成本后的剩余部分，$c_{it}^{\varphi}\tilde{L}_{it}^{\varphi}$ 为 i 区域 t 期的消费总额，$\tau \mid ES_{i-1,t}^{\varphi} \mid$ 为 i 区域的超额供给运送到 $i-1$ 区域时所支付的成本。

5. 基于产业绿色化升级的创新空间溢出机制

第一，在 t 时期，企业应用包含知识、技术及管理等在内的创新要素 $\overline{A}_{i,t}^{\varphi}$ 开展生产经营活动。由于创新具有外部性，这样一来，创新活动发生后便会自发地向连续空间的邻近区域进行溢出，相应地，邻近区域的创新也会以类似的方式向本区域溢出，且整个过程中每一区域的劳动力都以恒定的速率进行增长。

第二，在 t 时期的一开始，企业将在自身创新要素和借助溢出渠道获得的创新要素中进行选择，以确定使用更为先进的创新要素进行生产。与此同时，即便是已处在更高的创新水平上，企业仍会投资于当期的创新活动，以进一步提高其生产效率。

第三，在 t 时期，有大量企业位于连续空间内，故大数定律成立，且经济活动的参与者均具有完全理性，因此在创新促进企业生产效率提升后，企业能够预测出使雇用劳动力效用最大化的所有变量。在此基础上，企业会基于预期进一步参与本期的创新及生产经营活动（Desmet and Rossihansberg，2014）。一般而言，企业遵循利润最大化原则来雇用劳动力，同时获得土地使用权。若企业的绿色创新水平高于其非绿色创新水平，则绿色产业的企业生产效率就会高于非绿色产业，因为绿色产业的企业有能力承担更为高昂的工资和地租来雇用更多的高素质劳动力以及获得更为优质的土地。这样一来，随着时间的推移，在循环累积因果机制的作用下，绿色产业的集聚特征将更为明显，由此推动绿色产业不断优化升级，反之则相反。

第四，企业在 t 期获得劳动力、土地以及创新溢出的各类要素资源后，为实现超额利润，会进一步开展内含创新的生产经营活动。在此基础上，企业将对溢出带来的创新要素和自身的创新要素这二者所实现的生产效率进行比较，以选择更为先进的创新要素进行生产。

第五，重复上述过程，不断循环往复。

由上述机制分析可以发现，绿色产业的发展与绿色化的企业密不可分，绿色企业生产效率的改进和提升需要借助绿色创新来实现，通过吸纳尽可能多的创新劳动力，同时获取尽可能多的用于创新的土地，以形成绿色创新促进传统产业绿色转型升级的有效途径。因此，下面将在已有研究的基础上，对绿色创新的影响因素进行理论分析，并据此给出相关假设，以明确和识别影响区域绿色创新水平提升的主导因素。

8.1.2　地区异质性条件对绿色创新的作用机理

由上述绿色创新的空间溢出机制可知，企业只有提高绿色创新水平、改善生产环境、提升绿色生产效率，才有可能在激烈的市场竞争中获得更多的优质劳动力及土地资源，从而才能生产出更多的绿色产品，由此形成的这种良性循环，最终将推动我国产业结构绿色化升级。事实上，绿色创新水平的提升，不仅取决于当地企业的创新活动，还有赖于其所吸收的来自其他地区溢出的创新要素及成果。此外，本书将绿色创新视为一个系统，从其全过程出发将绿色创新看作由绿色创新投入、产出及效率三个子系统组成的复杂动态系统，这样一来，理论上这三个子系统在一定程度上均可用来表征绿色创新。但考虑到本书是以"以最小投入获取最大产出"的经济思想作为基本准则的，因而以绿色创新效率来度量绿色创新水平更具合理性，由此将绿色创新资源配置效率的改进和提升作为企业绿色创新活动的基本目标，也就成为一种理性使然。基于此，下面将以绿色创新效率表征绿色创新，基于区域（地区）的视角，参考相关研究，选择技术市场成熟度、金融支持力度、对外开放程度、环境规制强度、政府资助力度、教育水平、产业结构等地区（区域）异质条件，从理论上演绎这些异质性条件对绿色创新及其空间溢出的具体作用路径，并以此给出相应的研究假设。

8.1.2.1 技术市场

技术市场不仅是技术、知识、管理经验及环境治理等创新成果进行交易、交流、溢出和扩散的基本载体，也是考量创新产出成果价值的重要平台（Ramondo and Rodríguez-Clare，2013）。一般来说，某一地区的技术市场越成熟，就越有利于该地区通过市场及时发现并迅速实现绿色创新成果的潜在价值。与此同时，企业、高校和研发机构等创新主体获取绿色创新的经济报酬，不仅有助于激发它们进一步创新的积极性，而且有助于确保其有更充足的资金投入，以在激烈的市场竞争中获取更为优质的劳动力及土地资源，从而为其后续的绿色创新活动奠定相应的要素基础，并以此推动其绿色创新效率提升。此外，一个相对成熟的技术交易市场也有利于创新要素及其成果在区际的溢出与扩散，尤其是在开放条件下，还有助于吸引国外先进的清洁生产技术和节能环保技术，从而不断强化绿色创新的空间溢出能力，最终促进各地的绿色创新协同发展。基于此，本章有如下假设：

H₁：区域技术市场发展越成熟，就越有利于其绿色创新效率的提升和溢出。

8.1.2.2 金融支持

现实中，企业的创新活动具有投资大、周期长、风险高以及成果转化难等特点，因而企业技术创新的持续离不开金融体系的强力支持。一般说来，若某一地区拥有相对完善的金融体系及市场，那么这将有助于该地区扩大创新投入的资金规模，迅速弥补创新过程中的资金缺口，从而有利于分散其生产经营中的各种创新风险，同时其还可凭借相对完善的金融系统和市场实现技术与资本的有效对接，使创新活动更具持续性和稳定性（Chemmanur and Fulghieri，2014；Gereffi and Lee，2016；John and Hubert，2002）。而某一地区的金融发展水平、金融集聚水平以及金融资源配置效率的提升，对区域创新的空间集聚也具有较为明显的促进作用（余泳泽、刘大勇，2013；宋文飞等，2014），尤其是随着我国绿色发展战略以及生态文明建设的持续推进，基于环境保护和资源能源节约的绿色信贷业务也开始得到迅速发展，由此进一步促进了区域金融体系与市场的完善，同时也促进了区域绿色创新的发展，这些都会对绿色创新效率的提升产生积极的促进作用。此外，区域金融体系及市场越健全，则其空间溢出能力也就越强，而这将有助于区域绿色创新的均衡发展。基于此，本章提出如下假设：

H$_2$：金融支持对区域绿色创新效率将产生积极的促进作用。

8.1.2.3　对外开放

对外开放也是影响区域绿色创新效率提升的重要因素之一，但其作用机理却相对比较复杂。这是因为，就我国区域创新而言，作为一个发展中国家，现阶段我国的创新能力、效率、规模，以及清洁生产技术的发明和应用在一定程度上都要落后于西方发达国家，这样一来，国内市场越开放，就越有利于引进国外的先进技术，进而通过国外先进技术的溢出效应，快速提升自身的创新效率（耿伟、廖显春，2017）；但长期过度依赖国外的先进技术，也可能会对国内企业创新产生"挤出效应"，降低其自主创新及研发的积极性，由此可能会陷入对发达国家先进技术的过度模仿，最终失去在国际高尖精前沿技术领域的话语权，从而对创新效率产生负向影响（Lanoie et al.，2011）。事实上，相关研究已发现，某些地区在开放过程中所引进的外资确实会对其绿色创新发展产生两种不同的效应，即"污染避难所（污染天堂）效应"和"污染晕轮效应"（许玉洁、刘曙光，2022）。前者认为，由于绿色创新技术具有投资风险高、回报周期长等特点，所以某一地区在引进外资过程中更加青睐那些成本低、附加值高但可能会产生环境污染的外资企业，此时若本地的环境约束也比较低，那它就很可能会沦为这些企业的污染避难所，而"污染避难所效应"的存在，在一定程度上会抑制当地的绿色创新发展（刘军等，2020），进而可能会降低区域绿色创新能力。后者则认为，吸引FDI所产生的晕轮效应反而可能会为当地带来先进的绿色生产技术以及丰富的环境管理经验，从而通过"替代效应"和"技术溢出效应"对该地的生产效率和资源利用效率产生积极作用（盛斌、吕越，2012），促进其绿色创新成果转化，最终提高区域绿色创新效率。从相关研究结果来看，引进外资对区域绿色创新效率的影响在整体上还是利大于弊（黄磊、吴传清，2021）。基于此，本章提出如下假设：

H_3：扩大对外开放有助于引进国外先进的绿色生产技术和管理经验，从而会对区域绿色创新效率产生积极的促进作用。

8.1.2.4 环境规制

绿色创新本身就是一种重要的环境治理手段，因而其与环境规制密切相关，且现实中区域绿色创新对生态环境还会产生不同程度的外部效应，因此考察绿色创新就有必要关注相应的环境规制。然而，目前有关环境规制对绿色创新效率影响的研究，大致有"遵循成本效应"和"创新补偿效应"两种不同的观点（郭进，2019），且基本上都是从时间和强度两个角度切入进行分析的。从时间维度看，区域内的企业在其生产经营初期，为了满足环境规制的要求，通常会主动调整其生产经营活动，即通过加大环境污染治理力度和削减产量的方式来改善生态环境质量，这就使得企业可能没有兴趣去考虑内含绿色创新的生产技术革新，从而导致其生产成本上升、生产效率下降，最终可能会对绿色创新效率产生不利影响。然而，随着时间的推移，企业可能会根据环境规制政策来积极调整其生产经营活动，即不断剔除污染性的生产环节，加大其生产经营过程中绿色技术的资金投入，此时企业还可能因受益于绿色创新的空间溢出，开始使用绿色生产设备和借鉴环境治理经验，这不仅有利于区域内企业发展其清洁生产技术，摆脱对污染型技术的依赖，还有助于推动区域内传统"三高"产业的绿色转型升级，壮大其绿色先进制造业，增强其绿色创新发展的内生动力，推动绿色创新效率不断提升。此外，从环境规制强度看，较为宽松的环境约束尽管可能会给企业带来一些生产成本压力，但因约束力度不够，或许不足以倒逼企业放弃污染技术而转向绿色技术创新，从而不利于绿色创新效率的提升；相反，更为严格的环境规制虽然有利于倒逼企业进行绿色创新，但因规制力度过大，或许会给企业带来过多的额外生产成本，从而在短期内会挤压企业的利润空间，对企业绿色创新的研发投资产生"挤出效应"（刘金科、肖翊阳，2022），同时还可能会抑制绿色创新的空间溢出（肖文、林高榜，2014），最终不利于绿色创新效率的提升。比如"波特假说"就认为只有合理而严格的环境规制，才有助于绿色创新效率的提高。因此，本章提出如下假设：

H₄：长期来看，合理而严格的环境规制有助于绿色创新效率的提升。

8.1.2.5　政府资助

一般来说，企业在进行一些科技研发活动尤其是某些基础性的研发活动时，需要大量的资金投入，这就使得企业可能会因无法独立承担高昂的资金投入成本而中途放弃，导致研发活动流产。此外，研发活动所固有的外在性，也可能会使企业无法独享研发成功的全部收益，从而影响其研发的积极性。此时政府若能在其预算支出中给予从事研发活动的企业相应资助（如搭建公共平台、设立科研基金项目以及给予科技研发补贴等），或者是营造一种良好的创新环境，将有助于缓解企业进行核心技术攻关以及重大技术创新所面临的资金不足问题，同时还有利于提高企业从事创新活动的积极性（吴旭晓，2019；Fishenden and Thompson，2013）。但不可否认的是，以政府支持为保障的绿色创新模式可能会弱化市场竞争，而这可能会使一些在长期中倾向于转移风险的功利性创新主体，出于基础性创新耗时长、失败率高等方面的考虑而逐渐失去研发动力（Fishenden and Thompson，2013）。此外，政府持续的研发投入支持，还可能会对企业的绿色创新投资产生某种形式的"挤出"，导致其在创新投入上对政府形成过度依赖，由此降低企业自主创新的积极性（吴旭晓，2019）。进一步从区域层面看，各地出于自身利益的考虑，在接受政府科技创新资助的过程中，还可能会出现因资源使用不当或浪费而造成的资源利用效率低下的现象（白俊红等，2009）。这些都会在一定程度上阻碍绿色创新效率的提高。基于此，本章提出如下假设：

H₅：当地政府的研发资助可能会对其绿色创新效率产生一定程度的抑制作用。

8.1.2.6 教育水平

教育是人力资本形成的重要途径和手段，教育水平的提高能够为经济社会输送源源不断的高素质人才，进而通过人力资本积累为绿色创新发展注入持久活力（华振，2011）。原因在于，首先，大多数区域，尤其是一些中心区域，受国家相关政策的引导，通常会设立数量众多且科研实力雄厚的高校和科研院所，由此形成的相对完备的研发体系，能够为当地企业的绿色创新活动提供大量高端人才，进而通过人力资本特有的"规模效应"和"集聚效应"，来持续推动绿色创新成果的有效转化。其次，通过教育所实现的人力资本积累水平越高，就越有利于区域内各创新主体形成新思想、消化和吸收新技术、开发新产品等，而这将有利于创新技术在区际的扩散，进而促进绿色创新效率提升（马大来等，2017）。再次，教育水平的提升还能为区域营造良好的文化氛围和外部环境，当地居民受此熏陶，环保意识和自主创新的积极性也会随之提升，从而有利于区域绿色创新活动的落地。最后，教育带来的培训效果将有利于增强创新人才彼此之间的互动和交流（Arrow，1962），如节能减排技术、环境管理经验等创新知识的学习与共享，可进一步促进区域绿色创新的空间溢出，由此推动区域绿色创新不断迈上新台阶。基于此，本章提出如下假设：

H₆：教育水平的提高能够为区域绿色创新输送源源不断的高素质人才，从而对其绿色创新效率产生积极的促进作用。

8.1.2.7 产业结构

产业结构作为一种资源转化器，是连接经济活动与资源环境的重要纽带（赵林等，2021）。而产业结构的优化与升级则是区域绿色化转型的关键，其所引发的产业集聚效应对于区域绿色创新能力的提高具有非常重要

的作用（王惠，2016）。这是因为，产业结构的不断高级化，即产业由"高
耗能、高污染、高排放"的传统第二产业向"绿色、清洁、低碳、高附加
值"的新兴第三产业的转型，将减少资源消耗以及污染物排放，由此提高
资源和能源利用效率，减少区域绿色创新过程中的非期望产出，从而为绿
色创新的成果转化提供持续动力。另外，产业结构绿色化转型升级的加速，
也有利于当地绿色产业网络的优化和拓展，促使区域绿色产业集聚，从而
不断释放产业绿色转型升级所蕴含的"结构红利效应"（干春晖、郑若谷，
2009），最终增强其绿色创新能力。此外，产业的绿色化转型升级还有利于
促进环保专职人员跨行业、跨地区的自由流动，进而通过"干中学"来促
进周边地区生态绿色产业体系的形成，最终提高其绿色创新效率。基于此，
本章有如下假设：

　　H_7：产业结构优化升级有助于区域绿色创新效率的提升。

8.2　模型、方法与数据

8.2.1　空间面板计量模型的设定

　　本节通过构造空间计量模型来检验以上所给出的相关研究假设，同时
借助偏微分效应分解法，进一步考察我国省际绿色创新的空间溢出效应及
其异质性。空间计量模型由于具有可同时揭示区域自身属性及其空间联系
之优点，被广泛应用于事物或现象的空间溢出效应分析，而根据空间效应
来源（被解释变量的空间滞后项及随机误差项的空间滞后项）的不同，又
可进一步将其区分为空间面板滞后模型（Spatial Panel Lag Model，SPLM）、
空间面板误差模型（Spatial Panel Error Model，SPEM）以及空间面板杜宾模
型（Spatial Panel Dubin Model，SPDM）三种形式。若进一步考虑各地区存
在的空间个体效应和时点效应，则可建立如下一般形式的空间面板计量
模型：

$$
\begin{cases}
Y_{it} = \tau Y_{i,t-1} + \rho \sum_{j=1}^{N} W_{ij}Y_{jt} + \theta X_{it} + \delta \sum_{j=1}^{N} W_{ij}X_{jt} + \mu_i + \upsilon_t + \varepsilon_{it} \\
\varepsilon_{it} = \lambda \sum_{j=1}^{N} W_{ij}\varepsilon_{jt} + \varphi_{it}, \varphi_{it} \sim \mathrm{N}(0, \sigma_{it}I_n)
\end{cases}
\tag{8-14}
$$

式（8-14）中，Y_{it} 为 t 时期某省绿色创新效率（被解释变量）的样本观察值所构成的 $N×1$ 维向量，X_{it} 为解释变量；τ 为被解释变量的一阶滞后项系数，θ 为解释变量的估计系数，ρ 为被解释变量的空间滞后系数，δ 为解释变量的空间滞后系数，λ 为空间误差系数；μ_i、υ_t 分别代表空间固定效应和时点固定效应，ε_{it} 为随机扰动项，且服从独立同分布。根据模型中各参数取值的不同，可将其区分为不同类型的空间面板模型。

按照 τ 的取值不同，可将模型区分为动态空间面板模型（$\tau \neq 0$）和静态空间面板模型（$\tau = 0$）。由于静态空间面板模型更具一般性，故下面将主要以静态空间面板模型来说明模型的选择。当 $\tau = \rho = \delta = 0$ 且 $\lambda \neq 0$ 时，选择空间面板误差模型（SPEM）；当 $\delta = \lambda = 0$ 且 $\tau \neq 0$ 或 $\rho \neq 0$ 时，选择空间面板滞后模型（SPLM）；而当 $\lambda = 0$ 且 $\tau \neq 0$ 或 $\rho \neq 0$ 或 $\delta \neq 0$ 时，则选择空间面板杜宾模型（SPDM）。SPDM 模型由于兼具 SPEM 模型与 SPLM 模型之特征，可用来同时分析解释变量和被解释变量的空间滞后项，因而更受学者的青睐。当然，为确保模型的设定合理，还需通过相关检验来确定空间相关性以及选择空间面板计量模型，其具体步骤如下。

首先进行 LM 检验（拉格朗日乘子检验），即对模型进行普通最小二乘回归（OLS），在此基础上，运用 spatdiag 命令对其进行空间相关性检验，从而获取 LM 统计量。相应的判别标准为：如果 Robust-LM（lag）在统计上显著而 Robust-LM（error）在统计上不显著，或者 LM-lag 与 LM-error 二者均显著但前者较后者更具显著性，则应选择 SPLM 模型；反之，若 Robust-LM（error）显著而 Robust-LM（lag）不显著，或者 LM-error 与 LM-lag 二者均显著但前者较后者更具显著性，则应选择 SPEM 模型。但此检验只是对 SPEM 模型和 SPLM 模型哪一个更合适进行判断，并未涉及 SPDM 模型。为此，还需进行 Wald 检验（瓦尔德检验）和 LR 检验（似然比检验），以检验 SPDM

模型是否会退化为 SPLM 模型和 SPEM 模型，其中 Wald 统计量和 LR 统计量均服从卡方分布。相应的判别准则为：若 $\delta = 0$ 与 $\delta + \rho\theta = 0$ 这两个原假设均被拒绝，则应选择 SPDM 模型；若 $\delta = 0$，则应选择 SPEM 模型；若 $\delta + \rho\theta = 0$，则应选择 SPLM 模型；若 LM 检验与 Wald 检验或 LR 检验的结果不一致，则应选择 SPDM 模型。此外，就模型的估计方法而言，由于空间计量模型的解释变量可能存在内生性，因而使用 OLS 进行估计可能会导致结果出现偏误，故本书仍使用极大似然法进行估计。

8.2.2　空间溢出效应的分解方法

为检验我国省际绿色创新的空间交互作用，本节参考 LeSage 和 Pace（2019）的分解方法，将省际绿色创新的空间效应进一步分解为直接效应、间接效应（溢出效应）和总效应。而目前能够对空间溢出效应进行较好分解的模型主要有空间滞后模型和空间杜宾模型两类，但前者分解出的解释变量的间接效应与直接效应之比与该解释变量的估计系数无关，且对于每一个解释变量均相同，而这种情形在实证分析中一般不大可能会出现。鉴于此，此处仍以绿色创新效率为例，首先构建内生与外生交互作用的空间面板杜宾模型，以对绿色创新效率（$\ln GIE$）的溢出效应进行分解，考虑到变量取值稳定之需要，对其进行了对数变换，模型的一般形式为：

$$\ln GIE_t = \rho W \ln GIE_t + \beta \ln X_t + \delta W \ln X_t + \varepsilon \qquad (8-15)$$

式（8-15）中，变量的含义与式（8-14）相同，此处不再赘述。进一步将式（8-15）简化为某一时点的向量表达式：

$$(I_N - \rho W)\ln GIE_t = \alpha H_N + \beta \ln X_t + \delta W \ln X_t + \varepsilon \qquad (8-16)$$

式（8-16）中，$\ln GIE_t$ 为 $N \times 1$ 维的被解释变量（绿色创新效率）矩阵，$\ln X_t$ 为 $N \times K$ 维的解释变量矩阵。

若令 $Q(W) = (I_N - \rho W)^{-1}$，$\theta_K(W) = Q(W) \times (I_N \beta_K + \delta_K W)$，则式（8-16）可进一步变换为：

$$\ln GIE = \sum_{K=1}^{M} \theta_K(W) \ln X_K + Q(W)\alpha H_N + Q(W)\varepsilon \qquad (8-17)$$

进而可将式（8-17）转化为如下矩阵形式：

$$\begin{bmatrix} \ln GIE_1 \\ \ln GIE_2 \\ \vdots \\ \ln GIE_N \end{bmatrix} = \sum_{K=1}^{M} \begin{bmatrix} \theta_K(W)_{11} & \theta_K(W)_{12} & \cdots & \theta_K(W)_{1N} \\ \theta_K(W)_{21} & \theta_K(W)_{22} & \cdots & \theta_K(W)_{2N} \\ \vdots & \vdots & \vdots & \vdots \\ \theta_K(W)_{N1} & \theta_K(W)_{N2} & \cdots & \theta_K(W)_{NN} \end{bmatrix} \times \begin{bmatrix} \ln X_{1K} \\ \ln X_{2K} \\ \vdots \\ \ln X_{NK} \end{bmatrix} + Q(W)(H_N\alpha + \varepsilon) \qquad (8-18)$$

式（8-18）中，$K=1$，2，$\cdots$，M。该式等号右侧第一个矩阵为偏微分矩阵，矩阵中主对角线元素表示某一地区第 K 个解释变量 $\ln X_i$ 对本地区绿色创新效率的平均影响（直接效应），即 $Direct = \partial \ln GIE_i / \partial \ln X_{iK} = \theta_K(W)_{ii}$；而矩阵中非对角线元素则表示某一地区第 K 个解释变量 $\ln X_i$ 对其相邻地区绿色创新效率的平均影响（间接效应/溢出效应），即 $Indirect = \partial \ln GIE_i / \partial \ln X_{jK} = \theta_K(W)_{ij}$；总效应则由直接效应和间接效应加总求得，即 $Total = \theta_K(W)_{ii} + \theta_K(W)_{ij}$。

8.2.3 空间权重矩阵的构建

不同于传统计量模型，空间权重矩阵的设置是空间计量的重要特质，也是度量空间效应的关键，因为空间权重矩阵的正确选择对于回归结果的准确性至关重要。一般而言，空间权重矩阵的设置必须满足"地理衰减"之假定，否则可能会使回归结果出现偏差。在目前的有关研究中，大多数学者选择 0-1 邻接矩阵作为空间权重矩阵，但该矩阵通常假定空间单元对其所有邻接单元的影响相同，从而可能会造成空间自回归系数发生显著变化，导致回归结果与现实不符。考虑到绿色创新是一个涉及从投入到产出的复杂经济系统活动，在"投入—产出"的实际转化过程中，可能会受到来自地理、经济和社会等不同方面因素的影响，因此，为了能够获得更为稳健的估计结果，此处我们分别设置了 0-1 邻接、地理距离、经济距离、经济地理嵌套以及信息技术距离等 5 种空间权重矩阵，且对各矩阵均做了行标准化处理，以期能够更为准确地评估我国省际绿色创新的空间外溢效应。

8.2.3.1　0-1 邻接空间权重矩阵（W_1）

0-1 邻接空间权重矩阵是目前最常用的一种空间权重矩阵，它以地理区位是否相邻作为空间权重矩阵设定的基本准则，具体形式为：

$$W_{ij} = \begin{cases} 0, i = j \\ 1, i \neq j \end{cases} \qquad (8-19)$$

式（8-19）中，当 $i=j$ 时，表示省份 i 与省份 j 相邻，从而有公共边界；而当 $i \neq j$ 时，则表示省份 i 与省份 j 不相邻，即其不存在公共边界。

8.2.3.2　地理距离空间权重矩阵（W_2）

地理距离空间权重矩阵能够更好地反映两个区域即便是在空间上不相邻，也会有要素流动的客观现实，且此空间权重矩阵还能将地理邻近联系随地理距离衰减的特性表现出来。地理距离空间权重矩阵的权重值计算一般有两种方式，一种是根据两个空间单元地理距离的倒数来进行设定，另一种则是基于距离平方的倒数来设定。相比较而言，基于距离平方倒数设定的空间效应衰减更慢，故可将矩阵定义为：

$$W_{ij} = \begin{cases} 1/d_{ij}^2, i \neq j \\ 0, \quad i = j \end{cases} \qquad (8-20)$$

式（8-20）中，d_{ij} 为省份 i 与省份 j 之间的质心距离（即直线欧氏距离），这一距离是基于两省省会城市的经纬度坐标计算求得的。

8.2.3.3　经济距离空间权重矩阵（W_3）

尽管创新的空间外溢效应具有距离衰减之特性，但仅用地理因素来对其进行描述，可能并不足以全面反映绿色创新效率的空间交互性。加之我国幅员辽阔，区域经济发展并不平衡，由此表现出的地区空间相关性也就存在较大差别，即区域间的相互作用程度是不对等的，经济发达地区对落后地区的影响通常要大于经济落后地区对发达地区的影响。基于此，为能够更好地揭示经济发展水平相关性（经济距离）对绿色创新的影响，本节使用两省份实际人均 GDP 年均值绝对差值的倒数来衡量空间权重值，从而可构建如下经济距离空间权重矩阵：

$$W_{ij} = \begin{cases} \dfrac{1}{\mid \bar{y}_i - \bar{y}_j \mid}, i \neq j \\ 0, \qquad\quad i = j \end{cases} \qquad (8-21)$$

式（8-21）中，$\bar{y}$ 为样本期内某省实际人均 GDP（2001 年不变价）的均值。

8.2.3.4　经济地理嵌套空间权重矩阵（W_4）

经济地理嵌套空间权重矩阵兼具经济距离和地理距离空间权重矩阵的双重属性，因而更有利于刻画绿色创新的复杂空间联系，故借鉴相关研究（王火根、沈利生，2007）的设定方法，可构建综合的经济地理嵌套空间权重矩阵，其具体形式为：

$$W_{ij} = W_d \times diag(\bar{M}_1/M, \bar{M}_2/M, \cdots, M_n/M) \qquad (8-22)$$

$$\bar{M}_i = 1/(t_1 - t_0 + 1) \sum_{j=t_0}^{t_1} M_{ij}; \bar{M} = 1/n(t_1 - t_0 + 1) \sum_{i=1}^{n} \sum_{j=t_0}^{t_1} M_{ij} \qquad (8-23)$$

式（8-22）中，W_d 为地理距离空间权重矩阵，M 为所有省份的实际人均 GDP。$\bar{M}_i$ 为 i 省在样本考察期内的实际人均 GDP 均值，$\bar{M}$ 则表示 t_0-t_1 期所有省份的实际人均 GDP 的均值，t_0 和 t_1 分别代表初期和末期，n 为省份数。

8.2.3.5　信息技术距离空间权重矩阵（W_5）

由于本书认为省际绿色创新还会受到信息技术水平的影响，因而参考袁华锡等（2019）的研究成果，可进一步构建如下形式的空间权重矩阵：

$$W_{ij} = \begin{cases} \dfrac{IT_i IT_j}{d_{ij}^2}, \text{当 } d_{ij} \geq d \\ 0, \qquad \text{当 } d_{ij} < d \end{cases} \qquad (8-24)$$

式（8-24）中，IT_i 和 IT_j 分别表示 i 省与 j 省的信息技术水平[1]。对于该权重的处理，本书采用两省份信息技术水平乘积与其地理距离平方的倒数来刻画地理距离和信息技术在两省间的相互作用。

---

[1]　两省的信息技术水平用其人均长途光缆线路长度来度量。

8.2.4　变量选取与数据说明

根据以上对相关机制的理论分析，本节设置如下控制变量来考察我国省际绿色创新的空间溢出效应，进而对各控制变量的溢出效应进行分解。①技术市场成熟度（TM）以技术市场成交额占地区生产总值的比重来衡量；②金融支持力度（FD）选取存贷款余额占地区生产总值的比重来衡量；③对外开放程度（OP）采用进出口总额（按货源地）占地区生产总值的比重来衡量，且进出口总额用当年的平均汇率转换为人民币；④环境规制强度（ER）使用工业污染治理完成投资额占地区生产总值的比重来衡量；⑤政府资助力度（GS）以政府公共预算中科技支出占其预算总支出的比重来衡量；⑥教育水平（EDU）用平均受教育年限表示；⑦产业结构（IS）以第三产业增加值占地区生产总值的比重来衡量。以上变量的原始数据均来自 2002~2020 年《中国统计年鉴》、《中国区域经济统计年鉴》以及各省市统计年鉴，各变量的描述性统计分析结果见表 8-1。

表 8-1　变量的描述性统计分析结果

变量	名称	单位	观察值	均值	标准差	最小值	最大值
TM	技术市场成熟度	%	570	1.512	3.472	0.005	30.964
FD	金融支持力度	%	570	386.190	182.574	159.995	1347.963
OP	对外开放程度	%	570	37.683	40.749	1.787	196.888
ER	环境规制强度	%	570	0.206	0.193	0.004	1.969
GS	政府资助力度	%	570	1.858	1.252	0.389	7.202
EDU	教育水平	年	570	8.667	0.746	7.073	11.092
IS	产业结构	%	570	42.632	9.098	28.600	83.500

8.3　基于探索性空间数据分析的空间自相关性检验

在运用空间面板计量模型考察绿色创新的空间溢出效应之前，还需要对绿色创新的空间自相关性进行检验。为此，本节将基于前述公式（6-2）和公式（6-3），采用 5 种空间权重矩阵，分别从全域和局域两个层面对我国省际绿色创新投入、产出及效率三者的空间自相关性进行检验。

8.3.1 全局 Moran's *I* 指数

首先，从绿色创新投入水平的全局空间自相关检验结果来看（见表8-2），考察期内 5 种空间权重矩阵下的全局 Moran's *I* 指数值的符号、大小及显著性均存在显著差别。从符号来看，除经济距离空间权重矩阵下的 Moran's *I* 指数值均为正以外，其他 4 种空间权重矩阵下的 Moran's *I* 指数值在考察期内均有少数年份出现过负值，但总体上以正值居多。从 5 种空间权重矩阵的显著性和大小来看，较之于其他 4 种，经济距离空间权重矩阵下的 Moran's *I* 指数值除在 2001~2004 年不显著外，其余年份均通过了 5% 水平或 10% 水平的显著性检验，说明其效果最好。由此可见，绿色创新投入水平在经济距离空间权重矩阵下表现出显著的空间正自相关性。

表 8-2　2001~2019 年我国省际绿色创新投入水平的 Moran's *I* 指数值

年份	0-1 邻接权重（W_1）		地理权重（W_2）		经济权重（W_3）		经济地理权重（W_4）		信息技术权重（W_5）	
	I 指数	p 值	*I* 指数	p 值	*I* 指数	p 值	*I* 指数	p 值	*I* 指数	p 值
2001	−0.149	0.311	−0.056	0.801	0.061	0.403	−0.069	0.344	−0.007	0.744
2002	−0.133	0.401	−0.047	0.890	0.056	0.439	−0.063	0.443	−0.005	0.730
2003	−0.081	0.684	−0.019	0.855	0.120	0.183	−0.045	0.788	0.023	0.502
2004	−0.041*	0.953	−0.013	0.808	0.132	0.160	−0.042	0.835	0.031	0.456
2005	0.095	0.281	0.055	0.323	0.179*	0.078	−0.005	0.441	0.096	0.143
2006	0.101	0.259	0.074	0.232	0.189*	0.065	0.006	0.297	0.113*	0.097
2007	0.069	0.386	0.061	0.286	0.195*	0.057	−0.002	0.393	0.101	0.126
2008	0.116	0.203	0.080	0.199	0.170*	0.086	0.007	0.273	0.116*	0.086
2009	0.090	0.295	0.082	0.190	0.164*	0.096	0.009	0.251	0.120*	0.078

年份	0-1 邻接权重 (W_1)		地理权重 (W_2)		经济权重 (W_3)		经济地理权重 (W_4)		信息技术权重 (W_5)	
	I 指数	p 值	I 指数	p 值	I 指数	p 值	I 指数	p 值	I 指数	p 值
2010	0.105	0.239	0.085	0.180	0.177 *	0.076	0.013	0.215	0.125 *	0.069
2011	0.140	0.139	0.105	0.115	0.228 **	0.026	0.020	0.151	0.145 **	0.040
2012	0.150	0.115	0.100	0.126	0.217 **	0.033	0.018	0.160	0.141 **	0.043
2013	0.164 *	0.090	0.124 *	0.071	0.230 **	0.025	0.024	0.120	0.168 **	0.020
2014	0.170 *	0.083	0.112 *	0.097	0.228 **	0.027	0.022	0.134	0.149 **	0.035
2015	0.189 *	0.056	0.126 *	0.067	0.224 **	0.028	0.029 *	0.090	0.165 **	0.021
2016	0.187 *	0.059	0.131 *	0.060	0.199 **	0.048	0.033 *	0.074	0.168 **	0.019
2017	0.165 *	0.087	0.112 *	0.095	0.159 *	0.099	0.021	0.138	0.155 **	0.028
2018	0.147	0.116	0.109 *	0.096	0.180 *	0.064	0.023	0.124	0.149 **	0.031
2019	0.148	0.108	0.123 *	0.065	0.166 *	0.080	0.030 *	0.082	0.162 **	0.020

注：**、* 分别代表在 5%、10%的水平下显著。

其次，从绿色创新产出效益的全局空间自相关检验结果来看（见表8-3），5 种空间权重矩阵下的全局 Moran's I 指数值均显著为正，说明我国省际绿色创新产出效益存在显著的空间正相关性。进一步比较 5 种权重的计算结果，可以发现，基于 0-1 邻接权重、地理权重、经济地理权重、信息技术权重矩阵的这一指数值均呈现波动上升之势，且各自在总体上分别增加了 12.63%、10.40%、30.36%、22.99%，说明基于这些权重矩阵考量的绿色创新产出效益的空间集聚性日益凸显。而基于经济权重矩阵的该指数值却有下降趋势，说明在经济因素的驱动下，我国省际绿色创新产出效益的空间集聚特征在不断弱化，且开始向均衡态势发展。从表 8-3 中还可以发现，考察期内基于经济权重矩阵的这一指数值明显高于其他 4 种权重矩阵，且它们之间的差距在不断缩小，说明相关经济因素在一定程度上强化了我国省域间绿色创新产出效益的空间依赖性。

表 8-3　2001~2019 年我国省际绿色创新产出效益的 Moran's *I* 指数值

年份	0-1 邻接权重 (W_1)		地理权重 (W_2)		经济权重 (W_3)		经济地理权重 (W_4)		信息技术权重 (W_5)	
	I 指数	p 值	*I* 指数	p 值	*I* 指数	p 值	*I* 指数	p 值	*I* 指数	p 值
2001	0.198 *	0.051	0.173 **	0.020	0.312 ***	0.004	0.056 **	0.017	0.174 **	0.018
2002	0.223 **	0.031	0.178 **	0.018	0.317 ***	0.003	0.061 **	0.012	0.177 **	0.017
2003	0.205 **	0.042	0.166 **	0.024	0.326 ***	0.002	0.058 **	0.015	0.168 **	0.020
2004	0.171 *	0.081	0.150 **	0.036	0.323 ***	0.002	0.047 **	0.031	0.155 **	0.030
2005	0.160 *	0.094	0.146 **	0.039	0.316 ***	0.003	0.046 **	0.032	0.151 **	0.031
2006	0.213 **	0.037	0.187 **	0.013	0.322 ***	0.003	0.067 ***	0.008	0.188 **	0.011
2007	0.300 ***	0.005	0.182 **	0.016	0.296 ***	0.006	0.067 ***	0.008	0.185 **	0.013
2008	0.263 **	0.011	0.160 **	0.027	0.310 ***	0.003	0.056 **	0.017	0.169 **	0.019
2009	0.336 ***	0.002	0.198 ***	0.009	0.302 ***	0.005	0.080 ***	0.003	0.201 ***	0.007
2010	0.339 ***	0.001	0.189 ***	0.011	0.302 ***	0.004	0.074 ***	0.004	0.195 ***	0.008
2011	0.374 ***	0.000	0.211 ***	0.005	0.316 ***	0.003	0.085 ***	0.001	0.220 ***	0.003
2012	0.374 ***	0.000	0.215 ***	0.004	0.329 ***	0.002	0.087 ***	0.001	0.225 ***	0.003
2013	0.270 **	0.007	0.204 ***	0.007	0.350 ***	0.001	0.079 ***	0.003	0.219 ***	0.003
2014	0.256 **	0.013	0.202 ***	0.007	0.350 ***	0.001	0.076 ***	0.003	0.219 ***	0.004
2015	0.237 **	0.020	0.190 **	0.011	0.351 ***	0.001	0.070 ***	0.006	0.212 ***	0.004
2016	0.230 **	0.023	0.188 **	0.011	0.338 ***	0.002	0.068 ***	0.006	0.210 ***	0.004
2017	0.199 **	0.044	0.171 **	0.018	0.312 ***	0.003	0.059 **	0.012	0.195 ***	0.007
2018	0.189 **	0.050	0.168 **	0.018	0.305 ***	0.003	0.058 **	0.012	0.192 ***	0.007
2019	0.223 **	0.025	0.191 ***	0.009	0.297 ***	0.004	0.073 ***	0.004	0.214 ***	0.004

注：*** 、** 、* 分别代表在 1%、5%、10% 的水平下显著。

　　最后，从绿色创新效率的全局空间自相关检验结果来看（见表 8-4），5 种空间权重矩阵下的全局 Moran's *I* 指数值在样本观测期内均通过了 1% 水平的显著性检验，且均为正值，说明我国省际绿色创新效率同样存在显著的空间正相关性。就 Moran's *I* 指数值的大小而言，0-1 邻接权重下的指数值最大，介于 0.466~0.477；经济权重、地理权重和信息技术权重下的指数值次之，总体上介于 0.374~0.388，且三者间的差距较小；而经济地理权重下的指数值最小，介于 0.146~0.149。说明地理空间上的邻近对绿色创新效率的空间依赖性的影响最为显著，且经济因素、地理因素和信息技术因素对其空间依赖性也有一定的影响。

表 8-4　2001~2019 年我国省际绿色创新效率的 Moran's *I* 指数值

年份	0-1 邻接权重（W_1）		地理权重（W_2）		经济权重（W_3）		经济地理权重（W_4）		信息技术权重（W_5）	
	I 指数	p 值	*I* 指数	p 值	*I* 指数	p 值	*I* 指数	p 值	*I* 指数	p 值
2001	0.477 ***	0.000	0.376 ***	0.000	0.388 ***	0.001	0.149 ***	0.000	0.374 ***	0.000
2002	0.476 ***	0.000	0.376 ***	0.000	0.388 ***	0.001	0.149 ***	0.000	0.375 ***	0.000
2003	0.475 ***	0.000	0.375 ***	0.000	0.388 ***	0.001	0.148 ***	0.000	0.375 ***	0.000
2004	0.474 ***	0.000	0.375 ***	0.000	0.388 ***	0.001	0.148 ***	0.000	0.376 ***	0.000
2005	0.475 ***	0.000	0.376 ***	0.000	0.388 ***	0.001	0.148 ***	0.000	0.376 ***	0.000
2006	0.474 ***	0.000	0.376 ***	0.000	0.387 ***	0.001	0.148 ***	0.000	0.377 ***	0.000
2007	0.473 ***	0.000	0.376 ***	0.000	0.387 ***	0.001	0.148 ***	0.000	0.378 ***	0.000
2008	0.472 ***	0.000	0.375 ***	0.000	0.387 ***	0.001	0.147 ***	0.000	0.378 ***	0.000
2009	0.472 ***	0.000	0.376 ***	0.000	0.387 ***	0.001	0.148 ***	0.000	0.378 ***	0.000
2010	0.471 ***	0.000	0.376 ***	0.000	0.388 ***	0.001	0.147 ***	0.000	0.379 ***	0.000
2011	0.471 ***	0.000	0.376 ***	0.000	0.387 ***	0.001	0.147 ***	0.000	0.379 ***	0.000
2012	0.470 ***	0.000	0.376 ***	0.000	0.387 ***	0.001	0.147 ***	0.000	0.380 ***	0.000
2013	0.470 ***	0.000	0.376 ***	0.000	0.387 ***	0.001	0.147 ***	0.000	0.380 ***	0.000
2014	0.469 ***	0.000	0.376 ***	0.000	0.387 ***	0.001	0.147 ***	0.000	0.381 ***	0.000
2015	0.468 ***	0.000	0.376 ***	0.000	0.387 ***	0.001	0.147 ***	0.000	0.381 ***	0.000
2016	0.468 ***	0.000	0.376 ***	0.000	0.386 ***	0.001	0.147 ***	0.000	0.382 ***	0.000
2017	0.467 ***	0.000	0.376 ***	0.000	0.386 ***	0.001	0.146 ***	0.000	0.382 ***	0.000
2018	0.466 ***	0.000	0.376 ***	0.000	0.387 ***	0.001	0.146 ***	0.000	0.383 ***	0.000
2019	0.467 ***	0.000	0.376 ***	0.000	0.386 ***	0.001	0.146 ***	0.000	0.383 ***	0.000

注：***、**、*分别代表在 1%、5%、10%的水平下显著。

综上可知，在 5 种空间权重矩阵下，我国省际绿色创新投入、产出和效率均表现出不同程度的空间正相关性，说明我国省际绿色创新的空间关联性不仅与区域间是否毗邻有关，而且与区域间的地理距离、经济发展水平及信息技术水平有关。相比之下，绿色创新投入、产出和效率在经济距离权重下的全局空间自相关检验结果更显著。但全局 Moran's *I* 指数可能会在一定程度上均等化地区间的这种差异，从而无法准确反映省域间的空间关联特性，因而还需进一步采用经济距离空间权重矩阵（W_3）对省际绿色创新进行局部空间自相关检验。

8.3.2 局部 Moran's *I* 指数

基于 2001 年、2010 年和 2019 年三年的截面数据，可计算出绿色创新
投入水平、绿色创新产出效益及绿色创新效率的空间滞后值，由此可分别
绘制如图 8-1、图 8-2 和图 8-3 所示的 Moran 散点图。从 Moran 散点图中可
以发现，3 个特征年份的绿色创新投入水平、绿色创新产出效益以及绿色创
新效率的局部 Moran's *I* 指数值都大于 0.06，且落在一、三象限的散点数明
显多于二、四象限，说明我国省际绿色创新的高值区和低值区逐渐趋向于
"高-高""低-低"的集聚分布模式，这也印证了全局 Moran's *I* 指数关于省
际绿色创新存在空间正相关性的判断。

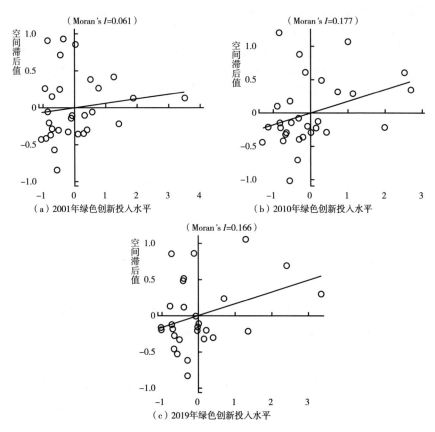

图 8-1　2001 年、2010 年和 2019 年绿色创新投入水平的 Moran's *I* 散点图

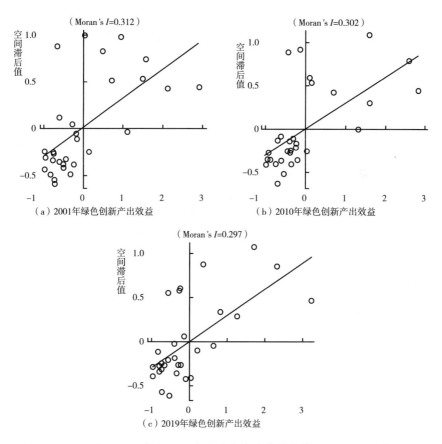

图 8-2 2001 年、2010 年和 2019 年绿色创新产出效益的 **Moran's** *I* 散点图

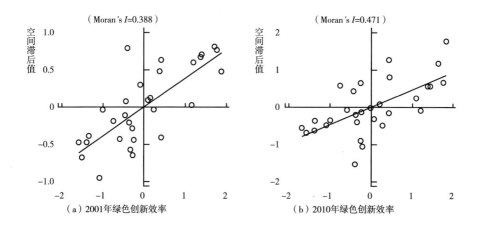

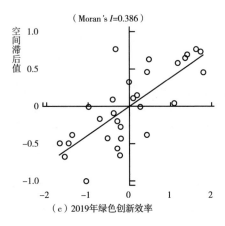

（c）2019年绿色创新效率

图8-3 2001年、2010年和2019年绿色创新效率的 Moran's I 散点图

8.4 我国省际绿色创新的空间溢出效应

8.4.1 空间面板计量模型的识别与设定

通过上述空间自相关性检验可知，我国省际绿色创新存在显著的空间集聚特征。在此基础上，本节将引入空间面板计量模型进一步对绿色创新投入水平、绿色创新产出效益及绿色创新效率[①]的空间溢出效应进行分析和对比。考虑到空间面板计量模型所要求的平稳建模技术，以及空间面板计量模型种类繁多，模型选择不当可能会导致估计结果出现偏差，因此需要对变量的平稳性以及模型的适用性进行检验。其中为防止虚假回归现象，首先需对相关变量进行单位根检验（见表8-5）。表8-5表明，绝大多数变量通过了此检验，说明变量是平稳的，从而可以构建空间面板计量模型。

---

① 由于绿色创新投入水平、绿色创新产出效益和绿色创新效率三个变量的数值均小于1，对其直接取对数可能会出现负值，故借鉴相关研究，将测算结果整体向右平移1个单位，然后再取对数（郝国彩等，2018）。

表 8-5　变量的平稳性检验

变量	LLC 检验		IPS 检验		Fisher-ADF 检验		结论
	统计量	p 值	统计量	p 值	统计量	p 值	
ln*GIT*	−2.020**	0.021	−1.819**	0.034	14.358***	0.000	平稳
ln*GOT*	−2.439***	0.007	−0.205	0.419	10.404***	0.000	平稳
ln*GIE*	−4.254***	0.000	−5.742***	0.000	3.024***	0.001	平稳
ln*TM*	−2.439***	0.007	−0.205	0.419	10.404***	0.000	平稳
ln*FD*	−3.173***	0.000	−1.442*	0.075	9.710***	0.000	平稳
ln*OP*	−4.160***	0.000	2.123	0.983	5.261	0.000	平稳
ln*ER*	−2.592***	0.005	−1.625*	0.052	9.391***	0.000	平稳
ln*GS*	−1.849**	0.032	1.744	0.959	4.762***	0.000	平稳
ln*EDU*	−6.276***	0.000	0.213	0.584	1.635*	0.051	平稳
ln*IS*	−2.688***	0.003	−3.387***	0.000	14.013***	0.000	平稳

注：***、**、*分别代表在 1%、5%、10% 的水平下显著。

　　在通过上述平稳性检验的基础上，可进一步采用 LM 检验对绿色创新投入水平、绿色创新产出效益及绿色创新效率的空间效应进行识别。但考虑到该方法主要是用于横截面计量模型的检验，不能直接用于空间面板计量模型，本节参照何江和张馨之（2006）的做法，采用分块对角矩阵 $I_T \otimes W_N$（其中 I_T 为 $T \times T$ 单位矩阵，W_N 为 $N \times N$ 截面空间权重矩阵，且对角线上的元素均为 0）对相关数据进行转换，从而就可将 LM 检验扩展到空间面板数据分析。综合 LM 检验、Wald 检验和 Hausman 检验的结果（见表 8-6），本书最终选择基于空间固定效应的 SPDM 模型进行分析。

表 8-6　空间计量模型的识别检验

检　验	绿色创新投入水平（ln*GIT*）				
	W_1	W_2	W_3	W_4	W_5
LM test no spatial lag	11.61***	13.87***	0.004	9.19***	2.92*
Robust LM test no spatial lag	4.05**	1.64	0.44	0.11	1.04

续表

检　验	绿色创新投入水平（lnGIT）				
	W_1	W_2	W_3	W_4	W_5
LM test no spatial error	7.73***	13.02***	0.21	13.79***	1.88
Robust LM test no spatial error	0.17	0.79	0.64	4.71**	0.00
Wald-spatial lag	142.36***	257.10***	26.33***	348.60***	72.85***
LR-spatial lag	109.12***	100.18***	18.39**	84.74***	83.86***
Wald-spatial error	142.65***	239.89***	22.83***	315.94***	88.13***
LR-spatial error	119.45***	108.85***	19.47***	96.02***	92.81***
Hausman test	86.81***	124.29***	40.40***	466.81***	34.10***

检　验	绿色创新产出效益（lnGOT）				
	W_1	W_2	W_3	W_4	W_5
LM test no spatial lag	7.26***	3.97**	19.69***	2.56	0.38
Robust LM test no spatial lag	5.66**	6.86***	16.55***	2.51	2.06
LM test no spatial error	1.72	0.11	5.75**	0.63	0.36
Robust LM test no spatial error	0.12	3.00*	2.61	0.58	2.05
Wald-spatial lag	71.31***	73.98***	5.86***	105.78***	58.62***
LR-spatial lag	45.11***	67.71***	18.39**	105.03***	69.53***
Wald-spatial error	66.29***	71.43***	5.63	92.27***	58.80***
LR-spatial error	45.42***	68.32***	19.47***	102.07***	69.44***
Hausman test	70.28***	80.26***	58.55***	291.24***	53.11***

检　验	绿色创新效率（lnGIE）				
	W_1	W_2	W_3	W_4	W_5
LM test no spatial lag	4.81**	10.02***	23.97***	5.72**	11.00***
Robust LM test no spatial lag	3.80**	8.27***	30.73***	0.23	5.70**
LM test no spatial error	1.07	2.43	1.68	8.63***	5.44**
Robust LM test no spatial error	0.07	0.68	8.44***	3.15*	0.14
Wald-spatial lag	142.36***	70.88***	131.71***	81.32***	72.85***
LR-spatial lag	125.34***	94.59***	18.39**	97.53***	99.33***
Wald-spatial error	142.65***	93.48***	216.95***	109.68***	88.13***
LR-spatial error	110.73***	113.94***	19.47***	173.83***	59.61***
Hausman test	32.19***	40.38***	111.72***	52.56***	34.10***

注：***、**、*分别代表在1%、5%、10%的水平下显著。

8.4.2 估计结果分析

8.4.2.1 面板模型回归

首先考察不包含空间效应的面板模型估计结果，表8-7报告了不同因素对绿色创新投入水平、绿色创新产出效益以及绿色创新效率的作用效果。从表8-7中可以看出，金融支持力度、对外开放程度、环境规制强度、教育水平对绿色创新投入水平、绿色创新产出效益以及绿色创新效率均具有显著的正向影响，说明这些因素的提升有助于绿色创新发展；而政府资助力度对绿色创新投入水平和绿色创新产出效益具有显著的正向影响，但对绿色创新效率却产生了不利的影响，这说明未来应进一步加大政府公共预算中的科技支出，以促进绿色创新产出成果的高效转化；产业结构对绿色创新投入水平存在正向作用但不显著，而对绿色创新产出效益及其效率却有显著的抑制作用；技术市场成熟度对绿色创新投入水平及其产出效益均表现出抑制作用，且前者通过了显著性检验，后者未通过，而它对绿色创新效率却产生了较为显著的促进作用。由此可见，在不考虑空间因素的情形之下，各因素对绿色创新的作用效果均比较明显，但却不能据此下结论，因为如前所述，空间因素在其中的作用是显而易见的。因此，接下来还需就相关空间效应做进一步分析。

表8-7 面板个体固定效应的回归结果

变量	绿色创新投入水平(lnGIT)	绿色创新产出效益(lnGOT)	绿色创新效率(lnGIE)
lnTM	−0.0071*** (−3.49)	−0.0036 (−1.63)	0.0006*** (2.08)
lnFD	0.0369*** (2.56)	0.0464*** (2.96)	0.0101*** (4.78)
lnOP	0.0105** (2.33)	0.0215*** (4.39)	0.0039*** (5.99)
lnER	0.0123*** (5.13)	0.0052** (1.98)	0.0007** (2.02)
lnGS	0.0221*** (4.60)	0.0210*** (4.01)	−0.0053*** (−7.53)

变量	绿色创新投入水平（lnGIT）	绿色创新产出效益（lnGOT）	绿色创新效率（lnGIE）
lnEDU	0.1578 *** （3.00）	0.2331 *** （4.07）	0.0726 *** （9.44）
lnIS	0.0061 （0.34）	-0.0660 *** （-3.39）	-0.0110 *** （-4.19）
R²	0.4410	0.2097	0.9075
log L	1282.0078	1234.1957	2378.2759
N	570	570	570
时间固定	Yes	Yes	Yes
地区固定	Yes	Yes	Yes

注：*** 、** 分别表示在1%、5%水平下显著，括号内为 t 统计量。

8.4.2.2 空间面板杜宾模型回归

表8-8为空间面板杜宾模型的估计结果，可以发现，不同权重矩阵下绿色创新投入水平的空间滞后系数 ρ 分别为 0.1776、0.3139、0.1560、-0.6033和0.3768，且均通过了显著性检验；不同权重矩阵下绿色创新产出效益的空间滞后系数 ρ 分别为 -0.1689、-0.1303、0.1348、-0.3902 和 -0.1957，且均通过了显著性检验；不同权重矩阵下绿色创新效率的空间滞后系数 ρ 分别为 0.6371、0.7274、0.4528、0.7243 和 0.6791，也都通过了显著性检验。不同权重矩阵下的绿色创新投入水平、绿色创新产出效益和绿色创新效率的空间滞后系数的大小和方向有所不同，其中绿色创新投入水平的滞后系数除了在经济地理权重矩阵下为负，在其他权重矩阵下均为正，而绿色创新产出效益仅在经济权重矩阵下为正，但绿色创新效率在5种权重矩阵下的空间滞后系数都为正，这说明绿色创新投入、产出及效率水平较高的省域因彼此相邻而相互受益。由此也印证了我国省际绿色创新确实存在空间溢出效应，且在"因果循环累积效应"的作用下，最终会形成以 H-H 型集聚和 L-L 型集聚为主的俱乐部空间格局。进一步对比5种权重矩阵下的空间滞后系数还可以发现，地理距离、信息技术距离和经济距离对绿色创新效率的贡献最大。因此，未来各省在继续完善其经济技术交流

表 8-8　不同权重矩阵下空间面板杜宾模型的回归结果

变量	SPDM-FE(W_1)			SPDM-FE(W_2)			SPDM-FE(W_3)		
	lnGIT	lnGOT	lnGIE	lnGIT	lnGOT	lnGIE	lnGIT	lnGOT	lnGIE
lnTM	-0.0126***	-0.0037*	0.0008***	-0.074***	-0.0019	0.0006**	-0.0077***	-0.0042**	0.0003
	(-6.77)	(-1.68)	(3.38)	(-4.15)	(-0.93)	(2.54)	(-4.00)	(-2.07)	(1.32)
lnFD	0.0211	0.0300*	0.0140***	0.0004	0.0179	0.0127***	0.0312**	0.0719***	-0.0012
	(1.50)	(1.92)	(8.16)	(0.03)	(1.07)	(6.46)	(1.98)	(4.13)	(-0.66)
lnOP	0.0018	0.0132***	0.0030***	0.0007	0.0155***	0.0040***	0.0137***	0.0185***	0.0013**
	(0.40)	(2.70)	(5.60)	(0.16)	(3.32)	(7.29)	(3.08)	(3.82)	(2.45)
lnER	0.0140***	0.0048**	0.0010***	0.0139***	0.0071***	0.0007**	0.0131***	0.0050**	0.0005**
	(6.74)	(2.02)	(4.08)	(6.70)	(2.96)	(2.50)	(5.88)	(2.06)	(2.11)
lnGS	-0.0032	0.0134**	-0.0012**	-0.0062	0.0127**	-0.0016***	0.0184***	0.0206***	-0.0045***
	(-0.66)	(2.55)	(-2.17)	(-1.28)	(2.41)	(-2.64)	(4.09)	(4.13)	(-8.76)
lnEDU	0.2728***	0.2027***	0.0186***	0.2756***	0.3064***	0.0417***	0.1589***	0.2302***	0.0509***
	(5.33)	(3.59)	(2.97)	(5.63)	(5.57)	(6.51)	(3.22)	(4.33)	(8.72)
lnIS	-0.0218	-0.0774***	-0.0041**	-0.0244***	-0.0719***	-0.0061***	0.0132	-0.0572***	-0.0102***
	(-1.41)	(-4.26)	(-2.14)	(-1.68)	(-3.85)	(-3.24)	(0.77)	(-3.45)	(-5.15)
ρ	0.1776***	-0.1689***	0.6371***	0.3139***	-0.1303*	0.7274***	0.1560***	0.1348**	0.4528***
	(3.71)	(-2.81)	(17.65)	(5.36)	(-1.72)	(16.97)	(2.46)	(2.17)	(9.04)
R²	0.1619	0.2681	0.0911	0.1505	0.3181	0.1265	0.0716	0.2603	0.0874
log L	1310.5967	1267.6879	2481.2451	1309.6714	1269.0069	2446.5293	1297.8594	1224.6265	2515.9539
N	570	570	570	570	570	570	570	570	570
时间固定	No	Yes	No	No	Yes	No	Yes	No	Yes
地区固定	Yes	Yes	Yes	Yes	Yes	Yes	Yes	Yes	Yes

续表

变量	SPDM-FE(W_4)			SPDM-FE(W_5)		
	lnGIT	lnGOT	lnGIE	lnGIT	lnGOT	lnGIE
lnTM	-0.0018 (-1.15)	-0.0038* (-1.91)	0.0006** (2.46)	-0.0080*** (-4.53)	0.0211*** (4.98)	0.0006*** (2.69)
lnFD	0.0006 (0.963)	0.0480*** (3.22)	0.0119*** (6.14)	0.0144 (0.94)	-0.0950*** (-5.91)	0.0112*** (5.44)
lnOP	0.0061* (1.77)	0.0215*** (4.81)	0.0041*** (7.08)	0.0027 (0.67)	0.1048*** (18.11)	0.0041*** (7.49)
lnER	0.0139*** (7.60)	0.0040* (1.76)	0.0008*** (2.71)	0.0127*** (6.13)	-0.0033 (-0.65)	0.0009*** (3.39)
lnGS	0.0126*** (3.11)	0.0132*** (2.65)	-0.0032*** (-4.88)	-0.0078 (-1.60)	0.1017*** (9.07)	-0.0013** (-2.04)
lnEDU	0.0941** (2.21)	0.2446*** (4.63)	0.0620*** (8.89)	0.2994*** (6.20)	-0.2263** (-2.51)	0.0450*** (6.88)
lnJS	0.0377** (2.55)	-0.0727*** (-4.36)	-0.0088*** (-4.02)	-0.0271* (-1.87)	-0.0075 (-0.21)	-0.0072*** (-3.63)
ρ	-0.6033*** (-4.27)	-0.3902*** (-3.15)	0.7243*** (12.68)	0.3768*** (6.14)	-0.1957** (-2.35)	0.6791*** (14.30)
R^2	0.0568	0.3208	0.1027	0.1952	0.6182	0.0813
log L	1413.8592	1260.3294	2406.8783	1311.0466	661.8198	2436.4534
N	570	570	570	570	570	570
时间固定	Yes	No	No	No	Yes	No
地区固定	Yes	Yes	Yes	Yes	No	Yes

注：***、**、*分别表示在1%、5%、10%水平下显著，括号内为z统计量。

与合作长效机制的同时，还应重视其交通便捷性及网络通达性的提升，同时还要充分考虑邻近省份绿色创新所能发挥的积极作用，通过打破省级行政区划壁垒，尽快实现创新要素的合理流动和高效集聚，这是提升全国绿色创新发展水平的重点。而从相关解释变量的显著性来看，总体而言，不同权重矩阵下各变量对绿色创新投入、产出和效率的作用效果均具有较为明显的一致性，说明 SPDM 模型的估计结果是稳健的。相比较而言，绿色创新投入水平在经济权重矩阵（W_3）下的估计结果最优，而绿色创新产出效益和绿色创新效率在经济地理权重矩阵（W_4）下的估计结果最优。基于此，下面主要使用表 8-8 中 W_4 权重矩阵下的估计结果就相关因素对绿色创新投入、产出及效率的具体影响进行分析。

第一，技术市场成熟度（TM）。TM 对绿色创新效率的影响系数在 5%水平下显著为正，说明技术市场成熟度提高确实有助于本地绿色创新效率的提升，从而较好地验证了假设 H_1；但其对绿色创新投入水平及绿色创新产出效益的影响系数却为负，且前者未通过显著性检验，后者通过，说明技术市场成熟度对当地绿色创新投入水平及绿色创新产出效益均表现出抑制作用。原因可能在于，成熟的技术市场有利于绿色创新成果迅速转化为经济收益，从而有助于弥补绿色创新过程中的资金缺口，同时也有利于提高绿色创新主体的研发积极性，由此将对绿色创新效率产生较为明显的促进作用。但在绿色创新投入阶段及其产出成果转化阶段，各创新主体由于未能合理借助技术市场及时更新其生产技术，可能会导致绿色创新投入水平及绿色创新产出效益均出现下降。可见，技术市场成熟度与绿色创新发展可能会表现出一种先抑后扬的"U"形关系。值得注意的是，在此过程中，绿色创新效率的空间滞后系数却显著为正，说明成熟的技术市场有助于知识、管理经验、技术等绿色创新要素及绿色创新产出成果在区际高效流动与共享，从而在总体上有助于绿色创新空间溢出效应的有效发挥。因此，未来各地应进一步关注其技术市场的合理发展，同时也要重视通过技术市场引入先进绿色技术来改造其关键生产环节，以此不断提升其绿色创新水平。

第二，金融支持力度（FD）。FD 对绿色创新产出效益及绿色创新效率的影响系数在1%的水平下显著为正，说明金融支持总体上能够有效促进当地绿色创新水平的提升，从而验证了假设 H_2。原因在于，金融支持力度的加大，有助于区域内的企业降低其绿色创新的融资成本，使其能够借助金融系统和市场直接获取成熟的绿色技术，以促进其绿色创新成果的转化，同时也有助于企业有效化解绿色创新过程中所面临的各种风险。因此，未来各地应进一步完善其金融体系，积极发展其金融市场，以提高绿色创新发展水平。

第三，对外开放程度（OP）。OP 对绿色创新投入水平、绿色创新产出效益及绿色创新效率的影响系数分别在10%、1%和1%水平下显著为正，说明扩大对外开放总体上有利于本地区的绿色创新，从而很好地验证了假设 H_3，同时也印证了污染晕轮假说。因为随着地区对外开放程度的不断提高，高质量外资的大量流入确实能为当地带来先进的绿色生产技术、高素质人才和先进的管理模式，由此激发当地的创新活力，进而通过"溢出效应"和"示范效应"不断加快当地绿色创新的发展进程，从而对其绿色创新水平提升具有明显的带动作用。

第四，环境规制强度（ER）。ER 对绿色创新投入水平、绿色创新产出效益及绿色创新效率的影响系数均显著为正，说明环境规制总体上对当地的绿色创新发展发挥了较为明显的促进作用，与假设 H_4 相符，同时也很好验证了"波特假说"。这是因为，地方政府可以通过制定合理的环境规制政策，优化能源资源的配置，倒逼区域内创新主体进行生产技术革新，促进企业的生产效率及技术水平提升，进而通过"创新补偿效应"对区域绿色创新水平产生积极作用。

第五，政府资助力度（GS）。GS 对绿色创新投入水平及绿色创新产出效益的影响系数均显著为正，说明加大政府资助力度对本地绿色创新投入水平及产出效益的提升均具有较为明显的促进作用，从而与假设 H_5 的预期相悖。但其对当地绿色创新效率的影响却在1%水平下显著为负，说明加大政府资助力度对本地绿色创新效率的提升产生了阻碍作用。原因可能在于，在某一地区开展绿色创新活动的前期阶段，其创新主体通常需要投入大量资金才能保证研发活动顺利推进，此时政府若不能为其提供相应的资金支持和经费补贴，那么它们很可能因难以独自抵御各种外部风险而最终失败，所以此时政府的适度资助对于当地绿色创新投入水平的提升及其产出效益的实现就显得非常重要。然而，随着政府资助力度的不断加大以及绿色创新投入向产出的持续转化，政府科技支出可能会对企业绿色创新投资产生某种形式的"挤出"，即企业对政府的财政支出形成一定的路径依赖，从而可能会使其失去自主创新的积极性和主动性。此外，企业也可能由于未能很好利用政府的这种财政扶持，从而导致这一资金的利用效率低下，最终对绿色创新效率的提升产生消极影响。这样一来，综合考虑政府资助对绿色创新投入、产出及效率的各种影响效果，可以认为政府资助力度与绿色创新水平提升表现出一种"先促进后抑制"的倒"U"形关系。

第六，教育水平（EDU）。EDU 对绿色创新投入水平、绿色创新产出效益及绿色创新效率的影响系数均显著为正，说明教育水平的提升总体上有利于当地绿色创新的发展，这一结果与假设 H_6 相符。原因可能在于，教育水平的提高有利于促进当地人力资本的积累，而人力资本的积累又是绿色创新发展的内生动力，这样一来，随着当地人力资本的不断积累，大量高素质、专业型人才就会被源源不断地输送到企业的研发部门，这将有助于实现新技术向现实生产力的快速转化，由此促进了创新成果的落地，同时还有助于提高资源能源的利用效率，降低环境污染，最终对当地的绿色创新发展产生积极影响。

第七，产业结构（IS）。IS 对绿色创新投入水平的影响在 5% 水平下显著为正，说明产业结构的优化与升级对当地绿色创新投入水平的提升产生了积极影响，与假设 H_7 相符。这是因为，随着区域产业结构的优化与升级，先进制造业、现代服务业、信息技术产业等战略性新型产业将得到迅速发展，其所产生的集聚效应能够为区域内企业的生产经营活动带来大量高素质的绿色创新人才和研发资金，显著促进绿色创新投入水平的提升。然而，IS 对绿色创新产出效益及绿色创新效率的影响系数却在 1% 水平下显著为负，说明产业结构升级不利于当地绿色创新产出效益及其效率的提升。这可能是由于在产业结构的转型升级过程中，虽然第三产业占比的提高有助于实现较高的产品附加值，但其中非合意的能源消耗和环境污染则可能会对区域内企业的绿色创新成果转化产生一定程度的阻碍，同时也不利于绿色创新资源配置效率的改进。因此，产业结构的优化升级与绿色创新发展之间同样表现出一种"先促进后抑制"的倒"U"形关系。

8.4.3 空间溢出效应分解

在上述 SPDM 模型分析的基础上，可进一步采用偏微分效应分解法（刘贝贝等，2021）来考察上述因素对绿色创新投入水平、绿色创新产出效益及绿色创新效率的不同作用（见表 8-9）。由表 8-9 的估计结果可知，在不同的空间权重矩阵下，相关因素对绿色创新投入水平、绿色创新产出效益及绿色创新效率的作用系数在显著性和方向上基本相同，说明相应的空间效应估计结果是稳健的。进一步比较可以发现，经济地理嵌套空间权重矩阵下的空间效应分解结果最优，故以下主要基于表 8-9 中 W_4 的估计结果对各变量的直接效应和间接效应进行分析。

表 8-9　不同权重矩阵下 SPDM 模型的空间效应估计结果

效应	变量	绿色创新投入水平（$\ln GIT$）				
		W_1	W_2	W_3	W_4	W_5
直接效应	$\ln TM$	-0.0132 *** （-6.87）	-0.0082 *** （-4.41）	0.0078 *** （-3.83）	0.0031 * （-1.95）	-0.0092 *** （-4.94）
	$\ln FD$	0.0202 （1.52）	-0.0002 （-0.01）	0.0329 ** （2.21）	-0.0060 （-0.48）	0.0146 （1.02）
	$\ln OP$	0.0031 （0.74）	0.0015 （0.38）	0.0135 *** （3.20）	0.0042 （1.20）	0.0038 （0.99）
	$\ln ER$	0.0139 *** （7.00）	0.0140 *** （7.07）	0.0125 *** （5.77）	0.0137 *** （7.58）	0.0125 *** （6.32）
	$\ln GS$	-0.0003 （-0.07）	-0.0015 （-0.34）	0.0192 *** （4.50）	0.0065 * （1.76）	-0.0029 （-0.66）
	$\ln EDU$	0.2744 *** （5.61）	0.2757 *** （5.87）	0.1566 *** （3.22）	0.0931 ** （2.19）	0.3016 *** （6.56）
	$\ln IS$	-0.0233 （-1.48）	-0.0265 * （-1.80）	0.0158 （0.85）	0.0314 ** （2.13）	-0.0295 ** （-1.99）

续表

效应	变量	绿色创新投入水平（lnGIT）				
		W_1	W_2	W_3	W_4	W_5
间接效应	lnTM	-0.0206 *** (-5.11)	-0.0212 *** (-3.37)	-0.0029 (-0.59)	0.0319 *** (3.12)	-0.0284 *** (-4.39)
	lnFD	-0.0064 (-0.38)	0.0013 (0.06)	0.0690 ** (2.23)	0.1453 *** (2.98)	0.0225 (0.91)
	lnOP	0.0242 *** (3.10)	0.0089 (0.73)	-0.0191 ** (-2.14)	0.0545 ** (2.50)	0.0161 (1.43)
	lnER	-0.0039 (-1.03)	0.0031 (0.62)	-0.0169 *** (-3.03)	0.0063 (0.97)	-0.0046 (-0.84)
	lnGS	0.0788 *** (8.70)	0.1174 *** (8.62)	0.0238 * (1.80)	0.1469 *** (9.18)	0.1158 *** (7.51)
	lnEDU	-0.0295 (-0.38)	-0.0493 (-0.51)	-0.1217 (-0.90)	0.0493 (0.32)	0.0087 (0.08)
	lnIS	-0.0392 (-1.58)	-0.0531 * (-1.67)	0.0681 (1.64)	0.1563 ** (2.31)	-0.0565 * (-1.92)
总效应	lnTM	-0.0338 *** (-6.92)	-0.0294 *** (-4.29)	-0.0106 * (-1.84)	0.0288 *** (2.77)	-0.0376 *** (-5.28)
	lnFD	0.0137 (0.98)	0.0012 (0.06)	0.1019 *** (3.30)	0.1392 *** (3.12)	0.0372 * (1.70)
	lnOP	0.0273 *** (3.10)	0.0104 (0.85)	-0.0056 (-0.58)	0.0587 *** (2.80)	0.0199 * (1.68)
	lnER	0.0100 ** (2.57)	0.0171 *** (3.32)	-0.0044 (-0.71)	0.0199 *** (3.08)	0.0079 (1.43)
	lnGS	0.0785 *** (8.49)	0.1159 *** (8.35)	0.0430 *** (3.02)	0.1533 *** (10.00)	0.1129 *** (7.14)
	lnEDU	0.2449 *** (3.42)	0.2263 ** (2.23)	0.0348 (0.23)	0.1424 (0.95)	0.3103 *** (2.75)
	lnIS	-0.0063 *** (-2.66)	-0.0797 ** (-2.50)	0.0839 (1.62)	0.1877 *** (2.59)	-0.0861 *** (-2.81)

续表

效应	变量	绿色创新产出效益(lnGOT)				
		W_1	W_2	W_3	W_4	W_5
直接效应	lnTM	-0.0035 (-1.54)	-0.0018 (-0.87)	-0.0043 ** (-2.05)	-0.0029 (-1.41)	0.0212 *** (4.82)
	lnFD	0.0299 * (1.91)	0.0173 (1.04)	0.0707 *** (4.31)	0.0459 *** (3.10)	-0.0952 *** (-6.02)
	lnOP	0.0136 *** (2.87)	0.0160 *** (3.51)	0.0187 *** (4.10)	0.0221 *** (5.00)	0.1046 *** (18.38)
	lnER	0.0041 * (1.74)	0.0065 *** (2.78)	0.0053 ** (2.25)	0.0034 (1.50)	-0.0046 (-0.91)
	lnGS	0.0107 ** (2.14)	0.0110 ** (2.21)	0.0204 *** (4.36)	0.0126 *** (2.62)	0.1018 *** (9.58)
	lnEDU	0.1860 *** (3.28)	0.3041 *** (5.65)	0.2208 *** (4.33)	0.2641 *** (5.02)	-0.2290 ** (-2.52)
	lnIS	-0.0800 *** (-4.18)	-0.0721 *** (-3.73)	-0.0555 *** (-3.26)	-0.0747 *** (-4.15)	0.003 (0.09)
间接效应	lnTM	-0.0038 (-0.96)	-0.0007 (-0.13)	-0.0051 (-1.17)	-0.0301 *** (-4.26)	0.0018 (0.17)
	lnFD	-0.0135 (-0.59)	-0.0073 (-0.23)	-0.0162 (-0.81)	0.0568 ** (2.56)	-0.0216 (-0.56)
	lnOP	0.0036 (0.44)	-0.0011 (-0.09)	-0.0094 (-1.12)	-0.0024 (-0.18)	0.0241 (1.48)
	lnER	0.0161 *** (3.88)	0.0241 *** (4.38)	0.0086 ** (1.98)	0.0258 *** (6.34)	0.0413 *** (3.59)
	lnGS	0.0605 *** (7.06)	0.0725 *** (6.28)	-0.0027 (-0.21)	0.0238 ** (2.03)	-0.0189 (-0.77)
	lnEDU	0.4583 *** (4.86)	0.2032 * (1.74)	-0.3792 *** (-4.80)	-0.6828 *** (-7.24)	0.1134 (0.66)
	lnIS	0.0625 * (1.73)	0.0153 (0.32)	0.0503 ** (2.18)	0.0834 ** (2.48)	-0.3159 *** (-3.93)
总效应	lnTM	-0.0073 (-1.51)	-0.0025 (-0.41)	-0.0095 * (-1.90)	-0.0330 *** (-4.74)	0.0230 ** (2.21)
	lnFD	0.0164 (0.84)	0.0099 (0.36)	0.0545 *** (3.67)	0.1027 *** (6.55)	-0.1168 *** (-2.93)

续表

效应	变量	绿色创新产出效益（lnGOT）				
		W_1	W_2	W_3	W_4	W_5
总效应	lnOP	0.0171 ** （2.00）	0.0148 （1.34）	0.0094 （1.10）	0.0197 （1.59）	0.1287 *** （8.14）
	lnER	0.0202 *** （4.82）	0.0306 *** （5.35）	0.0139 *** （3.14）	0.0292 *** （8.27）	0.0367 *** （3.15）
	lnGS	0.0712 *** （9.05）	0.0835 *** （7.54）	0.0178 （1.35）	0.0364 *** （3.43）	0.0829 *** （3.63）
	lnEDU	0.6443 *** （7.22）	0.5073 *** （4.12）	−0.1584 ** （−2.08）	−0.4187 *** （−4.67）	−0.1156 （−0.86）
	lnIS	−0.0176 （−0.45）	−0.0568 （−1.03）	−0.0052 （−0.22）	0.0086 （0.32）	−0.3129 *** （−3.77）

效应	变量	绿色创新效率（lnGIE）				
		W_1	W_2	W_3	W_4	W_5
直接效应	lnTM	0.0011 *** （3.94）	0.0007 *** （2.62）	0.0005 ** （1.99）	0.0009 *** （3.07）	0.0009 *** （3.14）
	lnFD	0.0132 *** （8.18）	0.0127 *** （6.89）	0.0004 （0.26）	0.0111 *** （5.92）	0.0107 *** （5.56）
	lnOP	0.0028 *** （4.78）	0.0042 *** （7.37）	0.0020 *** （3.96）	0.0037 *** （6.16）	0.0037 *** （6.54）
	lnER	0.0008 *** （3.06）	0.0006 ** （2.00）	0.0008 *** （2.77）	0.0007 ** （2.22）	0.0009 *** （3.29）
	lnGS	−0.0019 *** （−3.16）	−0.0029 *** （−4.39）	−0.0052 *** （−9.49）	−0.0039 *** （−5.15）	−0.0020 *** （−3.15）
	lnEDU	0.0298 *** （4.95）	0.0470 *** （7.15）	0.0738 *** （11.76）	0.0708 *** （10.00）	0.0503 *** （7.84）
	lnIS	−0.002 （−0.98）	−0.0034 * （−1.66）	−0.0127 *** （−11.76）	−0.0070 *** （−3.11）	−0.0062 *** （−2.91）
间接效应	lnTM	0.0037 *** （3.38）	0.0024 （1.18）	0.0025 *** （2.91）	0.0102 ** （2.05）	0.0038 ** （2.22）
	lnFD	−0.0079 ** （−2.07）	0.001 （0.16）	0.0201 *** （3.94）	−0.0261 ** （−2.08）	−0.0071 （−1.16）
	lnOP	−0.003 （−1.44）	0.0013 （0.33）	0.0084 *** （5.26）	−0.0157 * （−1.80）	−0.0088 *** （−2.84）

续表

效应	变量	绿色创新效率（lnGIE）				
		W_1	W_2	W_3	W_4	W_5
间接效应	lnER	−0.0026 *** (−2.67)	−0.0019 (−1.19)	0.0025 *** (2.61)	−0.0049 * (−1.88)	−0.0005 (−0.36)
	lnGS	−0.0068 *** (−2.80)	−0.0208 *** (−3.72)	−0.0080 *** (−3.19)	−0.0235 ** (−2.44)	−0.0126 *** (−2.92)
	lnEDU	0.1202 *** (6.21)	0.0850 *** (2.63)	0.2647 *** (9.05)	0.2853 *** (3.25)	0.0917 *** (3.08)
	lnIS	0.0234 *** (4.17)	0.0463 *** (4.47)	−0.0297 *** (−3.77)	0.0584 *** (2.92)	0.0170 ** (2.32)
总效应	lnTM	0.0048 *** (3.72)	0.0032 (1.42)	0.0030 *** (2.94)	0.0112 ** (2.16)	0.0047 ** (2.51)
	lnFD	0.0053 (1.30)	0.0137 ** (2.05)	0.0206 *** (3.68)	−0.015 (−1.18)	0.0036 (0.58)
	lnOP	−0.0002 (−0.10)	0.0055 (1.32)	0.0105 *** (5.74)	−0.012 (−1.33)	−0.0051 (−1.53)
	lnER	−0.0018 * (−1.66)	−0.0014 (−0.79)	0.0033 *** (2.96)	−0.0043 (−1.57)	0.0004 (0.28)
	lnGS	−0.0086 *** (−3.19)	−0.0236 *** (−4.00)	−0.0132 *** (−4.72)	−0.0274 *** (−2.75)	−0.0146 *** (−3.20)
	lnEDU	0.1501 *** (7.23)	0.1320 *** (3.78)	0.3385 *** (10.26)	0.3561 *** (3.95)	0.1421 *** (4.51)
	lnIS	0.0214 *** (3.40)	0.0429 *** (3.89)	−0.0424 *** (−4.41)	0.0514 ** (2.52)	0.0108 (1.31)

注：***、**、*分别表示在1%、5%、10%水平下显著，括号内为z统计量。

第一，技术市场成熟度（TM）。直接效应方面，TM对绿色创新投入水平、绿色创新产出效益及绿色创新效率的直接作用系数分别为0.0031、−0.0029、0.0009，其中绿色创新投入水平及绿色创新效率的系数分别通过了10%和1%的显著性检验，但绿色创新产出效益未能通过显著性检验，说明技术市场成熟度的提升对当地绿色创新投入水平及绿色创新效率具有显著的促进作用。间接效应方面，TM对绿色创新投入水平、绿色创新产出效益及绿色创新效率的间接作用系数分别为 0.0319、−0.0301、0.0102，且至少通过了 5% 水平的显著性检验，说明技术市场成熟度的提升对相邻省份绿色创新的投入水平及效率均存在正向溢出，但对相邻省份绿色创新的产出效益却产生了负向溢出。可见，*TM* 对绿色创新产出效益的空间影响为负，对绿色创新投入水平及绿色创新效率的空间作用为正，且间接效应明显大于直接效应。因此可以断定，*TM* 总体上对绿色创新产生了较明显的直接效应和间接效应，即技术市场成熟度的提升能够为区域内及相邻区域各省的技术和信息交流营造良好的市场环境，这不仅有利于当地绿色创新水平的提升，对相邻省份绿色创新水平的提升也会产生积极作用，且其对相邻省份绿色创新吸收能力的影响要大于对当地绿色创新溢出能力的作用。

第二，金融支持力度（*FD*）。直接效应方面，*FD* 对绿色创新投入水平、绿色创新产出效益及绿色创新效率的直接作用系数分别为 −0.0060、0.0459、0.0111，其中绿色创新产出效益及绿色创新效率的这一系数通过了 1% 水平的显著性检验，但绿色创新投入水平却未通过，说明加大金融支持力度对本地绿色创新产出及效率均产生了较为明显的促进作用。间接效应方面，*FD* 对绿色创新投入水平、绿色创新产出效益及绿色创新效率的间接作用系数分别为 0.1453、0.0568、−0.0261，且均通过了显著性检验，说明金融支持对相邻省份绿色创新投入及产出具有较为明显的促进作用，但其对相邻省份的绿色创新效率却产生了负向溢出。可见，*FD* 对绿色创新投入、产出及效率的直接效应与间接效应存在一定差异，其中除了绿色创新投入水平的直接效应系数不显著，其余系数均显著。同时还可以发现，相邻省份在借助金融系统助推其绿色创新发展时，可能存在金融资源的错配问题，由此使得金融支持对其绿色创新效率产生负向溢出。然而，综合考虑绿色创新投入及产出的空间效应，仍可基本断定 *FD* 对绿色创新产生了较为明显的直接效应和间接效应，即金融支持力度的提升能够为区域内和相邻区域企业开展绿色创新活动提供资金及技术方面的有力支持，这不仅有利于促进当地绿色创新水平的提升，对相邻省份绿色创新的发展也具有较为明显的积极作用，且金融支持对相邻省份绿色创新吸收能力的影响要大于其对当地绿色创新溢出能力的作用。

第三，对外开放程度（*OP*）。直接效应方面，*OP* 对绿色创新投入水平、绿色创新产出效益及绿色创新效率的直接作用系数分别为 0.0042、0.0221、0.0037，其中绿色创新产出效益及绿色创新效率的这一系数通过了 1% 水平的显著性检验，但绿色创新投入水平未通过，说明扩大对外开放对当地绿色创新产出及效率均发挥了较为明显的促进作用。间接效应方面，*OP* 对绿色创新投入水平、绿色创新产出效益及绿色创新效率的间接作用系数分别为 0.0545、−0.0024、−0.0157，其中绿色创新投入水平及绿色创新效率的这一系数通过了显著性检验，而绿色创新产出效益未通过，说明对外开放程度的提升对相邻省份绿色创新的投入水平产生了显著的正向溢出，但对相邻省份绿色创新产出及效率却具有不利影响。由此可见，*OP* 总体上对绿色创新的直接效应显著为正，而间接效应却为负。原因可能在于，在实际的招商引资过程中，各地可能会就近学习国外的先进技术、知识和管理经验，以实现绿色创新产出成果的快速转化，从而对其绿色创新水平的提升产生积极作用，而相邻省份在引入外资时，可能因未能合理有效设置"环境准入门槛"而导致大量高污染行业涌入，或者由于过度承接发达国家的污染型产业转移而形成跨区域的污染型产业链条，而这种产业集聚所内含的"污染溢出"可能会对相邻省份绿色创新水平的提升产生不利影响。

第四，环境规制强度（*ER*）。直接效应方面，*ER* 对绿色创新投入水平、绿色创新产出效益及绿色创新效率的直接作用系数分别为 0.0137、0.0034、0.0007，其中绿色创新投入水平及绿色创新效率的这一系数通过了显著性检验，但绿色创新产出效益未能通过，表明环境规制对绿色创新投入及效率具有明显的促进作用。间接效应方面，*ER* 对绿色创新投入水平、绿色创新产出效益及绿色创新效率的间接作用系数分别为 0.0063、0.0258、−0.0049，其中绿色创新产出效益及绿色创新效率的这一系数通过了显著性检验，而绿色创新投入水平未能通过，说明环境规制对邻近省份的绿色创新投入及产出发挥了积极作用，但对这些省份的绿色创新效率却产生了不利影响。原因可能在于，本地较为严格的环境规制可能会使一些污染型企业因无法承受高昂的治污成本而向周边环保管制相对宽松的省份转移其某些高污染生产环节，从而在一定程度上抑制了周边省份绿色创新效率的提升。总的来看，*ER* 对绿色创新投入、产出及效率的直接效应和间接效应基本上为正，这说明合理的环境规制不仅有助于提升本省的绿色创新水平，而且有助于相邻省份绿色创新水平的提升，从而其正向溢出效应比较明显。

第五，政府资助力度（*GS*）。直接效应方面，*GS* 对绿色创新投入水平、绿色创新产出效益及绿色创新效率的直接作用系数分别为 0.0065、0.0126、−0.0039，且均通过了显著性检验，说明政府资助对当地绿色创新投入及产出均具有较为明显的促进作用，但对其绿色创新效率却表现出某些不利影响。间接效应方面，*GS* 对绿色创新投入水平、绿色创新产出效益及绿色创新效率的间接作用系数分别为 0.1469、0.0238、−0.0235，且都通过了显著性检验，说明政府资助对相邻省份绿色创新投入及产出产生了较为明显的正向作用，但对其绿色创新效率却具有一定的不利影响。原因可能在于，在当地企业绿色创新的研发及成果转化阶段，政府科技支出的增加能够直接促进其绿色创新投入水平及绿色创新产出效益提升，从而促使当地企业的绿色创新积极性不断增强，由此产生的示范效应会对相邻省份的绿色创新投入及产出产生积极的促进作用。但也可能会出现对政府科技创新资金的不合理利用，导致资源利用效率下降，从而可能会产生某种负的外部性，进而对当地及相邻省份的绿色创新效率产生一定程度的不利影响。总体来看，政府资助对绿色创新的空间作用，主要取决于企业处在绿色创新的哪个阶段，这样一来，如果政府在绿色创新过程中能够充分利用好"政府"和"市场"两种手段，在合理的范围内为企业提供适度的科技研发资助，则可能会对当地及相邻省份绿色创新水平的提升产生较为明显的促进作用。

第六，教育水平（*EDU*）。直接效应方面，*EDU* 对绿色创新投入水平、绿色创新产出效益及绿色创新效率的直接作用系数分别为 0.0931、0.2641、0.0708，且均通过了显著性检验，说明教育水平的提升对当地绿色创新投入、产出及效率均具有积极的促进作用。间接效应方面，*EDU* 对绿色创新投入水平、绿色创新产出效益及绿色创新效率的间接作用系数分别为 0.0493、−0.6828、0.2853，其中绿色产出效益及绿色创新效率的这一系数通过了显著性检验，而绿色创新投入水平的系数不显著，说明教育水平的提升对相邻省份绿色创新效率产生了积极作用，但对其绿色创新产出效益却具有不利影响。考虑到绿色创新效率提升是绿色创新投入产出转化的根本目标，因此可以认为，教育水平总体上对绿色创新产生了正向的直接效应和溢出效应，这一结果与董会忠等（2021）的研究结论基本一致。其原因在于，教育水平提升所引发的人力资本积累，是绿色创新的内生动力，能够为当地培养大量高端的创新人才，从而为其绿色创新投入产出转化注入持久活力，直接促进当地绿色创新水平提升，且当地教育水平的提升也有助于人力资本的规范有序流动，进而通过知识溢出和人力资本流动在区域内形成的集聚效应，不断强化当地的创新意识，降低与相邻省份进行信息传播与交流的成本，产生较为明显的正向溢出效应。

第七，产业结构（IS）。直接效应方面，IS 对绿色创新投入水平、绿色创新产出效益及绿色创新效率的直接作用系数分别为 0.0314、−0.0747、−0.0070，且均通过了显著性检验，说明产业结构的优化升级对当地绿色创新投入具有积极的促进作用，但对其绿色创新产出及效率却有一定程度的不利影响。间接效应方面，IS 对绿色创新投入水平、绿色创新产出效益及绿色创新效率的间接作用系数分别为 0.1563、0.0834、0.0584，且都通过了显著性检验，说明产业结构优化升级对相邻省份绿色创新投入、产出及效率均产生了显著的促进作用。总体来看，虽然 IS 对绿色创新投入水平的直接作用系数为正，但其对绿色创新产出效益及绿色创新效率的直接作用系数却为负，且其对绿色创新投入水平、绿色创新产出效益及绿色创新效率的间接作用系数均为正。因此可以断定，产业结构优化升级对本地绿色创新水平的提升表现出一定的阻碍作用，但对相邻省份绿色创新水平的提升却具有较为明显的促进作用。这可能是因为，在一开始，区域内的产业发展相对落后，"三高"产业仍占据主导地位，高附加值且绿色化程度较高的第三产业占比相对较低，从而不能有效发挥其对本省绿色创新发展的"结构红利效应"。而随着当地产业结构的不断优化升级，以服务业为主的第三产业占比持续增加，有力促进了当地产业结构的绿色化转型与升级，加之区域内产业转移的有序推进以及由此所导致的产业布局的不断优化，使"三高"行业得以有效控制，导致周边省份的能源消耗和环境污染显著减少，进而对相邻省份绿色创新水平的提升产生较为明显的促进作用。

8.5　省际绿色创新空间溢出的异质性分析

由上述分析可知，我国省际绿色创新存在较为明显的空间溢出效应，且各因素对绿色创新的作用效果也不尽相同。那么，绿色创新的空间溢出是否存在异质性？相关因素对此空间溢出的具体影响又如何？这些是需要进一步考察的问题。此外，根据上述绿色创新空间溢出的分解结果可知，经济地理嵌套空间权重矩阵下的空间效应分解结果相对更好，基于此，本节将使用经济地理嵌套空间权重矩阵来考察我国省际绿色创新空间溢出的异质性，也即基于绿色创新投入水平、绿色创新产出效益和绿色创新效率在考察期内的平均值，分别绘制绿色创新投入、产出及效率的 Moran 散点图，进而将其划分为 H-H、L-H、L-L 和 H-L 四个不同的象限（集聚区），以确定不同象限所包含的省份，在此基础上考察三者在不同象限内空间溢出的方向、大小及其作用机理。

8.5.1　基于 Moran 散点图的绿色创新空间异质性分析

利用 Stata 软件可绘制 2001～2019 年我国省际绿色创新投入水平、绿色创新产出效益及绿色创新效率均值的 Moran's I 散点图（见图 8-4）。从图 8-4 和表 8-10 可以发现，2001～2019 年，大多数省区市的绿色创新产出效益及绿色创新效率的均值落在了第一、三象限（分别为 19 个和 21 个），表现出较为明显的空间正相关性，说明这些省区市的绿色创新产出效益及绿色创新效率存在空间扩散效应（同质性溢出），只有部分省区市落在了第二、四象限（分别为 11 个和 9 个），即表现出空间负相关性，说明这些省区市的绿色创新产出效益及绿色创新效率存在空间极化效应（异质性溢出）。第一、三象限的省区市数多于第二、四象限，说明考察期内我国省际绿色创新的产出效益及其效率始终以空间扩散为主，同质性溢出比较明显。而对于绿色创新投入水平而言，落在第一、三象限（16个）和第二、四象限（14个）的省区市数量大体相当，说明研究期内绿色创新投入的空间扩散效应和极化效应同时存在，但随着区域经济一体化程度的不断提高，扩散效应最终可能会占据主导地位，由此推进绿色创新投入水平逐渐向均衡化方向发展。此外还可以发现，考察期内我国省际绿色创新投入、产出及效率的空间分布整体上表现为"高-高"集聚和"低-低"集聚的空间相关性，即绿色创新高投入、高产出和高效率的省区市，往往与那些绿色创新高投入、高产出和高效率省区市相邻，而绿色创新低投入、低产出和低效率省区市则通常被那些绿色创新低投入、低产出和低效率省区市所包围。

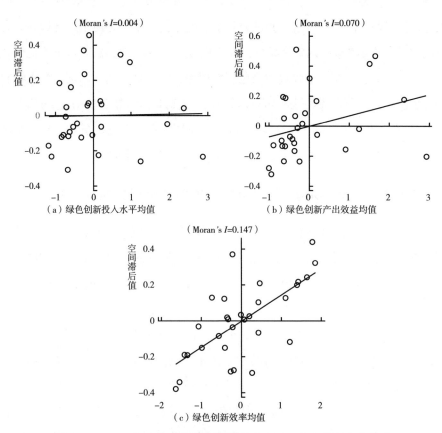

图8-4　2001~2019年省际绿色创新投入水平、绿色创新产出效益
及绿色创新效率均值的 Moran 散点图

表 8-10　省际绿色创新投入水平、绿色创新产出效益及绿色创新效率均值的集聚区分布

象限/区域	GIT-省份	GOT-省份	GIE-省份
第一象限（H-H 集聚区）	湖北、河南、江苏、浙江、上海（5）	天津、江苏、上海、浙江、福建（5）	湖北、吉林、辽宁、福建、山东、北京、天津、江苏、上海、浙江（10）
第二象限（L-H 集聚区）	海南、广西、江西、内蒙古、河北、湖南、福建、天津、安徽（9）	安徽、江西、海南、广西、湖南、河南、湖北（7）	江西、河北、内蒙古、河南、黑龙江、安徽（6）
第三象限（L-L 集聚区）	宁夏、青海、甘肃、黑龙江、山西、吉林、云南、重庆、新疆、贵州、陕西（11）	青海、甘肃、贵州、云南、山西、新疆、陕西、宁夏、内蒙古、吉林、黑龙江、重庆、四川、河北（14）	甘肃、青海、云南、贵州、山西、陕西、广西、新疆、宁夏、四川、湖南（11）
第四象限（H-L 集聚区）	辽宁、四川、北京、山东、广东（5）	辽宁、北京、山东、广东（4）	海南、重庆、广东（3）

　　绘制上述 Moran 散点图所进行的象限（集聚区）分析，可以直观地展示研究期内我国省际绿色创新的空间异质性，从而能够形象地说明绿色创新投入、产出和效率在不同象限内的空间溢出情况及其集聚模式，以及各象限内所包含的省份数目，但这本质上只是一种简单的描述性分析，并未涉及其中的因果关系推断。为此，还需要进一步使用空间计量模型来考察不同象限内绿色创新投入、产出和效率空间溢出的异质性及其作用机理。

8.5.2　基于 SPDM 模型的空间溢出异质性分析

　　在使用空间计量模型分析之前，首先需对其进行模型识别（见表 8-11），然后才能基于相关空间面板模型对绿色创新投入、产出及效率空间溢出的异质性进行考察。由表 8-11 可知，绿色创新投入水平在四个象限内的空间滞后系数分别为 0.4057、-0.5528、0.3301、-0.5906，且均通过了显著性检验；绿色创新产出效益在四个象限内的空间滞后系数分别为 -0.7168、-0.7009、-0.2828、-0.6172，也都通过了显著性检验；绿色创新效率在四个象限内的空间滞后系数分别为 0.5084、-1.1905、0.6677、-0.2756，同样都通过了显著性检验。由此可见，绿色创新投

入、产出及效率在不同象限内均存在较为明显的空间溢出效应，但其溢出的方向和大小却有所不同。其中在第一、三象限内，绿色创新投入及效率的空间溢出效应为正，但其产出的空间溢出效应却为负，说明位于一、三象限内的那些绿色创新投入及效率较高的省份因彼此相邻而相互受益（同质性溢出），存在空间扩散效应；而在第二、四象限，绿色创新投入、产出及效率的空间溢出效应都为负，说明位于二、四象限内的那些绿色创新投入、产出及效率较高（或较低）的省份因彼此相邻而相互制约，存在空间极化效应，这也再次验证了上述相关结论。此外，尽管绿色创新产出在第一、三象限内的空间溢出效应为负，但绿色创新投入及效率的空间溢出效应却都为正，说明总体上看绿色创新的空间溢出在第一、三象限主要表现为同质性溢出，以空间扩散效应为主。此时绿色创新的空间格局表现出以"H-H"集聚或"L-L"集聚为主的俱乐部收敛状态，且随着时间的推移，H-H集聚型省份的绿色创新水平会越来越高，同时受虹吸效应的影响，大量优质创新要素还会不断向其涌入，使得其绿色创新水平的增长速度明显高于L-L集聚型省份，从而两种集聚型省份之间的差距也会被越拉越大，最终将不利于绿色创新的均衡发展。绿色创新投入、产出及效率在第二、四象限主要表现为异质性溢出，空间极化效应占主导，此时绿色创新的空间格局呈现"L-H"集聚或"H-L"集聚的分异状态。然而，随着时间的推移，当绿色创新高水平省份发展到一定程度时，其空间扩散效应最终会大于空间极化效应，这样一来，高水平省份一方面因自身绿色创新要素价格的上升而将劳动密集型产业转移到低水平省份，从而有利于其绿色创新水平的提升，另一方面通过其辐射带动作用助力绿色创新低水平省份，如此循环往复，最终会从整体上实现绿色创新的均衡发展。从表8-11中各变量的估计系数及其显著性来看，不同象限内相关变量对绿色创新投入、产出及效率的作用效果同样存在较为明显的差异。

表 8-11　不同象限绿色创新投入、产出及效率的空间面板模型回归结果

变量	绿色创新投入水平（lnGIT）			
	第一象限	第二象限	第三象限	第四象限
lnTM	-0.0264 ***	0.0044 **	-0.0085 ***	0.0178
	(-3.34)	(2.11)	(-5.02)	(1.48)
lnFD	0.0525 ***	-0.0462 *	0.0706 ***	0.2882 ***
	(2.60)	(-1.65)	(4.08)	(5.20)
lnOP	-0.0262 *	-0.0051	0.0167 ***	-0.0263
	(-1.89)	(-0.69)	(4.19)	(-0.97)
lnER	0.0182 ***	0.0089 ***	0.0170 ***	0.0649 ***
	(3.26)	(3.86)	(6.45)	(8.10)
lnGS	0.0270 ***	0.0166 ***	0.0159 **	0.1185 ***
	(2.78)	(3.88)	(2.33)	(8.80)
lnEDU	0.4575 ***	0.086	0.4091 ***	0.2238
	(2.67)	(1.28)	(5.43)	(1.59)
lnIS	-0.0906 **	-0.0879 ***	0.0158	0.0469
	(-2.26)	(-3.24)	(1.09)	(0.64)
ρ	0.4057 ***	-0.5528 ***	0.3301 ***	-0.5906 ***
	(3.22)	(-3.32)	(3.74)	(-3.66)
λ	-1.1004 ***	—	—	—
	(-7.36)			
R^2	0.0095	0.0299	0.2203	0.0118
log L	196.2215	531.9850	574.2784	257.0068
N	95	171	209	95
模型形式	SPAC	SPDM	SPDM	SPDM
时间固定	No	Yes	No	Yes
地区固定	Yes	Yes	Yes	Yes
变量	绿色创新产出效益（lnGOT）			
	第一象限	第二象限	第三象限	第四象限
lnTM	-0.0378 ***	0.0109 **	-0.0037 ***	-0.0415 ***
	(-3.16)	(2.09)	(-2.67)	(-3.63)
lnFD	0.2310 ***	0.0636	0.0348 ***	-0.1150 ***
	(4.22)	(1.03)	(3.02)	(-2.83)
lnOP	0.0799 ***	0.1245 ***	0.0128 ***	0.0620 **
	(2.65)	(4.52)	(3.78)	(2.09)
lnER	-0.0063	0.0032	0.0076 ***	-0.0021
	(-0.95)	(0.56)	(3.31)	(-0.37)

续表

变量	绿色创新产出效益（lnGOT）			
	第一象限	第二象限	第三象限	第四象限
lnGS	0.0277 (1.58)	0.0562*** (4.97)	0.0199*** (3.21)	0.0668*** (5.32)
lnEDU	0.7618*** (3.48)	−0.7054** (−2.43)	0.1830*** (3.14)	0.1512 (1.52)
lnIS	0.1127 (1.53)	−0.0663 (−0.73)	−0.0605*** (−4.10)	−0.0201 (−0.43)
ρ	−0.7168*** (−4.75)	−0.7009*** (−3.73)	−0.2828** (−2.16)	−0.6172*** (−3.69)
λ	—	—	—	—
R²	0.0084	0.0013	0.1099	0.1724
log L	205.0255	315.9125	739.6738	194.1414
N	95	133	266	76
模型形式	SPDM	SPDM	SPLM	SPLM
时间固定	No	Yes	Yes	Yes
地区固定	Yes	Yes	Yes	Yes

变量	绿色创新效率（lnGIE）			
	第一象限	第二象限	第三象限	第四象限
lnTM	0.0033*** (4.54)	0.0001 (0.86)	−0.00003 (−0.35)	−0.0001 (−0.78)
lnFD	0.0052** (2.36)	0.0032** (2.49)	−0.0016 (−1.64)	0.0033*** (2.71)
lnOP	−0.0047*** (−3.09)	0.0005* (1.76)	0.0002 (0.90)	0.0022*** (5.07)
lnER	−0.0016*** (−3.55)	0.0001 (0.89)	0.0004*** (3.27)	0.0007*** (3.90)
lnGS	−0.0017* (−1.73)	−0.0001 (−0.57)	0.0006* (1.78)	−0.0022*** (−3.67)
lnEDU	0.0674*** (8.06)	−0.0240*** (−4.34)	0.0155*** (4.30)	0.1273*** (6.25)
lnIS	−0.0094** (−2.28)	−0.0009 (−0.70)	−0.0005 (−0.06)	−0.0022 (−1.27)
ρ	0.5084*** (5.54)	−1.1905*** (−6.75)	0.6677*** (14.08)	−0.2756*** (−2.67)

续表

变量	绿色创新效率（lnGIE）			
	第一象限	第二象限	第三象限	第四象限
λ	—	—	—	—
R^2	0.0002	0.5250	0.0304	0.0101
log L	807.1360	742.8393	1189.7793	337.1752
N	190	114	209	57
模型形式	SPLM	SPDM	SPDM	SPLM
时间固定	No	Yes	No	Yes
地区固定	Yes	Yes	Yes	Yes

注：***、**、*分别表示在1%、5%、10%水平下显著，括号内为 z 统计量。

第一象限。①技术市场成熟度（TM）对绿色创新投入水平及绿色创新产出效益的作用系数均显著为负，说明技术市场成熟度的提升对该象限的绿色创新投入及产出水平产生了不利影响；而 TM 对绿色创新效率的作用系数却显著为正，说明技术市场成熟度的提升对该象限的绿色创新效率具有积极作用，这与上述全国层面的分析结果相一致。因此，从总体上看，该象限内的技术市场成熟度与绿色创新表现出一种"先抑后促"的"U"形关系。②金融支持力度（FD）和教育水平（EDU）对绿色创新投入水平、绿色创新产出效益及绿色创新效率的影响系数均显著为正，说明金融支持力度及教育水平的提升对该象限内的绿色创新投入、产出及效率均起到较为明显的促进作用，与上述全国层面的分析结果相一致，从而金融支持和教育水平总体上对该象限内的绿色创新水平提升发挥积极作用。③对外开放程度（OP）对该象限绿色创新投入水平及绿色创新效率的作用系数显著为负，说明扩大对外开放对该象限内的绿色创新投入及效率具有抑制作用，与全国层面的估计结果相悖，可能是因为此象限内的省份在其招商引资过程中因未能合理设置"环境准入门槛"而导致污染型产业迁入，由此产生的集聚效应对其绿色创新研发及最终的成果转化产生了某种阻碍；而 OP 对绿色创新产出效益的作用系数却显著为正，说明扩大对外开放对该象限内的绿色创新产出具有积极的促进作用，与全国层面的估计结果相一致。

④环境规制强度（ER）对绿色创新投入水平的影响系数显著为正，说明环境规制对此象限内的绿色创新投入具有促进作用，但 ER 对绿色创新产出效益及绿色创新效率的影响系数却为负，且在显著性上存在差异，其中绿色创新产出效益不显著，而绿色创新效率显著，说明环境规制对该象限内的绿色创新效率产生了一定程度的不利影响。由此可见，ER 对绿色创新效率的作用效果与全国层面的分析结果相一致，但可能因地理区位上的差异，其对绿色创新投入及产出的影响却与全国层面的分析结果相悖。⑤政府资助力度（GS）对绿色创新投入水平及绿色创新产出效益的影响均为正，其中绿色创新投入水平显著，绿色创新产出效益不显著，这与全国层面的估计结果基本一致，说明政府资助对该象限内的绿色创新投入具有积极作用。而 GS 对绿色创新效率的影响却显著为负，说明政府资助力度的提升对该象限内的绿色创新效率产生了不利影响，与全国层面的结果相一致。⑥产业结构（IS）对绿色创新投入水平及绿色创新效率的影响均显著为负，说明产业结构升级不利于该象限内绿色创新投入及效率水平的提升，而 IS 虽对绿色创新产出效益的影响为正，但却不显著。由此可见，IS 对该象限内绿色创新投入、产出及效率的影响，除了绿色创新效率与全国层面的估计结果相一致，其余均与全国相悖。

第二象限。①技术市场成熟度（TM）、环境规制强度（ER）对绿色创新投入水平、绿色创新产出效益及绿色创新效率的影响均为正，但在显著性上却存在差异，其中 TM 对绿色创新投入水平及绿色创新产出效益的影响表现为显著，但对绿色创新效率的影响却不显著；ER 对绿色创新投入水平的影响显著，但对绿色创新产出效益及绿色创新效率的影响却不显著，说明技术市场成熟度提升以及环境规制强度增加对该象限内的绿色创新投入水平具有较为明显的促进作用，同时技术市场对该象限内的绿色创新产出效益也发挥了一定的积极作用。该象限内 ER 对绿色创新投入水平的影响与第一象限一致，对绿色创新产出效益及绿色创新效率的影响却与第一象限相反。②金融支持力度（FD）对绿色创新投入水平的作用系数显著为负，说明金融支持对该象限内的绿色创新投入水平提升产生了不利影响，但其对绿色创新产出效益及绿色创新效率的作用系数却都为正，其中对绿色创新产出效益的影响不显著，而对绿色创新效率的影响显著，说明金融支持力度加大对该象限内的绿色创新效率具有较为明显的促进作用。FD 对该象限内绿色创新投入水平的作用与第一象限相反，但其对绿色创新产出效益及绿色创新效率的影响却与第一象限及全国层面的分析结果相一致。③对外开放程度（OP）对绿色创新产出效益及绿色创新效率的影响显著为正，这与第一象限及全国层面的估计结果相一致，说明提高对外开放程度有助于该象限内绿色创新产出及效率水平的提升。④政府资助力度（GS）对绿色创新投入水平及绿色创新产出效益的作用系数均显著为正，说明政府科技研发支出增加对该象限内的绿色创新投入及产出均具有较为明显的促进作用。⑤产业结构（IS）仅对绿色创新投入水平的作用显著为负，与第一象限的分析结果相一致，说明该象限内的省份在其产业结构升级过程中可能存在资源能源的过度消耗，由此产生的环境污染对其绿色创新投入产生了一定的不利影响。

第三象限。①技术市场成熟度（TM）对绿色创新投入水平及绿色创新产出效益的影响与第一象限相同，均在 1% 的水平下显著为负，说明完善技术市场对该象限内的绿色创新投入及产出具有较为明显的不利影响。②金融支持力度（FD）、对外开放程度（OP）对绿色创新投入水平及绿色创新产出效益的作用系数同样在 1% 的水平下显著为正，说明金融支持力度和对外开放程度的提升对该象限内的绿色创新投入及产出均具有较为明显的促进作用，且金融支持和对外开放对该象限内绿色创新产出效益的影响均与第一象限的分析结果一致。③环境规制强度（ER）、政府资助力度（GS）以及教育水平（EDU）对绿色创新投入水平、绿色创新产出效益及绿色创新效率的影响均显著为正，这与第一、二象限的分析结果有所不同，说明增加环境规制强度和政府资助力度以及提升教育水平总体上有助于该象限内绿色创新水平的提升。④产业结构（IS）仅对绿色创新产出效益的作用显著为负，说明该象限内有关省份产业结构的优化升级对其绿色创新产出效益产生了较为明显的不利影响。

第四象限。①技术市场成熟度（TM）仅对绿色创新产出效益的作用系数显著为负，说明技术市场成熟度的提升对该象限内的绿色创新产出效益产生了较为明显的不利影响。②金融支持力度（*FD*）对绿色创新投入水平及绿色创新效率的影响均显著为正，这与第一象限的分析结果相一致，说明金融支持力度加大有助于该象限内绿色创新投入及效率水平的提升。但*FD*对绿色创新产出效益的影响却显著为负，说明金融支持力度加大不利于该象限内绿色创新产出效益的提升。③对外开放程度（*OP*）对绿色创新产出效益及绿色创新效率的影响均显著为正，这与第二象限的分析结果相一致，说明提高对外开放程度有利于该象限内绿色创新产出及效率水平的提升。④环境规制强度（*ER*）对绿色创新投入水平及绿色创新效率的影响均显著为正，这与第三象限的分析结果相一致，说明环境规制对该象限内的绿色创新投入及效率具有较为明显的正向作用。⑤政府资助力度（*GS*）对绿色创新投入水平及绿色创新产出效益的影响均显著为正，这与第二、三象限的分析结果一致，说明政府资助对该象限内的绿色创新投入及产出均具有正向影响。但*GS*对绿色创新效率的影响却显著为负，与第一象限的分析结果相同，这说明政府资助对该象限内的绿色创新效率的提升产生了不利影响。⑥教育水平（*EDU*）仅对绿色创新效率的作用显著为正，这与第一、三象限的分析结果相同，说明教育水平提升所产生的人力资本培训效应对该象限内绿色创新效率的提升具有积极的促进作用。⑦与第一、二、三象限不同的是，产业结构（*IS*）对该象限内的绿色创新投入水平、绿色创新产出效益及绿色创新效率的影响均不显著，说明产业结构优化升级对该象限内的绿色创新水平提升未能发挥其应有的作用。

8.5.3 不同集聚区空间溢出效应分解

在上述基于不同象限所进行的空间溢出效应分析的基础上，本节将继续使用经济地理嵌套空间权重（W_4），同时借助偏微分效应分解法进一步考察各相关因素对不同象限内绿色创新投入、产出及效率空间作用的结构性特征（见表8-12）。可以发现，不同象限内各变量对绿色创新投入、产出及效率的空间作用同样存在较为明显的差异，下面将主要对其直接效应和间接效应进行分析。

表 8-12　空间效应估计结果

变量	绿色创新投入水平（ln*GIT*）					
	第一象限 W_4			第二象限 W_4		
	直接效应	间接效应	总效应	直接效应	间接效应	总效应
ln*TM*	-0.0280***	-0.0160***	-0.0439***	0.0034*	0.0094*	0.0128**
	（-3.55）	（-2.58）	（-4.13）	（1.70）	（1.69）	（2.12）
ln*FD*	0.0551***	0.0313**	0.0865***	-0.0299	-0.1664***	-0.1964***
	（2.73）	（2.15）	（2.92）	（-1.23）	（-2.85）	（-2.70）
ln*OP*	-0.0266*	-0.0155	-0.0421*	-0.0075	0.0304*	0.0229
	（-1.88）	（-1.42）	（-1.83）	（-1.18）	（1.67）	（1.05）
ln*ER*	0.0195***	0.0116**	0.0310***	0.0086***	0.0026	0.0112*
	（3.50）	（2.08）	（3.30）	（4.20）	（0.44）	（1.70）
ln*GS*	0.0294***	0.0179*	0.0473***	0.0129***	0.0343*	0.0472***
	（2.87）	（1.75）	（2.59）	（2.89）	（1.94）	（2.83）
ln*EDU*	0.4794***	0.2673***	0.7467***	0.0650	0.1955	0.2605
	（3.01）	（2.61）	（3.65）	（1.01）	（0.98）	（1.29）
ln*IS*	-0.0960**	-0.0566*	-0.1526**	-0.0882***	0.0135	-0.0747
	（-2.35）	（-1.72）	（-2.30）	（-3.63）	（0.19）	（-0.85）

变量	绿色创新投入水平（ln*GIT*）					
	第三象限 W_4			第四象限 W_4		
	直接效应	间接效应	总效应	直接效应	间接效应	总效应
ln*TM*	-0.0096***	-0.0234***	-0.0331***	0.0128	0.0274	0.0402
	（-5.16）	（-3.30）	（-4.04）	（1.22）	（1.11）	（1.39）
ln*FD*	0.0644***	-0.1098***	-0.0454	0.1800***	0.5457***	0.7257***
	（4.16）	（-2.85）	（-1.46）	（3.42）	（3.95）	（4.22）
ln*OP*	0.0159***	-0.0239*	-0.008	-0.0443**	0.1001	0.0558
	（4.23）	（-1.67）	（-0.54）	（-2.18）	（1.50）	（0.73）
ln*ER*	0.0164***	-0.0126*	0.0037	0.0553***	0.0483***	0.1036***
	（6.47）	（-1.84）	（0.53）	（7.88）	（3.18）	（5.11）
ln*GS*	0.0159**	0.001	0.0169	0.0845***	0.1680***	0.2525***
	（2.46）	（0.05）	（0.78）	（5.80）	（3.67）	（5.21）
ln*EDU*	0.4121***	0.0381	0.4502***	0.105	0.5329	0.6379
	（5.78）	（0.26）	（2.90）	（0.82）	（1.31）	（1.64）
ln*IS*	0.0138	-0.0446	-0.0308	0.0848*	-0.1707	-0.0859
	（0.91）	（-1.36）	（-0.82）	（1.66）	（-1.01）	（-0.44）

续表

变量	绿色创新产出效益（lnGOT）					
	第一象限 W_4			第二象限 W_4		
	直接效应	间接效应	总效应	直接效应	间接效应	总效应
lnTM	−0.0310 ** （−2.16）	−0.0291 * （−1.72）	−0.0601 *** （−4.34）	0.0098 * （1.84）	0.008 （0.77）	0.0178 （1.64）
lnFD	0.2559 *** （3.77）	−0.1192 （−1.62）	0.1367 *** （4.31）	0.0292 （0.60）	0.1984 （1.34）	0.2276 （1.35）
lnOP	0.1206 *** （3.21）	−0.1651 *** （−2.93）	−0.0445 （−1.37）	0.0954 *** （4.60）	0.2001 *** （3.86）	0.2954 *** （4.44）
lnER	−0.0141 ** （−2.02）	0.0337 *** （3.42）	0.0197 ** （2.43）	0.0016 （0.31）	0.0092 （0.76）	0.0108 （0.82）
lnGS	0.0331 * （1.69）	−0.0259 （−1.24）	0.0072 （0.42）	0.0455 *** （3.85）	0.0635 * （1.95）	0.1091 *** （3.59）
lnEDU	1.0269 *** （4.04）	−1.1511 *** （−3.71）	−0.1242 （−0.52）	−0.4332 ** （−2.00）	−1.7475 ** （−2.25）	−2.1807 ** （−2.44）
lnIS	0.1850 ** （2.06）	−0.3166 ** （−2.23）	−0.1316 （−1.21）	−0.0853 （−1.26）	0.1056 （0.44）	0.0203 （0.07）

变量	绿色创新产出效益（lnGOT）					
	第三象限 W_4			第四象限 W_4		
	直接效应	间接效应	总效应	直接效应	间接效应	总效应
lnTM	−0.0037 ** （−2.57）	0.0008 * （1.85）	−0.0029 ** （−2.43）	−0.0470 *** （−3.71）	0.0211 *** （3.00）	−0.0259 *** （−2.99）
lnFD	0.0347 *** （3.06）	−0.0081 * （−1.81）	0.0266 *** （3.19）	−0.1335 *** （−3.10）	0.0599 *** （2.59）	−0.0736 *** （−2.61）
lnOP	0.0133 *** （4.04）	−0.0030 ** （−2.05）	0.0103 *** （4.03）	0.0747 ** （2.32）	−0.0336 ** （−2.03）	0.0411 ** （2.15）
lnER	0.0077 *** （3.36）	−0.0018 ** （−2.03）	0.0060 *** （3.26）	−0.0027 （−0.43）	0.0012 （0.39）	−0.0016 （−0.45）
lnGS	0.0200 *** （3.41）	−0.0045 * （−1.92）	0.0155 *** （3.29）	0.0774 *** （5.01）	−0.0355 *** （−2.85）	0.0419 *** （4.71）
lnEDU	0.1874 *** （3.26）	−0.0419 ** （−2.03）	0.1455 *** （3.08）	0.1819 （1.55）	−0.0845 （−1.34）	0.0974 （1.57）
lnIS	−0.0610 *** （−3.89）	0.0136 ** （2.13）	−0.0475 *** （−3.55）	−0.0262 （−0.50）	0.0118 （0.45）	−0.0144 （−0.51）

续表

变量	绿色创新效率(lnGIE)					
	第一象限 W_4			第二象限 W_4		
	直接效应	间接效应	总效应	直接效应	间接效应	总效应
lnTM	0.0036***	0.0033**	0.0069***	−0.0004	0.0005**	0.0005*
	(4.53)	(2.57)	(3.74)	(−0.23)	(2.35)	(1.80)
lnFD	0.0054**	0.0048**	0.0103**	0.0060***	−0.0083***	−0.0023
	(2.48)	(2.21)	(2.54)	(4.84)	(−2.96)	(−0.84)
lnOP	−0.0049***	−0.0045**	−0.0094***	0.0004*	0.0004	0.0009
	(−3.15)	(−2.21)	(−2.84)	(1.84)	(0.79)	(1.44)
lnER	−0.0017***	−0.0016**	−0.0034***	0.0001	0.00005	0.0002
	(−3.55)	(−2.19)	(−2.96)	(0.88)	(0.17)	(0.59)
lnGS	−0.0019*	−0.0018	−0.0037*	−0.0011***	0.0029***	0.0018***
	(−1.90)	(−1.51)	(−1.77)	(−3.97)	(4.48)	(3.02)
lnEDU	0.0727***	0.0675***	0.1402***	−0.0201***	−0.0110	−0.0311***
	(9.00)	(3.02)	(5.43)	(−5.19)	(−1.31)	(−2.97)
lnIS	−0.0100**	−0.0096*	−0.0196**	−0.0019*	0.0030	0.0011
	(−2.26)	(−1.70)	(−2.04)	(−1.98)	(1.12)	(0.38)

变量	绿色创新效率(lnGIE)					
	第三象限 W_4			第四象限 W_4		
	直接效应	间接效应	总效应	直接效应	间接效应	总效应
lnTM	−0.0001	−0.0015*	−0.0017*	−0.0001	0.00003	−0.0001
	(−1.12)	(−1.68)	(−1.67)	(−0.72)	(0.64)	(−0.73)
lnFD	0.0013	0.0415***	0.0428***	0.0034***	−0.0008**	0.0026**
	(1.33)	(7.73)	(7.40)	(2.76)	(−2.20)	(2.47)
lnOP	0.0011***	0.0118***	0.0129***	0.0023***	−0.0006***	0.0018***
	(4.07)	(6.01)	(6.04)	(5.69)	(−2.91)	(4.29)
lnER	0.0004**	−0.0009	−0.0005	0.0008***	−0.0002***	0.0006***
	(2.25)	(−0.84)	(−0.45)	(4.21)	(−3.06)	(3.27)
lnGS	0.0011***	0.0076***	0.0088***	−0.0023***	0.0005***	−0.0018***
	(3.04)	(3.27)	(3.42)	(−3.99)	(2.66)	(−3.32)
lnEDU	0.0150***	−0.0076	0.0074	0.1334***	−0.0317***	0.1016***
	(3.04)	(−0.23)	(0.20)	(6.94)	(−3.02)	(4.86)
lnIS	0.0019**	0.0270***	0.0289***	−0.0022	0.0006	−0.0017
	(2.07)	(6.94)	(6.72)	(−1.22)	(1.07)	(−1.21)

注：***、**、*分别表示在1%、5%、10%水平下显著，括号内为z统计量。

8.5.3.1 第一象限

第一，直接效应。①技术市场成熟度（*TM*）对绿色创新投入水平、绿色创新产出效益及绿色创新效率的直接作用系数分别为 -0.0280、-0.0310、0.0036，且均通过了显著性检验，说明技术市场成熟度提高是制约第一象限内各省绿色创新投入及产出水平提升的主要因素，但它却有助于第一象限内各省绿色创新效率的提升。②金融支持力度（*FD*）、教育水平（*EDU*）对绿色创新投入水平、绿色创新产出效益及绿色创新效率的直接作用系数分别为0.0551、0.2559、0.0054 和 0.4794、1.0269、0.0727，均通过了显著性检验，且教育水平的作用明显大于金融支持力度，说明在第一象限，教育水平的提升总体上有利于当地人力资本积累，是促进相关省份绿色创新水平提升的主要因素。③对外开放程度（*OP*）、环境规制强度（*ER*）、政府资助力度（*GS*）、产业结构（*IS*）对绿色创新投入水平、绿色创新产出效益及绿色创新效率的作用系数均通过了显著性检验，但其符号却有所不同，其中 *OP* 的系数分别为 -0.0266、0.1206、-0.0049；*ER* 的系数分别为 0.0195、-0.0141、-0.0017；*GS* 的系数分别为 0.0294、0.0331、-0.0019；*IS* 的系数分别为 -0.0960、0.1850、-0.0100。由此可见，对外开放程度和产业结构两个解释变量对绿色创新有着相似的作用，即提高对外开放程度和优化产业结构对第一象限各省的绿色创新投入水平及绿色创新效率均产生了不利影响，但其对该象限内各省的绿色创新产出效益却具有积极作用，且产业结构的作用要大于对外开放。环境规制和政府资助对第一象限内各省绿色创新投入水平的提升均具有积极的促进作用，且政府资助的作用大于环境规制，但其对该象限内各省的绿色创新效率的提升却产生了阻碍作用。需要注意的是，环境规制对第一象限内各省绿色创新产出效益的提升具有不利影响，而政府资助对该象限内各省绿色创新产出效益的提升却产生了积极作用。因此，在今后的绿色创新发展过程中，第一象限的省份在积极引进外资的同时，还应合理设置外资企业的准入门槛，以此避免沦为"污染天堂"，同时还要积极融入国家的相关重大战略，争取国家政策的倾斜与支持。此外，还要不断完善其金融体系，增加教育投资，以助推本省绿色创新水平提升。

第二，间接效应。①技术市场成熟度（*TM*）对绿色创新投入水平、绿色创新产出效益及绿色创新效率的影响系数分别为 -0.0160、-0.0291、0.0033，且均通过了显著性检验，说明当地技术市场的发展对第一象限各省邻近省份的绿色创新投入及产出均产生了负向溢出，而对绿色创新效率却产生了正向溢出。对比直接效应可知，第一象限内各省的技术市场成熟度对其绿色创新效率的正向溢出作用大于对邻近省份绿色创新效率吸收能力的影响。②金融支持力度（*FD*）对绿色创新投入水平、绿色创新产出效益及绿色创新效率的作用系数分别为 0.0313、-0.1192、0.0048，且绿色创新投入水平及绿色创新效率的这一系数通过了显著性检验，绿色创新产出效益未通过，说明金融支持力度对第一象限各省邻近省份的绿色创新投入及效率均产生了正向溢出。由于上述 *FD* 对绿色创新投入水平及绿色创新效率的直接作用系数分别为 0.0551 和 0.0054，因而其直接效应大于间接效应。这说明在第一象限内，金融支持力度对本省绿色创新的正向溢出作用总体上大于其对邻近省份绿色创新吸收能力的影响。③对外开放程度（*OP*）对绿色创新产出效益及绿色创新效率的作用系数均显著为负，但其对绿色创新投入水平的影响系数却不显著，说明提高对外开放水平对第一象限各省相邻省份的绿色创新产出及效率均产生了较为显著的负向溢出。④环境规制强度（*ER*）对绿色创新投入水平、绿色创新产出效益及绿色创新效率的作用系数分别为 0.0116、0.0337、-0.0016，且都通过了显著性检验，说明环境规制对第一象限各省相邻省份的绿色创新投入及产出均产生了正向溢出，但其对第一象限各省相邻省份的绿色创新效率却表现为负向溢出。此外，与上述环境规制的直接效应系数（0.0195、-0.0141、-0.0017）相比，可以发现，在第一象限内，环境规制强度对本省绿色创新投入水平的正向溢出作用大于其对邻近省份绿色创新投入水平的影响。⑤政府资助力度（*GS*）仅对绿色创新投入水平的影响显著为正（0.0179），且小于直接效应系数（0.0294），说明加大政府资助力度对第一象限各省相邻省份绿色创新的投入水平产生了正向溢出，且其对本省绿色创新投入水平的溢出作用要大于其对相邻省份绿色创新投入水平的影响。⑥教育水平（*EDU*）对绿色创新投入水平、绿色创新产出效益及绿色创新效率的影响系数分别为 0.2673、-1.1511、0.0675，且均通过了显著性检验，说明提升教育水平对第一象限各省相邻省份的绿色创新投入及效率均产生了正向溢出，但其对第一象限各省相邻省份的绿色创新产出却产生了负向溢出。⑦产业结构（IS）对绿色创新投入水平、绿色创新产出效益及绿色创新效率的影响系数均显著为负，说明第一象限内各省产业结构升级对其相邻省份绿色创新水平的提升总体上产生的是负向溢出。

8.5.3.2　第二象限

第一，直接效应。①政府资助力度（GS）对绿色创新投入水平、绿色创新产出效益的影响系数均显著为正，说明加大政府资助力度对第二象限各省绿色创新投入及产出水平的提升产生了积极影响；②金融支持力度（FD）仅对绿色创新效率的影响系数显著为正，说明加大金融支持力度对第一象限各省绿色创新效率的提升具有较为明显的促进作用；③对外开放程度（OP）对绿色创新产出效益及绿色创新效率的作用系数显著为正，说明提高对外开放程度对第二象限各省绿色创新产出及效率的提升产生了积极影响，从而是这一集聚区绿色创新水平提升的主要因素；④环境规制强度（ER）仅对绿色创新投入水平的作用系数显著为正，说明环境规制对第二象限各省绿色创新投入水平的提升具有积极影响；⑤产业结构（IS）对绿色创新投入水平及绿色创新效率的影响系数显著为负，说明产业结构升级对第二象限各省绿色创新投入及效率水平的提升产生了不利影响；⑥教育水平（EDU）对绿色创新产出效益及绿色创新效率的作用系数均为负，说明提高教育水平对第二象限各省绿色创新产出及效率水平的提升产生了不利影响。

第二，间接效应。政府资助力度（GS）对绿色创新投入水平、绿色创新产出效益及绿色创新效率的影响系数均显著为正，且其间接效应系数（0.0343、0.0635、0.0029）明显高于直接效应系数（0.0129、0.0455、-0.0011），说明加大政府资助力度总体上有利于第二象限各省相邻省绿色创新水平的提升，同时也表明其对相邻省份绿色创新吸收能力的提升作用要大于对本省绿色创新溢出能力的影响。而在其他影响因素中：①技术市场成熟度（TM）对绿色创新投入水平及绿色创新效率的作用系数显著为正，说明技术市场成熟度的提高对第二象限各省相邻省份的绿色创新投入及效率水平均产生了正向溢出，且其对绿色创新投入水平的间接效应系数（0.0094）大于直接效应系数（0.0034），说明技术市场成熟度提升对相邻省份绿色创新投入的促进作用要大于对本省绿色创新投入的溢出作用；②金融支持力度（FD）对绿色创新投入水平及绿色创新效率的作用系数均显著为负，说明金融支持对第二象限各省相邻省份的绿色创新投入及效率产生了负向溢出，是制约第二象限各省相邻省份绿色创新水平提升的主要因素；③对外开放程度（OP）对绿色创新投入水平及绿色创新产出效益的影响系数均显著为正，说明提高对外开放程度有助于第二象限各省相邻省份绿色创新投入及产出水平的提升，即其存在明显的正向溢出效应，且 OP 对绿色创新产出效益的间接效应系数（0.2001）大于其直接效应系数（0.0954）；④教育水平（EDU）对绿色创新产出效益的作用系数显著为负，说明教育水平提升对第二象限各省相邻省份的绿色创新产出效益产生了负向溢出，这可能是因为第二象限内的省份以"L-H"集聚为主，这样一来，当教育水平提升促进当地人力资本积累后，其外部性所导致的创新知识的外溢和扩散，使得该象限内的极化效应发挥了主导作用，导致相邻省份的创新知识持续不断地流入本省，最终促进了其绿色创新产出成果的转化，但这却不利于相邻省份的绿色创新成果转化，导致相邻省份的绿色创新产出效益下降。

8.5.3.3　第三象限

第一，直接效应。对外开放程度（OP）、环境规制强度（ER）、政府资助力度（GS）、教育水平（EDU）对绿色创新投入水平、绿色创新产出效益及绿色创新效率的作用系数均显著为正，说明提高对外开放程度、增加环境规制强度、加大政府资助力度以及提升教育水平总体上均有助于第三象限内各省绿色创新水平的提升。比较这些变量的系数大小，可以发现教育水平的作用系数（0.4121、0.1874、0.0150）最大，说明教育水平是影响第三象限各省绿色创新水平提升的主要因素。对于其他变量则有：①技术市场成熟度（TM）对绿色创新投入水平及绿色创新产出效益的影响系数均显著为负，说明技术市场的成熟对第三象限各省绿色创新投入及产出均产生了不利影响；②金融支持力度（FD）对绿色创新投入水平及绿色创新产出效益的作用系数显著为正，说明金融支持对第三象限内各省的绿色创新投入及产出产生了积极影响；③产业结构（IS）对绿色创新产出效益及绿色创新效率的影响系数均通过了显著性检验，但在具体影响上却有所不同，其中对绿色创新产出效益的作用系数为负，对绿色创新效率的影响系数为正，说明产业结构的优化升级对第三象限内各省的绿色创新产出效益产生了不利影响，但对各省的绿色创新效率却产生积极影响。

第二，间接效应。各变量对绿色创新投入水平、绿色创新产出效益及绿色创新效率的通过显著性检验的影响系数大多为负。原因可能在于，第三象限的省份以"L-L"集聚为主，各省绿色创新发展水平本身就不高，这样一来，由于该象限内的省份已获取相关因素改善其绿色创新发展，其对相邻省份产生绿色创新溢出时，可能会因优质创新资源短缺而对这些省份的绿色创新发展产生不利影响，进而对其绿色创新水平的提升产生不利影响。具体而言：①产业结构（IS）对绿色创新产出效益及绿色创新效率的影响系数均显著为正，说明产业结构优化升级总体上有利于第三象限各省相邻省份绿色创新水平的提升；②技术市场成熟度（TM）对绿色创新产出效益的影响系数显著为正，说明技术市场对第三象限各省相邻省份的绿色创新产出效益产生了正向溢出；③金融支持力度（FD）、对外开放程度（OP）和政府资助力度（GS）仅对绿色创新效率的作用系数显著为正，说明加大金融支持及政府资助力度，以及提高对外开放程度，可对第三象限各省相邻省份绿色创新效率的提升产生正向溢出。其中对外开放程度和政府资助力度的间接效应系数（0.0118、0.0076）明显大于其直接效应系数（0.0011、0.0011），说明提高对外开放程度以及加大政府资助力度对相邻省份绿色创新效率吸收能力的提升作用要大于对本省绿色创新效率溢出能力的影响。

8.5.3.4 第四象限

第一，直接效应。①技术市场成熟度（TM）仅对绿色创新产出效益的作用系数通过了显著性检验，且为负值，说明技术市场成熟度的提升对第四象限内各省的绿色创新产出效益产生了不利影响。②金融支持力度（FD）、对外开放程度（OP）、政府资助力度（GS）对绿色创新投入水平、绿色创新产出效益及绿色创新效率的影响系数均通过了显著性检验，但其作用方向却不尽相同，其中 FD 的影响系数分别为 0.1800、－0.1335、0.0034；OP 的影响系数分别为－0.0443、0.0747、0.0023；GS 的影响系数分别为 0.0845、0.0774、－0.0023。由此可见，金融支持和政府资助对第四象限内各省的绿色创新投入水平提升发挥了积极作用，其中金融支持的贡献大于政府资助；对外开放和政府资助对第四象限内各省绿色创新产出效益的提升发挥了积极作用，其中政府资助的贡献大于对外开放；金融支持和对外开放对绿色创新效率的提升同样发挥了积极作用，且金融支持的贡献大于对外开放，说明金融支持总体上是促进第四象限内各省绿色创新效率提升的主要因素，今后该集聚区内的相关省份还应进一步完善其金融市场，以发挥金融支持对当地绿色创新效率提升的积极作用。③环境规制强度（ER）对绿色创新投入水平及绿色创新效率的影响系数均显著为正，说明强化环境管制有助于第四象限内各省绿色创新投入及效率水平的提升。④教育水平（EDU）仅对绿色创新效率的作用系数通过了显著性检验，且为正值，说明教育水平提升对第四象限内各省绿色创新效率的提升具有较为明显的促进作用。⑤产业结构（IS）仅对绿色创新投入水平的作用系数通过了显著性检验，且为正值，说明产业结构优化升级对第四象限内各省绿色创新投入水平的提升具有促进作用。

第二，间接效应。①金融支持力度（FD）、政府资助力度（GS）对绿色创新投入水平、绿色创新产出效益及绿色创新效率的作用系数均通过了显著性检验，但其具体情形却有所不同，其中 FD 的系数为 0.5457、0.0599、－0.0008；GS 的系数为 0.1680、－0.0355、0.0005。由此可知，金融支持和政府资助对第四象限各省相邻省份的绿色创新投入水平产生了较为明显的正向溢出，且金融支持的贡献大于政府资助，金融支持还对第四象限各省相邻省份的绿色创新产出效益产生了较为明显的正向溢出，与此相类似，政府资助对第四象限内各省相邻省份的绿色创新效率产生了正向溢出。可见金融支持总体上仍是促进第四象限内各省相邻省份绿色创新水平提升的主要因素。此外，FD 和 GS 对绿色创新投入水平的间接效应系数要大于其直接效应系数（0.1800、0.0845），说明金融支持和政府资助对相邻省份绿色创新投入水平的提升作用要大于其对本省绿色创新投入水平的影响。②技术市场成熟度（TM）仅对绿色创新产出效益的作用通过了显著性检验，且为正，说明技术市场的成熟对第四象限各省相邻省份绿色创新的产出效益产生了正向溢出。③环境规制强度（ER）对绿色创新投入水平及绿色创新效率的影响系数均通过了显著性检验，但符号却不相同。其中，ER 对绿色创新投入水平的影响为正，而对绿色创新效率的影响为负，说明环境规制对第四象限各省相邻省份绿色创新投入水平的提升发挥了积极作用，但对第四象限各省相邻省份绿色创新效率的提升却产生了较为明显的不利影响。④教育水平（EDU）对绿色创新效率的影响系数通过了显著性检验，但却为负，说明教育水平的提升对第四象限各省相邻省份绿色创新效率的提升产生了负向溢出。其原因可能在于，第四象限内的各省份主要表现为 "H-L" 集聚，这意味着该象限内本省的绿色创新发展相对较好，而周边省份的绿色创新发展则相对落后。这样一来，当本省的教育投资增加时，其直接效果首先是为当地培养了大量的高素质人才，这时当该省出现对高素质创新人才的进一步需求时，那些高端人才会首先考虑前往拥有更加完备的基础设施和良好工作环境的绿色创新领先地区（本省），从而为本省绿色创新投入产出的有效转化注入强劲的人才活力，促进本省绿色创新效率提升。但这也会进一步凸显绿色创新领先地区（本省）的虹吸效应，从而使得相邻省份的创新人才持续不断地流向本省，最终会对相对落后的相邻省份的绿色创新效率产生不利影响。

8.6　本章小结

本章首先借助相关理论剖析了绿色创新的空间溢出机制及其地区异

质性条件的作用机理,由此给出相关研究假设。然后基于不同空间权重矩阵对绿色创新的空间关联性进行检验,进而运用空间面板计量模型对相关假设进行验证,同时使用偏微分效应分解法考察各影响因素对绿色创新投入、产出及效率的空间作用效果。最后基于 Moran 散点图划分不同象限,以考察不同象限内绿色创新空间溢出的异质性以及各影响因素对不同象限内绿色创新投入、产出及效率的作用效果,并就各因素对不同象限内绿色创新投入、产出及效率的空间效应进行了分解。本章的主要结论有以下几个。

第一,全局和局部 Moran's *I* 检验结果表明,我国省际绿色创新存在显著的全局空间正相关性,局部空间格局则主要表现出"高-高"集聚和"低-低"集聚的俱乐部收敛特征,从而绿色创新存在"扩散"现象,由此也使其空间分布格局较为稳定。

第二,SPDM 模型回归结果显示,5 种权重矩阵下,绿色创新投入、产出及效率的空间溢出各不相同,但在经济距离空间权重矩阵下,我国省际绿色创新投入、产出及效率的空间溢出显著为正,且这一效应还在持续增强,由此也推动了我国省际绿色创新的联动发展。从相关异质性条件的检验结果来看,研究假设基本上都得到了验证,与预期相符。

第三,从各影响因素空间溢出效应的分解来看,在全国层面上,对外开放总体上对当地的绿色创新水平提升发挥了积极的促进作用,但其对相邻省份则表现为抑制作用,即在省域间存在"污染天堂"假说。与此相反,产业结构对本省的绿色创新水平具有不利影响,但对相邻省份却具有正向影响;技术市场、金融支持、环境规制以及教育水平对本省及相邻省份的绿色创新水平提升发挥了一定的促进作用,从而较好地支持了"波特假说",且这些因素对相邻省份绿色创新吸收能力的作用要大于其对本省绿色创新溢出能力的影响;政府资助对绿色创新的影响效果则取决于绿色创新所处的发展阶段。

第四,分象限(集聚区)检验结果显示,我国省际绿色创新的空间溢出效应存在较为明显的异质性,且在第一、三象限表现为同质性溢出,即其扩散效应占据主导；而在第二、四象限则表现为异质性溢出，以极化效应为主。就各因素对不同象限（集聚区）绿色创新的具体影响及其溢出的分解而言，各因素对不同象限绿色创新水平的作用效果不尽相同，且空间效应分解结果也存在明显差异，即不同象限绿色创新的主要影响因素是有所区别的。其中提高教育水平对第一、三象限绿色创新水平的提升发挥着最为明显的促进作用；提高对外开放程度对第二象限绿色创新水平的提升发挥着最为明显的促进作用；而加大金融支持力度对第四象限绿色创新水平的正向作用最为显著。

第9章

省际绿色创新的空间收敛分析

对绿色创新的空间收敛性进行分析，是破解我国省际绿色创新发展"不均衡"问题的关键，也是推动区域高质量协调发展的重点所在。如前所述，我国省际绿色创新空间结构差异明显，且相邻省份绿色创新的空间联系紧密，存在较为显著的空间溢出效应。事实上，这种以地理区位为载体的绿色创新空间溢出，不仅作用于绿色创新活动的区位分布，而且会对绿色创新发展的空间结构产生影响。基于此，就有必要进一步探讨是绿色创新发展落后地区（省份）借助空间外溢（扩散）效应来获取领先地区（省份）的创新资源，进而通过模仿、学习和交流来缩小区域间的绿色创新差距，使绿色创新在空间上最终趋于收敛，还是在空间极化效应的作用下，绿色创新发展领先地区（省份）不断积累创新发展优势，而落后地区（省份）不断积累发展劣势，由此拉大区域间的绿色创新发展差距，使得绿色创新在空间上表现出发散。进一步地，若存在空间收敛，其是以何种方式进行收敛？影响收敛的差异化条件又是什么？为此，本章首先从理论层面对区域绿色创新的空间收敛机制进行演绎，以构建相应的收敛估计模型，进而从全国和区域两个层面对我国省际绿色创新的空间敛散性进行检验，以期为我国省际绿色创新的均衡发展提供某些理论及经验上的支持。

9.1 区域绿色创新空间收敛机制的理论分析

由于地理区位、要素禀赋、政策支持等方面的差异，一国（地区）通常会自发地选择某种非均衡的发展道路（范子英、张军，2010）。我国地区间发展存在较为明显的差异，由此也使得改革开放以来选择这种非均衡发展模式成为一种理性使然（银温泉、才婉茹，2001），因为区域非均衡发展战略的最大优势在于它能够将有限的优势资源集中于某一区域，从而在短期内实现该地经济的快速增长，进而带动其他地区快速发展，改革开放以来我国经济高速增长的事实也充分证明了这一点。然而，随着地区间发展差距的持续存在和不断扩大，加之客观存在的经济发展与环境保护矛盾日益加剧的现实，区域间的协调均衡发展成为目前我国迈入高质量发展阶段亟待解决的一项重大战略任务。事实上，在地区间经济发展差距不断被拉大的表象之下，隐藏的主要原因则是区域间创新水平的差异（陈向东、王磊，2007）。如已有研究发现，一国的技术创新能力若有收敛趋势，那么其人均收入水平和人均生产率同样也会表现出收敛趋势（Archibugi and Pianta，1994）。进一步地，作为创新的新范式，区域绿色创新的均衡发展也许具有更为重要的战略意义，因为区域绿色创新的均衡发展有助于创新资源的优化配置及绿色产业的合理布局，同时也有助于缓解保护与发展的矛盾以及缩小地区间发展水平的差距，最终促进我国经济向绿色高质量方向发展。而区域绿色创新的均衡发展与其空间溢出效应的有效发挥密不可分，且根据区域非均衡发展理论（Perroux，1950；Friedman，1966），空间溢出效应一般又主要表现为极化效应扩散效应。为此，本节以下部分将主要从极化效应、扩散效应以及两者的交互作用这三个方面来剖析区域绿色创新空间收敛的作用机制。

9.1.1 极化效应的作用机制

根据核心-边缘理论（Friedman，1966），极化效应是指在市场机制的驱动下，低梯度的落后地区因自身要素资源使用的低效率而自发地将其生产要素向高梯度的领先地区进行流动，从而使得高梯度领先地区的优质要素资源得以不断积累，以促进其经济社会快速发展，但却因此进一步拉大了区域间的发展差距之情形。以此类推，区域绿色创新的极化效应则是由于绿色创新领先地区集聚了大量的创新主体和创新产业,而周边绿色创新落后地区为了更好地发展,其资本、技术、人才等创新要素通常会自发地流入领先地区,由此导致绿色创新领先地区与落后地区间的发展差距不断被拉大之情形。

考虑到现实中各地区在自然资源禀赋及其外部发展环境等方面的不同,可假设存在绿色创新领先地区和落后地区两类区域。这样一来,由于地理区位和经济发展水平的差异,在一个封闭的地域空间里,地区间绿色创新资源的初始分布并不均衡。一般而言,绿色创新领先地区相对于落后地区拥有更大的市场规模和创新优势,从而有利于其较早实现外部规模经济,由此率先实现和提升其投资回报。而在趋优性和吸收能力的支配下(张勋、乔坤元,2016),落后地区的绿色创新要素可能会反向流入领先地区,使得高端人才、研发资金等创新要素在领先地区大量聚集,形成绿色创新增长极,使其在引领绿色创新发展的同时,进一步拉大地区间绿色创新发展的梯度差。相应地,创新要素的集聚通常会降低区际相关企业的信息交流成本和运输成本,由此则细化了地区绿色化分工,提高了绿色生产的专业化程度,促进了环保人员间的知识溢出(白俊红、刘怡,2020),同时也进一步推动了绿色产业的集聚。这样一来,在规模经济的作用下,随着领先地区的绿色生产效率不断提高及绿色产业迅速扩张,其又会增加对绿色创新要素的进一步需求,从而增强对周边落后地区创新要素的虹吸作用。与此同时,领先地区由于其强大的要素供给能力,还会吸引落后地区的绿色创新主体及绿色创新产业向其集聚,由此又会产生区域绿色创新的极化效应,即绿色创新要素由落后地区向领先地区集聚,且这种集聚力的作用方向为"外围→中心"。这样一来,在市场机制的不断作用下,区域间可能会逐渐形成某种"恶性循环",即领先地区因积累了丰富的绿色创新要素资源而使其绿色创新水平得以快速提升,而落后地区则可能因绿色创新要素的匮乏而使其绿色创新活动被抑制,由此不断拉大地区间的绿色创新发展水平,进而加剧区域间不平衡发展之态势,最终可能会导致区域绿色创新发展在空间上表现出发散。

9.1.2 扩散效应的作用机制

与区域经济发展过程中极化效应的作用效果相反，扩散效应则是指某一地区因具备各种优势条件而成为经济增长极后，会将其生产要素及创新成果向周边地区进行扩散，从而带动周边地区的生产效率提升。根据佩鲁的增长极理论（Perroux，1950），这种扩散效应又可通过"技术扩散"和"需求拉动"两条路径得以实现。基于此，对于区域绿色创新的扩散效应而言，则可认为其是绿色创新领先地区通过绿色产业转移和绿色技术外溢，以及因其要素需求增加而向落后地区进行绿色投资，使得落后地区的绿色创新发展水平得到提升，最终导致绿色创新落后地区与领先地区间发展差距不断缩小之情形。

事实上，在现代经济条件下，随着交通、信息网络等基础设施建设的不断完善，不同地区间的市场一体化程度会越来越高，这样一来，在市场一体化的作用下，区际的联系将越来越紧密，使得绿色创新发展领先地区与落后地区间的市场联系得以不断加强，绿色创新要素在区际流动的便利性显著增强，由此降低了区际绿色创新的交易成本和风险，从而为绿色创新发展领先地区的技术外溢及产业转移创造了有利条件。具体而言，绿色创新领先地区作为区域绿色创新发展的增长极，通过空间外溢和市场交易等方式，将其技术、人才、环境要素、管理模式以及创新成果迅速扩散至其周边落后地区，而这些落后地区通过模仿、学习和借鉴，加强其与领先地区在人才、信息、产品等方面的交流与合作，以此提高要素生产率，促进绿色创新成果转化，最终不断缩小与领先地区的绿色创新发展差距（白俊红、刘怡，2020）。另外，从要素层面看，随着市场一体化的不断推进，大量绿色创新要素在领先地区聚集，由此会吸引大批绿色创新企业进入，使得领先地区绿色技术密集型产业规模大幅提升，"市场拥挤效应"开始逐渐显现，创新要素的价格（工资和资本收益率）将随之上涨（周磊等，2021）。在这种情况下，不断攀升的要素价格会给企业的绿色生产带来较高的成本，从而削弱了其盈利能力，此时领先地区为扭转这种不利情形，可能会将其劳动密集型产业向其他低成本地区进行转移。绿色创新领先地区不断向落后地区进行产业转移和投资，可能会触发落后地区的绿色产业变革，同时也能为其绿色创新投入产出的有效转化提供充足的资金支持，这就在一定程度上为落后地区赶超领先地区积累了优势，由此将形成区域绿色创新的扩散效应，即绿色创新要素由领先地区向落后地区进行扩散，且这种扩散力的作用方向表现为"中心→外围"。基于此，在市场一体化不断推进的现实背景下，绿色创新落后地区在这种扩散效应的作用下，通过积极承接领先地区的绿色产业转移，进而通过积极模仿和学习领先地区外溢效应所带来的绿色技术及管理经验，就可以不断积累自身的绿色创新发展优势，快速提升其绿色创新水平，从而缩小区域间绿色创新发展之差距，最终使区域绿色创新在空间上表现出收敛。

9.1.3　极化效应与扩散效应的交互作用机制

由上述分析可知，随着市场一体化的不断推进，绿色创新要素及其成果在区域间的流动及外溢会使得极化效应和扩散效应两种力量在空间上并存。其中极化效应能够使绿色创新要素不断向领先地区聚集，由此扩大区域间绿色创新发展之差距，进而使区域绿色创新在空间上表现出某种发散趋势。而扩散效应由于能够加强区域间绿色技术的交流与互动，从而能够为落后地区开展绿色创新活动提供资金、技术、人才等要素支持，因而有助于缩小区域间绿色创新发展差距，使区域绿色创新在空间上表现出收敛。很明显，绿色创新空间外溢所形成的极化效应和扩散效应是两种截然不同的作用力，而区域绿色创新在空间上究竟是趋于发散还是表现为收敛，则取决于这两种效应谁占据主导地位（肖黎明等，2021b）。根据缪尔达尔的循环累积因果理论和赫希曼的极化-涓滴理论（Myrdal，1957；李仁贵，1988），在市场化的初始阶段，由于绿色创新领先地区具备更为雄厚的经济基础、先进的技术条件、优越的人居环境以及拥有政策上的支持，所以该地区的绿色创新发展水平和绿色创新生产率都要明显高于其周边的落后地区，由此导致其创新要素价格也高于其周边落后地区，从而引致周边落后地区的创新要素持续向其流入，最终会进一步提高其绿色创新水平。此时极化效应大于扩散效应并占据主导地位，使得区域绿色创新在空间上表现为发散，即空间溢出效应为负。而随着市场一体化的不断推进，一方面绿色创新领先地区会通过绿色产业关联、环境治理技术共享等一系列联动机制，带动周边落后地区的绿色创新水平提升；另一方面随着创新要素不断流入绿色创新领先地区，其要素积累最终将达到饱和，此时若创新要素进一步流入，则可能会产生"拥挤效应"，从而导致大量优质创新要素开始向绿色创新落后地区回流，由此缩小区际的绿色创新发展差距。此时扩散效应大于极化效应并占据主导地位，使得区域绿色创新在空间上表现为收敛，即其空间溢出效应为正（见图9-1）。

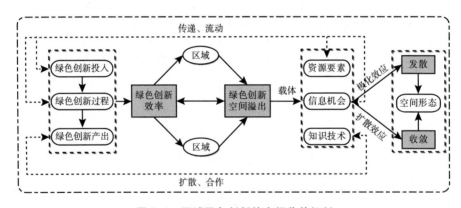

图9-1 区域绿色创新的空间收敛机制

综上所述，在区域绿色创新存在非均衡发展的情形下，由于市场一体化的不断推进，绿色创新要素及成果在区域间得以充分自由流动，而此过程中存在的极化效应和扩散效应对区域绿色创新的空间演化将产生迥然不同的影响，其最终的净效果究竟如何，需要进一步检验和分析。

9.2 收敛性估计模型

9.2.1 σ收敛模型

σ收敛是一种比较常见的收敛形式，是对某一变量存量水平的描述，最初被用来分析经济增长的收敛性，即不同地区人均收入水平的离差若随着时间的推移而不断缩小，那么就说明国家间的增长存在σ收敛特征，反之则不存在。常见的度量指标有标准差、变异系数、泰尔指数等，本节采用σ收敛系数来检验我国省际绿色创新（此处同样仅以绿色创新效率来进行说明，以下相同）的σ收敛特征，其计算公式为：

$$\sigma_t = \sqrt{\frac{\sum_{i=1}^{n}\left(\ln GIE_{i,t} - \overline{\ln GIE_t}\right)^2}{N}} \qquad (9-1)$$

其中，σ_t 代表 t 时期的收敛系数，$\ln GIE_{i,t}$ 为 i 省 t 时期绿色创新效率的自然对数，$\overline{\ln GIE_t}$ 为其均值，N 为省份数。

9.2.2 β收敛模型

传统收敛模型源自新古典增长理论中的经济趋同思想，最早被用于国与国之间收入差距缩小的分析。而β收敛则是指经济发展相对落后地区拥有比发达地区更高的增长率，从而赶上甚至超过发达地区，并最终趋向于一种均衡状态（收敛）。β收敛又包含绝对β收敛和相对β收敛两种形式，前者是指在不控制任何因素的条件下，不同地区间的经济发展最后会自发地趋向于收敛，而后者则是指在控制影响经济发展水平的其他因素（如资源禀赋、技术水平、开放程度等）的条件下，地区间的经济发展水平会趋于收敛。

目前学者多采用传统β收敛模型对某一研究对象的收敛性进行讨论，该模型通常假设空间上的个体是相互独立的，主要用来刻画不同地区的经济发展水平在时间演化上的收敛状况。但这一假定却过于苛刻，因为若忽视样本单元在空间上的关联性，则很有可能会导致分析结果出现偏倚。基于此，本节引入空间交互效应来对传统 β 收敛模型进行修正，即通过构建四种形式的空间面板 β 收敛模型来对我国省际绿色创新效率的空间收敛性进行验证。同时，为了凸显空间因素在模型中的作用，进一步对传统 β 收敛模型和空间面板 β 收敛模型的检验结果进行比较。相关模型可表述如下。

传统 β 收敛模型：

$$\frac{1}{T}\ln\left(\frac{GIE_{i,t+T}}{GIE_{i,t}}\right) = \alpha + \beta\ln GIE_{i,t} + \sum_{k=1}^{M}\theta_k\ln X_{k,i,t} + \varepsilon_{i,t} \qquad (9-2)$$

空间面板滞后 β 收敛模型：

$$\frac{1}{T}\ln\left(\frac{GIE_{i,t+T}}{GIE_{i,t}}\right) = \alpha + \rho\sum_{j=1}^{N}W_{i,j}\ln\left(\frac{GIE_{i,t+T}}{GIE_{i,t}}\right) + \beta\ln GIE_{i,t} +$$
$$\sum_{k=1}^{M}\theta_k\ln X_{k,i,t} + \mu_i + \eta_t + \varepsilon_{i,t} \qquad (9-3)$$

空间面板误差 β 收敛模型：

$$\frac{1}{T}\ln\left(\frac{GIE_{i,t+T}}{GIE_{i,t}}\right) = \alpha + \beta\ln GIE_{i,t} + \sum_{k=1}^{M}\theta_k\ln X_{k,i,t} + \mu_i + \eta_t + \varepsilon_{i,t}$$
$$\varepsilon_{i,t} = \lambda\sum_{j=1}^{N}W_{i,j}\varepsilon_{j,t} + v_{i,t}, \varepsilon_{i,t} \sim N(0,\sigma^2 I_n) \qquad (9-4)$$

空间面板自相关误差自相关 β 收敛模型：

$$\frac{1}{T}\ln\left(\frac{GIE_{i,t+T}}{GIE_{i,t}}\right) = \alpha + \rho\sum_{j=1}^{N}W_{i,j}\ln\left(\frac{GIE_{i,t+T}}{GIE_{i,t}}\right) + \beta\ln GIE_{i,t} + \sum_{k=1}^{M}\theta_k\ln X_{k,i,t} + \mu_i + \eta_t + \varepsilon_{i,t}$$
$$\varepsilon_{i,t} = \lambda\sum_{j=1}^{N}W_{i,j}\varepsilon_{j,t} + v_{i,t}, \varepsilon_{i,t} \sim N(0,\sigma^2 I_n) \qquad (9-5)$$

空间面板杜宾 β 收敛模型：

$$\frac{1}{T}\ln\left(\frac{GIE_{i,t+T}}{GIE_{i,t}}\right) = \alpha + \rho\sum_{j=1}^{N}W_{i,j}\ln\left(\frac{GIE_{i,t+T}}{GIE_{i,t}}\right) + \beta\ln GIE_{i,t} + \delta\sum_{j=1}^{N}W_{i,j}\ln GIE_{i,t} +$$
$$\sum_{k=1}^{M}\theta_k\ln X_{k,i,t} + \sum_{k=1}^{M}\phi_k\sum_{j=1}^{N}W_{i,j}\ln X_{k,i,t} + \mu_i + \eta_t + \varepsilon_{i,t}$$
$$(9-6)$$

其中，$\ln(GIE_{i,t+T}/GIE_{i,t})$ 表示 i 省绿色创新效率在 t 期的增长率，$GIE_{i,t+T}$ 为绿色创新效率的期末值，$GIE_{i,t}$ 为期初值；$W_{i,j}$ 为空间权重矩阵，此处仅使用地理距离空间权重矩阵（W_2）进行分析；ρ 为空间自相关系数，表示相邻省份绿色创新效率水平的提升对本省绿色创新效率收敛的影响。考虑到随机误差的影响，参考 Islam（1995）的处理办法，令 $T=1$，即被解释变量为当期的增长率；δ 用来表征基期绿色创新效率的空间滞后项对被解释变量的影响；θ_k 为控制变量的系数，ϕ 为控制变量的空间自回归系数。

β 收敛模型的判别主要在于 θ_k 的取值：当 $\theta_k=0$ 时，模型为绝对 β 收敛模型，表明绿色创新效率的收敛与其初始水平有关；当 $\theta_k \neq 0$ 时，模型为条件 β 收敛模型，表明绿色创新效率的收敛不仅与其初始水平有关，而且与其他条件有关。β 代表绿色创新效率的收敛系数，根据收敛系数的符号及其显著性，即可判断是否存在 β 收敛特征：当 $\beta<0$ 且通过显著性检验时，说明绿色创新效率存在 β 收敛特征；反之，则表现为发散。需要指出的是，上述模型除了能够估计 β 收敛系数，还可以通过公式 $\omega=|-\ln|1+\beta|/T|$ 来计算绿色创新效率的收敛速度，其中 ω 表示收敛速度。

9.2.3 俱乐部收敛模型

俱乐部收敛主要用来考察不同类型区域之间收敛特征的差异性，该收敛方式更加强调经济结构相似、初始水平相同且地理空间相邻的一组地区可能会收敛于局部稳定状态。这一概念为考察区域内及区域间经济发展的趋同性提供了理论指导。俱乐部收敛模型与绝对 β 收敛模型类似，此处不再赘述。此外，使用俱乐部收敛模型进行分析时，首先需要对研究对象的集聚类型进行划分，参考张伟丽等（2011）的内生分组方法，通过绘制局部 Moran 散点图，可将我国 30 个省区市的绿色创新效率划分为 H-H 集聚、L-H 集聚、L-L 集聚和 H-L 集聚四种类型，由此便可对各集聚区内绿色创新效率的俱乐部收敛情况进行考察。

9.3 σ收敛分析

由于此处的σ收敛是指不同地区间绿色创新的偏离程度随时间变化而缩小的情形，因而本节将采用绿色创新投入水平、绿色创新产出效益及绿色创新效率三者对数的标准差来进行刻画。根据三者的测算结果，可分别计算全国，东、中、西、东北四大板块，以及南北地区的σ收敛系数。

9.3.1 全国层面σ系数的测算结果

图 9-2 描述了全国层面绿色创新投入、产出及效率σ收敛系数在 2001 ~ 2019 年的变化情况。就其演变趋势而言，绿色创新投入水平及其产出效益的σ收敛系数总体上表现出波动上升之势，其中绿色创新投入水平的σ收敛系数值由 2001 年的 0.536 上升至 2019 年的 0.583，上升幅度为 8.77%，年均上升约 0.47%；绿色创新产出效益的σ收敛系数值由 2001 年的 0.932 上升至 2019 年的 0.945，上升幅度为 1.39%，年均上升约 0.08%。由此可见，全国层面的绿色创新投入及产出均不存在σ收敛，说明若没有相关政策的干预，我国省际绿色创新投入及产出绝对水平的内部差距还会不断增大，从而

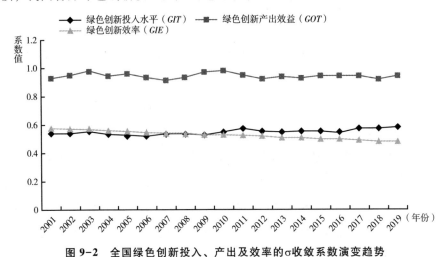

图 9-2 全国绿色创新投入、产出及效率的σ收敛系数演变趋势

在空间上可能会表现出一定的异化态势。与此相反，绿色创新效率的σ收敛系数却呈现逐年下降之势，其数值由 2001 年的 0.578 下降至 2019 年的 0.478，降幅为 17.30%，年均下降约 1.05%，说明我国绿色创新效率存在σ收敛，即其绝对水平的内部差距在不断缩小。

9.3.2　四大板块σ收敛系数比较

图 9-3 给出了考察期内东、中、西及东北四大板块绿色创新投入、产出及效率的σ收敛系数在 2001～2019 年的变化情况。从图 9-3 中可以看出，四大板块σ收敛系数的演变趋势各不相同。对于绿色创新投入水平（见图 9-3a），东部地区的这一系数大体呈现"稳步下降—反弹上升—小幅下降—波动上升—缓慢下降—平缓上升"的变化趋势，研究期内，其σ收敛系数总体上呈现出一种波动上升之态势，2019 年较之 2001 年小幅提升了近 0.007，上升幅度为 1.26%，年均上升 0.07%；中部地区大致表现为"缓慢下降—平缓上升—波动上升—持续下降"的变化过程，尽管在 2008～2016 年该地区绿色创新投入水平的σ收敛系数呈现波动上升之势，但整个考察期内仍表现为下降，其中 2019 年较之 2001 年小幅下降了近 0.068，降幅为 32.56%，年均下降 1.71%；而西部地区在考察期内则大体呈现"平稳上升—波动下降—急剧上升—波动下降"的变化趋势，其σ收敛系数值由 2001 年的 0.403 降至 2019 年的 0.383，降幅为 4.96%，年均下降 0.28%；东北地区在考察期内则表现出"波动上升—急剧下降—波动上升—急剧下降—缓慢上升"的变化过程，其中两次急剧下降的时间分别出现在 2008 年和 2015 年，且在整体上表现出波动下降之势，其中 2019 年这一系数较之 2001 年下降了 0.141，下降幅度比较明显，降幅达 54.21%，年均下降 2.85%。由此可见，除东部地区的绿色创新投入水平呈现异化特征外，中部、西部及东北地区均存在σ收敛特征，且东北地区的收敛速度明显快于中部、西部地区，从而存在追赶效应。

从绿色创新的产出效益来看（见图 9-3b），东部地区大体呈"稳步上升—急剧下降—波动上升—急剧上升—波动上升"的变化过程，稳步上升

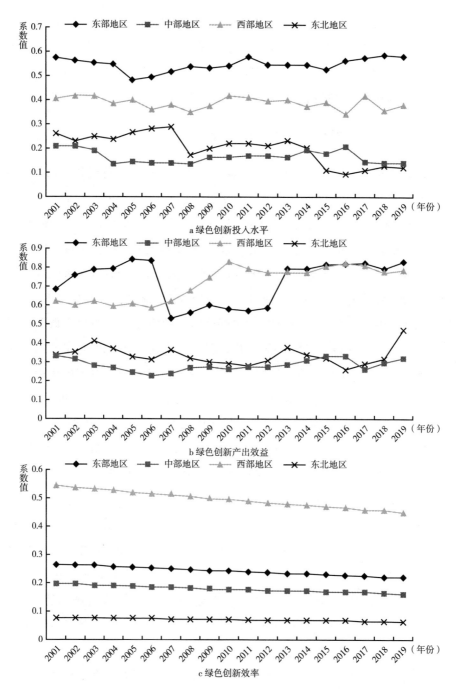

图 9-3　四大板块绿色创新投入、产出及效率的σ收敛系数演变趋势

阶段主要发生在 2001~2005 年，随后在 2006~2007 年出现断崖式下滑，而在 2008~2011 年又表现出波动上升的态势，之后又有急剧上升（2012~2013年），整个考察期内σ收敛系数总体上未表现出明显的下降趋势，2019 年σ收敛系数较之 2001 年上升了 0.146，增幅约为 14.57%，年均上升 1.12%；中部地区大致呈"稳步下降—波动上升—下降后反弹回升"的变化趋势，考察期内σ收敛系数总体上也未呈现明显的下降趋势，该系数 2019 年较之2001 年下降了 0.013，下降幅度为 3.92%，年均下降 0.22%；西部地区随时间推移总体呈上升趋势，由 2001 年的 0.621 提升为 2019 年的 0.787，增幅为 26.73%，年均上升 1.32%；东北地区在观测期内总体表现为"稳步上升—缓慢下降—短暂上升后平缓下降—反弹上升—先降后升"的变化过程，上升阶段相对较多，主要发生在 2001~2003 年、2011~2013 年及 2016~2019 年，同样未出现明显的下降趋势，其中 2019 年较之 2001 年上升了0.129，增幅为 37.79%，年均上升 1.99%。因此，总体来看，只有中部地区的σ收敛系数在研究期内表现出波动下降之态势，从而其绿色创新产出效益的"追赶效应"比较明显，但东部、西部及东北地区绿色创新产出效益的地区差异却未能表现出较为明显的σ收敛趋势。

从绿色创新效率来看（见图 9-3c），四大板块在样本观察期内均呈现逐年下降之态势，其中东部地区由 2001 年的 0.267 下降至 2019 年的 0.221，降幅为 17.23%，年均下降 1.04%；中部地区由 2001 年的 0.197 下降至2019 年的 0.163，降幅为 17.26%，年均下降 1.05%；西部地区由 2001 年的0.543 下降至 2019 年的 0.450，降幅为 17.13%，年均下降 1.04%；东北地区由 2001 年的 0.079 下降至 2019 年的 0.066，降幅为 16.46%，年均下降0.99%。由此可见，四大板块的绿色创新效率均存在σ收敛，说明四大板块绿色创新效率落后省份对领先省份表现出较为明显的赶超趋势，且中部地区的收敛速度明显快于其他三个地区。

9.3.3　南北地区σ收敛系数比较

图 9-4 给出了南北地区绿色创新投入、产出及效率在 2001~2019 年的σ

收敛系数的变化情况。其中，从绿色创新投入水平来看（见图9-4a），考察期内南方地区大致表现出"波动上升—快速下降—波动上升"的变动趋势，其中快速下降阶段发生在2004~2005年，且2019年的σ收敛系数较之2001年上升了7.95%，年均上升0.42%。而北方地区则大体呈现出"先升后降—反弹上升—波动下降—平稳上升—波动下降—先升后降"的变动趋势，且在考察期内总体上呈现波动下降之势，其中2019年的σ收敛系数较之2001年下降了约0.006，下降幅度较小，降幅为1.16%，年均下降0.06%。由此可见，南方地区绿色创新投入水平总体上存在异化态势，而在北方地区内部，绿色创新投入水平落后省份对领先省份的追赶趋势则比较明显。

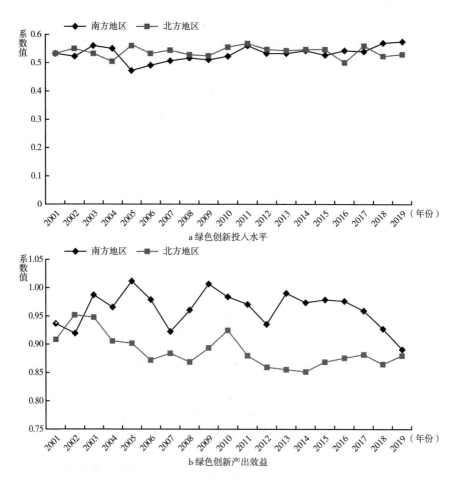

a 绿色创新投入水平

b 绿色创新产出效益

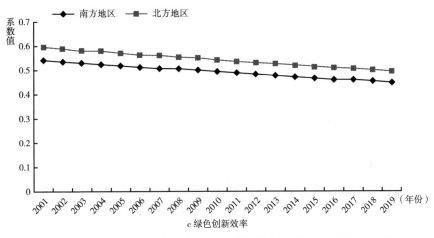

图9-4　南北地区绿色创新投入、产出及效率的σ收敛系数演变趋势

从绿色创新产出效益来看（见图9-4b），南方地区大体呈现"平稳下降—波动上升—急速下降—反弹上升—急速下降—反弹上升—波动下降"的变化过程，急速下降主要发生在2005~2007年和2009~2012年两个时段，随后在2013年又出现短暂上升，之后则呈缓慢下降之势。样本观测期内，σ收敛系数总体上表现出一定的下降趋势，2019年的σ收敛系数较之2001年下降了近0.047，下降幅度为5.00%，年均下降0.26%。而北方地区在考察期内则大致呈现"平稳上升—波动下降—反弹上升—缓慢下降—波动上升"的变化过程。尽管σ收敛系数在一定阶段出现了一定程度的上升，但总体上还是表现为下降，2019年的σ收敛系数较之2001年下降了近0.029，降幅为3.21%，年均下降0.17%。由此可见，南北地区绿色创新产出效益的σ收敛系数在样本观测期内均表现出逐年下降之态势，从而区域内的"追赶效应"明显，且南方地区的收敛速度要明显快于北方。

就绿色创新效率而言（见图9-4c），南北地区的σ收敛系数表现出与全国及四大板块大致相同的变动趋势，其中南方地区的σ收敛系数由2001年的0.540降至2019年的0.448，降幅为17.04%，年均下降1.032%；北方地区的σ收敛系数则由2001年的0.595降至2019年的0.493，降幅为17.14%，年均下降1.039%。这说明南北地区的绿色创新效率均存在显著的

σ收敛特征，且北方的收敛速度要略快于南方。

综上可知，全国层面的绿色创新投入及产出均不存在σ收敛，从而表现为一种发散状态，但地区层面的绿色创新投入及产出的σ收敛情况却有所不同。绿色创新效率无论是在全国还是在地区层面，均存在较为明显的σ收敛。这一结果也较好印证了之前标准差椭圆分析的结论，即我国绿色创新在不断集聚中逐渐走向均衡。原因可能在于，随着我国区域协调发展战略的不断贯彻和落实，不同地区间的绿色创新投入要素及产出成果开始实现共享，由此促进了绿色创新效率的整体提升，同时也使得绿色创新低效率地区实现后发赶超，从而最终促进了区域绿色创新的均衡发展。因此，未来还需进一步加强各地科技创新的共享与交流，通过促进区域产业结构优化升级，提高其资源利用效率，不断缩小绿色创新落后地区与领先地区的发展差距。

但需要指出的是，σ收敛仅考虑了不同省份绿色创新投入、产出及效率的绝对水平差距是否会随时间推移而趋同，并未过多涉及其中的因果关系。因此，还需建立相关模型来进一步探究其 β 收敛特征。

9.4　β 收敛分析

9.4.1　绝对 β 收敛

9.4.1.1　全国层面的绝对 β 收敛

表 9-1 给出了全国层面绿色创新投入、产出及效率的绝对 β 收敛检验结果。可以发现，采用普通面板模型进行回归后，绿色创新投入、产出及效率的 β 收敛系数分别为 -0.8233、-1.0418、-0.0383，且均通过了 1% 水平的显著性检验，说明我国省际绿色创新存在显著的绝对 β 收敛趋势，即绿色创新发展落后省份对领先省份存在追赶效应。三者的收敛速度分别为 9.123%、16.710% 和 0.206%，其中绿色创新产出效益的收敛速度最快，绿色创新投入水平次之，而绿色创新效率的最小。考虑到普通面板模型无法很好地揭示区域间的互动关系，因此还需建立空间面板模型做进一步考察。

表 9-1　全国绿色创新投入、产出和效率绝对 β 收敛的回归结果

变量	绿色创新投入水平		绿色创新产出效益		绿色创新效率	
	非空间	空间	非空间	空间	非空间	空间
β	−0.8233 ***	−0.9543 ***	−1.0418 ***	−1.211 ***	−0.0383 ***	−0.0344 ***
	(−6.98)	(−8.14)	(−5.48)	(−6.42)	(−9.18)	(−53.98)
ρ	—	0.6155 ***	—	0.2432 ***	—	0.2917 ***
		(14.96)		(3.71)		(4.22)
是否收敛	是	是	是	是	是	是
收敛速度(ω,%)	9.123	16.240	16.710	8.189	0.206	0.184
R^2	0.0829	0.0020	0.0527	0.005	0.1352	0.9149
log L	541.9066	621.9183	320.6235	330.191	3030.6237	2856.9369
模型形式	—	SPDM	—	SPDM	—	SPDM
时间固定	No	No	No	No	No	Yes
地区固定	Yes	Yes	Yes	Yes	Yes	No
观测值	570	570	570	570	570	570

注：*** 表示在 1% 的水平下显著，括号内为 z 统计量。

前文分析表明，绿色创新投入、产出及效率存在显著的空间关联性，故此处不再对其进行空间自相关性检验。进一步结合 Hausman 检验、LM 检验、Wald 检验及 LR 检验等检验的结果，可以发现，选用基于固定效应的 SPDM 模型最为合适。而 SPDM 模型的回归结果则显示（见表 9-1），三者的 β 收敛系数同样在 1% 水平下显著为负，且收敛速度分别为 16.240%、8.189% 和 0.184%。可见，在模型中考虑空间因素后，我国省际绿色创新仍然存在明显的绝对 β 收敛现象。与不考虑空间因素的绝对 β 收敛相比，考虑空间效应后，三者的收敛速度均发生了不同程度的改变，表现出"绿色创新投入水平>绿色创新产出效益>绿色创新效率"的分异特征，说明地理空间因素会对绿色创新的收敛性产生影响，因而这一因素在收敛性分析中不应被忽视。进一步对比拟合优度和对数似然函数值，可以发现，空间绝对 β 收敛模型总体上要优于不考虑空间因素的绝对 β 收敛模型，说明在不考虑空间因素的 β 收敛模型的基础上，引入空间效应进行分析更为科学合理。

9.4.1.2 不同区域的绝对 β 收敛

我国地域辽阔，各地在创新资源禀赋、经济发展水平、基础设施建设、体制机制设计等方面存在较为明显的差异，因而区域发展不均衡特征也比较明显。其中，东部地区经济发达、创新要素流动充分、交通基础设施相对完善，导致地域间的空间距离不断缩小，从而使得区域内各省间的联系日益密切；而西部地区的经济发展水平、基础设施建设以及体制机制设计则相对落后，从而一定程度上拉大了区域内各省间的空间距离。在此情形下，就有必要考虑地理区位上的差异对各地绿色创新收敛性所产生的影响。此外，近年来全国经济重心的不断南移所导致的南北差距问题也开始引起学界的关注，且上述分析也表明我国绿色创新效率确实存在较为明显的南北分异问题，那么这种分异态势是否会随着时间的推移而发生逆转，还需要做进一步讨论。基于此，本节仍使用前文对于区域划分的方法，进一步对我国东、中、西、东北四大板块以及南北地区绿色创新的空间敛散性进行探讨。

1. 绿色创新投入水平

表 9-2 给出了东、中、西、东北四大板块以及南北地区绿色创新投入水平绝对 β 收敛的回归结果。从表 9-2 中可以看出，在传统 β 收敛模型下，四大板块以及南北地区绿色创新投入水平的 β 收敛系数均显著为负，说明各地区的绿色创新投入水平在不考虑空间因素时，均存在显著的绝对 β 收敛特征。从收敛速度上看，四大板块的收敛速度表现出"东北（7.719%）>东部（7.082%）>中部（3.282%）>西部（3.246%）"的梯度递减特征，而南北地区的收敛速度则呈现"南方（22.505%）>北方（5.381%）"的空间格局异化特征。进一步考虑空间效应后，相关估计结果则显示（见表9-2），各地区的 β 收敛系数依然显著为负，说明各地区的绝对 β 收敛仍然存在，且较之传统的绝对 β 收敛，各地区的这一收敛速度均出现不同程度的变化。其中东部地区（7.647%）和中部地区（3.399%）的收敛速度明显加快，这可能是因为东部地区在经济发展的各方面均占据相对优势，且享受的国家政策也比较多，尤其是近年来京津冀协同发展、长三角一体化

发展以及粤港澳大湾区建设三大区域协调发展战略的相继实施，进一步促进了创新要素在东部沿海各省间的有序流动，从而有力促进了绿色创新投入水平落后省份对领先省份的追赶，由此提高了区域收敛速度。而中部地区由于在地理区位上紧邻东部地区，通过积极承接东部地区的产业转移和技术溢出，收敛速度也有了明显提升。

表 9-2　不同地区绿色创新投入水平绝对 β 收敛的回归结果

变量	东部		中部		西部	
	非空间	空间	非空间	空间	非空间	空间
β	−0.7396 *** (−5.22)	−0.7661 *** (−5.29)	−1.5360 *** (−4.91)	−1.5242 *** (−4.31)	−1.5397 *** (−4.60)	−1.8438 *** (−5.58)
ρ	—	0.3676 *** (5.54)	—	0.5782 *** (8.72)	—	0.4363 *** (5.93)
λ	—	—	—	—	—	—
是否收敛	是	是	是	是	是	是
收敛速度(ω,%)	7.082	7.647	3.282	3.399	3.246	0.894
R^2	0.1322	0.0102	0.1837	0.0788	0.0969	0.0159
log L	196.0704	209.0663	121.3820	144.5555	183.8881	199.6736
模型形式	—	SPDM	—	SPDM	—	SPDM
时间固定	No	No	No	No	No	No
地区固定	Yes	Yes	Yes	Yes	Yes	Yes
观测值	190	190	114	114	209	209

变量	东北		南方		北方	
	非空间	空间	非空间	空间	非空间	空间
β	−0.7693 * (−1.80)	−0.7250 ** (−2.44)	−0.9861 *** (−6.76)	−0.7606 *** (−6.24)	−0.6403 *** (−3.42)	−0.6204 *** (−3.84)
ρ	—	−0.5182 *** (−3.37)	—	0.5182 *** (10.15)	—	0.4734 *** (7.98)
λ	—	−0.2998 ** (−1.96)	—	—	—	—
是否收敛	是	是	是	是	是	是
收敛速度(ω,%)	7.719	6.795	22.505	7.524	5.381	5.098
R^2	0.7629	0.0079	0.1451	0.0079	0.0417	0.0015
log L	90.3729	98.4837	301.2782	340.0527	246.9156	272.0294
模型形式	—	SPAC	—	SPLM	—	SPLM

续表

变量	东北		南方		北方	
	非空间	空间	非空间	空间	非空间	空间
时间固定	Yes	Yes	No	No	No	No
地区固定	Yes	Yes	Yes	Yes	Yes	Yes
观测值	57	57	285	285	285	285

注：*、** 和 *** 分别表示在10%、5%和1%的水平下显著，括号内为 z 统计量。

2. 绿色创新产出效益

表9-3给出了东、中、西、东北四大板块以及南北地区绿色创新产出效益的绝对 β 收敛检验结果。可以发现，在不考虑空间因素的情况下，四大板块和南北地区绿色创新产出效益的 β 收敛系数均小于0，且都通过了显著性检验，说明这些地区的绿色创新产出效益均存在显著的绝对 β 收敛特征。而在收敛速度上，与绿色创新投入水平不同的是，四大板块的收敛速度呈现出"东部（11.094%）>中部（8.615%）>东北（4.833%）>西部（1.105%）"的空间格局特征，而南北地区的收敛速度则表现出"北方（23.931%）>南方（15.077%）"的格局特征。进一步引入地理空间因素后，各地区空间模型的 β 收敛系数仍显著为负（见表9-3），说明我国地区绿色创新产出效益存在绝对 β 空间收敛趋势。此外，还可以发现，较之传统的绝对 β 收敛，考虑空间效应后的绝对 β 收敛速度发生了明显变化，其中四大板块的收敛速度仍维持"东部（13.112%）>中部（8.973%）>东北（1.314%）>西部（0.845%）"的空间格局，但东部和中部地区的收敛速度却明显提升，而南北地区的收敛速度发生了反转，表现为南方的收敛速度（11.429%）明显快于北方（3.439%）。

3. 绿色创新效率

表9-4给出了东、中、西、东北四大板块以及南北地区绿色创新效率的绝对 β 收敛估计结果。可以看出，在不考虑空间效应的情况下，四大板块和南北地区绿色创新效率的 β 收敛系数均显著为负，且都通过了1%水平

表 9-3 不同地区绿色创新产出效益绝对 β 收敛的回归结果

变量	东部		中部		西部	
	非空间	空间	非空间	空间	非空间	空间
β	−0.8785 ***	−0.9172 ***	−0.8054 *	−0.8182 **	−1.8107 ***	−2.1741 ***
	(−3.10)	(−3.30)	(−1.85)	(−2.11)	(−3.68)	(−4.01)
ρ	—	0.0233	—	0.3494 ***	—	0.2954 ***
		(0.93)		(3.63)		(3.52)
λ	—	—	—	—	—	—
是否收敛	是	是	是	是	是	是
收敛速度(ω,%)	11.094	13.112	8.615	8.973	1.105	0.845
R^2	0.0508	0.0049	0.3498	0.0131	0.0644	0.0020
log L	66.4544	66.8919	144.4414	127.1373	159.9589	166.1625
模型形式	—	SPDM	—	SPDM	—	SPDM
时间固定	No	No	Yes	No	No	No
地区固定	Yes	Yes	Yes	Yes	Yes	Yes
观测值	190	190	114	114	209	209
变量	东北		南方		北方	
	非空间	空间	非空间	空间	非空间	空间
β	−3.5051 ***	−1.7790 ***	−1.0570 ***	−1.1140 ***	−1.0106 ***	−1.5203 ***
	(−3.35)	(−2.64)	(−4.12)	(−4.44)	(−3.44)	(−4.98)
ρ	—	−0.4762 **	—	0.0362	—	0.3372 ***
		(−2.20)		(0.36)		(5.29)
λ	—	0.4888 ***	—	—	—	—
		(3.08)				
是否收敛	是	是	是	是	是	是
收敛速度(ω,%)	4.833	1.314	15.077	11.429	23.931	3.439
R^2	0.5318	0.0277	0.0594	0.0054	0.0422	0.0085
log L	35.1406	16.9320	131.7794	132.9187	196.0338	212.0207
模型形式	—	SPAC	—	SPDM	—	SPDM
时间固定	Yes	No	No	No	No	No
地区固定	Yes	Yes	Yes	Yes	Yes	Yes
观测值	57	57	285	285	285	285

注：*、** 和 *** 分别表示在 10%、5% 和 1% 的水平下显著，括号内为 z 统计量。

的显著性检验，说明各地区的绿色创新效率均具有绝对 β 收敛特征，即各地区在经济基础、开放程度、技术水平等条件相似的情形下，其省域绿色创新效率随着时间的推移将收敛至同一稳态水平。但在收敛速度上，与上述绿色创新投入及产出不同的是，四大板块的收敛速度呈现"西部（0.246%）>中部（0.190%）>东北（0.134%）>东部（0.133%）"的空间格局特征；对于南北地区，南方地区（0.208%）的收敛速度则要略快于北方地区（0.203%）。进一步考虑空间因素后，不同地区的 β 收敛估计系数均小于 0，且都通过了显著性检验，说明我国各地区绿色创新效率存在绝对 β 空间收敛趋势。基于此，进一步结合上述有关各地区绿色创新投入和产出空间收敛速度的具体情况，可认为空间效应确实会对区域绿色创新的收敛性产生影响，这也表明各地在面临共同的外部冲击时，所表现出的空间关联性是互补的。此外，还可以发现，在空间因素的作用下，各地绿色创新效率的空间收敛格局也都发生了明显改变，其中四大板块的收敛速度表现出"中部（1.471%）>西部（0.418%）>东北（0.155%）>东部（0.143%）"的格局特征，而南北地区绿色创新效率的情形却与其绿色创新投入及产出有所不同，在收敛速度上表现出北方地区（0.348%）高于南方地区（0.276%）的发展特征。

表 9-4　不同地区绿色创新效率绝对 β 收敛的回归结果

变量	东部		中部		西部	
	非空间	空间	非空间	空间	非空间	空间
β	-0.0250*** (-4.92)	-0.0268*** (-71.97)	-0.0355*** (-4.93)	-0.2438** (-2.53)	-0.0456*** (-5.54)	-0.0763*** (-4.39)
ρ	—	-0.1037*** (-2.78)	—	-0.3582** (-2.35)	—	-0.7030*** (-4.90)
λ	—	—	—	—	—	0.5829*** (6.82)
是否收敛	是	是	是	是	是	是
收敛速度(ω,%)	0.133	0.143	0.190	1.471	0.246	0.418
R^2	0.1193	0.9623	0.1850	0.6429	0.1347	0.8101

续表

变量	东部		中部		西部	
	非空间	空间	非空间	空间	非空间	空间
log L	1148.7814	1155.2673	617.1859	630.1080	1040.0800	1044.1962
模型形式	—	SPLM	—	SPDM	—	SPAC
时间固定	No	Yes	No	Yes	No	No
地区固定	Yes	No	Yes	Yes	Yes	Yes
观测值	190	190	114	114	209	209

变量	东北		南方		北方	
	非空间	空间	非空间	空间	非空间	空间
β	-0.0251^{***}	-0.0290^{***}	-0.0388^{***}	-0.0510^{***}	-0.0378^{***}	-0.0640^{***}
	(-2.82)	(-4.84)	(-7.07)	(-3.45)	(-6.07)	(-5.16)
ρ	—	-0.6281^{***}	—	0.1490	—	-0.8119^{***}
		(-5.38)		(1.60)		(-8.30)
λ	—		—		—	0.6729^{***}
						(10.37)
是否收敛	是	是	是	是	是	是
收敛速度(ω,%)	0.134	0.155	0.208	0.276	0.203	0.348
R^2	0.1303	0.5330	0.1568	0.9212	0.1204	0.8431
log L	328.0393	353.2511	1548.4854	1550.1167	1488.4238	1497.1927
模型形式	—	SPDM	—	SPDM	—	SPAC
时间固定	No	Yes	No	No	No	No
地区固定	Yes	No	Yes	Yes	Yes	Yes
观测值	57	57	285	285	285	285

注：** 和 *** 分别表示在 5% 和 1% 的水平下显著，括号内为 z 统计量。

综上可知，无论是从全国层面，还是从各地区来看，绿色创新投入、产出及效率均存在显著的绝对 β 空间收敛趋势，说明我国绿色创新落后省份的发展速度要快于领先省份，从而对领先省份存在较为明显的"追赶效应"。这也意味着各地间的绿色创新发展差距将随着时间的推移而逐渐缩小，最终将收敛于某一稳态水平。东、中、西、东北四大板块以及南北地区的绿色创新发展同样存在显著的绝对 β 空间收敛特征，但其收敛速度却有所不同。其中，对于四大板块，总体上东部地区绿色创新发展的收敛速度相对较慢，而中部、西部和东北地区的收敛速度则相对较快；至于南北地区，北方的收敛速度快于南方。此外，还需要指出的是，上述绝对β收敛模型假定各省的经济发展水平、市场化程度、技术水平等具有同质性，从而在分析过程中未能考虑各省在开放程度、产业结构、基础设施、政府行为等方面实际存在的差异，那么在考虑这些异质性条件后，我国省际绿色创新又会表现出怎样的收敛状态？基于此，下面将进一步引入相关控制变量，对绿色创新的条件β收敛特征进行深入探讨。

9.4.2 条件β收敛

9.4.2.1 全局条件β收敛

从上述对省际绿色创新空间溢出效应的分解结果可以看出，金融支持力度、对外开放程度、产业结构、政府资助力度、环境规制强度等5个解释变量对绿色创新均产生了不同程度的溢出效应。由此本节将基于这些变量来进一步考察省际绿色创新的条件β收敛特征。与此同时，考虑到省域间基础设施完善所实现的通达性也可能会引致绿色创新空间溢出，从而对绿色创新的空间收敛产生影响，因而本节借鉴相关研究（吕岩威等，2020），将基础设施建设投资（INF）这一变量也纳入分析之中，采用邮电业务总量占地区生产总值的比重来进行衡量。此外，为考察各变量对绿色创新空间收敛的交互作用，进一步将环境规制强度的二次项（ER^2）、三次项（ER^3）以及环境规制与对外开放程度的交互项（$ER×OP$）作为控制变量进行考察。具体而言，与上述绝对β收敛分析相类似，首先采用普通面板模型对不考虑空间效应的绿色创新的条件β收敛特征进行分析；其次，通过模型识别确定最优的空间面板模型，进而分析考虑空间效应的绿色创新的条件β收敛特征。

表9-5给出了我国省际绿色创新投入、产出及效率的条件β收敛估计结果。由表9-5可知，全国层面的绿色创新投入、产出和效率的β收敛系数均小于0，且都通过了1%水平的显著性检验，说明在不考虑空间效应的情形下，我国省际绿色创新存在显著的条件β收敛趋势，即随着时间的推

移，各省的绿色创新发展最终都会趋向于各自的稳态水平。进一步从收敛速度来看，绿色创新投入、产出及效率的收敛速度分别为 28.212%、6.519%、0.226%。可见，与上述绝对 β 收敛模型的检验结果相一致，绿色创新效率的收敛速度最慢，而绿色创新投入及产出的收敛速度则相对较快。但有所不同的是，引入相关控制变量后，绿色创新投入及效率的收敛速度有所提升，说明这些控制变量整体上对区域绿色创新的收敛产生了促进作用。基于此，就有必要考虑空间因素，并选择合适的空间模型来对绿色创新的条件 β 收敛性进行检验。

表 9-5　全国绿色创新投入、产出和效率的条件 β 收敛回归结果

变量	绿色创新投入水平		绿色创新产出效益		绿色创新效率	
	非空间	空间	非空间	空间	非空间	空间
β	-0.9953*** (-7.90)	-0.7709*** (-7.07)	-1.2898*** (-6.48)	-1.3211*** (-6.90)	-0.0420*** (-4.07)	-0.0397*** (-42.83)
ρ	—	0.5246*** (11.80)	—	—	—	0.1374*** (4.42)
λ	—	—	—	0.1955*** (2.81)	—	—
lnFD	-0.0587*** (-2.95)	-0.0219 (-1.27)	0.0862*** (2.75)	0.0832** (2.50)	-0.0001 (-0.24)	0.0011*** (3.22)
lnOP	0.0519*** (2.89)	0.0400*** (2.60)	0.0262 (0.93)	0.0169 (0.61)	0.0003 (0.99)	0.0004* (1.81)
lnER	-0.1387*** (-3.57)	-0.1507*** (-4.55)	-0.0726 (-1.21)	-0.0555 (-0.96)	-0.0008 (-1.52)	-0.0012** (-2.19)
lnGS	0.0306** (2.08)	0.0315** (2.52)	0.0281 (1.22)	0.0231 (1.01)	0.00003 (0.13)	0.0005*** (2.60)
lnINF	0.0047 (0.54)	0.0030 (0.40)	-0.0023 (-0.17)	0.0014 (0.09)	0.0001 (0.92)	-0.0012*** (-3.82)
lnIS	-0.1485*** (-3.29)	-0.1069*** (-2.76)	-0.3144*** (-4.49)	-0.3156*** (-4.50)	0.0006 (1.03)	0.0021*** (3.10)
$(\ln ER)^2$	-0.0512*** (-3.39)	-0.0506*** (-3.93)	-0.025 (-1.06)	-0.0198 (-0.88)	-0.0003 (-1.25)	-0.0006*** (-2.64)
$(\ln ER)^3$	-0.0058*** (-2.70)	-0.0053*** (-2.93)	-0.0025 (-0.76)	-0.0018 (-0.57)	-0.00004 (-1.19)	-0.0001* (-1.69)

续表

变量	绿色创新投入水平		绿色创新产出效益		绿色创新效率	
	非空间	空间	非空间	空间	非空间	空间
$\ln ER \times \ln OP$	0.0021 (0.30)	0.0028 (0.46)	0.0016 (0.15)	−0.0007 (−0.06)	0.0001 (0.65)	−0.0001 (−1.00)
是否收敛	是	是	是	是	是	是
收敛速度(ω,%)	28.212	7.756	6.519	5.979	0.226	0.213
R^2	0.2247	0.0638	0.1046	0.0077	0.1451	0.9144
log L	589.7796	645.1283	336.6598	340.4630	3033.9154	2917.0458
模型形式	—	SPLM	—	SPEM	—	SPLM
时间固定	No	No	No	No	No	Yes
地区固定	Yes	Yes	Yes	Yes	Yes	No
观测值	570	570	570	570	570	570

注: *、** 和 *** 分别表示在 10%、5% 和 1% 的水平下显著,括号内为 z 统计量。

由表 9-5 可知,全国层面的绿色创新投入、产出及效率的空间自相关系数 ρ 和空间误差系数 λ 均显著为正,说明空间效应对区域绿色创新收敛具有重要作用。其 β 收敛系数均小于 0,且均通过了 1% 水平的显著性检验,说明我国绿色创新整体上存在较为明显的条件 β 空间收敛趋势。进一步从收敛速度来看,三者的收敛速度分别为 7.756%、5.979%、0.213%,这一结果与上述未引入控制变量的绝对 β 空间收敛速度(见表 9-1)相比,除了绿色创新效率的收敛速度有所提升,绿色创新投入及产出的速度均出现下降,但仍可大致认为空间效应与控制变量对区域绿色创新产生了较为明显的促进作用。这是因为绿色创新效率作为绿色创新投入产出转化的最终目标,更能反映绿色创新的整体效果。而出现这一结果的原因可能在于,尽管我国绿色创新在空间上缺乏均质性,但在空间溢出效应的作用下,地理上相邻的省域间可能会逐步实现相关方面的良性互动,尤其是省域间绿色创新要素和信息的合理有序流动,从而有利于各省间的绿色技术合作与交流,由此强化了绿色创新的空间溢出及扩散效应,进而导致省域间绿色创新的空间差异不断缩小,最终加快了其收敛速度。

就表 9-5 相关控制变量的回归系数而言，在全国层面，空间面板模型与普通面板模型参数估计的方向大体一致，但在显著性和影响程度方面却有较大差别，此处主要对空间面板模型的回归结果进行分析。从绿色创新投入水平来看，对外开放程度（OP）、环境规制强度（ER）、政府资助力度（GS）、产业结构（IS）、环境规制强度的二次项（ER^2）及其三次项（ER^3）等变量通过了至少 5% 的显著性水平检验。其中，OP 和 GS 的估计系数为正，说明对外开放程度和政府资助力度的提升对绿色创新投入水平的收敛发挥了较为积极的作用。而 ER、IS、ER^2、ER^3 的估计系数都为负，说明环境规制强度提升和产业结构优化升级对绿色创新投入水平的收敛产生了较为不利的影响。从绿色创新产出效益看，只有金融支持力度（FD）和产业结构（IS）两个解释变量通过了显著性检验，且前者对绿色创新产出效益的收敛具有促进作用，而后者却表现出某种程度的阻碍。对于绿色创新效率，金融支持力度（FD）、对外开放程度（OP）、环境规制强度（ER）、政府资助力度（GS）、基础设施建设投资（INF）、产业结构（IS）、环境规制强度二次项（ER^2）及其三次项（ER^3）等变量均通过了显著性检验。其中，FD、OP、GS、IS 的估计系数为正，说明金融支持力度、对外开放程度、政府资助力度的提升以及产业结构的优化升级对绿色创新效率的收敛发挥了较为明显的促进作用；而 ER、INF、ER^2、ER^3 的估计系数为负，说明环境规制强度提升和基础设施建设投资增加对绿色创新效率的收敛具有阻碍作用。总体上看，不同控制变量对绿色创新投入、产出及效率收敛的作用效果各不相同，其中绿色创新效率收敛的估计结果最好，且相关控制变量对其作用的方向也与实际情况基本吻合。为此，以下将主要对绿色创新效率收敛的估计结果进行说明。

第一，金融支持力度（FD）对我国绿色创新的空间收敛产生了较为显著的正向作用。这是因为企业创新活动的有效推进离不开金融体系的大力支持，而金融支持力度的加大有助于绿色创新技术与金融资本有效衔接。尤其是一些发展较为落后的地区，可借助金融支持充分利用金融系统来直接获取相关先进技术，快速提升自身的绿色创新效率，从而实现区域绿色创新的收敛。

第二，对外开放程度（OP）对我国绿色创新的空间收敛存在较为明显的正向影响。这是因为绿色创新发展落后省份的对外开放程度通常要低于领先省份，这样一来，落后省份对外开放程度的不断提高，就能够为本省企业带来绿色创新资源、先进技术及管理经验，而周边省份也可以就近实现对人才、外资和技术等绿色创新要素的引进，以加强省域间绿色创新要素的交流与共享，进而促进绿色创新技术的外溢，最终提升自身的绿色创新水平。此外，随着开放程度的不断提高，落后省份在获取大量外部绿色创新资源的同时，还可能会使当地企业迫于市场竞争压力而不得不加大研发力度、强化管理创新，以实现对外资企业先进技术的赶超，这种"竞争效应"也会倒逼区域内企业绿色创新水平的提升，进而促进区域绿色创新的收敛。

第三，就政府资助力度（GS）而言，一方面，政府以财政支持的方式搭建科研平台、设立研发项目，可以有效缓解企业核心技术攻关和重大技术创新可能面临的资金不足问题，从而降低其创新投入成本。这在一定程度上有利于放大知识的外溢效应，从而有利于区域绿色创新水平的提高。另一方面，政府通过财政支持合理引导各类市场主体积极参与区域绿色创新活动，有利于优化区域绿色创新资源的配置及绿色创新效率水平的提升。

第四，产业结构（IS）优化升级对全国层面绿色创新的空间收敛发挥了较为明显的积极作用。原因可能在于，以信息传输、计算机服务及软件业为代表的第三产业占比的不断上升，可能会导致产品附加值显著增加，明显提升创新投入要素的产出效能，加之此类产业的环境污染相对较小，对生态环境的负面影响也比较小，从而使得绿色创新水平随之提高。

第五，就环境规制强度（ER）而言，环境规制强度一次项、二次项及三次项的系数均显著为负，说明环境规制强度与绿色创新发展之间并非是一种简单的线性关系，也即更为严苛的环境规制对全国层面绿色创新的空间收敛产生了较为明显的不利影响。原因可能在于，环境规制强度的不断提升可能会对当地企业的清洁生产起到明显的约束作用，但也可能会导致企业的治污成本显著增加，由此挤占其利润空间，对当地企业绿色创新的资金投入产生较为明显的"挤出效应"，从而不利于其绿色创新水平的提升。

第六，基础设施建设投资（INF）对全国层面绿色创新的空间收敛产生了不利影响，与预期相悖。这可能是因为，一方面，各地区在通过基础设施建设提升自身交通便利性时，占用了较多的城市发展用地，同时可能由于过度追求建设速度而消耗了过多的能源资源，从而给环境带来了不利影响；另一方面，基础设施建设投资的增加，可能会挤占政府对当地企业绿色创新活动的资金支持和研发补贴，从而在一定程度上抑制了区域绿色创新水平的提升。

9.4.2.2 不同区域的条件 β 收敛

下面将进一步从区域层面讨论绿色创新的条件 β 收敛，同时为了与空间收敛进行对比，在回归结果中同样给出传统 β 收敛模型的估计结果。

1. 绿色创新投入水平

表 9-6 给出了东、中、西、东北四大板块以及南北地区绿色创新投入水平的条件 β 收敛的检验结果。就普通面板模型而言，四大板块以及南北地区的 β 收敛估计系数均小于 0，除中部地区以外，其他地区均通过了显著性检验。说明在不考虑空间效应的情况下，东部、西部、东北以及南北地区的绿色创新投入水平均存在显著的条件 β 收敛趋势，即随着时间的推移，各地区的绿色创新投入水平将朝着各自的稳态水平发展。但在考虑空间效应后，各地区绿色创新投入水平的演进趋势与传统的条件 β 收敛不太一样。具体而言，表 9-6 的空间面板模型回归结果显示，四大板块和南北地区绿色创新投入水平的 β 收敛估计系数均显著为负，说明这些地区均存在条件 β 空间收敛特征。从收敛速度看，东部、西部、东北及北方地区的条件 β 空间收敛速度（16.416%、3.690%、3.136%、14.593%）明显要快于传统的条件 β 收敛速度（5.806%、2.954%、0.348%、10.066%），说明空间效应对这些地区的收敛发挥了较为明显的促进作用。在东西方向上，四大板块的收敛速度表现出"东部（16.416%）>中部（7.358%）>西部（3.690%）>东

北（3.136%）"的格局特征，而在南北方向上，绿色创新投入水平偏低的北方地区的空间收敛速度（14.593%）却要明显快于水平相对较高的南方地区（3.186%）。引入相关控制变量后，传统条件 β 收敛和条件 β 空间收敛的估计结果差异明显，但综合显著性、作用方向及影响程度方面的考虑，条件 β 空间收敛的估计结果相对更为理想。基于此，下面将重点对表9-6中四大板块和南北地区的条件 β 空间收敛模型的估计结果进行分析。

表9-6 不同区域绿色创新投入水平的条件 β 收敛回归结果

变量	东部		中部		西部	
	非空间	空间	非空间	空间	非空间	空间
β	−0.6682*** (−4.51)	−1.0442*** (−5.72)	−0.8666 (−1.27)	−1.2471** (−2.11)	−1.5705*** (−4.12)	−1.4960*** (−4.28)
ρ	—	0.2101*** (2.74)	—	0.4493*** (5.62)	—	—
λ	—	—	—	—	—	0.4398*** (5.33)
$\ln FD$	0.1607* (1.97)	0.1852** (2.35)	0.2189* (1.93)	0.2547*** (2.63)	−0.1716 (−1.62)	−0.0818** (−2.17)
$\ln OP$	0.1371*** (2.86)	0.1650*** (3.37)	0.1433** (2.29)	0.1384** (2.03)	−0.0719* (−1.89)	−0.0098 (−0.28)
$\ln ER$	−0.4395*** (−3.96)	−0.4403*** (−3.65)	−0.3296** (−2.39)	−0.1654 (−1.15)	−0.1583** (−2.29)	−0.1623** (−2.42)
$\ln GS$	0.0261 (1.33)	0.0409* (1.92)	−0.0085 (−0.35)	−0.0118 (−0.51)	0.0837** (2.23)	0.0604* (1.79)
$\ln INF$	0.0517 (1.12)	0.0586 (1.39)	0.2149* (1.86)	0.1609 (1.60)	−0.0135 (−0.22)	−0.0035 (−0.17)
$\ln IS$	−0.1424 (−1.56)	−0.2658*** (−2.80)	−0.0516 (−0.52)	−0.0736 (−0.79)	0.0901 (0.93)	−0.0814 (−1.00)
$(\ln ER)^2$	−0.0970*** (−2.70)	−0.0886** (−2.32)	−0.0464 (−1.12)	−0.0038 (−0.09)	−0.0619* (−1.90)	−0.0700** (−2.25)
$(\ln ER)^3$	−0.0089** (−2.20)	−0.0087** (−2.01)	−0.0028 (−0.38)	0.0026 (0.34)	−0.0068 (−0.96)	−0.0092 (−1.35)
$\ln ER \times \ln OP$	0.0292** (−2.00)	0.0420*** (2.64)	0.0394 (1.27)	0.0200 (0.63)	−0.0173 (−1.06)	−0.0062 (−0.40)

变量	东部		中部		西部	
	非空间	空间	非空间	空间	非空间	空间
是否收敛	是	是	否	是	是	是
收敛速度（ω,%）	5.806	16.416	—	7.358	2.954	3.690
R^2	0.5884	0.0422	0.7684	0.3311	0.5192	0.1175
log L	266.9205	235.1211	193.1829	166.7348	249.7710	216.9938
模型形式	—	SPDM	—	SPDM	—	SPEM
时间固定	Yes	No	Yes	No	Yes	No
地区固定	Yes	Yes	Yes	Yes	Yes	Yes
观测值	190	190	114	114	209	209

变量	东北		南方		北方	
	非空间	空间	非空间	空间	非空间	空间
β	−2.0684 ***	−2.8144 **	−0.7809 ***	−0.4541 ***	−1.1477 ***	−0.9375 ***
	（−3.31）	（−2.32）	（−5.39）	（−4.36）	（−5.60）	（−5.09）
ρ	—	−0.5092 ***	—	0.8083 ***	—	0.3911 ***
		（−3.69）		（23.99）		（6.20）
λ	—	—	—	−0.9348 ***	—	—
				（−7.80）		
lnFD	−0.2407	0.2788	0.0308	−0.0124	−0.0396	−0.0086
	（−1.28）	（0.56）	（0.51）	（−0.74）	（−1.28）	（−0.31）
lnOP	0.1983 *	−0.2418 *	−0.0152	0.0081	0.0791 ***	0.0711 ***
	（1.76）	（−1.95）	（−0.64）	（0.48）	（3.14）	（3.19）
lnER	−0.2778	0.5289	−0.2453 **	−0.1948 *	−0.2151 ***	−0.2130 ***
	（−0.89）	（1.51）	（−1.98）	（−1.85）	（−4.31）	（−4.84）
lnGS	0.2302 **	0.2154	0.0348 **	0.0286 ***	0.0292	0.0308
	（2.05）	（1.46）	（2.43）	（2.60）	（1.02）	（1.22）
lnINF	0.0140	−0.5575 *	−0.0159	−0.0023	−0.0005	0.0004
	（0.46）	（−1.68）	（−0.42）	（−0.46）	（−0.04）	（0.03）
lnIS	0.1041	0.9151 ***	0.0552	−0.0513	−0.1943 ***	−0.1560 ***
	（0.56）	（3.91）	（0.80）	（−1.11）	（−3.18）	（−2.88）
$(\ln ER)^2$	−0.1360	0.0910	−0.1089 *	−0.1060 **	−0.0651 ***	−0.0621 ***
	（−1.04）	（0.64）	（−1.95）	（−2.23）	（−3.53）	（−3.82）
$(\ln ER)^3$	−0.0209	0.0062	−0.0146 *	−0.0151 **	−0.0072 ***	−0.0067 ***
	（−1.07）	（0.30）	（−1.82）	（−2.24）	（−2.83）	（−2.96）

变量	东北		南方		北方	
	非空间	空间	非空间	空间	非空间	空间
lnER×lnOP	0.0170 (0.42)	− 0.0916 ** (− 2.10)	− 0.0089 (− 1.11)	− 0.0105 * (− 1.68)	0.0198 * (1.77)	0.0183 * (1.85)
是否收敛	是	是	是	是	是	是
收敛速度(ω,%)	0.348	3.136	7.991	3.186	10.066	14.593
R^2	0.4465	0.0302	0.5864	0.1774	0.2584	0.0722
log L	66.2162	114.7632	404.7299	362.3895	283.4556	299.8888
模型形式	—	SPDM	—	SPAC	—	SPLM
时间固定	No	Yes	Yes	No	No	No
地区固定	Yes	No	Yes	Yes	Yes	Yes
观测值	57	57	285	285	285	285

注：*、** 和 *** 分别表示在 10%、5% 和 1% 的水平下显著，括号内为 z 统计量。

第一，金融支持力度（*FD*）对东部和中部地区的作用皆为正，且分别通过了 5% 和 1% 水平的显著性检验，说明金融支持力度的增加对东部和中部地区绿色创新投入水平的提升产生了较为明显的促进作用，这与上述全国层面条件 β 空间收敛的估计结果相一致。但其对西部地区的影响却显著为负，说明金融支持对西部地区绿色创新投入水平的提升产生了一定程度的不利影响。这是因为，尽管企业是创新活动的关键主体，但现实中银行体系对不同所有制企业的支持力度还是有差别的，尤其是在西部落后地区，那些资产规模较大、声誉相对较好的国有企业通常更容易受到银行的青睐，而那些急需信贷资金的科技型中小企业往往难以获得所需贷款，这样就人为割裂了金融市场的完整性，造成金融市场扭曲，产生较为严重的金融资源错配问题，从而在一定程度上抑制了企业绿色创新投入水平的提升。*FD* 对东北和南北方地区的作用未通过显著性检验，说明现阶段东北、南方和北方地区的金融体系还有待进一步完善，因而这些地区金融发展水平的提升还未能与绿色创新投入水平的提升形成良好互动关系。

第二，对外开放程度（*OP*）对东部、中部和北方地区的作用均为正，且都通过了显著性检验，说明区域对外开放程度的不断提高能够为东部、中部和北方地区带来更为先进的生产技术和管理经验，从而有利于其内部各省资源利用效率的改进，由此也促进了区域绿色创新投入水平的提升。但 OP 对东北地区的影响却显著为负，说明扩大对外开放对东北地区绿色创新投入水平的提升产生了较为明显的不利影响。原因可能在于，长期以来东北地区的产业结构偏重，且其在吸引外资的过程中，未能合理设置"行业准入门槛"，导致一些"高污染、高能耗、高排放"的外资企业进入本地区，从而对其绿色创新投入水平产生了某种不利影响。

第三，环境规制强度（ER）的一次项、二次项及三次项系数在东部、西部、南方、北方地区的回归结果均为负，除了西部地区的三次项系数不显著，其他均通过了显著性检验，说明提高环境规制强度对这些地区绿色创新投入水平的提升具有不利影响。但 ER 的一次项、二次项及三次项系数在中部和东北地区均未通过显著性检验，说明现阶段中部和东北地区的环境规制强度仍较弱，使得这一制度因素未能表现出对绿色创新投入水平的积极作用。

第四，政府资助力度（GS）对东部、西部及南方地区的影响均显著为正，说明政府资助力度的加大对这些地区绿色创新投入水平的提升具有积极的促进作用，这与上述全国层面条件 β 空间收敛的估计结果相一致，说明近年来这些地区基本上都得到了国家相关政策的支持，从而促进了其绿色创新投入水平的提升。但 GS 在中部、东北及北方地区的估计结果均未能通过显著性检验，尤其是对中部地区绿色创新投入水平的提升还表现出一定程度的抑制。原因可能在于，中部各省出于自身利益的考虑，在使用政府科技创新财政资金时，可能存在资金利用不当或者利用效率低下的问题，从而对其绿色创新投入水平产生了某种不利影响。

第五，基础设施建设投资（INF）仅对东北地区的影响表现为负，且通过了 10% 水平的显著性检验，说明加大基础设施建设投资力度对该地区绿色创新投入水平的提升产生了一定程度的不利影响，这与上述全国层面条件 β 空间收敛的估计结果相一致。原因可能在于，尽管近年来东北地区通过加大基础设施建设投资在一定程度上提高了交通的便利性，但因区域内省份各自为政的现象仍比较突出，其绿色创新要素流动依然不畅，从而在一定程度上不利于其绿色创新投入水平的提升。

第六，产业结构（*IS*）对东部和北方地区的作用皆为负，且通过了 1% 的显著性水平检验，说明产业结构优化升级对东部和北方地区绿色创新投入水平提升产生了较为明显的抑制作用。原因可能在于，现阶段东部和北方地区由于过度追求三产比重的绝对增加，从而相对忽视了其产业结构的绿色化升级，对其绿色创新投入水平产生了不利影响。而 *IS* 对东北地区的影响却显著为正，说明产业结构优化升级对东北地区绿色创新投入水平的提升发挥了积极的促进作用。这可能是因为近年来受"东北振兴"战略的影响，东北地区开始逐步淘汰其传统的"三高"产业，大力发展更具战略性的新型产业，推动了其产业结构的绿色化升级，促进了其绿色创新投入水平的提升。

第七，环境规制强度（*ER*）和对外开放程度（*OP*）的交互项对东部和北方地区的影响均显著为正，这说明东部和北方地区在引进外资的过程中，设置了较为合理的"行业准入门槛"，从而有效阻止了"高能耗、高污染、高排放"企业的进入。同时积极引进高科技含量、高附加值、低污染的外资企业，所产生的"晕轮效应"也为当地带来了更为先进的绿色环保技术以及丰富的环境管理经验，进而通过技术溢出效应对本地的绿色创新投入产生了积极作用。但 *ER* 与 *OP* 的交互项对东北和南方地区的作用却都显著为负，说明东北和南方地区在吸引外资的过程中，更加青睐那些成本低、附加值高但却容易产生环境污染的外资企业，加之其对这些企业的环境约束相对较弱，很容易沦为这些企业的污染避难所，从而在一定程度上抑制了当地绿色创新投入水平的提升。

2. 绿色创新产出效益

表 9-7 给出了东、中、西、东北四大板块和南北地区绿色创新产出效益条件 β 收敛的检验结果。可以发现，当不考虑空间因素时，四大板块和南北地区的 β 估计系数均小于 0，且通过了 1% 水平的显著性检验，说明这些地

区的绿色创新产出效益均存在显著的条件 β 收敛趋势，从而表明随着时间的推移这些地区均会向各自的稳态水平收敛。而在考虑空间效应后（见表9-7），四大板块和南北地区绿色创新产出效益的 β 收敛系数同样显著为负，说明这些地区仍然存在条件 β 空间收敛特征，但较之传统的条件 β 收敛，条件 β 空间收敛模型的 log L 总体上变大，说明采用条件 β 空间收敛模型进行分析更为合理。其中从收敛速度看，四大板块和南北地区的空间收敛速度分别为东部（6.035%）、中部（0.176%）、西部（0.949%）、东北（6.833%）、南方（3.389%）、北方（14.789%）。可以发现，与传统的条件 β 收敛相比，各地区的条件 β 空间收敛速度均发生了较为明显的变化，其中北方地区的条件 β 空间收敛速度要明显快于传统的条件 β 收敛（1.032%）和绝对 β 空间收敛（3.439%），说明异质性条件和空间效应对北方地区的收敛速度产生了较为明显的促进作用。进一步从东西方向上看，四大板块中，东北地区的收敛速度最快，为6.833%，其次分别是东部、西部和中部地区，收敛速度分别为6.035%、0.949%、0.176%。而从南北方向看，绿色创新产出效益偏低的北方地区，其空间收敛速度（14.789%）却要明显快于绿色创新产出效益较高的南方地区（3.389%）。进一步引入相关控制变量，通过对比传统条件 β 收敛和条件 β 空间收敛的估计结果，可以发现空间条件下的 β 收敛的估计效果相对更好。基于此，以下将重点对表9-7中不同地区条件 β 空间收敛模型的估计结果进行分析。

表 9-7 不同区域绿色创新产出效益条件 β 收敛的回归结果

变量	东部		中部		西部	
	非空间	空间	非空间	空间	非空间	空间
β	−1.0535 *** (−3.21)	−1.3177 *** (−4.02)	−2.1282 *** (−4.09)	−2.0341 *** (−4.29)	−2.4707 *** (−4.19)	−2.1975 *** (−4.15)
ρ	—	−0.1808 * (−1.83)	—	0.2013 * (1.89)	—	0.4942 *** (3.63)
λ	—	—	—	—	—	−0.3893 (−1.63)

续表

变量	东部		中部		西部	
	非空间	空间	非空间	空间	非空间	空间
$\ln FD$	−0.0723 (−0.34)	0.2008 (0.90)	0.0954 (1.65)	0.0699 (1.29)	0.1256 *** (3.40)	0.1068 *** (3.51)
$\ln OP$	−0.2728 ** (−2.14)	−0.4315 *** (−3.36)	0.1244 (1.52)	0.1161 (1.56)	0.0725 (1.62)	0.0642 * (1.67)
$\ln ER$	−0.0230 (−0.08)	0.0547 (0.20)	−0.2054 (−1.13)	−0.1879 (−1.14)	−0.1271 (−1.38)	−0.1122 (−1.41)
$\ln GS$	0.0254 (0.49)	0.0209 (0.37)	0.0751 ** (2.34)	0.0787 *** (2.70)	0.0046 (0.10)	0.0186 (0.47)
$\ln INF$	0.2233 * (1.80)	0.4497 *** (3.45)	−0.0301 (−1.13)	−0.0290 * (−1.72)	−0.0196 (−1.10)	−0.0146 (−1.18)
$\ln IS$	−0.5829 ** (−2.35)	−0.9625 *** (−3.64)	−0.1876 ** (−2.26)	−0.1410 * (−1.78)	−0.2410 ** (−2.46)	−0.1613 * (−1.83)
$(\ln ER)^2$	−0.0920 (−0.97)	−0.1536 * (−1.72)	−0.0619 (−1.11)	−0.0519 (−1.02)	−0.0391 (−0.90)	−0.0364 (−0.93)
$(\ln ER)^3$	−0.0091 (−0.85)	−0.0162 (−1.60)	−0.008 (−0.82)	−0.0062 (−0.70)	−0.0083 (−0.86)	−0.0081 (−0.93)
$\ln ER×\ln OP$	−0.0609 (−1.55)	−0.1267 *** (−3.18)	0.0155 (0.40)	0.0162 (0.46)	0.0268 (1.24)	0.0259 (1.35)
是否收敛	是	是	是	是	是	是
收敛速度(ω,%)	15.411	6.035	0.635	0.176	2.030	0.949
R^2	0.1920	0.0131	0.2801	0.1185	0.1423	0.0055
$\log L$	81.7506	91.7676	138.6418	140.3254	169.0473	173.3916
模型形式	—	SPDM	—	SPLM	—	SPAC
时间固定	Yes	Yes	No	No	No	No
地区固定	Yes	Yes	Yes	Yes	Yes	Yes
观测值	190	190	114	114	209	209

变量	东北		南方		北方	
	非空间	空间	非空间	空间	非空间	空间
β	−6.8102 *** (−4.68)	−4.6630 *** (−5.50)	−1.2152 *** (−4.27)	−1.5250 *** (−4.75)	−1.8223 *** (−5.76)	−1.0602 *** (−4.77)
ρ	—	−0.6228 *** (−5.65)	—	−0.2141 * (−1.86)	—	0.7454 *** (16.34)

续表

变量	东北		南方		北方	
	非空间	空间	非空间	空间	非空间	空间
λ	—	—	—	—	—	-0.8670^{***} (-9.80)
$\ln FD$	-2.0615^{**} (-2.21)	-1.0214^{**} (-1.97)	-0.1956 (-1.33)	-0.1969 (-1.36)	0.0986^{**} (2.56)	0.0592^{***} (2.92)
$\ln OP$	0.2890 (-0.74)	0.2634 (1.30)	-0.0726 (-1.26)	-0.0762 (-1.39)	0.0795^{**} (2.52)	0.0428^{**} (2.08)
$\ln ER$	-0.9432 (-0.96)	-1.1266^{**} (-2.19)	-0.477 (-1.58)	-0.3263 (-1.14)	-0.1566^{**} (-2.52)	-0.1411^{***} (-3.26)
$\ln GS$	0.6238^{*} (1.93)	0.3522^{**} (2.02)	0.0324 (0.92)	0.0378 (0.85)	-0.0156 (-0.44)	-0.0137 (-0.62)
$\ln INF$	1.1545^{*} (1.82)	0.7924^{**} (2.36)	0.0869 (0.94)	0.1060 (1.13)	-0.0410^{***} (-2.61)	-0.0124^{*} (-1.69)
$\ln IS$	-0.5384 (-1.31)	-0.4818^{**} (-2.26)	-0.4256^{**} (-2.50)	-0.5132^{***} (-2.80)	-0.3438^{***} (-4.55)	-0.1592^{***} (-3.56)
$(\ln ER)^2$	-0.5538 (-1.39)	-0.5390^{***} (-2.60)	-0.1970 (-1.45)	-0.1291 (-0.99)	-0.0509^{**} (-2.20)	-0.0460^{**} (-2.84)
$(\ln ER)^3$	-0.0791 (-1.40)	-0.0740^{**} (-2.52)	-0.0245 (-1.25)	-0.0149 (-0.79)	-0.0065^{**} (-2.01)	-0.0055^{**} (-2.46)
$\ln ER×\ln OP$	-0.0298 (-0.26)	0.0211 (0.35)	-0.0124 (-0.64)	-0.0132 (-0.71)	0.0213 (1.52)	0.0175^{*} (1.78)
是否收敛	是	是	是	是	是	是
收敛速度(ω,%)	9.261	6.833	8.084	3.389	1.032	14.789
R^2	0.6876	0.0525	0.1792	0.0064	0.1981	0.0306
log L	46.6717	56.0740	151.1964	156.3751	221.3456	240.8623
模型形式	—	SPLM	—	SPDM	—	SPAC
时间固定	Yes	Yes	Yes	Yes	No	No
地区固定	Yes	Yes	Yes	Yes	Yes	Yes
观测值	57	57	285	285	285	285

注：$*$、$**$ 和 $***$ 分别表示在 10%、5% 和 1% 的水平下显著，括号内为 z 统计量。

　　第一，金融支持力度（FD）对西部及北方地区的影响皆为正，且通过了 1% 的显著性水平检验，说明西部和北方地区金融支持力度的加大对其绿色创新产出效益的提升具有较为明显的促进作用，这与上述全国层面条件 β

空间收敛的估计结果相一致。但值得注意的是，与上述区域层面绿色创新投入水平条件 β 空间收敛的估计结果相比，西部和北方地区金融支持力度（FD）估计系数的作用方向和显著性均发生了明显改变，其中前者由显著为负变为显著为正，后者则由不显著变为显著。原因可能在于，一方面，西部地区的银行或许存在对不同所有制企业的"区别对待"，导致资源错配问题可能会对企业创新要素的投入产生一定程度的不利影响。然而，随着时间的推移，当企业实现科技产出成果转化后，由此带来的巨大经济、社会和环境效益，则会使其绿色创新产出效益随之提升。另一方面，对于北方地区而言，随着其金融市场及银行体系的不断完善，区域内的企业可能会因此而直接获得更为成熟的绿色技术来助推其产出成果转化。但 FD 对东北地区的影响显著为负，说明金融支持力度加大对东北地区绿色创新产出效益的提升产生了不利影响。这或许是因为东北地区最近更为关注其经济振兴的全局性工作，从而对其金融体系建设的重视相对不够，再加上该地区智力资本的大量外流，由此导致其绿色创新产出效益下降。

第二，对外开放程度（OP）对西部和北方地区的影响均为正，且都通过了显著性检验，其中北方地区的估计结果与上述绿色创新投入水平的结果相类似，而西部地区却由不显著变为显著，这说明西部和北方地区对外开放程度的提升能够为其带来更多先进的知识、技术和管理经验。这样一来，在知识溢出效应和技术扩散效应的作用下，其绿色创新产出效益将随之提升。但 OP 对东部地区的影响却显著为负，说明目前东部地区在引进外资的过程中，可能没有合理设置"行业准入门槛"，导致一些"高污染、高能耗、高排放"行业迁入本地，从而对其绿色创新产出效益产生了不利影响。

第三，环境规制强度（ER）一次项、二次项及三次项的影响系数在东北和北方地区均显著为负，且与上述绿色创新投入水平相比，北方地区的作用效果基本未变，而东北地区却由不显著变为显著。这说明现阶段东北和北方地区较为严苛的环境规制给企业带来了相对高昂的生产成本，在一定程度上挤占了企业绿色创新产出成果转化的资金投入，故而会对其绿色创新产出效益产生不利影响。对于东部地区而言，*ER* 的一次项系数为正，但却不显著，二次项系数显著为负，三次项系数同样为负但却不显著，这说明东部地区环境规制强度与其绿色创新产出效益总体上是一种倒 "V" 形关系，这与董直庆和王辉（2019）的研究结论相一致。原因可能在于，一开始本地环境规制强度的提高有助于倒逼企业进行绿色技术革新，且企业为了适应这一环保政策，通常会加大其绿色技术创新投入力度，以提高自身竞争力，从而对其绿色创新产出效益产生积极影响。而当其环境规制的积极影响达到最大时，继续提高环境规制强度则可能会产生 "遵规成本"，对企业的绿色创新投入产生 "挤出效应"，最终导致其绿色创新产出效益降低。

第四，政府资助力度（*GS*）仅对中部和东北地区的作用显著为正，且与上述绿色创新投入水平相比，该系数由不显著变为显著。说明在中部和东北地区各级政府的财政支出中，科技研发支出占比相对较高，从而为其绿色创新产出成果的有效转化提供了较为充足的资金。

第五，基础设施建设投资（*INF*）的回归系数仅在东部和东北地区为正，且分别通过了 1% 和 5% 水平的显著性检验，说明加大基础设施建设投资力度对东部和东北地区绿色创新产出效益的提升具有较为明显的促进作用。与上述绿色创新投入水平的条件 β 空间收敛的估计结果相比，东部地区的这一系数由不显著变为显著，而东北地区却由显著为负变为显著为正。原因可能在于，东部和东北地区目前通过不断加大其基础设施建设投资力度，较为明显地提升了其交通通达性，由此产生的时间成本效应将使得区域内的企业能够更为方便、快捷地获得其所需要的相关创新资源，同时也为企业开展绿色创新活动提供了相应的资金保障，由此促进了其绿色创新产出效益的提升。而 *INF* 对北方地区的影响却显著为负，说明北方地区加大基础设施建设投资力度对其绿色创新产出效益产生了一定的不利影响。

第六，产业结构（*IS*）在四大板块和南北方地区的回归结果均显著为负，说明这些地区的产业结构升级对其绿色创新产出效益产生了不利影响，这与上述全国层面绿色创新产出效益的条件 β 空间收敛估计结果相一致，但与我们一开始的预期相反。原因可能在于，无论是四大板块，还是南北地区，目前在通过产业结构优化升级来缩小其内外部发展差距的过程中，都可能存在盲目追求第三产业比重绝对增加的情况，尽管因此可能会实现更高的产品增加值，但产业结构内部失调所导致的过度能源消费，则可能会引发较为严重的环境污染问题，从而使其绿色创新产出效益下降。

第七，环境规制强度（ER）和对外开放程度（OP）的交互项对北方地区的影响显著为正，这与上述有关北方地区绿色创新投入的估计结果相同，但其对东部地区绿色创新产出效益却产生了较为明显的抑制作用，这与上述东部地区绿色创新投入的估计结果恰好相反，说明东部地区在其招商引资过程中，可能放松了对外资企业进入的环境约束，从而使得一些污染行业的企业"趁虚而入"，由此对其绿色创新产出效益产生了某些不利影响。

3. 绿色创新效率

表 9-8 给出了东、中、西、东北四大板块和南北地区绿色创新效率条件 β 收敛的检验结果。可以发现，在不考虑空间效应的情况下，四大板块和南北地区的 β 估计系数均小于 0，且都通过了显著性检验。说明四大板块和南北地区的绿色创新效率均存在显著的条件 β 收敛趋势，即随着时间的推移，各地区的绿色创新效率将趋向于其稳态水平。而在考虑空间效应后，四大板块和南北地区绿色创新效率的 β 收敛系数仍显著为负，说明这些地区存在较为明显的条件 β 空间收敛特征。从东西方向上看，四大板块的收敛速度呈现"东北（2.530%）＞西部（1.876%）＞中部（0.424%）＞东部（0.139%）"的格局特征，表明绿色创新效率高的地区，其收敛速度反而比较低；但在南北方向上，绿色创新效率低的北方地区，其空间收敛速度（0.223%）却要明显快于绿色创新效率相对较高的南方地区（0.216%），这与新古典经济学有关经济增长收敛的观点基本一致。其原因可能在于，绿色创新发展相对落后的地区（东北、西部及北方地区），尽管大多自然资源丰富，但其产业结构却相对偏重，加之观念相对落后、营商环境较差、

生态文明理念欠佳，导致其初始的绿色创新投入水平偏低；然而，随着国家一系列区域协调发展战略（如京津冀协同发展、东北振兴、西部大开发）的实施，中央财政对相关地区的扶持力度也在逐渐加大，这些地区的企业通过模仿和学习绿色创新发展领先地区（东部和南方地区）的绿色技术和管理经验，"后发赶超"优势也开始逐渐显现，由此不断缩小与绿色创新发展领先地区的差距，从而收敛速度相对较高。对于绿色创新发展领先地区，其经济发展水平较高、营商环境优越、基础设施完善，使得其对资本、技术及人才等创新要素的吸引力也相对较大，导致其初始绿色创新投入水平较高，但随着时间的推移，技术与资本投入对该地区的绿色创新表现出边际效应递减，从而使得该地区绿色创新的空间收敛速度有所降低。进一步地，对于相关控制变量的影响效果，下面将重点对表 9-8 中的四大板块、南北地区的条件 β 空间收敛模型的估计参数进行分析。

表 9-8　不同区域绿色创新效率条件 β 收敛的回归结果

变量	东部		中部		西部	
	非空间	空间	非空间	空间	非空间	空间
β	−0.0320 *** (−3.37)	−0.0261 *** (−24.59)	−0.0683 * (−1.72)	−0.0774 *** (−6.63)	−0.3087 *** (−2.70)	−0.2999 *** (−2.95)
ρ	—	−0.1547 * (−1.66)	—	−0.4659 *** (−3.25)	—	−0.2476 ** (−2.28)
$\ln FD$	0.0001 (0.29)	0.0008 ** (−2.09)	0.0014 (0.72)	−0.0115 ** (−2.27)	−0.0011 (−0.48)	−0.0012 (−0.62)
$\ln OP$	−0.0005 (−1.44)	−0.0004 (−1.25)	0.0031 *** (2.68)	0.0096 *** (6.50)	0.0012 (1.52)	0.0011 (1.59)
$\ln ER$	0.0006 (0.68)	0.0020 ** (2.49)	−0.0074 *** (−2.87)	−0.0164 *** (−6.13)	−0.0028 * (−1.92)	−0.0027 ** (−2.09)
$\ln GS$	−0.0001 (−0.62)	−0.0002 (1.64)	−3.69e−06 (−0.01)	0.0015 *** (2.86)	−0.0003 (−0.38)	−0.0002 (−0.27)
$\ln INF$	0.0002 * (1.77)	−0.0003 (−0.94)	0.0002 (0.79)	−0.0106 *** (−4.10)	−0.00003 (−0.03)	−0.0001 (−0.07)
$\ln IS$	0.0005 (0.73)	0.0017 ** (2.49)	−0.0004 (−0.29)	−0.0002 (−0.06)	−0.0011 (−0.55)	−0.0009 (−0.48)

续表

变量	东部		中部		西部	
	非空间	空间	非空间	空间	非空间	空间
$(\ln ER)^2$	−0.00003 (−0.09)	0.0005 (1.64)	−0.0020** (−2.58)	−0.0014* (−1.88)	−0.0009 (−1.35)	−0.0009 (−1.44)
$(\ln ER)^3$	−5.16e−06 (−0.16)	0.00005 (1.43)	−0.0003** (−2.25)	−0.0001 (−0.56)	−0.0002 (−1.06)	−0.0001 (−1.09)
$\ln ER \times \ln OP$	−0.0001 (−1.15)	−0.0001 (−1.12)	0.0012** (2.25)	0.0044*** (6.26)	0.0006* (1.72)	0.0006* (1.81)
是否收敛	是	是	是	是	是	是
收敛速度(ω,%)	0.171	0.139	0.372	0.424	1.943	1.876
R^2	0.1553	0.9540	0.2653	0.0818	0.2618	0.8760
$\log L$	1152.7474	1157.1065	623.0941	642.6003	1056.6812	1059.0335
模型形式	—	SPDM	—	SPDM	—	SPLM
时间固定	No	Yes	No	Yes	Yes	Yes
地区固定	Yes	No	Yes	No	Yes	Yes
观测值	190	190	114	114	209	209

变量	东北		南方		北方	
	非空间	空间	非空间	空间	非空间	空间
β	−0.5099* (−1.81)	−0.3817*** (−2.75)	−0.0573*** (−3.72)	−0.0402*** (−32.59)	−0.0773*** (−9.18)	−0.0414*** (−28.44)
ρ	—	−0.6909*** (−6.64)	—	−0.1224 (3.71)	—	0.1586*** (4.03)
$\ln FD$	0.0001 (0.03)	0.0005 (0.21)	−0.0004 (−0.39)	0.0019*** (3.69)	−0.0012 (−0.97)	0.0012** (2.03)
$\ln OP$	0.0026 (1.35)	0.0021** (2.23)	0.0004 (1.06)	0.0007** (2.00)	0.0004 (0.92)	0.0006* (1.95)
$\ln ER$	−0.0111** (−2.08)	−0.0085*** (−3.21)	−0.0015 (−0.71)	−0.0027 (−1.25)	−0.0010 (−1.34)	−0.0024*** (−3.32)
$\ln GS$	−0.0003 (−0.23)	−0.0002 (−0.33)	0.00004 (0.17)	0.0004* (1.86)	−0.0003 (−0.56)	0.0009** (2.28)
$\ln INF$	0.0007 (0.21)	0.0005 (0.31)	−0.0004 (−0.57)	−0.0002 (−0.46)	0.0003 (0.40)	−0.0027*** (−5.00)
$\ln IS$	0.0011 (0.37)	0.0008 (0.58)	−0.0001 (−0.10)	0.0009 (0.81)	0.0006 (0.44)	0.0039*** (3.78)

变量	东北		南方		北方	
	非空间	空间	非空间	空间	非空间	空间
$(\ln ER)^2$	-0.0037^* (-1.77)	-0.0027^{***} (-2.60)	-0.0007 (-0.69)	-0.0016 (-1.64)	-0.0003 (-1.02)	-0.0005^* (-1.92)
$(\ln ER)^3$	-0.0005 (-1.67)	-0.0004^{**} (-2.41)	-0.0001 (-0.66)	-0.0002 (-1.64)	-0.00004 (-0.95)	-0.0001 (-1.52)
$\ln ER \times \ln OP$	0.0012^* (1.90)	0.0010^{***} (3.11)	0.00002 (0.14)	-0.0001 (-0.94)	0.0002 (1.16)	0.0004^{**} (-2.49)
是否收敛	是	是	是	是	是	是
收敛速度(ω,%)	3.753	2.530	0.311	0.216	0.423	0.223
R^2	0.5922	0.5228	0.2352	0.8269	0.2227	0.8686
log L	349.6210	360.7478	1562.3896	1530.1830	1506.0341	1452.8658
模型形式	—	SPLM	—	SPDM	—	SPLM
时间固定	Yes	Yes	Yes	Yes	Yes	Yes
地区固定	Yes	Yes	Yes	No	Yes	No
观测值	57	57	285	285	285	285

注：*、**和***分别表示在10%、5%和1%的水平下显著，括号内为 z 统计量。

第一，金融支持力度（*FD*）对东部和南北方地区的影响均显著为正，说明东部、南北方地区的金融支持对其绿色创新效率的提升发挥了较为明显的促进作用，这与上述全国层面条件 β 空间收敛的估计结果相一致。但需要注意的是，与上述区域层面绿色创新投入及产出的条件 β 空间收敛估计结果相比，此时东部和北方地区继续保持显著的正向影响，但南方地区却由不显著变为显著，说明现阶段南方地区金融体系的完善明显促进了其绿色创新效率的提高。与此不同的是，*FD* 对中部地区的影响显著为负，其在中部地区对绿色创新效率的影响与上述绿色创新投入及产出的条件 β 空间收敛的分析结果恰好相反，说明中部地区在其绿色创新投入产出的转化过程中，可能存在金融系统的非理性介入，在一定程度上干扰了绿色创新投入要素向产出成果的有效转化，从而抑制了其绿色创新效率的提升。

第二，对外开放程度（*OP*）对中部、东北、南北方地区的作用均显著为正。其中北方地区的估计结果与上述绿色创新投入及产出的估计结果一致；中部地区的估计结果与绿色创新投入的估计结果一致；但与绿色创新投入的估计结果相比，东北地区的结果由显著为负变为显著为正，而南方地区的结果则由不显著变为显著。与上述绿色创新产出的估计结果相比，中部、东北和南方地区的这一估计结果均由不显著变为显著，说明现阶段这些地区对外开放程度的不断提高，使得资本、技术、人才等绿色创新要素资源持续不断地流入本地，从而为其绿色创新投入产出的有效转化创造了有利条件，由此提升了其绿色创新效率。

第三，环境规制强度（*ER*）的一次项、二次项及三次项系数在中部、西部、东北和北方地区均为负，但其显著性却有所不同。其中，中部地区*ER* 的一次项、二次项系数显著，三次项系数不显著；西部地区 *ER* 的一次项系数显著，二次项、三次项系数不显著；东北地区 *ER* 的一次项、二次项和三次项系数均显著；北方地区 *ER* 的一次项、二次项系数显著，三次项系数不显著。此外，与上述绿色创新投入及产出的回归结果相比，北方地区绿色创新效率的估计结果一直保持显著为负，中部地区则由不显著变为显著；而与绿色创新产出效益的估计结果相比，西部地区由不显著变为显著；与绿色创新投入水平的估计结果相比，东北地区由不显著变为显著。由此可见，现阶段这些地区较为严苛的环境规制可能使其企业产生了相对较高的生产成本，在一定程度上挤占了企业利润空间，从而对企业绿色创新的投入资金产生"挤出效应"，由此抑制了其绿色创新效率的提升。值得注意的是，*ER* 在东部地区的一次项、二次项及三次项系数均为正，但却只有一次项系数通过了显著性检验，这一结果与上述绿色创新投入及产出的估计结果不同。说明现阶段东部地区相关环境政策的出台，有助于倒逼其企业进行绿色技术创新，提高竞争力，由此产生的"创新补偿效应"有效促进了其绿色创新效率的提升。

第四，政府资助力度（*GS*）对中部、南方和北方地区的作用均显著为正，说明这些地区政府财政支出中科技研发支出占比相对较高，从而有力促进了其绿色创新效率的提升。此外，与上述绿色创新投入水平的估计结果相比，南方地区估计系数的符号及显著性均未发生改变，而中部和北方地区则由不显著变为显著；而与上述绿色创新产出效益的估计结果相比，中部地区的估计系数同样显著为正，南北地区则由不显著变为显著。

第五，基础设施建设投资（INF）对中部和北方地区的作用均为负，且通过了 1% 水平的显著性检验，说明加大基础设施建设投资力度对中部和北方地区绿色创新效率的提升产生了较为明显的抑制作用。与上述绿色创新投入水平的估计结果相比，中部和北方地区绿色创新效率的估计结果由不显著变为显著；而与绿色创新产出效益的估计结果相比，中部和北方地区的这一估计结果未发生改变。

第六，产业结构（IS）对东部和北方地区的影响均显著为正，说明产业结构的优化升级对东部和北方地区的绿色创新效率提升产生了积极的促进作用，这与全国层面条件 β 空间收敛的估计结果相反。原因可能在于，现阶段东部和北方地区更加重视利用绿色低碳技术促进其产业结构绿色化升级，由此显著降低了当地的环境污染，从而对其绿色创新效率提升产生了较为明显的积极作用。此外，与上述绿色创新投入及产出的估计结果相比，东部和北方地区产业结构（IS）的估计结果由显著为负变为显著为正。

第七，环境规制强度（ER）和对外开放程度（OP）的交互项对中部、西部、东北及北方地区的作用均显著为正，说明目前这些地区在引进外资的过程中，都能够重视"环境准入门槛"的设置，避免沦为一些污染型外资企业的"污染避难所"，使得区域内企业的生产经营活动更为绿色和清洁，从而促进了其绿色创新效率的提升。与上述绿色创新投入及产出的估计结果相比，北方地区绿色创新效率估计系数的显著性和符号均未发生改变，而中部和西部地区则由不显著变为显著；而与上述绿色创新投入水平的估计结果相比，东北地区的这一结果由显著为负变为显著为正，与绿色创新产出效益的估计结果相比，东北地区则由不显著变为显著。

综上可知，无论是在全国层面，还是在四大板块及南北地区，绿色创新投入、产出及效率的收敛估计系数均显著为负，说明我国绿色创新存在显著的条件 β 收敛趋势。引入空间效应后，三者的估计系数依然显著为负，说明我国绿色创新也存在显著的条件 β 空间收敛趋势，且与空间绝对 β 收敛及传统条件 β 收敛相比，其收敛速度发生了不同程度的改变。进一步引入控制变量后，相关因素对全国层面绿色创新投入、产出和效率的影响效果基本一致；但分区域考察后，各变量对不同地区绿色创新投入、产出及效率产生了较为明显的异质性作用。

9.5　俱乐部收敛分析

为探索我国省际绿色创新的俱乐部收敛特征，本节将基于考察期内绿色创新投入水平、绿色创新产出效益和绿色创新效率的均值，采用经济地理嵌套空间权重矩阵，通过绘制 Moran 散点图，将 30 个省区市划分为四种类型的集聚区（见表 8-10）。其中，大多数省份的绿色创新投入、产出及效率都落在了第一象限（高-高集聚区）和第三象限（低-低集聚区），说明这两类集聚区的绿色创新在地域上具有相同属性，从而可能存在俱乐部收敛。进一步地，本节将根据不同类型集聚区内的省份个数来确定空间面板数据，且与绝对 β 收敛分析相同，仍采用相应的空间模型对各集聚区的绿色创新投入、产出及效率进行空间俱乐部收敛检验。

9.5.1　绿色创新投入水平

表 9-9 给出了省际绿色创新投入水平的俱乐部收敛检验结果。从表 9-9 中可以看出，四种类型集聚区的 β 收敛系数和空间自回归系数均通过了显著性检验，且 β 收敛系数的回归结果均为负，说明绿色创新投入水平在这四种类型集聚区内均存在空间俱乐部收敛。进一步从收敛速度看，四种类型集聚区的收敛速度呈现"H-H 集聚区（9.351%）>H-L 集聚区（2.780%）>L-L 集聚区（2.443%）>L-H 集聚区（0.280%）"的空间分

异态势。此外，还可以发现，四种类型集聚区绿色创新投入水平的收敛速度均明显低于全国的收敛速度（16.240%），这说明随着我国区域一体化战略的持续推进，各集聚区内的资本、人才、信息等绿色创新要素的流动更为充分，由此强化了不同区域在绿色创新方面的交流与合作，从而加快了绿色创新投入水平落后集聚区向领先集聚区的收敛速度，最终导致全国层面的收敛速度得以快速提升。

表 9-9 省际绿色创新投入水平的俱乐部收敛回归结果

变量	H-H 集聚区	L-H 集聚区	L-L 集聚区	H-L 集聚区
β	−0.8308 *** (−4.68)	−1.9482 *** (−5.60)	−1.6286 *** (−5.18)	−0.4103 ** (−2.20)
ρ	0.2447 ** (2.37)	0.5838 *** (9.33)	0.5583 *** (8.37)	0.3170 *** (3.12)
是否收敛	是	是	是	是
收敛速度(ω,%)	9.351	0.280	2.443	2.780
R^2	0.0146	0.0264	0.0151	0.0045
log L	102.7145	193.6133	209.5014	113.4817
模型形式	SPDM	SPDM	SPDM	SPDM
时间固定	No	No	No	No
地区固定	Yes	Yes	Yes	Yes
观测值	95	171	209	95

注：** 和 *** 分别表示在 5% 和 1% 的水平下显著，括号内为 z 统计量。

9.5.2 绿色创新产出效益

表 9-10 给出了省际绿色创新产出效益俱乐部收敛的估计结果。由表 9-10可知，四种类型集聚区的 β 收敛系数均显著为负，说明绿色创新产出效益也存在空间俱乐部收敛。就收敛速度而言，与绿色创新投入水平不同的是，四种类型集聚区的收敛速度呈现"L-L 集聚区（4.187%）>H-H 集聚区（3.088%）>H-L 集聚区（2.715%）>L-H 集聚区（1.628%）"的空间分异

特征，说明绿色创新产出成果的同质性溢出较之异质性溢出，更有助于绿色创新产出效益落后省份向领先省份赶超和收敛。从表9-10中还可以发现，四种类型集聚区省际绿色创新产出效益的收敛速度同样都要明显慢于全国层面的收敛速度（8.189%）。

表 9-10　省际绿色创新产出效益的俱乐部收敛回归结果

变量	H-H 集聚区	L-H 集聚区	L-L 集聚区	H-L 集聚区
β	-0.4439 *** （-2.60）	-1.7340 *** （-2.80）	-1.4513 *** （-2.80）	-0.4030 * （-1.71）
ρ	0.2602 ** （2.39）	0.0108 （0.07）	-0.4109 ** （-2.33）	0.2120 * （1.95）
是否收敛	是	是	是	是
收敛速度（ω,%）	3.088	1.628	4.187	2.715
R^2	0.0001	0.0454	0.0323	0.0342
log L	112.6616	6.5339	40.2651	97.0147
模型形式	SPDM	SPDM	SPDM	SPDM
时间固定	No	No	Yes	No
地区固定	Yes	Yes	Yes	Yes
观测值	95	133	266	76

注：*、** 和 *** 分别表示在 10%、5% 和 1%的水平下显著，括号内为 z 统计量。

9.5.3　绿色创新效率

表9-11给出了省际绿色创新效率俱乐部收敛的估计结果。由表9-11可知，四种类型集聚区的 β 收敛系数和空间自回归系数均显著为负，说明绿色创新效率同样存在显著的空间俱乐部收敛趋势。从收敛速度看，四种类型集聚区呈现"L-L集聚区（1.527%）>H-H集聚区（0.189%）>L-H集聚区（0.185%）>H-L集聚区（0.134%）"的空间格局特征。这同样说明绿色创新效率的同质性溢出较之异质性溢出，更有利于促进绿色创新效率落后省份向领先省份收敛，同时也表明绿色创新产出效益的收敛会直接

影响绿色创新效率。此外，还可以发现，L-L集聚区和H-H集聚区的收敛
速度要快于全国的收敛速度。原因可能在于，虽然这两类集聚区因受绿色
创新效率同质性溢出的影响而得以快速收敛，但其内部各省份间的资源禀
赋不同，且在引进资本、人才和技术的政策倾向上也存在明显差异，从而
使其绿色创新发展的比较优势存在一定的差别。这样一来，原有的区域绿色
创新发展异化格局的惯性作用，就在一定程度上抑制了绿色创新效率落后集
聚区向领先集聚区的收敛，由此拉低了全国层面的收敛速度。

表9-11　省际绿色创新效率的俱乐部收敛回归结果

变量	H-H集聚区	L-H集聚区	L-L集聚区	H-L集聚区
β	−0.0353 *** (−3.74)	−0.0345 *** (−10.83)	−0.2518 * (−1.85)	−0.0251 *** (−8.69)
ρ	−0.3937 *** (−2.84)	−0.9025 *** (−4.85)	−0.7667 *** (−3.67)	−0.4066 *** (−3.80)
是否收敛	是	是	是	是
收敛速度(ω,%)	0.189	0.185	1.527	0.134
R^2	0.9174	0.6911	0.6747	0.8677
log L	1173.4008	660.2577	1057.0060	339.8640
模型形式	SPDM	SPDM	SPDM	SPDM
时间固定	Yes	Yes	Yes	Yes
地区固定	Yes	No	Yes	No
观测值	190	114	209	57

注：* 和 *** 分别表示在10%和1%的水平下显著，括号内为z统计量。

综上可知，绿色创新投入、产出及效率均存在显著的空间俱乐部收敛
特征，说明我国省际绿色创新在空间上整体表现出较为明显的俱乐部收敛
趋势。与此同时，相关对比分析也表明，四种类型集聚区绿色创新投入及
产出的收敛速度均要慢于全国层面的收敛速度，而绿色创新效率的收敛速
度却略快于全国，说明在空间维度上，绿色创新投入产出的转化同样需要
一定时间才能显现出较为明显的收敛效果。因此，今后各地应更为重视绿

色创新各环节的有效衔接和相互配合，以促进绿色创新落后集聚区向领先集聚区全面追赶，进而提升全国层面绿色创新效率的整体水平。

9.6 稳健性检验

为了确保上述收敛性的估计结果稳健，还需进一步对其进行稳健性检验。为此，本节将采用三种方法来进行稳健性检验。一是调整样本时间。考虑到 2008 年的金融危机可能会对估计结果造成影响，因而参考田毕飞和陈紫若（2016）的处理方法，将整个考察期进一步划分为 2001~2008 年和 2009~2019 年两个阶段，分别对两个时段的面板数据进行空间收敛性检验。结果发现（见表 9-12），绿色创新投入、产出及效率在这两个时间段内的 β 收敛系数均显著为负，表明我国省际绿色创新在这两个时段均存在绝对 β 空间收敛和条件 β 空间收敛。二是替换空间权重矩阵。因为空间权重矩阵的设定，同样会对模型的估计结果产生影响，故此处分别基于 0-1 邻接权重矩阵、经济距离权重矩阵和信息技术距离权重矩阵再次对空间收敛模型进行估计（见表 9-13），结果发现 β 收敛系数仍显著为负。三是更换模型估计方法。事实上，除了上述理论机制分析中考虑的绿色创新影响因素，区域绿色创新发展水平还可能会受地方政策、制度设计以及文化环境等不可观测因素的影响，而这些因素在现实中往往难以找到合适的量化指标，但又不能忽视。上面利用静态空间面板模型对省际绿色创新的空间敛散性进行估计时，并未考虑这些潜在因素的影响，因而可能存在因遗漏变量而产生的内生性问题。基于此，借鉴相关研究（苏屹、林周周，2017），引入被解释变量（绿色创新投入、产出及效率）的增长率的一阶滞后项来刻画这些不可测度因素对区域绿色创新空间收敛趋势的影响，构建同时考虑时间和空间滞后的动态空间面板杜宾模型（DSPDM）来对省际绿色创新的空间敛散性进行检验。结果发现（见表 9-14），β 收敛系数均在 1% 的水平下显著为负，说明绿色创新依然存在 β 空间收敛趋势，这也再次验证了上述估计结果的稳健性。

表 9-12 调整样本时间的 β 收敛回归结果（稳健性检验Ⅰ）

绿色创新投入水平

变量	绝对 β 收敛		条件 β 收敛	
	2001~2008 年	2009~2019 年	2001~2008 年	2009~2019 年
β	−1.3746***	−1.4887***	−1.4363***	−1.0966***
	(−6.89)	(−6.57)	(−7.16)	(−5.14)
ρ	0.5389***	0.5696***	0.4360***	0.5029***
	(7.84)	(9.47)	(6.14)	(8.13)

绿色创新产出效益

变量	绝对 β 收敛		条件 β 收敛	
	2001~2008 年	2009~2019 年	2001~2008 年	2009~2019 年
β	−2.5178***	−1.2913***	−2.6350***	−1.5015***
	(−5.71)	(−5.07)	(−6.04)	(−5.65)
ρ	0.1241	0.3378***	—	—
	(1.14)	(4.32)		
λ	—	—	0.0092	0.2124**
			(0.08)	(2.39)

绿色创新效率

变量	绝对 β 收敛		条件 β 收敛	
	2001~2008 年	2009~2019 年	2001~2008 年	2009~2019 年
β	−0.0353***	−0.0336***	−0.0443***	−0.1655**
	(−34.55)	(−41.89)	(−31.39)	(−2.06)
ρ	0.3777***	0.1988**	0.1572***	0.0386
	(3.71)	(2.10)	(3.54)	(0.39)
观测值	240	330	240	330

注：** 和 *** 分别表示在 5% 和 1% 的水平下显著，括号内为 z 统计量。

表 9-13 替换空间权重矩阵的 β 收敛回归结果（稳健性检验Ⅱ）

绿色创新投入水平

变量	绝对 β 收敛			条件 β 收敛		
	0-1 邻接 (W_1)	经济距离 (W_3)	信息技术距离 (W_5)	0-1 邻接 (W_1)	经济距离 (W_3)	信息技术距离 (W_5)
β	−0.8738***	−0.9197***	−0.9761***	−0.8249***	−0.8267***	−0.7646***
	(−7.48)	(−7.34)	(−8.12)	(−7.42)	(−7.20)	(−7.02)

	绿色创新投入水平					
变量	绝对 β 收敛			条件 β 收敛		
	0-1 邻接 (W_1)	经济距离 (W_3)	信息技术距离 (W_5)	0-1 邻接 (W_1)	经济距离 (W_3)	信息技术距离 (W_5)
ρ	0.4971 *** (12.51)	0.4356 *** (10.80)	0.6265 *** (15.30)	0.4183 *** (10.27)	0.3509 *** (8.45)	0.5355 *** (11.98)

	绿色创新产出效益					
变量	绝对 β 收敛			条件 β 收敛		
	0-1 邻接 (W_1)	经济距离 (W_3)	信息技术距离 (W_5)	0-1 邻接 (W_1)	经济距离 (W_3)	信息技术距离 (W_5)
β	−1.1394 *** (−6.20)	−1.1424 *** (−6.02)	−1.2106 *** (−6.39)	−1.3204 *** (−6.95)	−1.2957 *** (−6.73)	−1.3082 *** (−6.83)
ρ	0.2260 *** (3.98)	0.1013 ** (2.00)	0.2493 *** (4.07)	—	—	—
λ	—	—	—	0.1814 *** (3.00)	0.0522 (1.00)	0.1881 *** (2.83)

	绿色创新效率					
变量	绝对 β 收敛			条件 β 收敛		
	0-1 邻接 (W_1)	经济距离 (W_3)	信息技术距离 (W_5)	0-1 邻接 (W_1)	经济距离 (W_3)	信息技术距离 (W_5)
β	−1.1394 *** (−64.26)	−0.0360 *** (−54.99)	−0.0346 *** (−61.73)	−0.0408 *** (−44.38)	−0.0408 *** (−41.00)	−0.0403 *** (−42.50)
ρ	0.0394 (0.72)	0.2086 *** (3.50)	0.1080 * (1.70)	−0.0540 *** (−2.88)	−0.0174 (−0.57)	0.0397 (1.50)
观测值	570	570	570	570	570	570

注：*、** 和 *** 分别表示在 10%、5% 和 1% 的水平下显著，括号内为 z 统计量。

表 9-14　DSPDM 模型的 β 收敛回归结果（稳健性检验Ⅲ）

变量	绿色创新投入水平		绿色创新产出效益		绿色创新效率	
	绝对 β 收敛	条件 β 收敛	绝对 β 收敛	条件 β 收敛	绝对 β 收敛	条件 β 收敛
β	−1.0863 *** (−8.39)	−1.0067 *** (−7.12)	−1.4074 *** (−6.79)	−1.5208 *** (−6.84)	−0.0225 *** (−14.50)	−0.0682 *** (−4.12)

变量	绿色创新投入水平		绿色创新产出效益		绿色创新效率	
	绝对 β 收敛	条件 β 收敛	绝对 β 收敛	条件 β 收敛	绝对 β 收敛	条件 β 收敛
ρ	0.6062 *** (14.17)	0.4395 *** (8.01)	0.2291 *** (3.39)	0.1642 ** (2.30)	0.1861 ** (2.56)	0.1226 * (1.66)
观测值	540	540	540	540	540	540

注：* 、** 和 *** 分别表示在 10%、5% 和 1% 的水平下显著，括号内为 z 统计量。

综上可知，调整样本时期、替换空间权重矩阵以及更换模型估计方法都不会对回归结果的稳健性造成影响，从而说明上述模型的估计结果稳健可靠。

9.7　本章小结

本章在剖析区域绿色创新空间收敛机制的基础上，综合运用σ收敛、β收敛和俱乐部收敛三类估计模型，分别从全国和区域两个维度对绿色创新投入、产出及效率的空间敛散性进行了检验，同时对绿色创新投入、产出及效率的不同类型收敛的估计结果进行了对比，力求能够更为精准地把握我国省际绿色创新的空间均衡发展状况，相关结论如下。

第一，从σ收敛的估计结果来看，无论是在全国层面，还是在四大板块以及南北地区，绿色创新效率均存在较为明显的σ收敛特征。但绿色创新投入及产出的σ收敛估计在全国和区域层面表现出不同的结果。其中，在全国层面，绿色创新投入及产出的绝对水平差异均表现出不断扩大之势，因而不存在σ收敛。就区域层面而言，绿色创新投入及产出的σ收敛趋势有所差别，对于四大板块，绿色创新投入水平在东北及中部和西部地区存在σ收敛特征，而绿色创新产出效益仅在中部地区表现出σ收敛特征；至于南北地区，绿色创新投入水平在北方地区存在σ收敛，而在南方地区不存在，但绿色创新产出效益在南北地区均存在σ收敛。

第二，从绝对 β 收敛的估计结果来看，全国、四大板块以及南北地区绿色创新投入、产出及效率均存在显著的绝对 β 空间收敛趋势，且在考虑空间效应后，绿色创新投入、产出及效率的收敛速度较之传统 β 收敛，均发生了明显变化。其中在全国层面，三者的空间收敛速度表现出"绿色创新投入水平（16.240%）>绿色创新产出效益（8.189%）>绿色创新效率（0.184%）"的分异特征，而在区域层面，三者的空间收敛速度同样存在明显差异。其中，绿色创新投入呈现"东北（6.795%）>中部（3.399%）>西部（0.894%）>东部（0.0102%）"以及"南方（7.524%）>北方（5.098%）"的发展特征；绿色创新产出效益则表现出"东部（13.112%）>中部（8.973%）>东北（1.314%）>西部（0.845%）"以及"南方地区（11.429%）>北方地区（3.439%）"的发展格局；绿色创新效率呈现"中部（1.471%）>西部（0.418%）>东北（0.155%）>东部（0.143%）"以及"北方地区（0.348%）>南方地区（0.276%）"的格局特征。

第三，从条件 β 收敛的估计结果来看，考虑相关异质性条件后，全国、四大板块及南北地区的绿色创新投入、产出及效率均存在显著的条件 β 空间收敛特征，空间收敛速度相比绝对 β 空间收敛也发生了不同程度的改变。就相关控制变量而言，在全国层面，这些变量对绿色创新投入、产出及效率的影响效果大体相同，其中金融支持力度、对外开放程度、政府资助力度的提升以及产业结构的优化升级对区域绿色创新的空间收敛产生了积极作用，而环境规制强度和基础设施建设投资的增加却表现出一定的阻碍作用；在区域层面上，各变量对四大板块和南北地区绿色创新投入、产出和效率影响的显著性有所不同。

第四，从俱乐部收敛的估计结果来看，我国绿色创新投入、产出及效率在 H-H 集聚区、L-H 集聚区、L-L 集聚区和 H-L 集聚区等不同类型集聚区内均存在显著的空间俱乐部收敛特征，且四种类型集聚区的绿色创新投入及产出的收敛速度均要慢于全国的收敛速度，而绿色创新效率的收敛速度却略快于全国。

第五，调整样本时间、替换空间权重矩阵以及更换模型估计方法都不会对 β 收敛效果产生影响，从而相关空间模型的估计结果稳健可靠。

第 10 章

省际绿色创新空间结构的
演化动因与机理

前面已经对我国省际绿色创新的发展现状、空间结构、空间溢出及空间收敛等问题进行了多维度的解析,尤其是对绿色创新空间结构的相关作用机制做了较为详细的考察,但这更多的是一种静态角度上的把握。从动态视角出发,我国省际绿色创新空间结构的演化动因、演化过程中各因素间的相互作用,以及相关影响因素的变动对绿色创新的作用效果等问题,还需进一步探讨。基于此,本章在构建绿色创新分布动态模型的基础上,利用机器学习和模拟等数据挖掘方法,考察我国绿色创新空间结构的演化路径,也即在上述模型的基础上,引入绿色创新的相关影响因素,通过对影响因素进行调节和控制,设置最优路径,进而明确不同路径下我国省际绿色创新空间结构的演化模式,以期为我国绿色创新发展的路径优化及政策选择提供相应的理论指导和经验支持。

10.1 绿色创新分布动态模型

10.1.1 线性动态系统模型

本章旨在探寻我国省际绿色创新空间结构的动态变迁以及控制变迁路径的相关机制。而线性动态系统模型可展示绿色创新的分布及其演化规律，近似刻画我国省际绿色创新空间结构的演化特征。线性动态系统模型是一种能够同时满足叠加性和均匀性（齐次性）的系统模型（Doretto et al.，2003），其中的叠加性是指当几个输入信号共同作用于系统时，总的输出等于每个输入单独作用时产生的输出之和，而均匀性则是指当输入信号增大若干倍时，输出也相应增大同样的倍数。基于此，本节将使用线性动态系统模型来描述和模拟我国绿色创新分布的动态变迁过程。因此，首先需要对线性动态系统模型进行初步界定，具体说明如下。

假设 x_1，x_2，$\cdots$，x_m 是一个 n 维向量序列，向量序列的下标表示时间（或周期），将其记为 t，x_t 即为 t 时刻（或周期）n 维向量的值，称为 t 时刻的状态，这样就能够表示我国绿色创新在某一时点的分布状态。进一步地，基于向量序列的动态性，可以把 x_t 看作一个随时间变化的向量，即动态变化向量。在这种情况下，向量序列 x_1，x_2，$\cdots$，x_m 有时也被称为轨迹（或状态轨迹）。为便于分析和理解，此处假设当前时间为 t 期，从而将 x_t 定义为我国绿色创新分布的当前状态，则 x_{t-1} 就是我国绿色创新分布前一个时期的状态，而 x_{t+1} 则是我国绿色创新分布下一个时期的状态，其他状态以此类推。这样一来，就可以将我国绿色创新分布的线性动力系统表示为如下形式，其中 x_{t+1} 是 x_t 的线性函数：

$$x_{t+1} = A_t x_t \tag{10-1}$$

式（10-1）中，A_t 是一个 $n \times n$ 的矩阵，可将其称为系统动力学矩阵，该矩阵描述了系统的动态变化特征，因而方程（10-1）可以被称为动力学方程或更新方程。基于此方程，可以根据当前的状态向量 x_t 计算出下一时点的状态向量 x_{t+1}。一般来说，若系统动力学矩阵 A_t 不依赖于时间 t，那么在此情形下，就可将线性动力学系统称为时不变的动态系统。进一步地，如果知道 x_t 和 A_t，则可以通过动力学方程（10-1）求得 x_{t+1}，x_{t+2}，$\cdots$。换言之，如果知道 x 的现值，就能由此获得其所有的未来值，但这并不需要知道 x 过去的状态，且此过程还包含了 t 时刻决定系统未来发展需要的所有信息。以上就是本节对我国绿色创新分布进行预测和模拟的方法论基础。

上面对线性动态系统模型建模的基本原理做了简要说明，从而为进一步考察相关影响因素对我国绿色创新分布的动态作用奠定了相应的理论基础。基于此，在上述模型的基础上，本节将进一步引入绿色创新的相关影响因素向量，将上述模型扩展为如下表达式：

$$x_{t+1} = A_t x_t + B_t u_t \qquad (10-2)$$

式（10-2）中，u_t 为输入向量，是一个 m 维的影响因素向量。与此类似，B_t 则是一个 $n×m$ 维的输入矩阵。这样一来，通过该输入变量，就可以分析我国绿色创新分布变迁的相关因素的作用机制，而通过进一步控制和干预这些影响因素，就可以模拟和预测绿色创新分布格局的演化过程。此处将相关输入向量称为外生变量，因为可以通过对它们进行干预而改变状态变量 x_t 的演化过程。

10.1.2   绿色创新分布及动力矩阵

更为精准地刻画我国省际绿色创新分布的演化特征，还需要考虑不同省份绿色创新的发展水平和分布结构。基于此，使用我国 30 个省区市绿色创新投入、产出及效率的测算值来进行区间划分，统计相应区间内的省份数量，最终形成本章研究的状态向量。很明显，这样构建的状态向量既可以在一定程度上体现不同省份的绿色创新发展水平，也可以较好地反映不同绿色创新水平下的样本分布。但需要指出的是，由于上面已经对绿色创新投入及产出的测度指标做了归一化处理，此处就不再重复计算。在此基础上，可将绿色创新划分为 [0.0，0.2)、[0.2，0.4)、[0.4，0.6)、[0.6，0.8) 以及 [0.8，1.0) 等五个区间。同时为了方便数据处理，可分别将其称为第 1、2、3、4、5 组，相应地可将绿色创新的具体测算值区分为低水平、中低水平、中水平、中高水平以及高水平，以分别对应上述五个组别。进一步根据组别类型，分别统计不同组别内的省份数量，最终构成绿色创新状态向量，其表达式为：

$$x_t = \begin{pmatrix} p_1 \\ p_2 \\ p_3 \\ p_4 \\ p_5 \end{pmatrix} \qquad\qquad (10-3)$$

式（10-3）中，p_i（i=1，2，3，4，5）为第 i 组中所包含的省份数量。

接下来，还需构建估计所需的系统动力矩阵 A_t，此处假设该动力矩阵不随时间而发生变化，即模型为时不变线性动态系统。这样一来，可将式（10-1）展开，表示为如下形式：

$$\begin{pmatrix} p_1 \\ p_2 \\ p_3 \\ p_4 \\ p_5 \end{pmatrix}_{t+1} = \begin{pmatrix} A_{11} & A_{12} & A_{13} & A_{14} & A_{15} \\ A_{21} & A_{22} & A_{23} & A_{24} & A_{25} \\ A_{31} & A_{32} & A_{33} & A_{34} & A_{35} \\ A_{41} & A_{42} & A_{43} & A_{44} & A_{45} \\ A_{51} & A_{52} & A_{53} & A_{54} & A_{55} \end{pmatrix} \times \begin{pmatrix} p_1 \\ p_2 \\ p_3 \\ p_4 \\ p_5 \end{pmatrix}_t \qquad (10-4)$$

式（10-4）中 A_{ij}（i，j=1，2，3，4，5）为 t 时期第 j 组个体在 $t+1$ 时期转变为第 i 组个体的比例或概率。基于此，可将 A_t 视为状态向量的转移概率矩阵。这样一来，基于马尔可夫模型（张虎、胡淑兰，2011），利用已有数据对动力矩阵 A_t 进行估计，就可对我国省际绿色创新分布状态及其变迁的动力矩阵进行刻画。

10.1.3　绿色创新分布的影响因素及输入矩阵

绿色创新空间结构演化（分布变迁）是一项复杂的系统性工程，不仅需要市场这一"无形之手"有效发挥其在资源配置中的决定性作用，还需要政府这一"有形之手"充分发挥助推作用，更需要企业、社会公众等微观主体积极参与。因此，结合前面的研究，本节将重点选取技术市场成熟度、金融支持力度以及环境规制强度三个变量作为我国省际绿色创新分布变迁的影响因素。而技术市场成熟度、金融支持力度和环境规制强度对绿色创新的具体作用机理，第八章已做了较为详细的阐述，此处不再赘述，本节仅简要给出绿色创新空间结构演化的驱动机理（见图10-1）。

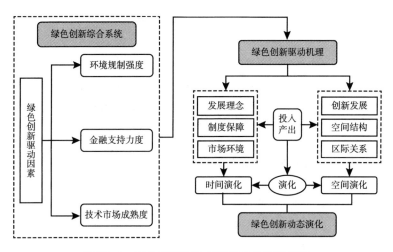

图 10-1　绿色创新空间结构演化的驱动机理

根据图 10-1 设置输入变量，从而输入变量就是一个三元向量 $u_t = (f_1 f_2 f_3)^T$，其中 f_1、f_2、f_3 分别对应技术市场成熟度、金融支持力度以及环境规制强度三个变量。相应地，B_t 为 5×3 的输入矩阵，由此可将式（10-2）进一步拓展为如下形式：

$$\begin{pmatrix} p_1 \\ p_2 \\ p_3 \\ p_4 \\ p_5 \end{pmatrix}_{t+1} = \begin{pmatrix} A_{11} & A_{12} & A_{13} & A_{14} & A_{15} \\ A_{21} & A_{22} & A_{23} & A_{24} & A_{25} \\ A_{31} & A_{32} & A_{33} & A_{34} & A_{35} \\ A_{41} & A_{42} & A_{43} & A_{44} & A_{45} \\ A_{51} & A_{52} & A_{53} & A_{54} & A_{55} \end{pmatrix} \times \begin{pmatrix} p_1 \\ p_2 \\ p_3 \\ p_4 \\ p_5 \end{pmatrix}_t + \begin{pmatrix} B_{11} & B_{12} & B_{13} \\ B_{21} & B_{22} & B_{23} \\ B_{31} & B_{32} & B_{33} \\ B_{41} & B_{42} & B_{43} \\ B_{51} & B_{52} & B_{53} \end{pmatrix} \times \begin{pmatrix} f_1 \\ f_2 \\ f_3 \end{pmatrix}_t \quad （10-5）$$

式（10-5）中，B_{ij}（$i=1$，2，3，4，5；$j=1$，2，3）表示第 j 个影响因素对第 i 组个体数量的边际影响。有关输入矩阵的求解，则主要使用最小二乘方法和已有数据样本来求解下面的超定系统（Overdetermined System）：

$$\begin{pmatrix} f_{11} & f_{12} & f_{13} \\ f_{21} & f_{22} & f_{23} \\ \vdots & \vdots & \vdots \\ f_{Q1} & f_{Q2} & f_{Q3} \end{pmatrix}_{Q \times 3} \times \begin{pmatrix} B_{11} & B_{21} & B_{31} & B_{41} & B_{51} \\ B_{12} & B_{22} & B_{32} & B_{42} & B_{52} \\ B_{13} & B_{23} & B_{33} & B_{43} & B_{53} \end{pmatrix}_{3 \times 5} = \begin{pmatrix} P_{11} & P_{12} & P_{13} & P_{14} & P_{15} \\ P_{21} & P_{22} & P_{23} & P_{24} & P_{25} \\ \vdots & \vdots & \vdots & \vdots & \vdots \\ P_{Q1} & P_{Q2} & P_{Q3} & P_{Q4} & P_{Q5} \end{pmatrix}_{Q \times 5} \quad （10-6）$$

式（10-6）中，下标 Q 表示样本的时间长度，f_{nm} 表示 n 期第 m 个影响因素的指标值，p_{nv} 为 n 期第 v 组的区域数量。

接下来，本章对绿色创新空间结构演化的动因进行具体模拟和检验。

10.2 绿色创新分布动态及模拟

10.2.1 动力矩阵与输入矩阵估计

基于以上所构建的分布动态模型，本节首先运用相关样本观察数据对我国绿色创新投入、产出及效率的线性动态系统模型的动力矩阵和输入矩阵进行估计（见表10-1）。

表10-1 我国绿色创新投入水平分布变迁的动力矩阵及输入矩阵估计结果

A					B		
0.915	0.085	0.000	0.000	0.000	3.265	−0.252	−15.140
0.076	0.899	0.025	0.000	0.000	−2.966	1.367	10.471
0.000	0.111	0.833	0.056	0.000	−0.040	−0.100	6.159
0.000	0.000	0.063	0.719	0.219	−0.167	0.181	−4.114
0.000	0.000	0.000	0.412	0.588	−0.481	0.405	11.882

由表10-1可知，动力矩阵A对角线上的数值大于其他非对角线上的数值，说明我国省际绿色创新投入水平的分布状态具有较为明显的路径依赖特征。进一步根据输入矩阵B，可以发现：①技术市场成熟度对我国省际绿色创新投入水平的提升基本上表现为负向作用，这主要体现在输入矩阵的第1列，其中只有第一组的省份数量有所增加，而其他组别的省份数量均在减少，即除第一组外，技术市场成熟度对其他组别的省份均产生了负向作用；②金融支持力度对绿色创新投入水平的提升具有正向作用，这主要体现在输入矩阵的第2列，可以发现，该列数值整体上表现出由负转正的变化趋势，说明随着我国金融体系的不断完善，由此所导致的金融发展水平的提升整体上有助于我国省际绿色创新投入水平的提升；③环境规制强度对

于绿色创新投入水平的提升具有正向作用，这主要体现在输入矩阵的第 3 列，可以看出，环境规制强度尽管减少了第 1 组和第 4 组的省份数量，但却增加了其他 3 个组别的省份数量，因此，环境规制总体上对我国绿色创新投入水平的提升具有一定程度的促进作用。

　　从表 10-2 可以看出，动力矩阵 A 对角线上的数值均大于矩阵其他位置上的数值，说明我国绿色创新产出效益的分布状态同样具有较为明显的路径依赖特征。进一步根据输入矩阵 B，可以发现：①技术市场成熟度对我国省际绿色创新产出效益的影响存在一定程度的不确定性，这主要体现在输入矩阵的第 1 列，尽管其增加了第 4 组的省份数量，但却在一定程度上减少了其他组别的省份数量；②金融支持力度对我国省际绿色创新产出效益也表现出一定程度的分化作用，从而具有一定的异质性，这主要体现在输入矩阵第 2 列的数值整体呈现由正转负再变为正的波动变化趋势，说明金融支持力度对我国省际绿色创新产出效益具有异质性作用，即金融支持会同时增加低产出效益省份和高产出效益省份的数量；③环境规制强度对我国省际绿色创新产出效益则具有某种促进作用，从输入矩阵的第 3 列可以发现，环境规制强度减少了第 1 组和第 3 组的省份数量，但却增加了其他组别的省份数量，因此，从整体看，其对我国省际绿色创新产出效益仍主要表现为正向作用。

表 10-2　我国省际绿色创新产出效益分布变迁的动力矩阵及输入矩阵估计结果

A					B		
0.975	0.025	0.000	0.000	0.000	-0.759	2.206	-1.687
0.116	0.860	0.023	0.000	0.000	-1.141	1.876	1.277
0.000	0.070	0.842	0.088	0.000	-0.551	-0.448	-1.117
0.000	0.000	0.208	0.667	0.125	0.481	-0.153	2.662
0.000	0.000	0.000	0.150	0.850	-0.442	0.321	4.760

　　由表 10-3 可知，动力矩阵 A 对角线上的数值均大于非对角线上的数值，说明与绿色创新投入水平及产出效益一样，我国省际绿色创新效

率的分布状态也表现出较为明显的路径依赖特征。因此，综合起来看，我国省际绿色创新整体上具有显著的路径依赖特征，这与上述绿色创新时空跃迁分析的结论相一致。进一步根据输入矩阵 B 可知：①技术市场成熟度对我国省际绿色创新效率的提升整体上具有正向影响，这主要体现在输入矩阵的第 1 列，其中增加了第 3 组和第 5 组的省份数量，而其他组别的省份数量有所减少；②金融支持力度对我国省际绿色创新效率产生了集聚作用，这主要体现在输入矩阵的第 2 列，其中金融支持力度增加了第 3 组和第 4 组的省份数量，但却略微减少了其他 3 个组的省份数量，也即金融支持力度的提升只是增加了绿色创新效率中水平和中高水平的省份个数；③环境规制强度对我国省际绿色创新效率的影响具有不确定性，这主要体现在输入矩阵的第 3 列，可以发现，环境规制强度虽然减少了第 2 组和第 5 组的省份数量，但却增加了其他 3 个组的省份数量，因此，从总体看，环境规制对我国省际绿色创新效率的影响具有不确定性。

表 10-3 我国省际绿色创新效率分布变迁的动力矩阵及输入矩阵估计结果

A					B		
0.967	0.033	0.000	0.000	0.000	-0.319	-0.731	2.157
0.000	0.965	0.035	0.000	0.000	-0.259	-0.059	-11.710
0.000	0.000	0.986	0.014	0.000	0.264	0.184	5.088
0.000	0.000	0.000	0.974	0.026	-0.086	1.232	5.687
0.000	0.000	0.000	0.000	1.000	0.698	-0.143	-1.732

综上可知，我国省际绿色创新投入、产出及效率的分布动态均存在较为明显的路径依赖特性，也即从整体上看，我国省际绿色创新的空间结构演化具有较为明显的路径依赖特征和空间依赖特征。但就绿色创新分布的影响因素而言，各相关因素对绿色创新投入、产出及效率的作用效果却具有较为明显的差异。

10.2.2　线性动态系统检验

基于以上所构建的模型及其矩阵估计结果，本节将进一步对模型进行拟合，并将模拟结果与实际结果进行对比，二者间的误差越小，则说明绿色创新系统模型的拟合效果就越好，从而随后的仿真结果也就越贴近于现实。具体而言，以 2002~2019 年作为检验年份，观测三类系统模型（绿色创新投入水平、产出效益及效率）的拟合状况（见表 10-4、表 10-5 和表10-6）。

表 10-4　我国省际绿色创新投入水平分布的模拟结果

年份	类别	第 1 组	第 2 组	第 3 组	第 4 组	第 5 组	拟合误差（%）
2002	实际值	15.0	11.0	3.0	0.0	1.0	5.30
	拟合值	14.7	11.1	3.7	0.4	0.6	
2003	实际值	12.0	13.0	4.0	1.0	0.0	5.40
	拟合值	12.1	12.7	4.8	1.0	0.4	
2004	实际值	13.0	12.0	3.0	0.0	2.0	7.40
	拟合值	12.9	11.8	3.8	0.6	1.2	
2005	实际值	10.0	13.0	3.0	0.0	4.0	13.10
	拟合值	10.3	12.5	3.9	1.1	2.4	
2006	实际值	9.0	14.0	3.0	0.0	4.0	13.60
	拟合值	9.4	13.3	4.1	1.1	2.4	
2007	实际值	8.0	15.0	3.0	0.0	4.0	14.10
	拟合值	8.6	14.2	4.2	1.1	2.4	
2008	实际值	9.0	15.0	3.0	2.0	1.0	9.10
	拟合值	9.5	14.2	4.3	1.8	1.4	
2009	实际值	7.0	15.0	5.0	2.0	1.0	8.60
	拟合值	7.7	14.1	5.9	2.0	1.4	
2010	实际值	8.0	15.0	4.0	2.0	1.0	8.80
	拟合值	8.6	14.2	5.1	1.9	1.4	
2011	实际值	10.0	14.0	3.0	2.0	1.0	8.10
	拟合值	10.3	13.4	4.2	1.8	1.4	
2012	实际值	12.0	13.0	2.0	1.0	2.0	7.40
	拟合值	12.1	12.6	3.2	1.3	1.6	

续表

年份	类别	第1组	第2组	第3组	第4组	第5组	拟合误差(%)
2013	实际值	11.0	14.0	2.0	2.0	1.0	8.50
	拟合值	11.3	13.5	3.3	1.8	1.4	
2014	实际值	12.0	13.0	2.0	0.0	3.0	10.30
	拟合值	12.1	12.6	3.1	0.8	1.8	
2015	实际值	11.0	13.0	3.0	2.0	1.0	7.00
	拟合值	11.2	12.6	4.1	1.8	1.4	
2016	实际值	12.0	12.0	3.0	0.0	3.0	9.80
	拟合值	12.0	11.8	3.8	0.8	1.8	
2017	实际值	11.0	13.0	3.0	1.0	2.0	6.90
	拟合值	11.2	12.6	4.0	1.3	1.6	
2018	实际值	15.0	11.0	2.0	1.0	1.0	5.30
	拟合值	14.7	11.1	2.9	1.1	1.0	
2019	实际值	16.0	10.0	2.0	1.0	1.0	5.30
	拟合值	15.5	10.3	2.8	1.1	1.0	

表 10-5 我国省际绿色创新产出效益分布的模拟结果

年份	类别	第1组	第2组	第3组	第4组	第5组	拟合误差(%)
2002	实际值	20.0	5.0	3.0	2.0	0.0	8.40
	拟合值	19.6	6.7	3.1	2.0	0.3	
2003	实际值	21.0	3.0	4.0	1.0	1.0	10.50
	拟合值	20.5	5.1	3.7	1.6	1.0	
2004	实际值	21.0	3.0	4.0	1.0	1.0	10.50
	拟合值	20.5	5.1	3.7	1.6	1.0	
2005	实际值	21.0	3.0	4.0	1.0	1.0	10.50
	拟合值	20.5	5.1	3.7	1.6	1.0	
2006	实际值	21.0	3.0	3.0	2.0	1.0	9.90
	拟合值	20.5	5.1	2.9	2.1	1.2	
2007	实际值	20.0	4.0	4.0	1.0	1.0	9.70
	拟合值	19.6	5.9	3.7	1.6	1.0	
2008	实际值	22.0	2.0	3.0	2.0	1.0	10.70
	拟合值	21.5	4.3	2.8	2.1	1.2	
2009	实际值	21.0	3.0	2.0	3.0	1.0	10.20
	拟合值	20.5	5.1	2.2	2.5	1.3	

年份	类别	第 1 组	第 2 组	第 3 组	第 4 组	第 5 组	拟合误差（%）
2010	实际值	21.0	4.0	3.0	1.0	1.0	9.50
	拟合值	20.6	6.0	2.9	1.4	1.0	
2011	实际值	20.0	5.0	3.0	1.0	1.0	8.50
	拟合值	19.6	6.7	3.0	1.4	1.0	
2012	实际值	20.0	5.0	3.0	1.0	1.0	8.50
	拟合值	19.6	6.7	3.0	1.4	1.0	
2013	实际值	18.0	7.0	2.0	2.0	1.0	6.40
	拟合值	17.7	8.2	2.4	1.9	1.2	
2014	实际值	18.0	6.0	3.0	1.0	2.0	7.60
	拟合值	17.7	7.3	3.0	1.5	1.9	
2015	实际值	16.0	8.0	3.0	1.0	2.0	5.60
	拟合值	15.8	8.8	3.2	1.5	1.9	
2016	实际值	17.0	7.0	3.0	1.0	2.0	6.60
	拟合值	16.7	8.1	3.1	1.5	1.9	
2017	实际值	18.0	7.0	3.0	1.0	1.0	6.50
	拟合值	17.7	8.2	3.1	1.4	1.0	
2018	实际值	18.0	7.0	3.0	1.0	1.0	6.60
	拟合值	17.7	8.2	3.1	1.4	1.0	
2019	实际值	21.0	5.0	2.0	1.0	1.0	8.50
	拟合值	20.6	6.8	2.1	1.2	1.0	

表 10-6　我国省际绿色创新效率分布的模拟结果

年份	类别	第 1 组	第 2 组	第 3 组	第 4 组	第 5 组	拟合误差（%）
2002	实际值	4.0	6.0	12.0	3.0	5.0	1.70
	拟合值	4.1	6.2	11.9	3.1	5.0	
2003	实际值	4.0	6.0	11.0	4.0	5.0	8.90
	拟合值	4.1	6.2	11.9	3.1	5.0	
2004	实际值	4.0	5.0	11.0	5.0	5.0	10.00
	拟合值	4.1	6.2	10.9	4.0	5.0	
2005	实际值	4.0	4.0	12.0	5.0	5.0	10.00
	拟合值	4.0	5.2	10.9	5.0	5.0	
2006	实际值	4.0	4.0	12.0	4.0	6.0	9.50
	拟合值	4.0	4.3	11.9	5.0	5.0	

续表

年份	类别	第1组	第2组	第3组	第4组	第5组	拟合误差（%）
2007	实际值	4.0	4.0	12.0	4.0	6.0	2.00
	拟合值	4.0	4.3	11.9	4.1	6.0	
2008	实际值	4.0	4.0	12.0	4.0	6.0	2.00
	拟合值	4.0	4.3	11.9	4.1	6.0	
2009	实际值	4.0	4.0	12.0	4.0	6.0	2.00
	拟合值	4.0	4.3	11.9	4.1	6.0	
2010	实际值	4.0	4.0	12.0	4.0	6.0	2.00
	拟合值	4.0	4.3	11.9	4.1	6.0	
2011	实际值	3.0	5.0	12.0	4.0	6.0	8.10
	拟合值	4.0	4.3	11.9	4.1	6.0	
2012	实际值	3.0	5.0	12.0	4.0	6.0	1.90
	拟合值	3.1	5.2	11.9	4.1	6.0	
2013	实际值	3.0	5.0	12.0	4.0	6.0	1.90
	拟合值	3.1	5.2	11.9	4.1	6.0	
2014	实际值	3.0	4.0	13.0	4.0	6.0	1.10
	拟合值	3.1	5.2	11.9	4.1	6.0	
2015	实际值	3.0	4.0	12.0	5.0	6.0	8.80
	拟合值	3.1	4.3	12.9	4.1	6.0	
2016	实际值	2.0	5.0	12.0	5.0	6.0	8.20
	拟合值	3.1	4.3	11.9	5.0	6.0	
2017	实际值	2.0	5.0	12.0	5.0	6.0	1.90
	拟合值	2.1	5.2	11.9	5.0	6.0	
2018	实际值	2.0	5.0	12.0	5.0	6.0	1.90
	拟合值	2.1	5.2	11.9	5.0	6.0	
2019	实际值	2.0	5.0	12.0	4.0	7.0	9.50
	拟合值	2.1	5.2	11.9	5.0	6.0	

　　对比表10-4、表10-5和表10-6中各年份的实际值和拟合值，可以发现，我国绿色创新投入、产出及效率分布的平均拟合误差均小于10%，说明本章所构建的绿色创新线性动态系统模型具有一定的合理性和适用性。

10.2.3 绿色创新分布模拟

基于上述绿色创新线性动态系统模型及其检验结果，本节将选取技术市场成熟度、金融支持力度和环境规制强度作为我国省际绿色创新分布变迁的影响因素，同时将 2019 年作为系统的初始状态，分别对我国省际绿色创新投入、产出及效率的分布状态进行模拟和预测分析，以期能够更为准确地把握我国省际绿色创新空间结构的演化动因与机理，具体模拟及预测结果分析如下。

首先，表 10-7 和图 10-2 给出了我国省际绿色创新投入水平分布在 2025 年的模拟预测结果。通过对比分析可知，当创新系统不存在外生干预时，我国省际绿色创新投入水平将呈现左偏的分布特征，即低水平和中低水平组（第 1 组和第 2 组）内的省份数量有所增加，而中高水平和高水平组（第 4 组和第 5 组）内的省份数量有所减少。与此不同的是，当加入 2019 年绿色创新投入水平的外生干预后，中低水平和中水平组（第 2 组和第 3 组）内的省份数量有所减少，而其他组内的省份数量却有不同程度的增加，表现出一定的两极分化趋势。在此基础上，进一步将环境规制强度提高千分之一、金融支持力度提高万分之一、技术市场成熟度提高百分之一，且同时调节三个影响因素的大小，以此观察我国省际绿色创新投入水平分布的变化情况。长期而言，环境规制强度和金融支持力度增加有助于逆转我国省际绿色创新投入水平的分化格局；而技术市场成熟度提高则在不同程度上提升了低水平组的省份数量。因此，可以认为在合理范围内增加环境规制强度和金融支持力度，应是今后优化我国省际绿色创新投入水平空间分布格局的有效政策干预工具。

表 10-7 我国省际绿色创新投入水平分布模拟结果（2025 年）

组别	第 1 组	第 2 组	第 3 组	第 4 组	第 5 组
无外生干预	12.3	9.9	5.1	1.5	1.3
加入当前水平的外生干预	15.6	7.2	3.6	1.6	2.0

续表

组别	第1组	第2组	第3组	第4组	第5组
加入环境规制强度调整后的外生干预	14.2	7.6	4.1	1.6	2.4
加入金融支持力度调整后的外生干预	14.8	7.7	3.6	1.7	2.1
加入技术市场成熟度调整后的外生干预	19.0	5.1	3.0	1.3	1.6
加入综合调整后的外生干预	16.2	6.5	3.6	1.5	2.3

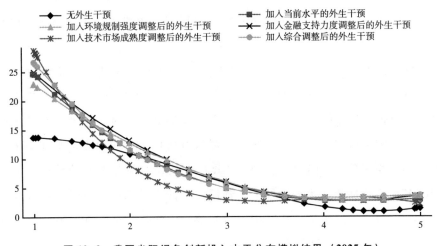

图10-2 我国省际绿色创新投入水平分布模拟结果（2025年）

其次，表10-8和图10-3给出了我国省际绿色创新产出效益分布在2025年的模拟预测结果。可以发现，当创新系统不存在外生干预时，我国省际绿色创新产出效益将呈现左偏的分布特征，即绿色创新产出效益从第1组到第5组的省份数量在依次减少。而当加入2019年绿色创新产出效益的外生干预后，中水平和中高水平组（第3组和第4组）内的省份数量有所减少，其他组别的省份数量则有不同程度的增加，表现出较为明显的两极分化趋势。进一步将环境规制强度提高千分之一、金融支持力度提高万分之一、技术市场成熟度提高百分之一，并同时对这三个影响因素进行调节，以观察我国省际绿色创新产出效益分布的变化趋势。可以发现，环境规制强度和金融支持力度增加同样有助于逆转绿色创新产出效益的异化态势，而技术市场成熟度提高则在不同程度上增加了低水平组的省份数量。此外，还可以发现，三种异质性条件对我国省际绿色创新产出效益分布的影响机制与其对绿色创新投入水平的作用机理基本一致。因此可以预判，未来一段时期，优化我国省际绿色创新产出效益的空间分布格局，增加环境规制强度和金融支持力度依然是一种行之有效的政策干预工具。

表 10-8　我国省际绿色创新产出效益分布模拟结果（2025 年）

组别	第 1 组	第 2 组	第 3 组	第 4 组	第 5 组
无外生干预	14.8	9.4	3.0	1.7	1.0
加入当前水平的外生干预	16.7	11.3	0.1	0.8	1.1
加入环境规制强度调整后的外生干预	16.3	11.2	0.1	0.9	1.4
加入金融支持力度调整后的外生干预	16.6	11.6	0.1	0.6	1.1
加入技术市场成熟度调整后的外生干预	17.3	11.3	-0.3	0.8	0.9
加入综合调整后的外生干预	16.8	11.5	-0.3	0.8	1.3

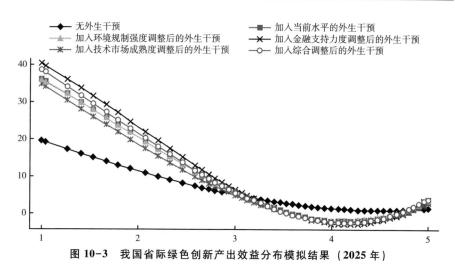

图 10-3　我国省际绿色创新产出效益分布模拟结果（2025 年）

最后，表 10-9 和图 10-4 给出了我国省际绿色创新效率分布在 2025 年的模拟结果。可以发现，当创新系统不存在外生干预时，我国省际绿色创新效率将呈现近似正态分布之特征，即绿色创新效率处于中水平组（第 3 组）的省份数量最多，而分处其两边的低水平、中低水平以及中高水平、高水平组的省份数量基本相当。当加入 2019 年绿色创新效率的外生干预后，可以发现，低水平组的省份数量减少为 0，除中低水平组外，其他组的省份数量都有不同程度的增加。基于此，进一步将环境规制强度提高千分之一、金融支持力度提高万分之一、技术市场成熟度提高百分之一，且同时对这三个影响因素进行调节，以观察我国省际绿色创新效率分布的变化情况（见图 10-4）。可以发现，环境规制强度、金融支持力度和技术市场成熟度的提升均有助于中低水平以上组别省份数量的增加。由此可以预判，提高环境规制强度与金融支持力度，以及发展技术市场应是未来优化我国省际绿色创新效率空间分布格局，进而提升绿色创新效率整体水平的重要政策着力点。

表 10-9　我国省际绿色创新效率分布模拟结果（2025 年）

组别	第 1 组	第 2 组	第 3 组	第 4 组	第 5 组
无外生干预	2.7	6.3	11.4	4.4	7.0
加入当前水平的外生干预	0.0	2.6	16.0	16.0	9.4
加入环境规制强度调整后的外生干预	0.0	2.6	16.9	17.2	9.1
加入金融支持力度调整后的外生干预	0.0	2.6	16.3	18.3	9.2
加入技术市场成熟度调整后的外生干预	0.0	2.3	16.4	16.2	10.7
加入综合调整后的外生干预	0.0	0.3	17.7	19.2	10.1

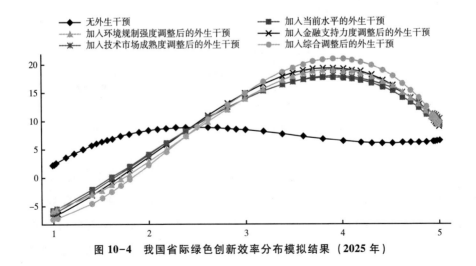

图 10-4　我国省际绿色创新效率分布模拟结果（2025 年）

10.3　本章小结

本章运用机器学习和模拟方法，通过构建绿色创新分布的动态模型，对我国省际绿色创新空间结构的演化路径进行了模拟和预测，同时对线性动态系统进行了检验，随之进一步引入绿色创新的相关影响因素，以考察我国省际绿色创新空间结构演化的动因和机理，相关结论如下。

第一，我国省际绿色创新空间结构演化具有较为明显的路径依赖及空间依赖特征，且金融支持力度、技术市场成熟度和环境规制强度对绿色创新投入、产出及效率空间结构演化（分布动态）的影响存在差异。

第二，模拟结果表明，本章所构建的绿色创新线性动态系统模型具有一定的合理性和适用性。

第三，模拟及预测结果显示，总体而言，在合理范围内提高环境规制强度应是未来优化我国省际绿色创新空间结构分布以及提升绿色创新水平的重要政策着力点。

第 11 章

主要结论、讨论及展望

　　绿色创新既是应对区域经济发展与生态环境保护之矛盾的关键抓手，也是区域经济向可持续均衡方向发展的重要手段。然而，区域绿色创新水平的提升是一个兼具动态性、综合性、系统性的复杂过程，不仅需要从多视角切入运用多元化手段对其进行精准把控，而且需要在遵循绿色创新要素在我国空间分布上存在差异的客观现实基础上，基于某些具体路径及特定准则来进行考察。基于此，本章将对前面有关绿色创新效率综合评价、绿色创新时空差异、绿色创新空间结构特征及演变、绿色创新异质性溢出、绿色创新空间结构演化机理等方面的分析进行归纳和总结，以给出促进我国省际绿色创新水平全面提升及均衡发展的对策建议，同时为我国经济高质量发展贡献某些可资借鉴的经验和启示。

11.1　主要结论

　　绿色创新活动是一个动态的复杂演化过程，它兼具知识溢出和技术扩散之双重属性，即在区域内部的绿色创新主体之间以及区域之间的绿色创新活动中均存在知识溢出和技术扩散，且这种知识溢出和技术扩散又会进一步作用于绿色创新活动。与此同时，区域内部各主体以及区域之间的知识、技术吸收能力的异质性会对绿色创新的空间结构产生较为明显的作用，而绿色创新空间结构的演化又会对区域经济的协调发展产生深远的影响。这样一来，从绿色创新全过程出发，探讨我国省际绿色创新的空间结构演化及异质性溢出，对于精准把握我国区域绿色创新发展之差异，实现区域经济高质量协调发展就至关重要。为此，本书基于投入产出理论、系统论及空间经济理论，在深入剖析绿色创新投入、产出及效率的耦合协同机理、空间溢出机制及空间收敛机制的基础上，对 2001～2019 年我国 30 个省区市绿色创新的空间结构演化及异质性溢出进行了考察，相关结论如下。

第一，对于我国省际绿色创新效率的测度，SFA 和 DEA 的计算结果均表明，考察期内我国省际绿色创新效率总体呈现向好之势，但其在省域间及区域间的差异比较明显，且两种方法测度的绿色创新效率均值的整体水平都不高，未来仍有较大提升空间。相比之下，DEA 测算的绿色创新效率要明显高于 SFA 测算的，因而该方法可能存在一定程度的高估。进一步通过样本 t 检验和 Spearman 相关系数检验，可以发现，两种方法测度的绿色创新效率尽管在排名上具有较为明显的一致性，但 SFA 法测算的各省绿色创新效率排名与绿色创新发展的实际情况更加吻合，因而使用 SFA 测算的省际绿色创新效率相对也更为精确，从而此方法应是测度绿色创新效率的首选方法。

第二，对于我国省际绿色创新效率的时空差异及动态演进，时间维度上，八大综合经济区和五大经济带 2001～2019 年绿色创新效率的演变轨迹与全国层面相一致，即都表现出持续向好的发展态势，但其在地区间的差异比较明显，其中东部沿海经济区明显高于其他经济区、长三角一体化经济带明显高于其他经济带，且东部沿海经济区与长三角一体化经济带始终处于"高产出-高效率"状态。

使用基尼系数分解的区域相对差异表明，我国省际绿色创新效率存在显著的区域差异。其中从区域内部看，八大综合经济区中，西北经济区绿色创新效率的区域内差异最大，而东部沿海经济区绿色创新效率的区域内差异最小；五大经济带中，长江经济带内部的绿色创新效率差异最大，而长三角一体化经济带内部的差异最小。而从区域间的差异来看，八大综合经济区中，东部沿海经济区与西北经济区之间的绿色创新效率差异最大，其次为北部沿海经济区与西北经济区，而东北经济区与南部沿海经济区之间的差异最小；五大经济带中，黄河流域经济带与长三角一体化经济带之间的绿色创新效率差异最大，其次为黄河流域经济带与长江经济带之间的差异，而京津冀协同发展经济带与长三角一体化经济带之间的差异最小。进一步从东西差异和南北差异的比较来看，区域间差异是八大综合经济区、五大经济带以及四大板块绿色创新效率总体差异的主要来源，而区域内差异则是绿色创新效率南北差异的主要来源，且现阶段绿色创新效率的东西差异仍然是导致我国绿色创新发展存在地区差异的主要原因。

就核密度估计的区域绝对差异而言，从分布位置上看，全国、八大综合经济区、五大经济带以及南北地区绿色创新效率的分布曲线均向右小幅移动，同样说明全国、八大综合经济区、五大经济带以及南北地区的绿色创新效率均表现出上升之态势。而从主峰分布的形态来看，全国层面、八大综合经济区、五大经济带以及南北地区绿色创新效率分布曲线的主峰高度变化有所不同，但其宽度却都有缩小之势，说明绿色创新效率的离散程度在不断降低。从分布延展性看，全国、八大综合经济区、五大经济带以及南北地区绿色创新效率的分布曲线均存在显著的右拖尾现象，但各自的延展性却存在差异。从波峰来看，样本观测期内八大综合经济区、京津冀协同发展经济带、黄河流域经济带和长三角一体化经济带绿色创新效率的分布曲线始终呈现明显的"双峰"或"多峰"状，而"一带一路"建设经济带、长江经济带以及南北地区却呈现"单峰"状。

在绿色创新效率区域分布的动态演化上，我国省际绿色创新效率整体向高水平方向演进的趋势比较明显，绿色创新效率在演变过程中表现出维持其分布状态稳定之特征。在引入地理空间因素后，各省绿色创新效率的演变趋势仍旧保持不变，但空间因素对省际绿色创新效率分布格局的演变却产生了显著影响，从而其空间溢出效应明显，最终导致省际绿色创新效率在空间上逐渐形成以"高辐射低、低抑制高、高高集聚、低低集聚"为主要特征的俱乐部收敛现象。

第三，就省际绿色创新空间结构特征及其演化而言，在空间分布上，我国省际绿色创新效率整体上表现出"南高北低、东高西低"的空间非均衡特征，即从东到西（从沿海到内陆）、从南到北均呈梯度递减之势。其中，第一梯度的高水平省份主要集中在东部沿海地区，且已形成稳定的以"北京-天津-上海-广东"为极点的"弓形"高水平绿色创新发展轴带，同时不断向南北两侧纵深辐射，由此也带动其他梯度内的省份实现了不同程度的跃迁。从绿色创新投入、产出及效率的区域关联来看，绿色创新高投入未必能实现绿色创新高产出，绿色创新高投入（或高产出）也未必能够带来绿色创新高效率。

基于探索性空间数据分析法对绿色创新空间集聚性进行的分析表明，绿色创新总体上存在较为显著的全局空间集聚特征，而其局域分布格局则呈现以"H-H"集聚和"L-L"集聚为主的空间俱乐部收敛状态。从各集聚区的时空跃迁来看，我国省际绿色创新存在较为明显的空间锁定和路径依赖特征，即 H-H 型促进区省份主要集中在东部沿海地区，而 L-L 型落后区省份则大多位于西北、西南、东北、长江中游和黄河中游地区，且 L-L 型落后区省份已成为制约我国省际绿色创新进一步向高水平发展的关键区域。

基于标准差椭圆分析法对绿色创新空间发展格局进行的分析则表明，绿色创新的标准差椭圆覆盖了我国东部沿海和中部地区的大部分省份，在空间上表现出"偏东北-偏西南"的分布格局。绿色创新投入水平呈现以河南为重心的"东北-西南"分布格局，且向西南方向上的极化比较明显；绿色创新产出效益呈现以安徽和河南为重心的"东北-西南"分布格局，同样存在向西南方向极化的趋势；绿色创新效率则呈现以河南为重心的"东北-西南"分布格局，但却有不断向西北方向扩散之趋势。进一步从重心迁移路径及标准差椭圆参数来看，绿色创新投入、产出及效率的具体情况各不相同。未来我国省际绿色创新空间结构在短期内仍将保持"集聚"和"均衡"交替变化之态势，但随着区域空间结构的不断演变，扩散效应最终将大于极化效应，从而有利于我国省际绿色创新空间结构在集聚中不断趋向均衡。

第四，就省际绿色创新投入、产出与效率耦合协同的时空特征而言，从耦合协同机理看，在绿色创新的协同发展过程中，绿色创新投入、产出和效率三个子系统间彼此依赖、相互促进，通过系统间的叠加效应使得区域内外的绿色创新协同发展、互利共赢，由此实现一种良性动态反馈。尤其是在循环累积因果机制的作用下，各系统之间不断循环推进，由此实现创新要素的充分流动及高效配置，最终形成区域绿色创新发展模式的持续优化。

进一步从耦合协同机理的检验结果看，在时间维度上，我国省际绿色创新投入、产出及效率三个子系统之间存在长期协整关系，而面板 VAR 模型的估计结果表明绿色创新投入与效率互为因果，但绿色创新产出与其投入、效率的短期因果关系不明显，从而三者未能形成良性互动关系。若从长期看，绿色创新各子系统均表现出自我增强以及惯性增长之趋势。在空间维度上，我国省际绿色创新投入、产出及效率之间存在较为明显的全局空间正相关，各省绿色创新投入与其产出及效率形成了 4 种较为显著的空间集聚类型，而绿色创新产出与效率只有 3 种。就耦合协同水平而言，考察期内三系统的耦合度均值 $C \in [0.837, 0.880]$，整体上处于优质协同阶段，而耦合协同度均值 $D \in [0.506, 0.549]$，整体上处于初级协同阶段，从而未来仍有进一步优化的空间。对于耦合协同的空间格局，其中地区间的耦合协同差异明显，高水平协同省份主要集中在东部沿海地区，且已形成由"江苏-广东"两个优质协同发展极辐射的"U"形发展轴带。相比较而言，西北和西南地区仍处于我国绿色创新投入、产出及效率耦合协同发展的落后梯队，且受周边高值地区辐射带动较少，发展缓慢。

第五，就省际绿色创新溢出的异质性而言，空间自相关检验结果显示，我国省际绿色创新表现出显著的全局空间正相关性，局部空间格局则主要表现出"H-H"集聚和"L-L"集聚的俱乐部收敛特征，从而绿色创新存在"扩散"现象，由此也导致其空间分布格局相对稳定。而空间面板杜宾模型检验则表明，在经济距离空间权重矩阵下，省际绿色创新投入、产出及效率的空间溢出显著为止，由此推动了我国省际绿色创新的联动发展。从异质性条件来看，检验结果与研究假设基本相符。在此基础上，利用偏微分效应分解法对异质性条件的空间溢出效应进行分解，发现对外开放对区域内绿色创新存在显著的正向溢出，但对区域间的绿色创新却产生了较为明显的负向溢出，从而"污染天堂"假说成立；产业结构对区域内的绿色创新产生了显著的负向溢出，但对区域间的绿色创新却具有较为明显的促进作用；技术市场、金融支持、环境规制及教育水平对绿色创新存在正向的区域内溢出和区域间溢出，从而"波特假说"成立，且这些因素对区域内绿色创新吸收能力的作用要大于其对区域间绿色创新溢出的影响；政府资助对绿色创新空间溢出的作用则取决于绿色创新所处的发展阶段。

分象限（集聚区）检验结果表明，我国省际绿色创新的空间溢出存在明显的异质性，其中在第一、三象限表现为同质性溢出，而在第二、四象限则表现为异质性溢出。进一步对不同象限内各因素的空间溢出效应进行分解，结果发现各因素对不同象限绿色创新的空间溢出效应的影响不同，其中在第一、三象限，提高教育水平对区域内及区域间的绿色创新均具有较为明显的正向溢出，而在第二象限，提高对外开放程度对区域内及区域间的绿色创新的正向溢出最为显著，对于第四象限，加大金融支持力度对区域内及区域间的绿色创新的正向溢出最为有效。

第六，对于我国省际绿色创新的空间收敛来说，从 σ 收敛的估计结果看，全国层面、四大板块以及南北地区的绿色创新效率均存在较为明显的σ收敛，但绿色创新投入和产出在全国及区域层面上却表现出与绿色创新效率不同的σ收敛趋势。从 β 收敛的估计结果看，全国层面的绿色创新投入、产出及效率均存在显著的 β 空间收敛趋势，说明绿色创新的空间溢出有助于落后省份对领先省份的追赶。但在考虑相关异质性条件后，绿色创新的空间收敛性却发生了明显改变，其中金融支持力度、对外开放程度、政府资助力度的提升以及产业结构的优化升级对区域绿色创新的空间收敛产生了积极作用，而环境规制强度和基础设施建设投资的增加却产生了一定程度的不利影响。在区域层面上，相关控制变量对四大板块和南北地区绿色创新投入、产出及效率空间收敛的影响各不相同，其中金融支持对东部地区绿色创新的空间收敛产生了较为明显的促进作用，对外开放和政府资助对中部地区绿色创新空间收敛的促进作用比较明显，政府资助对南方地区的绿色创新空间收敛具有显著的促进作用，对外开放和环境规制的交互项对西部地区的绿色创新空间收敛产生了明显的促进作用；此外，环境规制对西部和东北地区的绿色创新空间收敛均具有较为明显的抑制作用，产业结构对中部地区绿色创新空间收敛的抑制作用则比较明显。因此，未来各地在促进其绿色创新均衡发展时，除了要考虑自身的吸收能力以及"虹吸效应"的影响，还应在升级产业结构、强化环境规制、提高政府资助力度、扩大对外开放、完善金融体系等方面有所作为。从俱乐部收敛的估计结果来看，我国绿色创新投入、产出及效率在 H-H 集聚区、L-H 集聚区、L-L 集聚区和 H-L 集聚区等不同类型集聚区内均表现出显著的空间俱乐部收敛特征。其中，四种类型集聚区绿色创新投入及产出的收敛速度都要慢于全国的收敛速度，但绿色创新效率的收敛速度却略快于全国。从稳健性检验结果看，调整样本时间、替换空间权重矩阵以及更换模型估计方法都不会对 β 收敛结果造成影响，从而模型的估计结果是稳健可靠的。

第七，在省际绿色创新空间结构的演化及动因方面，我国省际绿色创新空间结构演化具有明显的路径依赖及空间依赖特征。此外，金融支持力度、技术市场成熟度和环境规制强度等异质性条件对绿色创新投入、产出及效率空间结构演化的作用路径存在差异。其中，技术市场成熟度和环境规制强度对我国省际绿色创新投入水平具有积极作用，而金融支持力度却产生了不利影响；技术市场成熟度对我国省际绿色创新产出效益的影响不确定，金融支持力度对省际绿色创新空间结构分布产生了异化作用，环境规制强度却产生了积极作用；技术市场成熟度对我国省际绿色创新效率具有积极作用，金融支持力度对其空间结构分布产生集聚作用，环境规制强度的影响具有不确定性。

相关模拟结果表明本义所构建的绿色创新线性动态系统模型是合理的，从而是适用的；而模拟及预测结果则显示，在合理的范围内强化环境规制应是未来优化我国省际绿色创新空间结构分布进而促进其高质量发展的关键政策着力点。

11.2 讨论

上述研究表明，我国省际绿色创新发展存在较为明显的梯度差异，其中位于第一梯度的省份属于绿色创新高水平区，且这些省份大多来自区域综合竞争力较强、经济发展基础较好的东部沿海地区。该区域的科研院校众多、高素质人才集中、营商环境优越，创新能力本身就强，当地政府的科技投入力度也较大，绿色底蕴深厚，是国家相关政策关注和倾斜的重点区域。而处于第三、四梯度的那些绿色创新水平较低的省份，则呈片状散落式地分布在中西部内陆地区。这些区域要么由于自身的禀赋条件差而缺少必要的创新条件和基础，导致其绿色创新动力不足，要么对传统粗放式发展模式产生了较为明显的路径依赖，由此相对忽视生态环保和绿色发展而对其绿色创新发展产生不利影响。此外，随着绿色创新的重心不断南移，我国绿色创新的空间结构不仅表现出较为明显的东西差异，南北差异也开始逐渐显现，这可能与南北地区长期以来在自然条件、要素禀赋、产业结构、基础设施、体制机制、营商环境、政策倾斜等方面存在较大差异有关。因此未来在继续关注绿色创新东西方向均衡发展的同时，还应给予绿色创新的南北分化问题足够重视。

不仅如此，现阶段各地所进行的绿色创新活动大多以自身利益为重，"各自为战"的现象比较严重，能够冲破利益藩篱，从而实现区域间绿色创新良性互动的并不多见。现实中我国省际绿色创新存在较为明显的空间溢出效应，而空间溢出有利于绿色创新落后省份赶超领先省份，且其对我国区域绿色创新空间收敛的作用也比较明显，加之环境规制对优化我国省际绿色创新空间结构以及提升其发展水平具有重要影响，因此，借助绿色创新空间溢出推动我国省际绿色创新水平协同发展，在此基础上实施差异化的绿色创新发展模式，同时加大环境约束力度，对于我国区域绿色创新的协调发展，以及由此形成绿色创新发展新格局具有较为重要的意义。

11.3 政策启示

11.3.1 正视绿色创新梯度分布不均之现实，以点带面，有所侧重

目前，只有少数省份能够有效发挥引领我国绿色创新发展之作用，由此也使得全国层面的绿色创新发展存在较为明显的梯度差异。基于这一现实背景，未来第一梯度绿色创新水平较高的省份，应继续坚持集聚发展的思路，在借助自身高素质劳动力、雄厚经济实力以及优越营商环境保持高水平发展势头的基础上，着力构建并培育以"北京-天津-上海-广东"为关键节点的绿色创新先行示范区，以此辐射和带动周边低梯度省份的绿色创新发展。为此，可依托现代化的交通运输线和信息通信网络，积极促进人才、资本、技术、管理经验等绿色创新要素向其他梯度省份合理流动、高效集聚，以激发其绿色创新发展之活力。此外，还应尽快建立健全高梯度省份对低梯度省份绿色产业的全方位生态补偿机制，实现"输血"与"造血"并举的"扶贫型"资金补偿与"致富型"生态补偿的有效组合，为落后省份的绿色科技研发提供相应的资金支持。而低梯度省份也应充分认识到绿色创新独具特色的外溢性，积极引进、消化和吸收高梯度省份的先进技术和管理经验，精准对接其高技术产业的梯度转移，在加大自身绿色技术研发投入的同时，更加重视对来自高梯度省份的"高精尖"创新人员的引进，有效配置绿色创新资源，以全面提升绿色创新效率。尤其是要在不断激发自身绿色创新内生动力的基础上，着力促进绿色创新成果快速转化，

但同时也要警惕高梯度省份对其绿色创新可能存在的"虹吸效应"。为此，低梯度省份要善于利用自身的地理区位、生态资源禀赋以及劳动力等方面的比较优势，科学合理地布局其绿色产业链，以此实现区域内生态旅游、生态农业、生态物流、生物科技、绿色产品加工等方面的有序发展，从而为绿色创新成果的高效转化培育强大的"造血"能力，最终形成相对完善的绿色创新要素供给及成果转化体系。

此外，政策制定者应综合考虑各省在绿色创新发展条件与基础方面存在的差别，在未来的相关规划中，合理引导高梯度与低梯度省份开展多样化的绿色创新交流与合作，协助绿色创新落后省份有效吸收来自领先省份的先进技术和管理经验，形成区际以及省际绿色创新的协同推进，以缩小省际绿色创新发展的梯度差距，为我国绿色创新整体水平的提升奠定坚实的政策基础。

11.3.2　打破属地治理格局，建构区域绿色创新协同发展的长效机制

绿色创新具有较为显著的空间关联性及外溢特征，为此应坚决破除不利于绿色创新协同发展的各种人为分割，尊重绿色创新发展的客观规律，完善顶层设计，强化统一部署，逐步消除阻碍绿色创新要素充分有序流动的各级行政壁垒，构建跨地域的绿色创新发展的长效合作交流机制，在各方协同推进中提升绿色创新水平。

具体来说，一方面，强化相邻省份不同创新主体（企业、大学和研发机构）间的技术协作与交流，积极搭建能够联通联动的绿色创新平台，完善平台绿色创新资源的共享交流机制，鼓励高校及科研院所联合组建绿色技术研发应用中心，推动共建共享具有国际影响力的绿色高新技术园区及示范区，设立绿色技术研发基金，为打造绿色创新区块链以及"政-产-学-研-用-金"的深度合作创造必要条件，以促进绿色创新成果及时有效转化。另一方面，将生态文明理念贯穿于区域绿色创新发展的全过程，着力培育美丽中国先进示范区，构建跨地区的生态环境污染联防联治体系，

着力解决那些系统性、跨地域的突出环境问题，以减少绿色创新过程中的非期望产出。与此同时，加强各地区在绿色创新产品、技术、业态及模式上的互动合作，实现省际人才、资本、环境信息及管理经验等绿色创新要素的互通有无。同时也要注意相关法律法规的配套实施，明确各地在生态治理与经济开发中的相关责任。对于"各自为政"的现象，可考虑将官员的政绩考核与绿色创新指标相挂钩，以质量和效益为导向，建立绿色创新政绩考核评价体系和生态环境损害终身责任制，坚决遏制各方在绿色创新过程中可能存在的急功近利、急于求成的短视行为，以促进各地政府积极利用绿色技术共治生态环境。此外，还要努力清除现阶段有碍绿色创新发展的各种体制机制壁垒，完善有助于绿色创新发展的知识产权保护机制，给予绿色科技研发人员更多关爱和保护，不断激发绿色创新要素的内生活力，释放出更大的"绿色创新红利"，以推动我国省际绿色创新高质量发展。

11.3.3 激发绿色协同创新新势能，拓宽溢出渠道，强化空间正向溢出

空间溢出对于省际绿色创新高质量发展的重要性，决定了各地在绿色创新发展的过程中不能"闭门造车、各自为政"，而应当着眼于全局和整体，在区域一体化战略的指导下，综合考量本省与相邻省份间存在的空间互动关系，强化绿色创新各方面的空间联动，以促进绿色创新的协同发展。

第一，依托我国目前"八纵八横"的交通网络干线，充分发挥绿色创新领先省份对落后省份的正向溢出效应；持续提升长三角、京津冀、粤港澳以及成渝城市群四大增长极绿色创新的辐射效应，同时弱化其虹吸效应，由此实现各地要素、产业、资源的高效集聚及优化配置，进而改善其创新能力和资源利用效率，提升我国省际绿色创新的整体水平。

第二，提高区域市场开放程度，积极推动"一带一路"建设与自贸区建设的融合与协同，坚持"请进来"与"走出去"相结合的国际化战略，

统筹我国沿海、沿江、沿边的全方位开放，培育国际竞争合作新优势，以消除绿色创新扩散的行政壁垒。此外，对于 FDI 结构的优化，应对标"世界一流"与"行业一流"，注重高素质人才和先进适用技术等创新要素的引进，以增强绿色创新的正向溢出效应。与此同时，周边省份也应基于绿色创新内含的环保要求，重视"产业转移准入门槛"的合理设定，制定和完善外资企业市场准入负面清单制度，严禁"三高"产业迁入，严防本地沦为"污染天堂"。

第三，积极推动互联网的普及和使用，促进新型数字化基础设施建设，构建高效便捷的现代信息智能网络体系。为此，可考虑将数字化建设与绿色技术创新相融合，从大数据、云计算、人工智能、5G 等新型信息化技术入手，科学规划区域间的信息通信网络，搭建数字化的信息交易网络平台，促进资本、人才及信息技术等绿色创新要素快速流动及优化配置，降低绿色创新的交易成本，增强区际绿色创新的互动交流，实现现代化基础设施的互联互通，强化智慧基础设施建设对绿色创新的空间外溢效应。

第四，调整区域产业结构，优化产业空间布局，坚决淘汰落后产业与产能，加快传统产业智能化改造步伐，推动产业绿色化转型，培育和壮大现代化的绿色产业体系，实现绿色产业的前后向关联，以便更好地发挥产业结构调整优化对绿色创新水平提升的积极作用。

第五，在制度优化中实现我国省际绿色创新的高质量发展。为此，不仅要充分发挥市场在绿色创新资源配置中的主导作用，用"看不见的手"引导绿色创新要素有序流动，更要从根本上转变政府职能，明确政府在绿色创新中的职能定位，加强政府在绿色创新活动中的指导作用，加大政府对基础性、前瞻性绿色创新研发的支持力度（如税收优惠、绿色补贴、创新补贴、绿色园区、绿色债券、绿色采购等激励政策），提高政府在绿色创新中的行政效率，培育有利于绿色创新的社会与文化氛围，以提升绿色创新的空间扩散及溢出能力。

11.3.4 完善绿色空间治理，形成优势互补的区域绿色创新发展新格局

基于我国省际绿色创新空间收敛之特性，未来各地应牢固树立"全国绿色创新一盘棋"的大格局思维，借助自身资源禀赋和比较优势，因地制宜地制定和实施有利于当地绿色创新发展的相关政策。借力特色化的区域绿色创新协同发展之战略，明确自身在全国及区域绿色创新分工中的地位和作用，依托目前绿色创新"中心城市-都市圈-城市群"的空间分布格局，打造资本、技术、人才要素有序流动的绿色创新网络，使各地在错位分工中形成优势互补、"外溢"共享的区域绿色创新发展新格局。

对于东部地区，应进一步完善金融市场、规范市场秩序，通过体制机制创新扩大其金融市场规模，提高其金融发展水平，同时也要积极响应国家"双碳"目标（"碳达峰"与"碳中和"）之要求，构筑绿色金融体系，创新绿色债券、绿色保险以及绿色基金等绿色金融工具及衍生品，以加大对绿色创新投入及其成果转化的金融支持力度。北京、上海、广州、深圳等绿色创新资源丰富从而创新能力较强的城市，应依托目前高铁网络的布局与规划，积极开展重大绿色科技项目的研发工作，以此搭建能够高效辐射全国绿色创新的共享平台，为落后省份绿色创新的追赶持续输送高素质研发人才。

对于中部地区，应着力落实经济新常态下的新发展理念，进一步完善本地区作为全国交通网络重要枢纽之功能，通过实行更高层次的对外开放，打造内陆开放新高地。同时坚持引资与引智并举，不断拓宽自身融资渠道，在吸收和消化外溢知识的基础上，不断提升自身的绿色创新能力。此外，除了主动承接东部地区的产业转移，还要积极利用自身的要素禀赋优势和国家的相关政策，大力发展先进制造业和现代服务产业，致力于打造国家级的绿色产业集群，以实现区域绿色产业的高水平协同，增强本地绿色创新发展的内生动力。以长三角城市群、长江中游城市群、太原都市圈、中原城市群为依托，充分发挥合肥、武汉、长沙、南昌、郑州、太原等中部

省会城市绿色创新领头羊的"涓滴效应",加快区域内重大绿色产业项目的科技攻关及绿色治理技术的研发,以推动中部地区绿色创新水平的协同提升。

对于西部地区,一方面要根植于成渝城市群这一新的绿色创新增长极,以重庆和成都为区域绿色创新的关键节点,构建现代化的综合立体交通网络,不断强化其绿色智慧基础设施网络的共建共享,同时依托目前西南地区对外开放通道之优势,不断扩大区域的对外交流与合作;进一步加大"放管服"改革之力度,尽快落实政府权责清单制度,消除有碍绿色创新要素优化配置、绿色产品有序流动、绿色产业合理布局的相关规定,疏通西部地区参与国内绿色创新大格局构建的堵塞点,为其开展绿色创新打造良好的外部环境。另一方面要围绕西部地区的特色资源优势,顺应新一轮科技革命和产业变革之浪潮,加快区域产业绿色化升级进程;不断加快西部地区传统产业优化升级之步伐,立足区域产业生态位,积极推进绿色生态示范区建设,鼓励实施"产业发展双轮驱动"之战略,有序淘汰和改造区域钢铁、建材、石化等"两高一低"行业,促进二三产业深度融合;重视引进高端装备制造业、新能源新材料等新兴产业、低碳环保的战略性新兴产业,以及旅游休闲、餐饮、康养等绿色新型产业形态;积极推动数字经济与绿色创新的有效融合,以数字赋能绿色技术创新,助力区域产业结构的绿色化升级,增强产业结构升级对区域绿色创新空间收敛的正向作用。

对于东北地区,首先要以沈阳、大连、长春、哈尔滨四大中心城市为节点,培育能够引领东北地区绿色创新高质量发展的核心增长极,同时要紧抓"都市圈"建设之契机,加强区域内部交通基础设施的互联互通,坚决破除区域内现存的各种行政藩篱,以促进绿色创新要素充分自由流动,通过合理分工与有效合作激发绿色创新的内在活力。其次要充分利用区域内高校资源相对丰裕之优势,以"绿色创业型"和"绿色研发型"大学建设为关键突破口,开展资源环境、信息通信科学的学术创业,积极促进绿色创新高素质专业人才的培育,同时借助这种创新创业训练将相关专业的大学生人力资源有效转化为绿色技术研发专业人才，从而为区域绿色创新成果的高效转化提供充足的人才储备；同时还应重视本地区公共服务和居民生活品质的有效提升，通过相关政策措施确保当地人才不再外流，以厚植区域智力资本这一绿色创新的关键要素；另外要以"绿色"理念为底色，强化官产学研合作，夯实高水平专业人才培育之基础，提高绿色研发人员的内在积极性，以提升绿色创新的转化效率。最后应进一步强化环境管理之约束，合理设置企业的治污成本，通过环境治理之压力倒逼企业绿色创新，以提高其资源能源利用效率，充分发挥环境规制对区域绿色创新空间收敛的积极作用。

对于业已显现的绿色创新南北分化现象，考虑到这是一个长期累积的结果，故而促进南北地区绿色创新的协调发展应多措并举、协同发力。首先，要重视区域绿色营商环境的持续优化，以激发绿色创新市场主体的新动能；以打造"国内一流绿色营商环境"为目标，充分发挥企业、高校、科研院所等绿色创新主体的积极性和能动性，对标国际国内绿色技术前沿，着力构建市场化、法制化、国际化、生态化的营商环境，突出以绿色技术市场准入标准来优化创新要素之配置，关注绿色知识产权保护领域的重点突破，从而为南北地区绿色创新的空间收敛创造有利条件。其次，在继续优化国际绿色技术创新中心、国家科学中心以及区域性科技创新中心空间布局的同时，适当增加北方地区"双一流"大学数量，促进区域内"双一流"大学的合理布局。此外，由于北方地区的可再生能源（风能、太阳能资源）较为丰裕，因此可考虑在西北、内蒙古及东北地区建立"可再生能源经济示范区"，为北方地区绿色创新成果的持续高效转化提供专业化人才和先进装备设备之储备。再次，要以"一带一路"建设为抓手，持续提高北方地区的对外开放水平，建好用好当地的自由贸易试验区，有针对性地建设一批内陆经济实验区和国家绿色创新示范区，以助推北方地区绿色创新水平的提升。最后，要坚决清除不利于区域内绿色创新的人为市场分割，以畅通南北地区间的绿色经济循环。为此，北方地区可借助自身在生态方面的资源优势，与南方一些在高新技术、绿色生产及绿色制造等方面具有显著优势的地区开展多层次、多类型、多形式的绿色技术合作，同时推动东北、西北与长三角、珠三角的绿色创新合作，以实现南北地区绿色创新发展的协同与收敛。

11.3.5　确定适度的环保规制，倒逼绿色创新水平提升

由于环境规制是影响我国省际绿色创新发展的关键因素，因此未来各地应群策群力，在综合考量本地绿色创新发展实际情况的基础上，制定和实施张弛有度的有关环境约束的规章制度，以倒逼企业绿色创新的高质量发展，助力区域绿色创新水平的持续提升。

一是合理界定政府的环境管控力度，坚决遏制环境治理领域的腐败现象，确保排污费、环保补贴等经费专款专用，同时要坚决避免在引进 FDI 过程中可能存在的行贿受贿行为，切实提高企业绿色创新的积极性；二是重视环境政策工具的合理设计，在充分发挥其绿色创新"指挥棒"作用的同时，注重其对"高耗能、高污染、高排放"行业的有效监控，合理引导企业进行绿色创新活动；三是对于环境法律法规的制定和实施，切忌"一刀切"的"懒政"，应具体考量不同企业的治污能力，从企业所属地域、行业、所有制结构以及生命周期等方面出发，有针对性地给出相应举措，以便更好地发挥环境规制对绿色创新的倒逼效应；四是不断完善企业绿色创新的各类激励机制，提高对企业绿色创新研发的政策支持力度，使环境规制与绿色创新实现良性互动；五是不断完善各级地方政府有关生态环境保护的法律法规，充分发挥公众和社会组织在区域生态环境治理中的监督作用，构筑以企业为主体、政府为主导、社会公众参与的环境协同治理体系，引导企业实现由末端治理向源头治理转变，由此提高绿色创新能力。

11.4　不足及展望

本书在进一步完善绿色创新投入产出转化框架、绿色创新空间溢出机

制以及绿色创新空间演化机理的基础上，基于时空二维视角，综合运用地学统计分析、空间计量模型、机器学习等多学科交叉方法，对绿色创新的空间结构特征及其演化、绿色创新溢出的异质性、绿色创新空间结构演化的动因及机理等问题进行了较为详细的探讨。在此基础上，尝试为我国省际绿色创新水平的协同提升以及区域绿色创新的高质量发展提供某些可资借鉴的政策启示。但需要指出的是，因研究团队能力和水平所限，且受研究条件与研究视野的制约，本书的上述研究仍存在某些不足之处，从而在未来的研究中还需在以下方面做进一步完善。

首先，受相关数据可获得性的限制，本书虽然基于"经济-社会-环境"协同发展的视角构建和扩展了省际绿色创新效率的评价体系，但在绿色创新投入及产出维度的相关量化指标遴选方面还有待进一步完善。尤其是绿色创新收益方面的指标选择，我们更多的是从"创新成功"角度予以考虑，对"创新失败"方面的因素涉及较少。然而，在实际的绿色创新过程中，由于相关环节可能存在衔接不当或匹配错位之情形，从而很可能会导致"创新失败"，因而未来在进一步完善绿色创新量化指标时，对于这种"创新失败"应予以考虑和体现。此外，对于研究的样本尺度，本书更多的是从省际层面来进行相关方面的考察，未能将研究尺度进一步"缩小"，在市域或县域层面上对影响绿色创新溢出的相关因素进行细致挖掘，同时也未能将研究尺度"扩展"，对国家间绿色创新的空间结构及溢出效应进行比较分析。因此，未来在可获取相关数据的基础上，还应对绿色创新的"评价指标体系"和"样本空间尺度"进行延伸和拓展，以便能够从全域视角对绿色创新进行理论和经验上的探索。

其次，我国幅员辽阔、地域广袤，现实中各地发展的差异性（异质性）较为明显，而本书构建的空间计量模型对于现实情况的描述和刻画却存在一定的局限，因而不可能将各省的相关异质性条件进行全面考虑，从而在反映我国省际绿色创新空间溢出的异质性时可能会存在偏颇。此外，在对我国省际绿色创新空间溢出效应进行分析时，也只是根据空间自相关系数的符号来判断究竟是极化效应，还是扩散效应，没有在进一步计算各省空间溢出强度的基础上，将其作为解释变量，运用空间面板模型来考察绿色创新空间溢出强度对其收敛趋势的影响。基于此，考虑到地理加权回归（GWR）和社会网络分析法（SNA）不仅能够有效刻画区域间的空间异质性，还能够对区域间的空间溢出强度进行度量，因此，未来可进一步考虑使用空间计量全局模型、地理加权回归以及社会网络分析的组合来深入全面地剖析绿色创新空间溢出的异质性及收敛性。

最后，本书在对省际绿色创新空间溢出效应及其收敛机制进行实证检验时，只是关注了各变量的线性影响，没有考虑不同变量交互项的非线性作用，因此，未来研究可进一步引入相关变量的交互项进行考察，从而使相关政策建议更具针对性。此外，在全面推进我国区域协调发展的战略背景下，作为经济高质量发展的重要驱动力，绿色创新的空间溢出如何有效促进我国区域经济的均衡发展，也是后续研究需要关注的重点。

参考文献

安传艳、李同昇、翟洲燕等：《1992-2016 年中国乡村旅游研究特征与趋势——基于 CiteSpace 知识图谱分析》，《地理科学进展》2018 年第 9 期。

安源、钟韵：《研发和知识溢出对城市创新绩效作用的实证研究——基于广东 21 个地级市的空间面板数据分析》，《科技进步与对策》2013 年第 1 期。

安树伟、李瑞鹏：《黄河流域高质量发展的内涵与推进方略》，《改革》2020 年第 1 期。

白俊红、蒋伏心：《协同创新、空间关联与区域创新绩效》，《经济研究》2015 年第 7 期。

白俊红、王钺、蒋伏心等：《研发要素流动、空间知识溢出与经济增长》，《经济研究》2017 年第 7 期。

白俊红、江可申、李婧：《中国区域创新效率的收敛性分析》，《财贸经济》2008 年第 9 期。

白俊红、江可申、李婧：《应用随机前沿模型评测中国区域研发创新效率》，《管理世界》2009 年第 10 期。

白俊红、刘怡：《市场整合是否有利于区域创新的空间收敛》，《财贸经济》2020 年第 1 期。

〔美〕保罗·克鲁格曼：《地理和贸易》，北京大学出版社、中国人民大学出版社，2000。

鲍涵、滕堂伟、胡森林等：《长三角地区城市绿色创新效率空间分异及影响因素》，《长江流域资源与环境》2022 年第 2 期。

毕克新、杨朝均、黄平：《FDI 对我国制造业绿色工艺创新的影响研究——基于行业面板数据的实证分析》，《中国软科学》2011 年第 9 期。

毕克新、杨朝均、黄平：《中国绿色工艺创新绩效的地区差异及影响因素研究》，《中国工业经济》2013 年第 10 期。

蔡之兵：《高质量发展的区域经济布局的形成路径：基于区域优势互补的视角》，《改革》2020 年第 8 期。

曹薇、薛秋霞、苗建军：《空间结构视角下长三角城市群创新极演化分析》，《中国科技论坛》2019 年第 11 期。

曹慧、石宝峰、赵凯：《我国省级绿色创新能力评价及实证》，《管理学报》2016 年第 8 期。

曹霞、于娟：《绿色低碳视角下中国区域创新效率研究》，《中国人口·资源与环境》2015 年第 5 期。

曹东坡：《FDI 促进了中国区域创新的俱乐部收敛吗?》，《中国科技论坛》2013 年第 6 期。

丛海彬、邹德玲、蒋天颖：《浙江省区域创新平台空间分布特征及其影响因素》，《经济地理》2015 年第 1 期。

陈悦、陈超美、刘则渊等：《CiteSpace 知识图谱的方法论功能》，《科学学研究》2015 年第 2 期。

陈华斌：《试论绿色创新及其激励机制》，《软科学》1999 年第 3 期。

陈艳春、韩伯棠、岐洁：《中国绿色技术的创新绩效与扩散动力》，《北京理工大学学报》（社会科学版）2014 年第 4 期。

陈晓红、唐湘博、李大元等：《构建新时代两型工程管理理论与实践体系》，《管理世界》2020 年第 5 期。

陈超凡、蓝庆新、王泽：《城市创新行为改善生态效率了吗? ——基于空间关联与溢出视角的考察》，《南方经济》2021 年第 1 期。

陈向东、王磊：《基于专利指标的中国区域创新的俱乐部收敛特征研究》，《中国软科学》2007 年第 10 期。

程钰、王晶晶、王亚平等：《中国绿色发展时空演变轨迹与影响机理研究》，《地理研究》2019 年第 11 期。

戴星翼：《走向绿色的发展》，复旦大学出版社，1999。

董直庆、王辉：《环境规制的"本地-邻地"绿色技术进步效应》，《中国工业经济》2019 年第 1 期。

董会忠、李旋、张仁杰：《粤港澳大湾区绿色创新效率时空特征及驱动因素分析》，《经济地理》2021 年第 5 期。

段德忠、夏启繁、张杨等：《长江经济带环境创新的时空特征及其影响因素》，《地理科学》2021 年第 7 期。

窦雪霞、程开明、窦志强：《创新溢出的空间尺度与实证检验》，《科研管理》2009 年第 4 期。

方大春、裴梦迪：《中国省际创新异质性及其影响因素研究——基于 GWR 和分位数回归分析》，《当代经济管理》2019 年第 9 期。

方敏、杨胜刚、周建军等：《高质量发展背景下长江经济带产业集聚创新发展路径研究》，《中国软科学》2019 年第 5 期。

方慧、赵胜立、吕静瑶：《生产性服务业集聚提高了城市 FDI 效率吗?》，《数量经济技术经济研究》2021 年第 7 期。

方世敏、黄琰：《长江经济带旅游效率与规模的时空演化及耦合协调》，《地理学报》2020 年第 8 期。

方叶林、程雪兰、王芳：《空气污染与旅游经济的时空关系及影响机理》，《经济管理》2020 年第 1 期。

方传棣、成金华，赵鹏大：《大保护战略下长江经济带矿产-经济-环境耦合协调度时空演化研究》，《中国人口·资源与环境》2019 年第 6 期。

樊杰：《"人地关系地域系统"是综合研究地理格局形成与演变规律的理论基石》，《地理学报》2018 年第 4 期。

范子英、张军：《财政分权、转移支付与国内市场整合》，《经济研究》2010 年第 3 期。

冯志军：《中国工业企业绿色创新效率研究》，《中国科技论坛》2013年第 2 期。

付帼、卢小丽、武春友：《中国省域绿色创新空间格局演化研究》，《中国软科学》2016 年第 7 期。

符淼：《地理距离和技术外溢效应——对技术和经济集聚现象的空间计量学解释》，《经济学》（季刊）2009 年第 4 期。

高广阔、王艺群：《京津冀地区高耗能产业绿色创新效率及影响因素分析——基于空间视角的实证研究》，《工业技术经济》2018 年第 1 期。

高红贵、赵路：《长江经济带产业绿色发展水平测度及空间差异分析》，《科技进步与对策》2019 年第 12 期。

高楠、马耀峰、张春晖：《中国丝绸之路经济带旅游产业与区域经济的时空耦合分异——基于九省区市 1993－2012 年面板数据》，《经济管理》2015 年第 9 期。

高军峰：《中国省际绿色创新效率的动态扩散机制及其时空分异特征》，硕士学位论文，山西师范大学，2018。

郭宇、王晰巍、贺伟等：《基于文献计量和知识图谱可视化方法的国内外低碳技术发展动态研究》，《情报科学》2015 年第 4 期。

郭芸、范柏乃、龙剑：《我国区域高质量发展的实际测度与时空演变特征研究》，《数量经济技术经济研究》2020 年第 10 期。

郭新茹、顾江、陈天宇：《文化产业集聚、空间溢出与区域创新能力》，《江海学刊》2019 年第 6 期。

郭腾云、徐勇、马国霞等：《区域经济空间结构理论与方法的回顾》，《地理科学进展》2009 年第 1 期。

郭捷、杨立成：《环境规制、政府研发资助对绿色技术创新的影响——基于中国内地省级层面数据的实证分析》，《科技进步与对策》2020 年第 10 期。

郭政、姚士谋、陈爽等：《长三角城市群城市宜居水平时空演化及影响因素》，《经济地理》2020 年第 2 期。

郭进:《环境规制对绿色技术创新的影响:"波特效应"的中国证据》,《财贸经济》2019年第3期。

葛世帅、曾刚、胡浩等:《长三角城市群绿色创新能力评价及空间特征》,《长江流域资源与环境》2021年第1期。

葛晓梅、王京芳、薛斌:《促进中小企业绿色技术创新的对策研究》,《科学学与科学技术管理》2005年第12期。

耿伟、廖显春:《贸易自由化、市场化改革与企业间资源配置——基于生产率分布离散度的视角》,《国际贸易问题》2017年第4期。

官建成、陈凯华:《我国高技术产业技术创新效率的测度》,《数量经济技术经济研究》2009年第10期。

管亚梅、陆静娇:《利益相关者压力、企业环境伦理与绿色创新绩效的关系研究》,《江苏社会科学》2019年第3期。

顾剑华、王亚倩:《产业结构变迁对区域高质量绿色发展的影响及其空间溢出效应——基于我国省域面板数据的实证研究》,《西南大学学报》(自然科学版)2021年第8期。

干春晖、郑若谷:《改革开放以来产业结构演进与生产率增长研究——对中国1978-2007年"结构红利假说"的检验》,《中国工业经济》2009年第2期。

何江、张馨之:《中国区域经济增长及其收敛性:空间面板数据分析》,《南方经济》2006年第5期。

黄奇、苗建军、李敬银等:《基于绿色增长的工业企业技术创新效率空间外溢效应研究》,《经济体制改革》2015年第4期。

黄志斌、姚灿、王新:《绿色发展理论基本概念及其相互关系辨析》,《自然辩证法研究》2015年第8期。

黄磊、吴传清:《长江经济带城市工业绿色发展效率及其空间驱动机制研究》,《中国人口·资源与环境》2019年第8期。

黄磊、吴传清:《长江经济带城市绿色技术创新效率及其动力机制研究》,《重庆大学学报》(社会科学版)2021年第1期。

韩晶、宋涛、陈超凡等：《基于绿色增长的中国区域创新效率研究》，《经济社会体制比较》2013 年第 3 期。

韩晶：《中国区域绿色创新效率研究》，《财经问题研究》2012 年第 11 期。

胡鞍钢、周绍杰：《绿色发展：功能界定、机制分析与发展战略》，《中国人口·资源与环境》2014 年第 1 期。

胡鞍钢：《全球气候变化与中国绿色发展》，《中共中央党校学报》2010 年第 2 期。

胡锡琴、张红伟：《空间经济视域下城市群 FDI、服务业集聚的经济效应——基于成渝城市群的实证分析》，《中国地质大学学报》（社会科学版）2017 年第 5 期。

侯孟阳、姚顺波：《1978-2016 年中国农业生态效率时空演变及趋势预测》，《地理学报》2018 年第 11 期。

华振：《我国绿色创新能力评价及其影响因素的实证分析——基于 DEA-Malmquist 生产率指数分析法》，《技术经济》2011 年第 9 期。

洪银兴：《科技创新阶段及其创新价值链分析》，《经济学家》2017 年第 4 期。

郝国彩、徐银良、张晓萌等：《长江经济带城市绿色经济绩效的溢出效应及其分解》，《中国人口·资源与环境》2018 年第 5 期。

陆铭、张爽：《"人以群分"：非市场互动和群分效应的文献评论》，《经济学》（季刊）2007 年第 3 期。

梁中、昂昊：《中国绿色技术创新效率演化及其空间治理》，《财贸研究》2019 年第 8 期。

梁刚：《中国绿色低碳循环发展经济体系建设水平测度》，《统计与决策》2021 年第 15 期。

梁琦、黄卓：《空间经济学在中国》，《经济学》（季刊）2012 年第 3 期。

廖重斌：《环境与经济协调发展的定量评判及其分类体系——以珠江三角洲城市群为例》，《热带地理》1999 年第 2 期。

李洪涛、王丽丽:《中心城市科技创新对城市群结构体系的影响》,《中国科技论坛》2020年第7期。

李杰、陈超美:《CiteSpace科技文本挖掘及可视化》,首都经济贸易大学出版社,2016。

李金滟、李泽宇、李超:《城市绿色创新效率实证研究——来自长江中游城市群的证据》,《江西财经大学学报》2016年第6期。

刘昕:《近10年我国乡镇图书馆研究文献计量分析》,《图书馆学刊》2011年第12期。

刘纪远、邓祥征、刘卫东等:《中国西部绿色发展概念框架》,《中国人口·资源与环境》2013年第10期。

刘佳、宋秋月:《中国旅游产业绿色创新效率的空间网络结构与形成机制》,《中国人口·资源与环境》2018年第8期。

刘和东:《区域创新内溢、外溢与空间溢出效应的实证研究》,《科研管理》2013年第1期。

刘明广:《区域创新系统绿色创新效率的空间分布及收敛性研究》,《工业技术经济》2017a年第4期。

刘章生、宋德勇、弓媛媛:《中国绿色创新能力的时空分异与收敛性研究》,《管理学报》2017年第10期。

刘明广:《中国省域绿色发展水平测量与空间演化》,《华南师范大学学报》(社会科学版)2017b年第3期。

刘思华、刘泉主编《绿色经济导论》,同心出版社,2004。

刘耀彬、肖小东、邵翠:《长江经济带水土资源约束的动态转换机制及空间异质性分析——基于平滑面板转换模型和趋势面的检验》,《中国人口·资源与环境》2019年第3期。

刘贝贝、左其亭、刁艺璇:《绿色科技创新在黄河流域生态保护和高质量发展中的价值体现及实现路径》,《资源科学》2021年第2期。

刘军、曹雅茹、吴昊天:《产业协同集聚对区域绿色创新的影响》,《中国科技论坛》2020年第4期。

刘金科、肖翊阳：《中国环境保护税与绿色创新：杠杆效应还是挤出效应？》，《经济研究》2022 年第 1 期。

林德明、陈超美、刘则渊：《共被引网络中心性的 Zipf-Pareto 分布研究》，《情报学报》2011 年第 1 期。

林毅夫、刘培林：《中国的经济发展战略与地区收入差距》，《经济研究》2003 年第 3 期。

林伯强、黄光晓：《梯度发展模式下中国区域碳排放的演化趋势——基于空间分析的视角》，《金融研究》2011 年第 12 期。

李旭：《绿色创新相关研究的梳理与展望》，《研究与发展管理》2015 年第 2 期。

李婉红、毕克新、孙冰：《环境规制强度对污染密集行业绿色技术创新的影响研究——基于 2003—2010 年面板数据的实证检验》，《研究与发展管理》2013 年第 6 期。

李平：《R&D 资源约束下中国自主创新能力提升的路径选择》，人民出版社，2011。

李顺毅：《绿色发展与居民幸福感——基于中国综合社会调查数据的实证分析》，《财贸研究》2017 年第 1 期。

李兰冰、李焕杰：《技术创新、节能减排与城市绿色发展》，《软科学》2021 年第 11 期。

李赟鹏、郝美彦：《金融集聚对我国流通产业绿色发展的影响及区域异质性——基于空间溢出视角的实证》，《商业经济研究》2021 年第 4 期。

李强、王琰：《城市蔓延与长江经济带产业升级》，《重庆大学学报》（社会科学版）2021 年第 1 期。

李鹤虎、段万春：《梯度推移理论创新——虹吸理论》，《经济问题探索》2010 年第 11 期。

李健、李宁宁、苑清敏：《高新技术产业绿色创新效率时空分异及影响因素研究》，《中国科技论坛》2021 年第 4 期。

李仁贵：《区域经济发展中的增长极理论与政策研究》，《经济研究》

1988 年第 9 期。

吕承超、邵长花、崔悦：《中国绿色创新效率的时空演进规律及影响因素研究》，《财经问题研究》2020 年第 12 期。

吕岩威、谢雁翔、楼贤骏：《中国区域绿色创新效率收敛性研究》，《科技进步与对策》2019 年第 15 期。

吕拉昌、黄茹、廖倩：《创新地理学研究的几个理论问题》，《地理科学》2016 年第 5 期。

吕岩威、谢雁翔、楼贤骏：《中国区域绿色创新效率时空跃迁及收敛趋势研究》，《数量经济技术经济研究》2020 年第 5 期。

刘章生、宋德勇、弓媛媛等：《中国制造业绿色技术创新能力的行业差异与影响因素分析》，《情报杂志》2017 年第 1 期。

陆大道：《关于"点-轴"空间结构系统的形成机理分析》，《地理科学》2002 年第 1 期。

简晓彬、车冰清、仇方道：《装备制造业集群式创新效率及影响因素——以江苏为例》，《经济地理》2018 年第 7 期。

蒋海军：《创新知识溢出机理与效应研究》，博士学位论文，北京理工大学，2017。

焦敬娟、王姣娥、程珂：《中国区域创新能力空间演化及其空间溢出效应》，《经济地理》2017 年第 9 期。

康鹏辉、茹少峰：《环境规制的绿色创新双边效应》，《中国人口·资源与环境》2020 年第 10 期。

马大来、陈仲常、王玲：《中国区域创新效率的收敛性研究：基于空间经济学视角》，《管理工程学报》2017 年第 1 期。

马宗国、赵倩倩、蒋依晓：《国家自主创新示范区绿色高质量发展评价》，《中国人口·资源与环境》2022 年第 2 期。

毛炜圣、钟业喜、吴思雨：《长江经济带战略性新兴产业创新能力时空演化及空间溢出效应》，《长江流域资源与环境》2020 年第 6 期。

马林、黄夔：《绿色创新能力及其溢出效应与经济增长实证研究：基于协同演进视角》，《生态经济》（学术版）2014 年第 1 期。

牛艳梅：《基于反梯度推移的绿色产业发展问题研究》，《农业经济》2012 年第 7 期。

潘文卿：《中国区域经济差异与收敛》，《中国社会科学》2010 年第 1 期。

彭文斌、文泽宙、邝嫦娥：《中国城市绿色创新空间格局及其影响因素》，《广东财经大学学报》2019 年第 1 期。

裴庆冰、谷立静、白泉：《绿色发展背景下绿色产业内涵探析》，《环境保护》2018 年第 Z1 期。

岐洁、韩伯棠、曹爱红：《区域绿色技术溢出与技术创新门槛效应研究——以京津冀及长三角地区为例》，《科学学与科学技术管理》2015 年第 5 期。

秦长江、侯汉清：《知识图谱——信息管理与知识管理的新领域》，《大学图书馆学报》2009 年第 1 期。

秦书生、杨硕：《习近平的绿色发展思想探析》，《理论学刊》2015 年第 6 期。

秦贤宏、段学军：《长三角极化区形成过程中的经济梯度演变特征及政策启示》，《长江流域资源与环境》2018 年第 6 期。

钱丽、王文平、肖仁桥：《共享投入关联视角下中国区域工业企业绿色创新效率差异研究》，《中国人口·资源与环境》2018 年第 5 期。

钱易：《努力实现生态优先、绿色发展》，《环境科学研究》2020 年第 5 期。

任耀、牛冲槐、牛彤等：《绿色创新效率的理论模型与实证研究》，《管理世界》2014 年第 7 期。

任保平、杜宇翔：《黄河流域经济增长-产业发展-生态环境的耦合协同关系》，《中国人口·资源与环境》2021 年第 2 期。

任栋、曹改改、龙思瑞：《基于人类发展指数框架的中国各地社会发展协调度分析》，《数量经济技术经济研究》2021 年第 6 期。

沈能、周晶晶：《技术异质性视角下的我国绿色创新效率及关键因素作用机制研究：基于 Hybrid DEA 和结构化方程模型》，《管理工程学报》2018年第 4 期。

沈宏婷：《中国省域创新投入与产出的时空耦合研究》，博士学位论文，南京师范大学，2015。

苏越良、何海燕、尹金龙：《企业绿色持续创新能力评价体系研究》，《科技进步与对策》2009 年第 20 期。

史烽、陈石斌、蔡翔等：《我国大学－企业协同创新的空间外溢效应》，《经济地理》2016 年第 12 期。

孙建、齐建国：《人力资本门槛与中国区域创新收敛性研究》，《科研管理》2009 年第 6 期。

孙振清、成晓斐、谷文姗：《异质性环境规制对工业绿色发展绩效的影响》，《华东经济管理》2021 年第 8 期。

孙燕铭、梅潇、谌思邈：《长三角城市群绿色技术创新的时空格局及驱动因素研究》，《江淮论坛》2021 年第 1 期。

孙燕铭、谌思邈：《长三角区域绿色技术创新效率的时空演化格局及驱动因素》，《地理研究》2021 年第 10 期。

石慧、吴方卫：《中国农业生产率地区差异的影响因素研究：基于空间计量的分析》，《世界经济文汇》2011 年第 3 期。

石峰：《中国区域创新效率的差异性及收敛性》，《安徽师范大学学报》（人文社会科学版）2013 年第 6 期。

宋文飞、李国平、韩先锋：《价值链视角下环境规制对 R&D 创新效率的异质门槛效应——基于工业 33 个行业 2004－2011 年的面板数据分析》，《财经研究》2014 年第 1 期。

盛斌、吕越：《外国直接投资对中国环境的影响——来自工业行业面板数据的实证研究》，《中国社会科学》2012 年第 5 期。

苏屹、林周周：《区域创新活动的空间效应及影响因素研究》，《数量经济技术经济研究》2017 年第 11 期。

陶锋、赵锦瑜、周浩：《环境规制实现了绿色技术创新的"增量提质"吗——来自环保目标责任制的证据》，《中国工业经济》2021年第2期。

陶晓红、齐亚伟：《中国区域经济时空演变的加权空间马尔可夫链分析》，《中国工业经济》2013年第5期。

藤田昌久、保罗·克鲁格曼、安东尼·J·维纳布尔斯：《空间经济学：城市、区域与国际贸易》，梁琦主译，中国人民大学出版社，2005。

田虹、潘楚林：《前瞻型环境战略对企业绿色形象的影响研究》，《管理学报》2015年第7期。

田红彬、郝雯雯：《FDI、环境规制与绿色创新效率》，《中国软科学》2020年第8期。

田毕飞、陈紫若：《FDI对中国创业的空间外溢效应》，《中国工业经济》2016年第8期。

王家庭：《技术创新、空间溢出与区域工业经济增长的实证研究》，《中国科技论坛》2012年第1期。

王郁蓉、宋莹：《西部省域创新产出的空间差异及其演化特征》，《西北大学学报》（哲学社会科学版）2017年第3期。

王惠：《研发投入对绿色创新效率的异质门槛效应——基于中国高技术产业的经验研究》，《科研管理》2016年第2期

王博、张永忠、陈灵杉等：《中国城市绿色创新水平及影响因素贡献度分解》，《科研管理》2020年第8期。

王成金：《1950年代以来中国铁路物流的交流格局及演变特征》，《地理科学进展》2008年第1期。

王见康、韩倩：《中国城市经济-社会-环境耦合协调的时空格局》，《经济地理》2021年第5期。

王火根、沈利生：《中国经济增长与能源消费空间面板分析》，《数量经济技术经济研究》2007年第12期。

汪传旭、任阳军：《高技术产业绿色创新效率的空间溢出效应》，《产经评论》2016年第6期。

魏守华、禚金吉、何嫄:《区域创新能力的空间分布与变化趋势》,《科研管理》2011 年第 4 期。

魏丽莉、侯宇琦:《数字经济对中国城市绿色发展的影响作用研究》,《数量经济技术经济研究》2022 年第 8 期。

王腾飞、谷人旭、马仁锋:《知识溢出研究的"空间性"转向及人文与经济地理学议题》,《经济地理》2020 年第 6 期。

王彦君、肖沁霖、肖黎明:《生态文明视域下旅游创新研究进展——基于国内核心期刊的可视化分析》,《林业经济》2020 年第 5 期。

魏权龄:《数据包络分析》,科学技术出版社,2004。

吴映雪:《农村集体经济研究的发展脉络及展望——基于 CiteSpace 的可视化分析》,《经济问题探索》2021 年第 7 期。

吴美琴、肖慧、樊晓宏等:《区域绿色创新三阶段效率研究——基于 NSBM 模 1 型的分析》,《山西大学学报》(哲学社会科学版)2016 年第 6 期。

吴友、刘乃全:《不同所有制企业创新的空间溢出效应》,《经济管理》2016 年第 11 期。

吴旭晓:《中国区域绿色创新效率演进轨迹及形成机理研究》,《科技进步与对策》2019 年第 23 期。

许宪春、任雪、常子豪:《大数据与绿色发展》,《中国工业经济》2019 年第 4 期。

许晓燕、赵定涛、洪进:《绿色技术创新的影响因素分析——基于中国专利的实证研究》,《中南大学学报》(社会科学版)2013 年第 2 期。

许庆瑞、王毅:《绿色技术创新新探:生命周期观》,《科学管理研究》1999 年第 1 期。

许宪春、雷泽坤、窦园园等:《中国南北平衡发展差距研究——基于"中国平衡发展指数"的综合分析》,《中国工业经济》2021 年第 2 期。

许玉洁、刘曙光:《黄河流域绿色创新效率空间格局演化及其影响因素》,《自然资源学报》2022 年第 3 期。

徐维祥、杨蕾、刘程军等：《长江经济带创新产出的时空演化特征及其成因》，《地理科学》2017 年第 4 期。

徐晓光、樊华、苏应生等：《中国绿色经济发展水平测度及其影响因素研究》，《数量经济技术经济研究》2021 年第 7 期。

徐枫、丁有炜：《资本市场支持绿色产业技术创新的效应》，《科技管理研究》2016 年第 21 期。

徐露：《基于增长极理论的乡村旅游资源深度利用研究》，《农业经济》2017 年第 8 期。

徐维祥、舒季君、唐根年：《中国工业化、信息化、城镇化和农业现代化协调发展的时空格局与动态演进》，《经济学动态》2015 年第 1 期。

肖黎明、肖沁霖：《国内外绿色创新研究进展与热点——基于 CiteSpace 的可视化分析》，《资源开发与市场》2018 年第 9 期。

肖黎明、张仙鹏：《强可持续理念下绿色创新效率与生态福利绩效耦合协调的时空特征》，《自然资源学报》2019 年第 2 期。

肖仁桥、丁娟、钱丽：《绿色创新绩效评价研究述评》，《贵州财经大学学报》2017 年第 2 期。

肖沁霖：《我国城市绿色创新的溢出效应及收敛性分析》，硕士学位论文，山西师范大学，2020。

肖黎明、肖沁霖、张润婕：《绿色创新效率与生态治理绩效协调的时空演化及收敛性分析——以长江经济带城市为例》，《地理与地理信息科学》2020 年第 6 期。

肖黎明、高军峰、刘帅：《基于空间梯度的我国地区绿色技术创新效率的变化趋势——省际面板数据的经验分析》，《软科学》2017 年第 9 期。

肖仁桥、丁娟：《我国企业绿色创新效率及其空间溢出效应——基于两阶段价值链视角》，《山西财经大学学报》2017 年第 12 期。

肖黎明、高军峰、韩彬：《中国省际绿色创新效率的空间溢出效应——同质性和异质性检验》，《工业技术经济》2018 年第 4 期。

肖黎明、李秀清：《绿色证券对企业绿色投资效率的影响——基于六大高耗能行业上市企业的检验》，《金融监管研究》2020 年第 12 期。

肖黎明、肖沁霖：《黄河流域城市生态福利绩效格局分异及空间收敛分析》，《软科学》2021 年第 2 期。

肖黎明、吉荟茹：《绿色技术创新视域下中国生态福利绩效的时空演变及影响因素——基于省域尺度的数据检验》，《科技管理研究》2018 年第 17 期。

肖沁霖、肖黎明：《绿色创新效率与生态治理绩效耦合协调的时空分异及响应——以长江经济带 108 个城市为例》，《世界地理研究》2022 年第 1 期。

肖黎明、李秀清：《资源利用对长江经济带高质量发展的影响——基于生态足迹的检验》，《地理与地理信息科学》2022 年第 4 期。

肖沁霖、肖黎明：《居民福祉视角下城市生态治理效率的溢出效应——基于长三角城市群的检验》，《地域研究与开发》2021 年第 5 期。

肖黎明、张润婕、肖沁霖：《中国农村生态宜居水平的动态演进及其地区差距——基于非参数估计与 Dagum 基尼系数分解》，《中国农业资源与区划》2021a 年第 3 期。

肖黎明、于翠凤：《中国绿色文旅融合发展的时空特征及影响因素分析》，《生态经济》2021 年第 8 期。

肖黎明、王彦君、郭瑞雅：《乡愁视域下乡村旅游高质量发展的空间差异及演变——基于黄河流域的检验》，《旅游学刊》2021b 年第 11 期。

肖仁桥、王宗军、钱丽：《价值链视角下我国不同性质工业企业技术创新效率研究》，《中国科技论坛》2014 年第 1 期。

肖黎明、李泂旭、肖沁霖等：《中国区域绿色创新与绿色发展的协同及互动——基于耦合协调与 PVAR 模型的检验》，《科技管理研究》2019 年第 20 期。

肖文、林高榜：《政府支持、研发管理与技术创新效率——基于中国工业行业的实证分析》，《管理世界》2014 年第 4 期。

辛冲冲、陈志勇：《中国基本公共服务供给水平分布动态、地区差异及收敛性》，《数量经济技术经济研究》2019 年第 8 期。

杨东、柴慧敏：《企业绿色技术创新的驱动因素及其绩效影响研究综述》，《中国人口・资源与环境》2015 年第 11 期。

杨发明、吕燕：《绿色技术创新的组合激励研究》，《科研管理》1998 年第 1 期。

杨庆义：《绿色创新是西部区域创新的战略选择》，《重庆大学学报》（社会科学版）2003 年第 1 期。

杨浩昌、李廉水、张发明：《高技术产业集聚与绿色技术创新绩效》，《科研管理》2020 年第 9 期。

杨阳、曾刚、葛世帅等：《国内外绿色创新研究进展与展望》，《经济地理》2022 年第 3 期。

杨树旺、吴婷、李梓博：《长江经济带绿色创新效率的时空分异及影响因素研究》，《宏观经济研究》2018 年第 6 期。

杨发明、许庆瑞、吕燕：《绿色技术创新功能源研究》，《科研管理》1997 年第 3 期。

严翔、成长春、徐长乐等：《长江经济带研究热点及展望——基于知识图谱计量分析》，《经济地理》2018 年第 7 期。

尹虹潘、刘姝伶：《"中心-亚中心-外围"区域发展格局：宏观战略与微观诉求的空间联结》，《改革》2020 年第 12 期。

银温泉、才婉茹：《我国地方市场分割的成因和治理》，《经济研究》2001 年第 6 期。

余泳泽、刘大勇：《我国区域创新效率的空间外溢效应与价值链外溢效应——创新价值链视角下的多维空间面板模型研究》，《管理世界》2013 年第 7 期。

余淑均、李雪松、彭哲远：《环境规制模式与长江经济带绿色创新效率研究——基于 38 个城市的实证分析》，《江海学刊》2017 年第 3 期。

易明、程晓曼：《长江经济带城市绿色创新效率时空分异及其影响因素》，《城市问题》2018 年第 8 期。

袁华锡、刘耀彬、封亦代：《金融集聚如何影响绿色发展效率？——基于时空双固定的 SPDM 与 PTR 模型的实证分析》，《中国管理科学》2019 年第 11 期。

张唯实：《能源效率、产业结构与中国区域经济发展差距》，《山西财经大学学报》2010 年第 10 期。

张战仁：《创新空间溢出的差异影响研究述评》，《经济地理》2012 年第 11 期。

张文丽：《国家绿色创新生产率变动的实证分析》，硕士学位论文，大连理工大学，2015。

张钢、张小军：《绿色创新研究的几个基本问题》，《中国科技论坛》2013 年第 4 期。

张钢、张小军：《国外绿色创新研究脉络梳理与展望》，《外国经济与管理》2011 年第 8 期。

张治河、冯陈澄、李斌等：《科技投入对国家创新能力的提升机制研究》，《科研管理》2014 年第 4 期。

张昌勇：《我国绿色产业创新的理论研究与实证分析》，博士学位论文，武汉理工大学，2011。

张亚斌、张敏敏：《中心外围理论与"3+5"城市群圈层发展模式设计》，《湖南大学学报》（社会科学版）2010 年第 2 期。

张莉莉、肖黎明、高军峰：《中国绿色金融发展水平与效率的测度及比较——基于 1040 家公众公司的微观数据》，《中国科技论坛》2018 年第 9 期。

张勋、乔坤元：《中国区域间经济互动的来源：知识溢出还是技术扩散?》，《经济学》（季刊）2016 年第 4 期。

张伟丽、覃成林、李小建：《中国地市经济增长空间俱乐部趋同研究——兼与省份数据的比较》，《地理研究》2011 年第 8 期。

张虎、胡淑兰：《马尔可夫转换模型的极大似然估计的算法》，《统计与决策》2011 年第 6 期。

赵琳、范德成：《我国高技术产业技术创新效率的测度及动态演化分析——基于因子分析定权法的分析》，《科技进步与对策》2011 年第 11 期。

赵增耀、章小波、沈能：《区域协同创新效率的多维溢出效应》，《中国工业经济》2015 年第 1 期。

赵细康、李建民：《中国环境保护与产业国际竞争力关系的展望》，《广东社会科学》2004 年第 1 期。

赵林、刘焱序、曹乃刚等：《中国包容性绿色效率时空格局与溢出效应分析》，《地理科学进展》2021 年第 3 期。

宗淑萍：《基于普赖斯定律和综合指数法的核心著者测评——以〈中国科技期刊研究〉为例》，《中国科技期刊研究》2016 年第 12 期。

周力：《中国绿色创新的空间计量经济分析》，《资源科学》2010 年第 5 期。

周海华、王双龙：《正式与非正式的环境规制对企业绿色创新的影响机制研究》，《软科学》2016 年第 8 期。

周宏春、江晓军：《习近平生态文明思想的主要来源、组成部分与实践指引》，《中国人口·资源与环境》2019 年第 1 期。

周锐波、刘叶子、杨卓文：《中国城市创新能力的时空演化及溢出效应》，《经济地理》2019 年第 4 期。

周迪、程慧平：《创新价值链视角下的区域创新活动收敛分析——基于空间面板模型》，《科技进步与对策》2015 年第 1 期。

周亮、车磊、周成虎：《中国城市绿色发展效率时空演变特征及影响因素》，《地理学报》2019 年第 10 期。

周磊、孙宁华、缪烨峰等：《极化与扩散：长三角在区域均衡发展中的作用——来自长三角与长江中游城市群的证据》，《长江流域资源与环境》2021 年第 4 期。

朱美光：《区域知识能力与区域知识吸收能力比较研究——基于空间知识溢出视角的分析》，《科学学研究》2007 年第 6 期。

诸大建：《用国际可持续发展研究的新成果和通用语言解读生态文明》，

《中国环境管理》2019 年第 3 期。

Fujita, M., Krugman, P., Venables, A., *The Spatial Economy: Cities, Regions and International Trade* (The MIT Press, 1999).

Aigner, D. J., Lovell, C. A. K., Schmidt P., "Formulation and Estimation of Stochastic Frontier Production Models," *Journal of Econometrics* (6) (1977): 21-37.

Arrow, K. J., "The Economic Implications of Learning by Doing," *Review of Economic Studies* 62 (2) (1962): 323-351.

Anselin, L., Varga, A., Acs, Z., "Local Geographic Spillovers Between University Research and High Technology Innovations," *Journal of Urban Economics* 42 (3) (1997): 422-448.

Ang, B. W., Liu, N., "Handling Zero Values in the Logarithmic Mean Divisia Index Decomposition Approach," *Energy Policy* 35 (6) (2007): 238-246.

Arechibugi, D., Pianta, M., "Aggregate Convergence and Sectoral Sepcialization in Innovations," *Journal of Evolutionary Economics* 4 (1) (1994): 17-33.

Archibugi, D., Pianta, M., "Aggregate Convergunce and Sectoral Specialization in Innovation," *Journal of Evolutionary Economics* 4 (1) (1994): 17-33.

Aguilera-Caracuel, J., Ortiz-De-Mandojanan, N., "Green Innovation and Financial Performance: An Institutional Approach," *Organization & Environment* 26 (4) (2013): 365-385

Bemauer, E., Kammerer, S., "Explaining Green Innovation," Working Paper, Center for Comparative and International Studies (2006): 1-16.

Brawn, E., Wield, D., "Regulation as a Means for the Social Control of Technology," *Technology Analysis and Strategic Management* (3) (1994): 497-505.

Beise, M., Rennings, K., "Lead Markets and Regulation: A Framework for Analyzing the International Diffusion of Environmental Innovation," *Ecological*

Economics 52 (1) (2005): 5-17.

Blomstrom, M. , Kokko, H. , "Multinational Corporations and Spillovers," *Journal of Economic Surveys* (12) (1998): 247-277.

Bottazzi, L. , Peri, G. , "Innovation and Spillovers in Regions: Evidence from European Patent Data," *European Economic Review* 47 (4) (2003): 687-710.

Barro, R. J, Sala-i-Martin, X. , "Convergence across States and Regions," *Brookings Paper on Economic Activity* 22 (1) (1991): 107-182.

Baumol, W, J. , "Productivity Growth, Convergence, and Welfare What the Long-Run Data Show," *The American Economic Review* (5) (1986): 1072-1085.

Ben-David, D. , "Convergence Clubs and Subsistence Economies," *Journal of Development Economics* 55 (1) (1998): 155-171.

Brand, U. , "Green Economy – The Next Oxymoron? No Lessons Learned from Failures of Implementing Sustainable Development," *GAIA-Ecological Perspectives for Science and Society* 21 (1) (2012): 28-32.

Brezet, H. , "Dynamics in Ecodesign Practice," *Industry & Environment* 20 (1997): 35-50.

Chen, C. M. , "CiteSpace II: Detecting and Visualizing Emerging Trends and Transient Patterns in Scientific Literature," *Journal of the American Society for Information Science and Technology* 57 (3) (2006): 359-377.

Chen , Y. S. , Lai, S. B. , Wen, C. T. , "The Influence of Green Innovation Performance on Corporate Advantagein Taiwan," *Journal of Business Ethics* 67 (4) (2006): 331-339.

Conrad, K. , Wastl, D. , "The Impact of Environmental Regulation on Productivity in German Industries," *Empirical Economics* 20 (4) (1995): 615-633.

Caniels, M. C. , Verspagen, B. , "Barriers to Knowledge Spillovers and Regional Convergence in an Evolutionary Model," *Evolutionary Economics* 11

（2011）：307-329.

Cooke, P. , "Transition Regions: Regional-National Eco-Innovation Systems and Strategies," *Progress in Planning* (3) (2011): 105-146.

Chen, C. F. , Lan, Q. X. , Gao, M. , Sun, Y. W. , "Green Total Factor Productivity Growth and Its Determinants in China's Industrial Economy," *Sustainability* 10 (4) (2018): 1052-1076.

Chemmanur, T. J. , Fulghieri, P. , "Entrepreneurial Finance and Innovation: An Introduction and Agenda for Future Research," *Review of Financial Studies* 27 (1) (2014): 1-19.

Driessen, P. , Hillebrand , B. , "Adoption and Diffusion of Green Innovations," in Nelissen, W. , Bartels, G. , *Marketing for Sustainability: Towards Transactional Policy-Making* (Amsterdam: Ios Press, 2002), pp. 343-356.

Das, S. , "Externalities and Technology Transfer through MNCs," *Journal of International Economics* (22) (1987): 171-182.

D' Amato, D. , Droste, N. , Allen, B. , et al. , "Green, Circular, Bio Economy: A Comparative Analysis of Sustainability Avenues," *Journal of Cleaner Production* 168 (2017): 716-734.

Desmet, K. , Rossihansberg, E. , "Spatial Development," *American Economic Review* 104 (4) (2014): 1211-1243.

Doretto, G. , Chiuso, A. , Wu, Y. N. , et al. ," Dynamic Textures," *International Journal of Computer Vision* 51 (2) (2003): 91-109.

Fischer, M. M. , Scherngell, T. , Jansenberger, E. , " Geographic Localisation of Knowledge Spillovers: Evidence from High-tech Patent Citations in Europe," *Social Science Electronic Publishing* (43) (2009): 839-858.

Friedman, M. , "Do Old Fallacies Ever Die?" *Journal of Economic Literature* (4) (1992): 2129-2132.

Furman, J. L. , Porter, M. E. , Stern, S. , "The Determinants of National

Innovative Capacity," *Research Policy* 31 (6) (2002): 899-933.

Fussler, C., James, P., *Driving Eco-Innovation: A Breakthrough Discipline for Innovation and Sustainability* (Pitman Publishing, London, 1996).

Feng, C., Wang, M., Liu, G. C., et al., "Green Development Performance and Its Influencing Factors: A Global Perspective," *Journal of Cleaner Production* 144 (2017): 323-333.

Freeman, C., "The Greening of Technology and Models of Innovation," *Technological Forecasting and Social Change* 53 (1) (1996): 27-39.

Fishenden, J., Thompson, M., "Digital Government, Open Architecture, and Innovation: Why Public Sector IT Will Never Be the Same Again," *Journal of Public Administration Research & Theory* 23 (4) (2013): 977-1004.

Friedman, J. R., *Regional Development Policy: A Case Study of Venezuela* (Cambrige: MIT Press, 1966).

Gray, W. B., Shadbegian, R. J., "Plant Vintage Technology and Environment Regulation," *Journal of Environmental Economics And Management* 46 (3) (2003): 384-402.

Griliches, Z., "Issues in Assessing the Contribution of R&D to Productivity Growth," *The Bell Journal of Economics* 10 (1) (1979): 92-116.

Greunz, L., "Geographically and Technologically Mediated Knowledge Spillovers between European Regions," *The Annals of Regional Science* (37) (2003): 657-680.

Grossman, H., "Endogenous Innovation in the Theory of Growth," *Journal of Economic Perspective* 8 (1) (1994): 23-44.

Gereffi, G., Lee, J., "Economic and Social Upgrading in Global Value Chains and Industrial Clusters: Why Governance Matters," *Journal of Business Ethics* 133 (1) (2016): 25-38.

Goelli, T. J., "Estimators and Hypothesis Tests for a Stochastic Frontier Function: A Monte Carlo Analysis," *Journal of Productivity Analysis* 6 (3)

（1995）：247 -268.

Guan, J. , Chen, K. , "Measuring the Innovation Production Process: A Cross-Region Empirical Study of China's High-Tech Innovations," *Technovation* 30 (5/6) (2010)：348-358.

Hashimoto, A. , Haneda, S. , "Measuring the Change in R&D Efficiency of the Japanese Pharmaceutical Industry," *Research Policy* 37 (4) (2008): 1829-1836.

Horvathova, E. , "The Impact of Environmental Performance on Firm Performance: Short-Term Costs and Long-Term Benefits," *Ecological Economics* 84 (12) (2012)：91-97.

Huang, P. S. , Shih, L. H. , "Effective Environmental Management Through Environmental Knowledge Management," *International Journal of Environmental Science & Technology* 6 (1) (2009)：35-50.

Hopfenbeck, W. , *The Green Management Revolution: Lessons in Environmental Excellence* (New York: Prentice Hall , 1993).

Hall, C. R. , Hodges , A. W, Haydu, J. J. , "The Economic Impact of the Green Industry in the United States," *Hort Technology* 16 (2) (2006): 345-353.

Islam, N. , "Growth Empirics: A Panel Data Approach," *The Quarterly Journal of Economics* 110 (4) (1995)：1127-1170.

Jaffe, A. B. , "Real Effects of Academic Research," *American Economic Review* 79 (5) (1989)：957-970.

Jacobs, J. , *The Economy of Cities* (New York, USA: *Random House*, 1969).

Jungmittag, A. , "Innovation Dynamics in the EU: Convergence or Divergence? A Cross-Country Panel Data Analysis," *Empirical Economics* 31 (2006)：313-331.

Jagoda, K. , Lonseth, R. , Lonseth, A. , Jackman, T. , "Development of

Commercialization of Renewable Energy Technologies in Canada: An Innovation System Perspective," *Renewable Energy* 36 (4) (2011): 1266-1271.

John, H., Hubert, S., "How Does Insertion in Global Value Chains Affect Upgrading in Industrial Clusters?" *Regional Studies* 36 (9) (2002): 1017-1027.

Kemp, R., *Environmental Policy and Technical Change: A Comparison of the Technological Impact of Policy Instrument* (Edawrd Elgar Publishing, Cheltenham, UK, 1997).

Krugman, P., *Geography and Trade* (Cambridge, USA: MIT Press, 1991).

Kim, L., "Stages of Development of Industrial Technology in a Developing Country: A Model," *Research Policy* (9) (1980): 254-277.

Keller, W., "Geographic Localization of International Technology Diffusion," *American Economic Review* 92 (1) (2002): 120-142.

Kang, W. L., Zou, Y. K., Wang, L., Liu, X. M., "Measurements and Factors of Biased Technological Progress in China's Marine Economy," *Polish Journal of Environmental Studies* 29 (6) (2020): 4109-4122.

Li, X. J., Ma, E., Qu, H. L., "Knowledge Mapping of Hospitality Research: A Visual Analysis Using Citespace," *International Journal of Hospitality Management* 60 (2017): 77-93.

Love, I., Zicchino, L., "Financial Development and Dynamic Investment Behavior: Evidence from Panel VAR," *The Quarterly Review of Economics and Finance* 46 (2) (2006): 190-210.

Lanoie, P., Laurent-Lucchetti, J., Johnstone, N., et al., "Environmental Policy, Innovation and Performance: New Insights on the Porter Hypothesis," *Journal of Economics & Management Strategy* 20 (3) (2011): 803-842.

LeSage, J., Pace, R., *Introduction to Spatial Econometrics* (Boca Raton: CRC Press, 2009).

Li, X. Q., Xiao, L. M., Tian, C., et al., "Impacts of the Ecological Footprint on Sustainable Development: Evidence from China," *Journal of Cleaner*

Production 352（2022）：131-472.

Mairesse，J.，Mohnen，P.，"Accounting for Innovation and Measuring Innovativeness：An Illustrative Framework and an Application，" *The American Economic Review* 92（2）（2022）：226-230.

Meeusen，W.，Broeck，J.，"Efficiency Estimation from Cobb-Douglas Production Functions with Composed Error，" *International Economic Review*（18）（1977）：435-444.

Marshall，A.，*Principles of Economics*（London，UK：Macmillan，1890）.

Myrdal，G.，*Economic Theory and Under-Developed Regions*（London：Duckworth，1957）.

Ngai，L. R.，Pissarides，C. A.，"Structural Change in a Multisector Model of Growth，" *American Economic Review* 97（1）（2007）：429-443.

OECD，*Environmental Innovation and Global Markets*（Paris：Organization for Economic Cooperation and Development，2008）.

OECD，*Oslo Manual 3rd Edition*，November 10，2005，http：www. oecd. org/datao-ecd/35/61/2367580.

Porter，M. E.，"Toward a New Conception of the Environment Competitiveness Relationship，" *The Journal of Economic Perspectives*（4）（1995）：97-118.

Panda，C.，"Environmental Regulation and U. S. States Technical in Efficiency，" *Economics Letters* 3（2008）：363-365.

Porter，M.，"Cluster and the New Economics of Competition，" *Harvard Business Review* 76（6）（1998）：77-90.

Pijnenburg，K.，Kholodilin，K. A.，"Do Regions with Entrepreneurial Neighbours Perform Better? A Spatial Econometric Approach for German Regions，" *Regional Studies* 48（5）（2014）：866-882.

Pearce，D. W.，Markandya，A.，Barbier，E. B.，*Blueprint for a Green Economy：A Report.*（London：Earthscan，1989）.

Perroux，F.，"Economicspace：Theory and Applicatons，" *The Quarterly*

Journal of Economics 64 （1） （1950）: 89-104.

Rockstrom, J, Steffen. W, Noone K, et al. , "A Safe Operating Space for Humanity," *Nature* 461 （7263） （2009）: 472-475.

Romer, P. M. , "Increasing Returns and Long-Run Growth," *Journal of Political Economy* 94 （2） （1986）: 1002-1037.

Romer, P. M. , "Endogenous Technological Change," *Journal of Political Economy* 98 （5） （1990）: S71-S102.

Ramsey, F. A. , "Mathematical Theory of Saving," *Economic Journal* （12） （1928）: 543-559.

Rey, S. J. , Janikas, M. V. , "STARS: Space-Time Analysis of Regional Systems," *Geographical Analysis* 38 （1） （2006）: 67-86.

Ramondo , N. , Rodríguez-Clare, A. , "Trade, Multinational Production, and the Gains from Openness," *Journal of Political Economy* 121 （2） （2013）: 273-322.

Schiedering, T. , Tietze, F. , Herstatt, C. , " Green Innovation in Technology and Innovation Management: An Exploratory Literature Review," *R&D Management* 42 （2） （2012）: 180-192.

Schiederig , T. , Tietze , F. , Herstatt, C. , "What is Green Innovation? A Quantitative Literature Review," *Social Science Electronic Publishing* （2011）.

Shu, C. L. , Zhou, K. Z. , Xiao , Z. Y. , et al. , "How Green Management Influences Product Innovation in China: The Role of Institutional Benefits," *Journal of Business Ethics* 133 （3） （2016）: 471-485.

Sharma, S. , Thomas, V. J. , "Inter-Country R&D Efficiency Analysis: An Application of Data Envelopment Analysis," *Scientometrics* 76 （3） （2008）: 483-501.

Seyoum , M, , Wu, R. , Yang, L. , "Technology Spillovers from Chinese Outward Direct Investment: The Case of Ethiopia," *China Economic Review* 33 （2015）: 35-49.

Stanikis, D. , "Green Industry—A New Concept," *Environmental Research Engineering and Management* 56 (2) (2011): 3-15.

Syverson, C. , "What Determines Productivity?" *Journal of Economic Literature* 49 (2) (2011): 326-365.

Thomas, B. , Stephanie, E. , Daniel, K. , et al. , *Explaining Green Innovation: Ten Years After Porter's Win-Win Proposition: How to Study the Effects of Regulation on Corporate Environmental Innovation?* (Politische Vierteljahresschrift, 2006), pp. 323-341.

Thomas, V. J. , Sharma , S. , Jain , S. K. , "Using Patents and Publications to Assess R&D Efficiency in the States of the USA ," *World Patent Information* 33 (1) (2011): 4-10.

Tone, K. , " A Slacks-Based Measure of Super-Efficiency in Data Envelopment Analysis," *European Journal of Operational Research* 143 (1) (2002): 32-41.

Tian, C. , Li, X. Q. , Xiao, L. M. , et al. , "Exploring the Impact of Green Credit Policy on Green Transformation of Heavy Polluting Industries," *Journal of Cleaner Production* 335 (2022): 130-257.

Tone, K. , "A Slacks-Based Measure of Efficiency in Data Envelopment Analysis," *European Journal of Operational Research* 130 (3) (2001): 498-509.

Weina, D. , Gilli, M. , Mazzanti, M. , et al. , "Green Inventions and Greenhouse Gas Emission Dynamics: A Close Examination of Provincial Italian Data ," *Environmental Economics and Policy Studies* 18 (2) (2016): 247-263.

Wang, W. , Yu, B. , Yan, X. , et al. , "Estimation of Innovation's Green Performance: A Range-Adjusted Measure Approach to Assess the Unified Efficiency of China's Manufacturing Industry," *Journal of Cleaner Production* 149 (2017): 919-924.

Wang, M. X. , Zhao, H. H. , Cui, J. X. , et al. , " Evaluating Green

Development Level of Nine Cities Within the Pearl River Delta, China," *Journal of Cleaner Production* 174 (2018): 315-323.

Xie, R. H., Yuan, Y. J., Huang, J. J., "Different Types of Environmental Regulations and Heterogeneous Influence on 'Green' Productivity: Evidence from China," *Ecological Economics* 132 (2017): 104-112.

Xiao, Q. L., Tian, C., Wang, Y. J., et al., "Measurement and Comparison of Urban Haze Governance Level and Efficiency Based on DPSIR Model: A Case Study of 31 Cities in North China," *Journal of Resources and Ecology* 11 (6) (2020): 549-561.

Yan, H., Wei, Q. L., Hao, G., "DEA Models for Resource Reallocation and Production Input/Output Estimation," *European Journal of Operational Research* 136 (1) (2002): 19-31.

附　录

表 A-1　2001~2019 年我国省际绿色创新投入、产出与效率的耦合度

省区市	年份										
	2001	2002	2003	2004	2005	2006	2007	2008	2009	2010	2011
北　京	0.978	0.975	0.969	0.977	0.967	0.968	0.961	0.954	0.956	0.945	0.935
天　津	0.816	0.824	0.831	0.829	0.866	0.872	0.859	0.863	0.852	0.844	0.834
河　北	0.955	0.949	0.948	0.948	0.941	0.949	0.938	0.936	0.922	0.914	0.914
山　西	0.900	0.889	0.897	0.910	0.919	0.918	0.905	0.911	0.885	0.886	0.895
内蒙古	0.803	0.768	0.797	0.824	0.828	0.850	0.847	0.849	0.857	0.867	0.882
辽　宁	0.968	0.956	0.963	0.958	0.956	0.952	0.944	0.940	0.942	0.934	0.928
吉　林	0.858	0.838	0.814	0.826	0.848	0.863	0.838	0.842	0.878	0.837	0.832
黑龙江	0.927	0.912	0.904	0.907	0.900	0.874	0.959	0.865	0.859	0.863	0.858
上　海	0.933	0.926	0.963	0.966	0.941	0.951	0.943	0.939	0.960	0.952	0.938
江　苏	0.956	0.953	0.967	0.972	0.987	0.987	0.990	0.994	0.998	0.997	0.999
浙　江	0.866	0.853	0.892	0.908	0.948	0.966	0.967	0.967	0.968	0.964	0.967
安　徽	0.876	0.862	0.842	0.855	0.838	0.866	0.850	0.854	0.885	0.897	0.923
福　建	0.876	0.866	0.916	0.904	0.904	0.897	0.880	0.877	0.871	0.879	0.877
江　西	0.850	0.824	0.837	0.843	0.834	0.851	0.844	0.835	0.826	0.836	0.834
山　东	0.971	0.972	0.977	0.982	0.982	0.989	0.987	0.987	0.986	0.983	0.979
河　南	0.928	0.924	0.922	0.933	0.931	0.948	0.943	0.951	0.940	0.930	0.926
湖　北	0.956	0.935	0.927	0.920	0.906	0.889	0.896	0.912	0.904	0.906	0.905
湖　南	0.897	0.877	0.865	0.882	0.881	0.893	0.879	0.885	0.905	0.893	0.903
广　东	1.000	0.999	0.999	0.998	0.995	0.997	1.000	1.000	1.000	1.000	0.999
广　西	0.887	0.850	0.800	0.809	0.815	0.859	0.841	0.837	0.843	0.846	0.848
海　南	0.645	0.584	0.589	0.599	0.585	0.595	0.840	0.821	0.835	0.829	0.794

省区市	年份										
	2001	2002	2003	2004	2005	2006	2007	2008	2009	2010	2011
重 庆	0.742	0.739	0.748	0.766	0.794	0.808	0.814	0.824	0.836	0.846	0.833
四 川	0.931	0.924	0.921	0.920	0.908	0.925	0.918	0.932	0.943	0.927	0.911
贵 州	0.774	0.871	0.854	0.850	0.824	0.838	0.792	0.772	0.736	0.756	0.753
云 南	0.917	0.883	0.845	0.855	0.798	0.822	0.832	0.810	0.788	0.768	0.788
陕 西	0.822	0.813	0.836	0.854	0.847	0.882	0.877	0.883	0.860	0.856	0.875
甘 肃	0.796	0.750	0.793	0.833	0.765	0.774	0.779	0.776	0.728	0.725	0.769
青 海	0.800	0.761	0.712	0.741	0.725	0.773	0.734	0.723	0.704	0.642	0.671
宁 夏	0.683	0.642	0.655	0.705	0.675	0.689	0.696	0.726	0.723	0.730	0.724
新 疆	0.822	0.782	0.793	0.807	0.801	0.763	0.800	0.792	0.790	0.792	0.792

省区市	年份								均值
	2012	2013	2014	2015	2016	2017	2018	2019	
北 京	0.926	0.938	0.943	0.947	0.942	0.931	0.910	0.918	0.949
天 津	0.830	0.848	0.842	0.858	0.838	0.804	0.773	0.723	0.832
河 北	0.885	0.929	0.929	0.930	0.923	0.920	0.917	0.878	0.928
山 西	0.895	0.895	0.893	0.872	0.860	0.899	0.874	0.846	0.892
内 蒙 古	0.877	0.905	0.904	0.896	0.895	0.876	0.850	0.772	0.850
辽 宁	0.926	0.940	0.929	0.911	0.886	0.871	0.849	0.803	0.924
吉 林	0.815	0.796	0.816	0.827	0.828	0.809	0.782	0.742	0.826
黑 龙 江	0.847	0.860	0.843	0.839	0.824	0.788	0.752	0.634	0.853
上 海	0.922	0.923	0.925	0.927	0.932	0.926	0.910	0.916	0.936
江 苏	0.999	0.999	0.998	0.999	0.998	0.995	0.991	0.988	0.988
浙 江	0.964	0.975	0.972	0.976	0.969	0.958	0.960	0.955	0.947
安 徽	0.925	0.942	0.946	0.948	0.951	0.939	0.933	0.934	0.898
福 建	0.882	0.899	0.894	0.912	0.901	0.890	0.893	0.893	0.890
江 西	0.838	0.862	0.864	0.884	0.894	0.898	0.903	0.914	0.856
山 东	0.979	0.985	0.982	0.984	0.984	0.978	0.967	0.937	0.978
河 南	0.925	0.950	0.951	0.957	0.955	0.952	0.957	0.935	0.940
湖 北	0.910	0.928	0.929	0.936	0.940	0.931	0.930	0.933	0.921
湖 南	0.913	0.926	0.927	0.938	0.930	0.921	0.904	0.888	0.900
广 东	0.998	1.000	1.000	1.000	0.999	0.999	0.999	1.000	0.999
广 西	0.839	0.861	0.850	0.870	0.864	0.836	0.817	0.741	0.838
海 南	0.809	0.616	0.613	0.608	0.592	0.568	0.572	0.559	0.666

续表

省区市	年份								均值
	2012	2013	2014	2015	2016	2017	2018	2019	
重　庆	0.821	0.837	0.845	0.876	0.876	0.861	0.819	0.832	0.817
四　川	0.912	0.928	0.927	0.929	0.922	0.913	0.905	0.899	0.921
贵　州	0.767	0.780	0.812	0.808	0.808	0.820	0.827	0.884	0.807
云　南	0.800	0.790	0.805	0.796	0.806	0.804	0.825	0.871	0.821
陕　西	0.878	0.897	0.919	0.942	0.956	0.948	0.946	0.931	0.885
甘　肃	0.768	0.800	0.816	0.787	0.761	0.742	0.750	0.712	0.770
青　海	0.666	0.688	0.684	0.693	0.689	0.654	0.653	0.623	0.702
宁　夏	0.734	0.768	0.768	0.742	0.778	0.727	0.723	0.700	0.715
新　疆	0.794	0.816	0.814	0.805	0.801	0.780	0.765	0.742	0.792

表 A-2　2001~2019 年我国省际绿色创新投入、产出与效率的耦合协同度

省区市	年份										
	2001	2002	2003	2004	2005	2006	2007	2008	2009	2010	2011
北　京	0.791	0.786	0.774	0.797	0.782	0.787	0.775	0.761	0.767	0.747	0.729
天　津	0.605	0.608	0.613	0.615	0.640	0.646	0.634	0.638	0.631	0.625	0.615
河　北	0.507	0.505	0.508	0.505	0.524	0.526	0.517	0.515	0.509	0.503	0.507
山　西	0.371	0.369	0.377	0.393	0.417	0.436	0.435	0.436	0.433	0.422	0.417
内蒙古	0.405	0.390	0.407	0.421	0.427	0.444	0.447	0.446	0.456	0.460	0.476
辽　宁	0.645	0.627	0.641	0.635	0.656	0.653	0.647	0.622	0.634	0.623	0.612
吉　林	0.503	0.492	0.483	0.491	0.515	0.521	0.508	0.511	0.536	0.508	0.503
黑龙江	0.543	0.536	0.525	0.524	0.529	0.515	0.586	0.514	0.519	0.515	0.507
上　海	0.787	0.776	0.826	0.816	0.781	0.799	0.779	0.768	0.813	0.793	0.770
江　苏	0.778	0.778	0.800	0.813	0.858	0.863	0.872	0.893	0.916	0.911	0.924
浙　江	0.681	0.670	0.709	0.726	0.775	0.811	0.812	0.814	0.819	0.806	0.811
安　徽	0.477	0.469	0.466	0.468	0.474	0.491	0.485	0.493	0.517	0.520	0.534
福　建	0.548	0.541	0.586	0.577	0.582	0.574	0.562	0.560	0.557	0.566	0.564
江　西	0.396	0.382	0.392	0.403	0.410	0.420	0.418	0.415	0.414	0.420	0.411
山　东	0.739	0.745	0.761	0.771	0.799	0.805	0.809	0.820	0.814	0.808	0.796
河　南	0.519	0.512	0.510	0.516	0.537	0.560	0.556	0.558	0.559	0.546	0.542
湖　北	0.581	0.562	0.560	0.550	0.559	0.550	0.553	0.565	0.581	0.583	0.561
湖　南	0.491	0.475	0.469	0.480	0.495	0.508	0.504	0.512	0.532	0.525	0.523

省区市	年份										
	2001	2002	2003	2004	2005	2006	2007	2008	2009	2010	2011
广 东	0.896	0.869	0.910	0.906	0.897	0.892	0.894	0.911	0.912	0.908	0.890
广 西	0.426	0.406	0.388	0.393	0.411	0.431	0.418	0.423	0.433	0.433	0.438
海 南	0.409	0.383	0.388	0.395	0.397	0.402	0.527	0.514	0.525	0.525	0.506
重 庆	0.441	0.440	0.446	0.457	0.479	0.487	0.494	0.502	0.511	0.518	0.509
四 川	0.535	0.528	0.545	0.551	0.540	0.551	0.550	0.555	0.566	0.548	0.533
贵 州	0.288	0.316	0.323	0.325	0.334	0.338	0.327	0.319	0.318	0.317	0.311
云 南	0.332	0.321	0.322	0.324	0.327	0.335	0.340	0.330	0.333	0.326	0.320
陕 西	0.427	0.425	0.421	0.426	0.426	0.435	0.432	0.435	0.447	0.459	0.441
甘 肃	0.284	0.278	0.283	0.295	0.296	0.308	0.307	0.300	0.295	0.293	0.283
青 海	0.262	0.256	0.249	0.258	0.259	0.269	0.261	0.257	0.260	0.240	0.237
宁 夏	0.359	0.344	0.350	0.374	0.360	0.369	0.373	0.388	0.388	0.394	0.392
新 疆	0.409	0.392	0.405	0.413	0.418	0.403	0.419	0.418	0.425	0.421	0.418

省区市	年份								均值
	2012	2013	2014	2015	2016	2017	2018	2019	
北 京	0.716	0.729	0.733	0.742	0.732	0.718	0.691	0.701	0.750
天 津	0.612	0.627	0.622	0.637	0.620	0.594	0.572	0.539	0.615
河 北	0.489	0.526	0.534	0.534	0.512	0.515	0.514	0.493	0.513
山 西	0.420	0.429	0.406	0.403	0.399	0.430	0.411	0.399	0.411
内蒙古	0.470	0.499	0.496	0.490	0.490	0.480	0.464	0.420	0.452
辽 宁	0.607	0.625	0.611	0.594	0.572	0.560	0.544	0.514	0.612
吉 林	0.493	0.484	0.495	0.505	0.506	0.495	0.479	0.459	0.499
黑龙江	0.495	0.508	0.496	0.499	0.489	0.469	0.447	0.395	0.506
上 海	0.747	0.749	0.753	0.753	0.760	0.751	0.731	0.740	0.773
江 苏	0.922	0.935	0.924	0.933	0.919	0.891	0.873	0.861	0.877
浙 江	0.809	0.840	0.837	0.847	0.832	0.801	0.802	0.791	0.789
安 徽	0.539	0.566	0.558	0.565	0.572	0.559	0.548	0.554	0.519
福 建	0.570	0.586	0.581	0.600	0.590	0.581	0.585	0.588	0.574
江 西	0.411	0.430	0.428	0.444	0.445	0.456	0.458	0.468	0.422
山 东	0.793	0.809	0.811	0.808	0.803	0.792	0.760	0.712	0.787
河 南	0.532	0.564	0.563	0.568	0.571	0.573	0.569	0.553	0.548
湖 北	0.565	0.581	0.581	0.590	0.596	0.585	0.582	0.586	0.572
湖 南	0.532	0.543	0.540	0.557	0.545	0.541	0.526	0.517	0.517

省区市	年份								均值
	2012	2013	2014	2015	2016	2017	2018	2019	
广　东	0.872	0.894	0.898	0.915	0.913	0.916	0.920	0.913	0.901
广　西	0.430	0.446	0.440	0.457	0.452	0.436	0.424	0.394	0.425
海　南	0.515	0.412	0.411	0.411	0.404	0.394	0.394	0.389	0.437
重　庆	0.503	0.514	0.521	0.546	0.547	0.538	0.508	0.518	0.499
四　川	0.531	0.548	0.548	0.550	0.543	0.540	0.529	0.525	0.543
贵　州	0.319	0.327	0.331	0.335	0.332	0.331	0.331	0.355	0.325
云　南	0.332	0.333	0.333	0.339	0.331	0.332	0.331	0.341	0.331
陕　西	0.444	0.462	0.459	0.474	0.477	0.468	0.462	0.462	0.446
甘　肃	0.301	0.303	0.305	0.296	0.293	0.285	0.281	0.272	0.293
青　海	0.239	0.246	0.247	0.254	0.251	0.237	0.240	0.235	0.250
宁　夏	0.400	0.418	0.420	0.409	0.427	0.404	0.403	0.394	0.388
新　疆	0.418	0.431	0.431	0.428	0.428	0.419	0.412	0.403	0.416

图书在版编目（CIP）数据

中国省际绿色创新的空间结构演化及异质性溢出／
肖黎明，肖沁霖著 . --北京：社会科学文献出版社，
2023.4

ISBN 978-7-5228-1543-5

Ⅰ.①中… Ⅱ.①肖… ②肖… Ⅲ.①绿色经济-经
济发展-研究-中国 ②城市空间-空间结构-研究-中国
Ⅳ.①F124.5 ②TU984.11

中国国家版本馆 CIP 数据核字（2023）第 048318 号

中国省际绿色创新的空间结构演化及异质性溢出

著　　者／肖黎明　肖沁霖

出 版 人／王利民
组稿编辑／周　丽
责任编辑／王玉山　连凌云
文稿编辑／赵亚汝
责任印制／王京美

出　　版／社会科学文献出版社·城市和绿色发展分社（010）59367143
　　　　　　地址：北京市北三环中路甲29号院华龙大厦　邮编：100029
　　　　　　网址：www.ssap.com.cn
发　　行／社会科学文献出版社（010）59367028
印　　装／三河市龙林印务有限公司

规　　格／开　本：787mm×1092mm　1/16
　　　　　　印　张：28.25　字　数：417千字
版　　次／2023年4月第1版　2023年4月第1次印刷
书　　号／ISBN 978-7-5228-1543-5
定　　价／168.00元

读者服务电话：4008918866